U0657258

国家科学技术学术著作基金资助出版

新时期我国工业行业
经济波动特征及机制的结构性研究

孔宪丽　著

科学出版社
北　京

内 容 简 介

本书以产业经济理论为基础，将计量经济方法作为研究工具，结合我国工业部门的实际和现状，从生产、绩效、投资、能耗及货币政策效应等多个角度对我国工业行业增长效率及波动机制的结构性特点进行实证研究，并利用国际上先进的景气分析方法编制反映我国工业部门及主要工业行业周期性运行特征的景气指数，对我国工业部门及主要工业行业景气波动的特征进行具体分析。

本书主要适用于大专院校从事产业经济分析的教师、硕士和博士研究生，国家相关政府部门的分析与决策人员，国内外企业的经营管理层，以及其他对产业经济有兴趣的研究人员。

图书在版编目(CIP)数据

新时期我国工业行业经济波动特征及机制的结构性研究 / 孔宪丽著 . —北京：科学出版社，2015

ISBN 978-7-03-045619-9

Ⅰ.①新… Ⅱ.①孔… Ⅲ.①工业部门－经济波动－研究－中国 Ⅳ.①F424

中国版本图书馆 CIP 数据核字(2015)第 212839 号

责任编辑：李 莉 / 责任校对：薛 静
责任印制：霍 兵 / 封面设计：蓝正设计

科 学 出 版 社 出版

北京东黄城根北街 16 号
邮政编码：100717
http://www.sciencep.com

三河市骏杰印刷有限公司 印刷

科学出版社发行 各地新华书店经销

*

2015 年 9 月第 一 版 开本：720×1000 1/16
2015 年 9 月第一次印刷 印张：17
字数：342 000

定价：72.00 元

(如有印装质量问题，我社负责调换)

国家自然科学基金项目（项目号：71173029）

国家社会科学基金青年项目（项目号：10CJY032）

教育部人文社会科学基金青年项目（项目号：14YJC790055）

国家社会科学基金重大项目（项目号：10zd&010）

东北财经大学科研一般项目（项目号：DUFE2015Y09）

前　言

　　随着经济全球化和贸易自由化的发展，中国经济与世界经济形势的联系更加密切。无论是 1998 年的亚洲金融危机，还是当前已逐步蔓延至全世界的由美国次贷危机引发的金融海啸，均会在一定程度上引起或加剧我国实体经济尤其是工业部门的经济波动。虽然经济的周期性波动是经济运行中不可避免的，但如果波动的影响效果过于剧烈，冲击作用时间过长，无疑会给整个经济体的经济效率和稳定运行带来巨大的损失和危害，对经济体的持续发展极为不利。要实现我国工业经济的持续健康发展，相关政府部门应在了解我国工业行业经济波动特征及波动机制的基础上，采取适时有效的产业调控政策增强工业行业或企业"缓冲"经济波动的能力，进而达到平缓或淡化行业经济波动的效果和目的，实现我国工业部门的平稳健康发展。

　　我国工业是国民经济的主导，其增速水平和发展状况决定了其他产业水平乃至整个经济运行情况的好坏。经过二十余年高速工业化进程，进入 21 世纪后，我国已经成为名副其实的工业大国，在能源、冶金、化工等工业领域形成庞大的生产能力，绝大多数工业产品产量已居世界前列，如煤炭、钢铁、水泥等。然而，工业大国并不一定是工业强国，事实上我国工业在快速增长的过程中质量的提高与数量的扩张并不是同步的，工业增长、质量较低的问题依然十分突出，这主要表现在部分工业行业存在的生产技术水平和创新能力较低，行业在增长的过程中低水平重复建设问题严重，生产能力过剩的问题逐步显现；技术与知识密集型行业的发展速度较慢，国际竞争力较弱；粗放式的生产特征明显，能源消耗较大，可持续发展能力较差等工业内部的结构性问题上。多年积累的结构问题已成为当前制约我国工业经济快速可持续增长的首要问题，我国现阶段的工业发展目标已不再是追求数量上的简单扩张，而是逐步有效实现工业内部结构的合理调整和升级，促进我国工业增长质量的稳步提高，进而推进国民经济又好又快地发展。

　　本书以产业经济理论为基础，将计量经济方法作为研究工具，在吸收国内外最新研究成果的基础上，从生产、绩效、投资、能耗及货币政策效应等多角度对我国工业行业经济波动特征及波动机制的结构性特点进行具体的实证分析，并利用国际上先进的景气分析方法编制反映我国工业部门及主要工业行业周期性运行特征的景气指数，以期为相关部门准确地掌握我国工业结构变动的内在规律，了解我国工业部门及其内部主要工业行业经济活动的基本特征和运行规律，制定适时的产业调控政策，有效促进工业结构的调整和升级，为实现我国国民经济的协调持续快速增长提供相应的参考依据。本书是在笔者的博士学位论文和笔者主持的国家社会科学基金青年项目"我国工业行业经济波动特征及波动机制的结构性研究"（项目号：10CJY032）、教育部人文社会科学基金青年项目"中国工业行业经济波动的产生机理及传导机制的动态计量研究"（项目号：14YJC790055）、国家社会科学基金重大项目"十二五时期宏观经济运行动态监测分析研究"（项目号：10zd&010）的子课题"十二五时期我国工业经济运行动态监测分析研究"的重要研究成果及东北财经大学科研一般项目"经济新常态下中国工业行业经济波动产生机理及传导机制的实证研究"（项目号：DUFE2015Y09）的阶段研究成果的基础上形成的。本书共分10章，各章具体内容如下。

第1章在对我国工业化进程，特别是改革开放后的我国工业化发展历程进行回顾的基础上，对我国各阶段工业化的特点及工业结构的特征进行介绍，并对现阶段我国工业结构进一步升级所面临的主要问题进行归纳。

第2章从生产效率的角度对我国工业行业的经济波动特征及机制进行结构性研究。利用随机前沿生产函数模型对要素密集程度不同的各类工业行业的全要素生产率（total factor productivity，TFP）增长率进行具体估算，并通过将其分解为前沿技术进步、技术效率的改善、规模经济成分和要素配置效率，具体分析我国工业行业生产效率提升的主要源泉。此外，在估算我国工业行业全要素生产率增长率的同时，实证分析我国各类工业行业技术效率的影响因素，并进一步利用面板数据（panel data）模型对各类工业行业前沿技术进步的外生性影响因素进行具体的实证分析。

第3章从经济绩效变动特征及机制的角度对我国工业行业的经济波动特征及机制进行结构性研究。首先依据我国工业行业层次的面板数据，利用主成分分析方法构建我国工业行业绩效的综合评价指标，详细分析1998～2010年我国工业部门绩效变动的具体特征，并通过建立我国工业部门及各类工业行业的绩效变动模型，尝试从资本密集度、行业内部企业规模、行业的科技投入水平、行业内部的企业国有产权比重、行业的能源利用率等五个可能影响我国工业部门绩效变动的因素入手，对我国工业部门绩效变动的成因及其结构性特征进行具体的剖析。

第4章以我国工业部门及其内部主要工业行业的投资数据为研究对象，对我国工业部门投资增长波动及其结构性特征进行具体分析。通过建立我国工业部门及各主要工业行业投资增长的协整模型和反映我国工业部门及各主要工业行业投资增长短期波动特征的误差修正模型，对我国工业部门及各主要工业行业投资增长的长期影响因素及短期市场波动机制进行实证研究，并在实证结果的基础上进一步分析评价近年来我国政府宏观调控政策对主要工业行业投资增长的调控效应。

第5章是对我国工业增长过程中在能源使用效率变动机制方面体现出的结构性特征进行相应的具体分析。利用我国29个工业行业的面板数据，在中观层面上对我国工业部门及其内部不同能耗特征的各工业行业的能源消耗强度变动特征及影响因素进行具体的实证分析，在实证分析中不仅研究能源价格及技术进步对我国工业行业能源消耗强度的影响，还结合我国现有国情在影响因素中考虑高耗能产品出口贸易结构、产权结构及能源替代等重要因素。

第6章对我国货币政策工业行业作用效应的结构性特征进行具体实证研究。基于我国工业行业的面板数据，利用源于马尔科夫转移模型的线性回归模型对我国货币政策行业作用效应的非对称性进行具体的实证检验，分析我国货币政策非对称作用效果的跨行业异质性，并进一步从货币政策的三个传导渠道，即利率渠道、汇率渠道和信贷渠道出发，对我国货币政策行业非对称作用效果的产生机理进行具体的实证研究。

我国在20世纪80年代末开始利用景气指数方法对宏观经济周期波动进行监测预测，而对工业各行业的监测预测工作则刚刚起步。随着我国经济的日益对外开放，各工业行业将全面置身于经济全球化和市场经济的大潮中起伏动荡，正是基于此种状况，制定我国工业行业的景气指数具有极为重要的现实意义。因此，本书第7~9章的主要内容是编制中国工业部门及其内部主要工业行业的景气指数并对其周期性运行特征进行分析，以期为政府、企业及相关部门准确判断这些主要工业部门的发展形势，有效预测其未来发展动向，正确制定相关的产业政策及宏观经济调控方向、力度及经营方针提供一定的依据，具体内容如下。

第7章通过多方面收集与我国工业部门经济运行相关的月度经济指标，利用时差相关分析等方法从中筛选出我国工业经济运行的先行、一致和滞后指标（lagging indicators），并利用国际上先进的合成指数（composite index，CI）方法构建我国工业部门的景气指数，并在此基础上分析我国工业经济的周期性波动特征，并从实际数据出发对我国工业部门当前运行的结构特征进行具体分析，希望能够为相关部门制定有效促进工业经济转型升级的发展对策提供有价值的参考。

第8章通过多方面收集与我国主要工业部门或行业（装备制造业、钢铁工业和汽车工业）有关的月度经济指标，利用时差相关分析等方法从中筛选出相应的先行、一致和滞后指标，利用国际上先进的合成指数方法构建我国装备制造业、钢铁工业及汽车工业的景气指数，对我国工业内部主要部门或行业的景气波动特征分别进行具体的实证分析。

第9章构建我国煤炭行业的景气指数，并在此基础上对我国煤炭行业的景气波动特征进行具体的实证分析。此外，还通过建立我国煤炭消费的协整方程，对我国煤炭消费的影响因素进行实证分析，在实证分析中不仅考虑经济增长、产业结构、技术进步、煤炭价格及运输成本对我国煤炭消费的影响，而且还借鉴 Gately（1992）开发的技术，对我国煤炭消费变动的非对称价格效应进行实证分析；并在我国煤炭消费协整方程的基础上，进一步利用状态空间模型（state space model）技术建立我国煤炭消费的变参数模型，对我国煤炭消费与经济增长及其他影响因素之间的相关关系进行动态分析，以揭示我国煤炭消费与经济增长相关关系的时变规律。

自改革开放以来，我国逐步从计划经济体制转向市场经济体制，货币政策已经作为我国宏观调控的主要工具。不同的货币政策存在不同的效果。同时，我国行业结构特征存在较大差异，如果货币政策对不同行业存在不同的作用效果，必将使货币政策在各行业的传导途径、传导速度和传导深度明显不同，从而造成货币政策不同的行业效应。因此，本书第 10 章基于我国工业行业的面板数据，利用源于马尔科夫转移模型的线性回归模型对我国货币政策行业作用效应的非对称性进行具体的实证检验，分析我国货币政策非对称作用效果的跨行业异质性，并进一步从货币政策的三个传导渠道，即利率渠道、汇率渠道和信贷渠道出发，对我国货币政策行业非对称作用效果的产生机理进行具体的实证研究。

由于我国社会、经济体制及经济增长方式正处于转型期，我国工业增长与发展所面临的内、外部条件和环境不断地发生变化，并且我国工业内部的诸多工业行业在生产特征、技术水平等方面均存在较大的差异，在工业快速增长的过程中各工业行业的增长特征和增长机制不尽相同，从而使得变化的条件和环境对我国工业部门及其内部各工业行业所带来的具体影响也不尽相同，进而使得在经济整体波动的过程中各工业行业的具体波动特征和波动机制各不相同，在经济的周期性波动过程中，工业结构呈现出不断的调整与升级。对我国工业行业经济波动特征及波动机制的结构性特点进行具体分析，研究我国各工业行业经济波动的影响因素，将有助于深入探讨我国工业结构的演进机理，从而帮助相关部门更为准确和具体地把握由美国次贷危机引发的全球性金融危机对我国工业部门内部各主要工业行业的冲击效果和作用机制，把握当前经济形势下我国工业结构调整与升级的方向和路径。

在本书出版之际，首先要感谢国家科学技术学术著作基金及陈磊教授辽宁特聘教授项目（2012）的资助。其次还要特别感谢科学出版社的编辑，是他们的热情鼓励和辛勤工作，使本书得以出版。

有关我国工业经济增长及结构变动的研究文献浩如烟海，本书的研究只是沧海一粟。尽管笔者本着严谨的写作态度，查阅了大量的数据和资料，力求对我国工业经济增长及结构变动的研究做出微薄的贡献，但是由于水平有限，不足之处在所难免，诚恳希望专家、同行、读者不吝赐教。

孔宪丽
2015 年 7 月

目　　录

第 1 章

中国的工业化进程及工业结构的阶段性变化

工业化是各国经济发展过程中的一个重要阶段，也是产业结构迅速转变过程中的一个重要时期。了解我国工业化的演进历程，研究我国工业化各阶段的特点及工业结构特征，分析我国工业现存的主要问题，将有助于相关部门更好地把握我国工业增长和结构变动的基本趋势，进而制定有效促进我国工业结构进一步调整和升级的发展政策和战略。因此，本章将在对我国工业化进程，特别是改革开放后的我国工业化发展历程进行回顾的基础上，对各阶段工业化的特点及工业结构的特征进行介绍，并对现阶段我国工业结构进一步升级所面临的主要问题进行归纳。

1.1 中国工业化的发展历程

中国的工业化从 1952 年起步至今其发展历程大致可分为两个阶段：一是改革开放前的计划经济下的工业化阶段，主要是指 1952～1978 年的工业化过程；二是改革开放后的经济转轨时期的工业化阶段，主要是指 1978 年以后的工业化过程，这一过程至今仍在持续，但已开始步入"新型工业化"阶段。

1.1.1 计划经济时期的中国工业化进程

改革开放前的 26 年，中国的工业化具有典型的政府发动型国家工业化特征，基本上是一种政府计划推动的内向型的工业化。新中国成立初期中国的工业化水平很低，1952 年全国人均国民生产总值（GNP）只有 104 元，第一产业在 GNP 中的比重为 57.72%，第一产业的就业比重为 83.54%，与库茨涅茨的产值份额截面和劳动力份额截面对比，明显处于人均收入 50 美元以下的阶段，属于不发达阶段的初期（魏后凯，2000）。

1953～1957 年中国开始了社会主义改造的第一个五年计划，中国集中力量进行了 156 个重点项目的成功建设，为中国的工业化奠定了初步基础。工业总产值从 1953 年的 450 亿元提高到 1957 年的 704 亿元，年平均增长速度达到了

18%，工业总产值占工农业总产值的 56.7%，超过了农业。并且该阶段我国工业技术水平也获得了显著提高，一些新建的工业部门的技术提高到世界 20 世纪 40 年代后半期的水平，生产了许多新的工业产品，包括飞机、载重汽车、客轮、新式机床等。到 1957 年，国有制工业工程技术人员达到了 49.6 万人，比 1952 年增长了 2 倍。1952~1957 年，国有制工业企业每个工人使用的动力机械总能力提高了 79.2%，每个工人使用的电力提高了 80.4%，每个职工占有的固定资产原值由 2 918 元增加到 4 474 元(陈佳贵等，2004)。随后受苏联模式的影响，特别是"赶超型"战略指导思想的失误，我国工业尤其是重工业持续三年盲目片面发展，从而带来了国民经济重大比例关系的严重失衡。按可比价计算，1960 年重工业总产值比 1957 年增长了 2.33 倍，而轻工业总产值仅增长了 47%，农业总产值不仅没有增长，反而下降了 32.8%。农、轻、重的比例关系由 1957 年的 43.3∶31.2∶25.5 变为 1960 年的 21.8∶26.1∶52.1。因此，这一阶段我国较快的工业化和重工业化速度，并没有带动生产力的迅速发展，反而因导致结构严重失衡而破坏了经济发展的内在机制。

20 世纪 60 年代初期我国国民经济进入了第一次调整期，经过长达 5 年的调整，我国产业结构严重失衡的状况得以初步改善，工农业和轻重工业的矛盾有所缓和，1965 年，我国农、轻、重的比例关系转变为 37.3∶32.3∶30.4。但在随后的十年(1965~1975 年)间又出现了工业及重工业片面演进的倾向，从而使有所调整和改善的产业结构重新步入"重型化"轨道。1976~1978 年我国通过大规模引进国外成套设备，发起了对工业化的新一轮强攻，从而不仅导致了产业结构的第二次超前转换，而且进一步加剧了各产业间、轻重工业间及重工业内部的结构性矛盾和比例关系失衡，造成生产与消费的尖锐对立，社会经济关系全面紧张，工业化过程不能有效地起到推动经济发展的作用。1978 年农、轻、重的比例关系由 1965 年的 37.3∶32.3∶30.4 变为 24.8∶32.4∶42.8，三次产业增加值结构由 37.9∶35.1∶27 变为 28.1∶48.2∶23.7。在 1978 年工业总产值中，轻工业只占 43.1%，重工业占 56.9%；在基建投资中，重工业占 48.7%，轻工业只占 5.8%(史言信，2006)。

1952~1978 年是中国计划经济时期，这个阶段我国实行的是中央高度集权的苏联模式，经济运行基本上由计划控制，并且由于新中国成立初期的经济发展水平比较落后，在经济发展战略方面实施的是重工业优先发展的赶超战略，以国家工业化为中心推进我国工业化进程。在这一时期国家通过高度集中的中央计划经济确定我国工业化的发展战略、模式和工业行业增长次序及相关产业政策，国家是工业化政策和方向的确定者，我国工业实行的是统一管理、统一生产和统一分配，各种产品及资源的价格也是由政府决定，资源实行定向分配，在这一时期国家集中农业的积累投资于城市的国有企业，以国家工业化的形式推进我国的工业化进程，并以"生产资料优先增长"作为工业化的理论依据，优先发展重工业。可见，我国计划经济时期的工业化不仅是我国工业化的全面发动阶段，而且是我国工业化的资本形成时期。

1.1.2 经济转轨时期的中国工业化进程

1978 年党的十一届三中全会以后，中国由中央集权的计划经济体制向社会主义市场经济体制转变，中国开始了以市场化为取向的经济体制改革，从此中国经济步入了转轨时期，中国的工业化道路也随之进行了战略性调整。相比改革开放以前中国的工业化道路出现了诸多变化，主要表现为强调工业化的最终目标是为了改善人民生活，突出科学技术的作用，把发展科学技术放在第一位，在公有制经济为主体的条件下，利用一切有利于生产力发展的经济形式，实行计划与市场相结合的运行机制。至今，中国经济的转轨大致经历了三个时期，即转轨初期（1978～1992 年）、转轨中期（1993～2001 年）和加入世界贸易组织（World Trade Organization，WTO）后的逐步开放期（2002 年至今），因此根据我国经济体制转型的不同时期又可以将我国改革开放后的工业化道路大致分为三个阶段，即经济转轨初期的工业化阶段、经济转轨中期的工业化阶段和重化工业带动经济增长的新阶段。

1. 1978～1992 年：经济转轨初期的工业化阶段

1978 年年底，党的十一届三中全会召开，随后中国开始了以市场化为取向的经济体制改革。在这一阶段我国是在保持计划经济体制不变的前提下进行经济体制的改革，通过引入某些市场因素试图完善原有的经济体制。虽然在这一时期没有彻底改变原有的经济体制，但在原有计划经济体制下引入市场因素，使过去那种过度依赖指令性计划、排斥市场的传统体制逐步得以改变，从而促进了市场主体的多元化，表 1-1 给出了 1978～1992 年我国工业总产值的所有制结构，从中可以看出，20 世纪 80 年代后我国工业总产值中的国有工业所占比例呈明显下降态势，集体工业及个体工业所占比例逐年上升，我国工业的所有制结构开始逐步多元化。所有制结构的多元化带来了资源的分散化，并使按照市场信号进行配置的资源比重增加，资源的配置机制发生了重大变化，市场配置资源的功能增强。

表 1-1　1978～1992 年我国工业总产值的所有制结构（工业总产值＝100）（单位：%）

年份	国有工业	集体工业	个体工业	其他经济工业
1978	77.63	22.37		
1980	75.97	23.54	0.02	0.47
1985	64.96	32.08	1.85	1.11
1992	48.09	38.04	6.76	7.11

资料来源：国家统计局（1993）

在市场因素的作用下，我国工业的投资主体也开始多元化，表 1-2 给出了 1980～1992 年我国全社会固定资产投资结构。在这一时期既有以国家投资为主形成的国家工业化，又有以民间投资为主形成的民间工业化，国家工业化与民间工业化相互结合共同推动了我国的工业化进程。

表 1-2　1980～1992 年我国全社会固定资产投资结构(全社会固定资产投资＝100)(单位:%)

年份	国有经济	集体经济	个体经济
1980	81.89	5.05	13.06
1985	66.08	12.88	21.04
1992	67.14	17.31	15.55

资料来源：国家统计局(1993)

经济转轨初期，我国在总结计划经济时期工业化经验的基础之上，对工业化战略进行了相应的调整，从计划经济体制下所实行的优先发展重工业的战略转变为强调轻工业优先发展的战略。正是由于体制的改革，加之经济发展战略由以前的重工业优先发展改变为强调轻工业优先发展的战略，从而促进了"积累与消费""生产与生活""轻工业与重工业""生产结构与资源结构""生产结构与需求结构"等多方面关系与比例的调整，也进一步促进了我国的工业化进程。

表 1-3 和表 1-4 分别给出了我国农业、轻工业和重工业总产值在 1953～1978 年和 1978～1992 年的平均增长状况。从表 1-4 与表 1-3 的对比可以看出，在转轨初期，工业和农业的平均增长速度都有所提高，但工业的增长速度高于农业，从而使国民经济中工农业平均增幅之比得到改善，由以前的 1∶4.22 转变为 1∶2.24。轻重工业方面，可以看出，我国的轻工业在这一时期有了一个较大的发展，增长速度较改革开放前明显提高，而重工业的增长速度则有所下降，从而使轻重工业的平均增速之比由以前的 1∶1.48 改变为 1∶0.85。

表 1-3　1953～1978 年我国农业、轻工业、重工业总产值年均增长速度比较

农业/%	工业/%	工农业之比(以农业为1)
2.7	11.4	1∶4.22
轻工业/%	重工业/%	轻、重工业之比(以轻工业为1)
9.3	13.8	1∶1.48

资料来源：国家统计局(1992)

表 1-4　1978～1992 年农业、轻工业、重工业总产值年均增长速度比较

农业/%	工业/%	工农业之比(以农业为1)
5.9	13.2	1∶2.24
轻工业/%	重工业/%	轻重工业之比(以轻工业为1)
15.0	12.8	1∶0.85

资料来源：国家统计局(1993)

　　总之，在经济转轨初期，体制的改革促进了非国有经济的成长，市场机制的作用得以进一步发挥，从而使我国工业化更为灵活，并且经济发展战略由优先发展重工业转变为优先发展轻工业，从而使我国工业化的水平迅速提高。

　　但是，由于转轨初期旧经济体制仍然在发挥着作用，市场调节的功能不能完全发挥出来，调节的力度和广度有限，从而使该时期我国工业化在水平迅速提高的同时又出现了基础工业发展滞后、地区产业结构趋同等一些新的问题。据有关学者计算(马洪和孙尚清，1993)，1980～1989 年基础产业中某些基础产品的滞后系数分别为原煤 0.35、原油 0.50、发电量 0.25、成品钢材 0.31、木材 0.56、公路铺设 0.56、铁道铺设 0.59；并且到 20 世纪 80 年代，中国中部和东部的工业结构相似率为 93.4%，西部与东部工业结构的相似率为 93.5%，西部与中部的工业结构相似率高达 97.9%，这些情况在一定程度上阻碍了我国的工业化进程。

　　2. 1993～2001 年：经济转轨中期的工业化阶段

　　1992 年邓小平南方谈话之后，我国掀起了新一轮改革的浪潮，从而续写了我国向市场经济转轨的历史。在经济转轨的中期，我国经济逐步实现了全面转型，国内经济的市场化程度不断提高，市场的经济调节机制逐步显现，市场价格逐步成为配置资源的最主要信号，从体制上讲，包括宏观管理更强调通过对税率、利率、价格等经济杠杆的调节来实现对国民经济的控制；微观运行更加突出市场对企业行为的引导和制约；非公有制经济得以全面发展，民间工业化的作用进一步增强。表 1-5 和表 1-6 分别给出了 1993～2001 年我国三次产业增加值和增长状况及我国工业内部轻重工业比例的变动情况，从中可以看出经济转型中期我国的工业化具体进程。

表 1-5　1993～2001 年三次产业增加值(当年价)增长状况(单位：%)

年份	第一产业增加值增速	第二产业增加值增速	第三产业增加值增速	第一产业增加值占GDP比重	第二产业增加值占GDP比重	第三产业增加值占GDP比重
1993	18.7	40.6	27.3	19.7	46.6	33.7
1994	37.5	36.4	35.8	19.9	46.6	33.5
1995	26.8	27.8	23.5	20.0	47.2	32.8
1996	15.5	18.0	16.8	19.7	47.5	32.8
1997	3.0	11.0	15.7	18.3	47.5	34.2
1998	2.6	3.9	13.3	17.6	46.2	36.2
1999	−0.3	5.2	10.8	16.5	45.8	37.7
2000	1.2	11.0	14.3	15.1	45.9	39.0
2001	5.6	8.7	14.6	14.4	45.2	40.0
年平均数(1993～2001 年)	12.3	18.1	19.1	17.9	46.5	35.6

资料来源：中国经济信息网综合年度库

表 1-6　1993～2001 年轻、重工业比例(当年价)变动状况(单位:%)

年份	轻工业占工业总产值	重工业占工业总产值
1993	40.1	59.9
1994	42.2	57.8
1995	42.8	57.2
1996	43.0	57.0
1997	42.7	57.3
1998	42.9	57.1
1999	42.0	58.0
2000	39.8	60.2
2001	39.4	60.6

资料来源:中国经济信息网综合年度库

从表 1-5 中可以看出,1993～2001 年第二产业的增长速度虽呈逐步降低态势,但仍明显持续高于第一产业,第一产业的比重大幅度下降,到 2001 年第一、二、三产业比例由 1993 年的 19.7∶46.6∶33.7 调整为 14.4∶45.2∶40.4。同时 1993～2001 年为了进一步理顺基础工业和加工工业之间的关系,尽快完成产业结构的合理化任务,国家在三年治理整顿工作完成后,重新又加强了以基础工业为主的重工业生产,从表 1-6 中可以看出,进入 20 世纪 90 年代以后,轻工业在工业总产值中的比重再次呈下降趋势,而重工业的比重重新高于轻工业,到 2001 年,轻重工业比例由 1993 年的 40.1∶59.9 变为 39.4∶60.6。

1993～2001 年,可以看做我国重化工时代的前导时期。在这一时期我国告别了长期以来的短缺经济,逐步进入了过剩经济阶段,市场结构由卖方市场转变为买方市场,市场需求对我国工业化的制约作用逐步显现。面对这种状况,政府采取了扩大内需、发展高新技术产业、用先进适用技术改造传统产业、对国有经济实行布局的战略调整、推动企业重组、加速发展民营经济等一系列措施,深层次的结构调整成为这一时期工业化进程中的主线,为我国重化工时代奠定了消费基础。

3.2002 年至今:重化工业带动经济增长的新阶段

2001 年以后,随着我国经济对外开放步伐的逐步加快,特别是加入 WTO 使我国国民经济运行开始同世界经济全面接轨,国内市场开始与国际市场接轨,从而使我国的工业化发展不仅要考虑国内市场而且还需要考虑国际市场。在国内市场消费结构升级和国际市场基础原材料需求持续增长的双重推动下,2001 年以后我国工业增长明显转向以重工业为主导的格局,再次出现了重化工业加速发展的势头,但三次产业结构呈现逐步改善态势。

表 1-7 和表 1-8 分别给出了 2002～2011 年我国三次产业增加值占国内生产总

值(GDP)比重及我国工业内部轻重工业比例的变动情况。从表 1-7 中可以看出，2002 年以来，我国第二产业增加值快速增长，其增速从 2004 年开始便基本稳定在 18% 左右，进而使第二产业增加值占 GDP 的比重保持在 47% 左右，而第三产业增加值增速呈现稳步增长态势，进而使第三产业增加值占 GDP 的比重逐步上升，我国三次产业结构逐步改善，到 2011 年，第三产业增加值占 GDP 的比重已由 2002 年的 41.5% 上升至 43.4%。同时，从表 1-8 可以进一步看出，从 2002 年开始我国重工业总产值占工业总产值的比重呈现快速上升态势，2002 年我国工业内部轻重工业比例为 39.1∶60.9，到 2011 年该比例转变为 28.2∶71.8，从而可以看出从 2002 年开始我国进入了以重化工业带动经济增长的新阶段。

表 1-7　2002～2011 年三次产业增加值(当年价)增长状况(单位:%)

年份	第一产业增加值增速	第二产业增加值增速	第三产业增加值增速	第一产业增加值占GDP比重	第二产业增加值占GDP比重	第三产业增加值占GDP比重
2002	4.8	8.9	12.5	13.7	44.8	41.5
2003	5.1	15.8	12.2	12.8	46.0	41.2
2004	23.2	18.4	15.3	13.4	46.2	40.4
2005	7.7	18.5	16.0	12.1	47.4	40.5
2006	7.2	18.4	18.2	11.1	47.9	40.9
2007	19.1	21.3	25.7	10.8	47.3	41.9
2008	17.7	18.4	18.0	10.7	47.4	41.8
2009	4.5	5.8	12.7	10.3	46.2	43.4
2010	15.1	18.9	17.3	10.1	46.7	43.2
2011	17.2	17.6	18.1	10.0	46.6	43.4
年平均数(2002～2011 年)	12.2	16.2	16.6	11.5	46.7	41.8

资料来源：中国经济信息网综合年度库

表 1-8　2002～2011 年轻、重工业比例(当年价)变动状况(单位:%)

年份	轻工业占工业总产值	重工业占工业总产值
2002	39.1	60.9
2003	35.5	64.5
2004	33.5	66.5
2005	31.7	68.3
2006	30.0	70.0
2007	29.5	70.5
2008	28.7	71.4
2009	29.5	70.5

续表

年份	轻工业占工业总产值	重工业占工业总产值
2010	28.6	71.4
2011	28.2	71.8

资料来源：中国经济信息网综合年度库

1.2　中国工业化进程中工业结构的阶段性变化

从上文关于我国工业化进程的回顾中可以看出，新中国成立后的前 30 年，我国一直奉行优先发展重工业的政策，而 1978 年党的十一届三中全会后，我国开始进入改革开放时期，经济体制、发展目标和工业化战略开始逐步地发生变化，从而使我国工业化进程中工业结构的变化呈现出阶段性的特点。

1.2.1　改革开放前呈现出明显的重工业倾斜发展态势

由于新中国成立初期我国的经济发展水平比较落后，为了迅速缩小与发达国家的差距，我国在经济发展战略方面实施的是重工业优先发展的赶超战略，从而使这一时期我国的产业发展呈现出明显的倾斜发展态势，工业尤其是重工业获得高速增长，从而导致轻重工业比例严重失衡。同时由于这一时期的重工业是在相对比较封闭、生产技术水平低下的情况下建立起来的，其发展过程多数为低水平的复制，缺乏应有的分工，从而导致工业内部轻重工业比例失衡的同时进一步出现重工业内部结构不协调的状况。表 1-9 给出了 1953～1978 年我国轻重工业总产值年均增速及结构变化。

表 1-9　1953～1978 年我国轻重工业总产值年均增速及结构变化（单位：％）

行业	年均增长速度	占工业总产值比重	
		1957 年	1978 年
工业总产值	11.4	100.0	100.0
轻工业	9.3	55.1	43.1
重工业	13.8	44.9	56.9
采掘工业	10.7	12.5	13.8
原材料工业	12.4	14.5	19.3
加工工业	15.3	17.9	23.8

资料来源：王岳平（2004）

从表 1-9 中可以进一步看出改革开放前我国重工业内部的采掘、原材料和加工工业的发展状况。1953～1978 年这三类工业总产值的年均增长速度分别为

10.7%、12.4% 和 15.3%，三者平均增速之比（以采掘工业为 1）为 1：1.16：1.43，由此可见，处于上游的采掘工业的增长速度慢于处于中游的原材料工业，而原材料工业的增长速度又慢于处于下游的加工工业，并且 1978 年三者占工业总产值的比重分别为 13.8%、19.3% 和 23.8%，呈明显递增状态，进而反映出工业内部特别是重工业内部结构不协调的状况。

1.2.2　20 世纪 80 年代中国工业增长呈现轻型化态势，轻工业内部结构升级特征逐步显现

面对工业领域中轻重工业比例的严重失衡以及原材料、燃料动力、交通运输等基础产业发展落后等问题，20 世纪 80 年代我国开始采取鼓励轻工业优先发展的政策，从而促进了轻工业的快速发展，轻工业的增长速度较改革开放前明显提高，而重工业的增长速度则有所下降。

表 1-10 给出了 1978～1990 年轻重工业总产值年均增速及结构变化。从中可以看到 1978～1990 年轻工业总产值的平均年增长速度为 14%，较 1953～1978 年 9.3% 的平均年增长速度明显提高，而 1978～1990 年重工业总产值的平均年增长速度为 10.6%，较 1953～1978 年 13.8% 的平均年增长速度显著降低，到 1990 年轻重工业在工业总产值的比重已由 1978 年的 43.1：56.9 转变为 47.0：53.0。

表 1-10　1978～1990 年轻重工业总产值年均增速及结构变化（单位：%）

行业	年均增长速度	占工业总产值比重		
		1978 年	1985 年	1990 年
工业总产值	12.2	100.0	100.0	100.0
轻工业	14.0	43.1	45.2	47.0
农产品为原料	10.3	30.7	31.4	32.4
非农产品为原料	13.8	12.5	13.8	14.5
重工业	10.6	56.9	54.8	53.0
采掘工业	4.4	13.8	6.9	6.4
原材料工业	7.8	19.3	20.7	22.1
加工工业	9.4	23.8	27.2	24.6

资料来源：王岳平（2004）

20 世纪 80 年代，我国轻工业在整体快速增长的同时内部结构也呈现出明显的变化。从表 1-10 可以进一步看出 1978～1990 年轻工业部门内部的以农产品为原料的轻工业增长速度相对较慢，而以非农产品为原料的轻工业主要包括文教体育用品、化学药品制造、合成纤维制造、日用化学制品、日用玻璃制品、日用金属制品、手工工具制造、医疗器械制造、文化和办公用机械制造等工业行业领先

增长，在轻工业内部所占比重逐年提高。

进入 20 世纪 80 年代后居民的收入水平逐步提高，居民的消费结构也随之发生了明显的变化，图 1-1 给出了 1981 年、1995 年和 2011 年我国城镇居民消费支出的结构图。从图 1-1 中可以看出 80 年代后我国城镇居民对食品、衣着等基本生活用品的消费比例逐步下降，而对交通通信、医疗保健及教育文化的消费比例快速上升。在需求的强劲拉动下，轻工业特别是以非农产品为原料的轻工业取得了高速增长。可见这一时期我国工业结构特别是轻工业内部结构的变动更多地反映了市场需求的变动，具有逐步升级的特点。

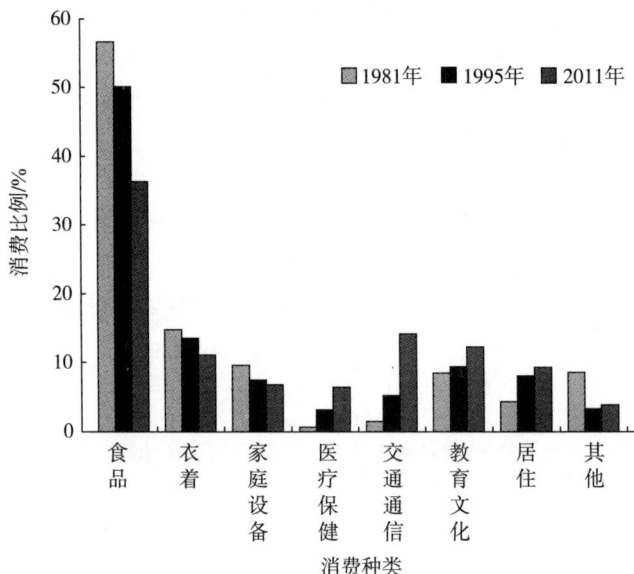

图 1-1 1981 年、1995 年和 2011 年我国城镇居民消费支出的结构图

然而 1978～1990 年重工业内部结构的不协调性则进一步加剧。从表 1-10 中可以看出重工业内部的采掘、原材料和加工工业在 1978～1990 年总产值的年均增长速度分别为 4.4%、7.8% 和 9.4%，三者平均增速之比（以采掘工业为 1）为 1：1.77：2.14，由此可见，在这段时期处于上游的采掘工业的增长速度仍远慢于处于中游的原材料工业，而原材料工业的增长速度也仍然慢于处于下游的加工工业，到 1990 年三者占工业总产值的比重分别为 6.4%、22.1% 和 24.6%，采掘工业所占比重明显偏低。

总的来看，表 1-10 的数据表明这一时期轻、重工业内部工业部门的具体增长格局为：以非农产品为原料的轻工业增长速度最快，年平均增速为 13.8% 高于 12.2% 的工业平均增速，其次是以农产品为原料的轻工业、重工业和加工工业及原材料工业，而采掘工业的增长速度最慢，年平均增速仅为 4.4%。各增长部门在结构上的变化为：增长最快的以非农产品为原料的轻工业产值占工业总产值的比重由 1978 年的 12.5％上升到 1990 年的 14.5％，增加了 2 百分点；以农产品为原料的轻工业所占比重由 1978 年的 30.7％上升到 1990 年的 32.4％，增加了 1.7 百分点；但重工业中的采掘工业所占比重则从 1978 年的 13.8％下降到 1990 年的 6.4％，而原料工业和加工工业所占比重在这一时期则均有不同程度的提高。

1.2.3　进入 20 世纪 90 年代中国工业开始以重化工业增长为主导，工业结构逐步升级，但高加工度演化呈现波动性

进入 20 世纪 90 年代我国的工业化达到一定水平，过去不太协调的轻重工业矛盾基本得以解决，工业结构逐步向高加工度演化。20 世纪 80 年代末、90 年代初我国工业结构出现了历史性的变化，轻工业商品基本上由卖方市场转为买方市场，需求增长速度放慢；而受投资需求的拉动，重工业呈现出快速增长势头，轻工业所占比重趋于下降，而重工业所占比重则逐步上升，进而使从 90 年代开始我国的工业增长以重化工业增长为主导，工业结构的变动呈现出明显的重工业化趋势。到 2011 年，轻工业生产总值所占比重由 1990 年的 47.0％下降到 28.2％，而重工业生产总值所占比重则由 1990 年的 53.0％上升到 71.8％，增加了近 19 百分点。

表 1-11 进一步给出了 1990～2011 年我国工业部门内部主要工业行业产值年均增速及结构变化，从中可以看出 20 世纪 90 年代以来，随着我国经济体制的全面转轨，工业内部结构变化呈现出一些新的特点。

表 1-11　1990～2011 年我国工业部门内部主要工业行业产值年均增速及结构变化（单位：％）

行业	年均增长速度		占工业总产值比重		
	1990～2000 年	2001～2011 年	1990 年	2000 年	2011 年
煤炭开采和洗选业	11.75	33.63	2.45	1.49	3.43
黑色金属矿采选业	17.38	44.46	0.20	0.19	0.94
有色金属矿采选业	15.99	26.69	0.55	0.47	0.60
非金属矿采选业	20.20	24.54	0.48	0.42	0.46
食品制造业	5.95	23.10	6.77	1.68	1.66
饮料制造业	16.92	19.23	2.06	2.05	1.40
烟草制造业	11.27	15.14	2.74	1.69	0.81
纺织业	9.26	18.49	12.26	6.01	3.87
皮革、毛皮及其制品业	22.85	18.90	1.07	1.57	1.06
木材加工制品业	22.47	27.31	0.55	0.77	1.07

续表

行业	年均增长速度		占工业总产值比重		
	1990~2000 年	2001~2011 年	1990 年	2000 年	2011 年
家具制造业	17.23	27.32	0.44	0.43	0.60
造纸及纸制品业	15.59	20.46	2.08	1.86	1.43
印刷及记录媒介复制业	14.12	18.27	0.93	0.72	0.46
文教体育用品制造业	21.92	16.39	0.48	0.72	0.38
石油加工及炼焦业	19.09	22.19	3.64	5.17	4.37
化学原料及化学制品业	14.86	24.25	7.98	6.71	7.20
医药制造业	17.69	21.39	1.91	2.08	1.77
化学纤维制造业	17.11	18.00	1.46	1.45	0.79
橡胶制品业	11.37	22.29	1.52	0.95	0.87
非金属矿物制品业	17.04	24.48	4.77	4.31	4.76
黑色金属冶炼及压延加工业	16.35	27.85	6.95	5.52	7.59
有色金属冶炼及压延加工业	16.06	30.55	2.73	2.54	4.25
金属制品业	18.41	22.69	2.80	2.96	2.77
专用设备制造业	27.53	25.59	1.83	2.56	3.10
交通运输设备制造业	24.10	25.32	3.82	6.26	7.49
电气机械及器材制造业	20.36	24.28	4.26	5.64	6.09
电子及通信设备制造业	29.52	21.83	3.13	8.81	7.56
仪器及办公机械制造业	25.23	22.47	0.59	1.01	0.90

资料来源：根据中国经济信息网综合年度库数据计算而得

1. 技术密集型和资本密集型行业比重逐年提高，工业结构呈现逐步升级的变化特点

根据生产要素密集度的特点可以将工业行业划分为劳动密集型、资本密集型和技术密集型三大类，我国工业行业按要素密集程度的具体分类如表 1-12 所示，进一步的各类工业行业生产总值所占比重的变化特征如图 1-2 所示。

表 1-12   我国工业行业按要素密集程度的具体分类

技术密集型行业	资本密集型行业	劳动密集型行业
电子及通信设备制造业	石油加工及炼焦业	食品加工业
化学纤维制造业	石油和天然气开采业	食品制造业
烟草加工业	电力蒸汽热水生产业	纺织业
化学原料及化学制品业	有色金属冶炼及压延加工业	皮革、毛皮及其制品业
黑色金属冶炼及压延加工业	饮料制造业	木材加工制品业

续表

技术密集型行业	资本密集型行业	劳动密集型行业
医药制造业	造纸及纸制品业	家具制造业
通用设备制造业	煤气生产及供应业	文教体育用品制造业
专用设备制造业	自来水生产及供应业	煤炭开采和洗选业
交通运输设备制造业		黑色金属矿采选业
电气机械及器材制造业		有色金属矿采选业
仪器及办公机械制造业		非金属矿采选业
塑料制品业		橡胶制品业
印刷及记录媒介复制业		非金属矿物制品业
		金属制品业

资料来源：王岳平（2004）

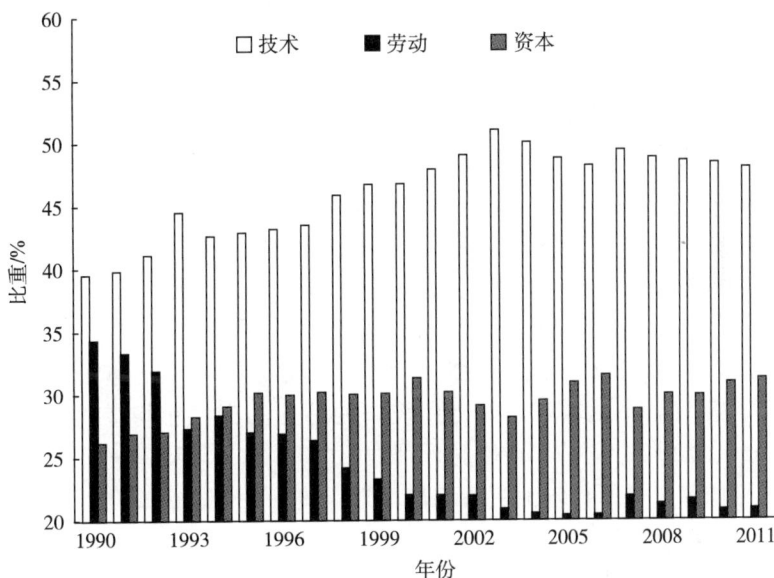

图 1-2　技术、劳动和资本密集型行业所占比重

从图 1-2 可以看出，20 世纪 90 年代以来我国工业部门内部结构整体上向升级方向发展，其中技术密集型行业生产总值所占比重较高，且呈逐年递增态势，到 2003 年其所占比重已由 1990 年的 40% 左右上升至 50% 左右，近几年虽有所回落，但回落幅度不大，仍保持在 48% 左右；同时资本密集型行业生产总值所占比重也基本呈现震荡上升态势，到 2011 年资本密集型工业行业的生产总值已达到工业总产值的 31.2%，相对于 1990 年增长了 5.1 百分点；劳动密集型工业

行业的生产总值所占比重则呈逐年快速递减态势，到 2011 年已由 1990 年的 34.3％降为 20.8，下降了近 14 百分点。

20 世纪 90 年代后特别是 2000 年以后，电子及通信设备制造业等技术密集型工业行业和石油加工及炼焦业等资本密集型工业行业的快速增长最终带来了工业总产值中技术密集型和资本密集型工业行业所占比重的逐步提高，进而使我国工业结构呈现逐步升级的变化特点。从表 1-11 中可以看出，电子及通信设备制造业生产总值在 1990～2000 年的年平均增速为 29.5％，2001～2011 年增速虽略有回落但仍保持较高水平，平均增速为 21.83％；同时石油加工及炼焦业的生产总值在 1990～2000 年的年平均增速为 19.09％，并且在 2000 年后其生产总值迅速提高，2001～2011 年的平均增速为 22.19％，提高了 3 百分点。

2. 工业内部结构的高加工度化演进呈现出波动性

20 世纪 90 年代以来我国原材料工业和加工工业的增长状况表现出阶段性特征，进而使我国工业的高加工度化呈现出波动演进的特点。从表 1-11 中可以看出，1990～2000 年黑色金属冶炼及压延加工业和有色金属冶炼及压延加工业的产值年平均增速分别为 16.35％和 16.06％，而金属制品业和专用设备制造业产值的年平均增速分别为 18.41％和 27.53％，可见，黑色金属冶炼及压延加工业和有色金属冶炼及压延加工业等基本原材料工业在 20 世纪 90 年代增长速度明显低于金属制品业和专用设备制造业等加工工业，进而使 1990～2000 年我国工业内部结构呈现较为明显的高加工化趋势。然而 2000 年后受投资增长的拉动，我国原材料工业开始呈现加速增长态势，相比之下加工工业的增长速度则较慢。表 1-11 中的数据表明，2001～2011 年黑色金属冶炼及压延加工业和有色金属冶炼及压延加工业的产值呈现快速增长态势，年平均增速分别为 27.85％和 30.55％，较 1990～2000 年接近翻了一番，而金属制品业产值的年均增速较 1990～2000 年仅有小幅增长，而专用设备制造业的产值年均增速则有所下降，两者 2001～2011 年产值的年均增速分别为 22.69％和 25.59％，远低于黑色金属冶炼及压延加工业等原材料工业的年均增速，进而使 2001～2011 年我国工业的高加工度有所弱化。

由于我国重化工业过程中尚未完成以原材料制造业为中心的工业化阶段，原材料工业的大多数产品的附加值较低，原材料工业的发展仍处于低水平的规模扩张阶段，并且我国的加工工业目前仍然存在比较严重的技术制约，大多数的加工行业和企业的核心技术和关键设备基本依赖国外，从而使 2000 年后特别是加入 WTO 之后，我国工业的高加工度有所弱化，进而使我国工业内部结构的高加工度化演进呈现出波动性特征。可见，目前我国工业的发展已进入了以加快结构升级和提高国际竞争力为主的新阶段。

1.3　现阶段中国工业结构升级面临的主要问题

现阶段我国工业结构进一步升级所面临的主要问题如下。

1. 外部需求萎缩，中国工业经济增速放缓，企业效益持续快速下滑

始于 2008 年的世界经济危机对我国工业经济的深层影响正在不断显现。全球经济增速放缓、美国经济疲软、欧债危机蔓延均导致我国外部需求萎缩，而我国制造业的优势趋弱、部分行业产能过剩、内部投资消费需求增速放缓，使我国工业经济增速明显放缓，企业效益持续快速下滑。2014 年 1 月至 11 月，全国规模以上工业增加值累计同比增速为 8.3%，相对于 2011 年和 2010 年同期分别回落了 5.7 百分点和 7.5 百分点；全国规模以上工业企业盈亏相抵实现利润累计同比增长 5.31%，与 2011 年和 2010 年同期累计同比增速 24.36% 和 49.35% 相比，分别下降 19.05 百分点和 44.04 百分点。从我国工业企业经营收入、成本与效益结构来看，企业主营业务收入、利润大幅下降企业财务费用、利息支出和亏损面大幅上升。工业企业主营业务收入增长率明显下降是工业经济增长率下降的另一反映，由此导致工业利润和税收增长率下降甚至负增长。

我国工业是国民经济的主导，其增速水平和发展状况决定了其他产业水平乃至整个经济运行情况的好坏。多年积累的结构问题已成为当前制约我国工业经济快速可持续增长的首要问题，绿色、节能、高附加价值行业已成为工业结构调整的趋势，当前世界经济危机导致的严峻形势对我国工业部门形成了加快结构调整的倒逼机制，同时，我国目前所处的经济放缓期将为我国工业结构调整提供一个契机，我国工业结构乃至产业结构的调整步伐需要逐步加快。

2. "去产能"的结构调整政策已初见成效，但部分行业产能过剩问题仍突出

2002 年下半年我国经济开始进入了投资拉动型的新一轮增长周期，在基础设施和房地产投资持续快速增长的拉动下，钢铁、水泥等部分原材料工业行业和机械制造等部分加工工业行业出现了非理性的繁荣现象。在高利润和高需求的刺激下，这些工业行业在投资扩张的同时忽视了对企业生产技术的改造和产品升级，从而使行业的生产能力在低水平上过快扩张，部分产品的供给无法适应需求升级的需要，进而导致这些工业行业出现全面或结构性产能过剩问题。

产成品资金占有率反映的是企业存货占流动资金的比率，通常情况下，其比重过高说明产品市场竞争力在下降，行业产成品资金占有率的变动在一定程度上可以反映出该行业生产能力与市场需求相对关系的变化。图 1-3 给出了 2002～2013 年我国黑色金属冶炼及压延加工业和汽车制造业两个主要工业行业产成品资金占有率变动图。从图 1-3 可以看出，2002～2008 年黑色金属冶炼及压延加

工业和汽车制造业两个主要过剩工业行业的产成品资金占有率均呈明显的震荡上升态势，这表明2002～2008年两个工业行业的产成品库存占销售额的比重在逐年增加，两个主要过剩工业行业的产品供给结构与国内市场的需求结构之间存在一定的偏差，行业的生产能力相对市场需求的过剩程度逐步加大。

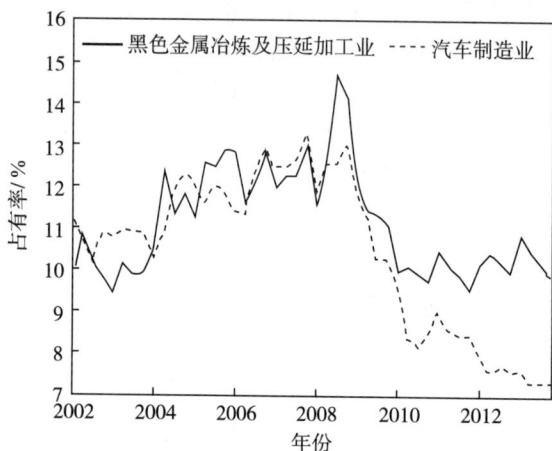

图1-3　两个主要过剩工业行业产成品资金占有率变动图

　　面对日益突出的产能过剩问题，政府相关部门陆续出台多项"去产能"的结构调整政策。从图1-3中可以看出，黑色金属冶炼及压延加工业和汽车制造业两个工业行业的产成品资金占有率自2009年急剧回落后，从2010年开始呈现低水平波动态势，这表明，政府部门的相关调控政策效果已逐步显现，黑色金属冶炼及压延加工业和汽车制造业的产能过剩程度已有所改善。2013年1月至12月黑色金属冶炼及压延加工业固定资产投资累计同比下降2.1百分点，汽车制造业固定资产投资累计同比增速为15%，相比于2012年同期下降17.8百分点。

　　2013年10月国务院下发的《关于化解产能严重过剩矛盾的指导意见》指出，受国际金融危机的深层次影响，国际市场持续低迷，国内需求增速趋缓，我国部分产业供过于求矛盾日益凸显，传统制造业产能普遍过剩，特别是钢铁、水泥、电解铝等高消耗、高排放行业尤为突出。2012年年底，我国钢铁、水泥、电解铝、平板玻璃、船舶产能利用率分别仅为72%、73.7%、71.9%、73.1%和75%，明显低于国际通常水平。钢铁、电解铝、船舶等行业利润大幅下滑，企业普遍经营困难。值得关注的是，这些产能严重过剩行业仍有一批在建、拟建项目，产能过剩呈加剧之势。产能严重过剩越来越成为我国经济运行中的突出矛盾和诸多问题的根源。

　　3. 工业的粗放式生产特征逐步改善，但部分高能耗行业增长仍较快

　　现阶段我国工业的粗放式生产特征依然明显，在国民经济各部门中工业部门

的能源利用效率依然相对较低。图 1-4 给出了 1980～2010 年我国工业部门及其他国民经济部门如交通运输业、建筑业和批发零售业等各部门能源消耗强度的时间变动趋势。从图 1-4 中可以看出，20 世纪 80 年代以来，我国国民经济各部门的能源消耗强度均呈持续下降态势，特别是我国的工业部门其能源消耗强度在 1980～2000 年表现出明显的快速下降态势，进而使工业部门与其他部门能源消耗强度的差距逐步缩小。然而，2001 年以后，我国工业部门的能源消耗强度呈现出降速趋缓，甚至一度呈现出小幅止降反升的态势。2005 年开始，我国工业部门的能源消耗强度再次呈现出快速下降，与其他部门能源消耗强度的差距进一步缩小，至 2010 年与交通运输业的能源消耗强度已非常接近。我国工业部门能源消耗强度变动的这一特征表明，从 20 世纪 80 年代初开始，我国工业部门的能源效率得到了持续快速的提高，到 2000 年虽仍显著低于其他国民经济部门，但差距已明显缩小。然而在 2001 年后，我国工业部门的能源效率却表现出逐步降低的迹象，2005 年后节能降耗的效果开始显现，我国工业部门的能源效率进一步改善。

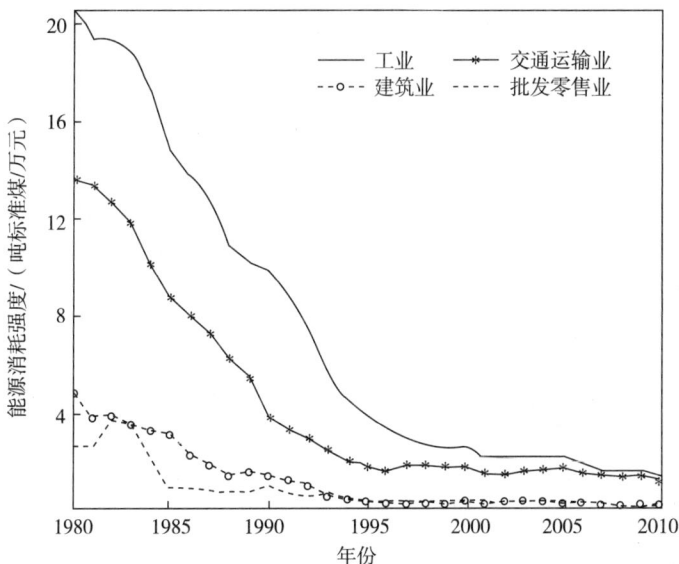

图 1-4　我国各部门能源消耗强度比较

由于工业部门内部的诸多工业行业在生产过程、行业内部产品结构、技术进步及能源利用方式上均存在较大的差异，从而使这些工业行业各自的能源利用效率之间存在较大的差异，进而使工业内部的行业结构直接影响着工业部门的能源利用效率。图 1-5 给出了我国 29 个主要工业行业 1994～2010 年的能源消耗强度差异状况。

从图 1-5 可以看出，各工业行业的能源强度的差异非常显著，在 29 个工业

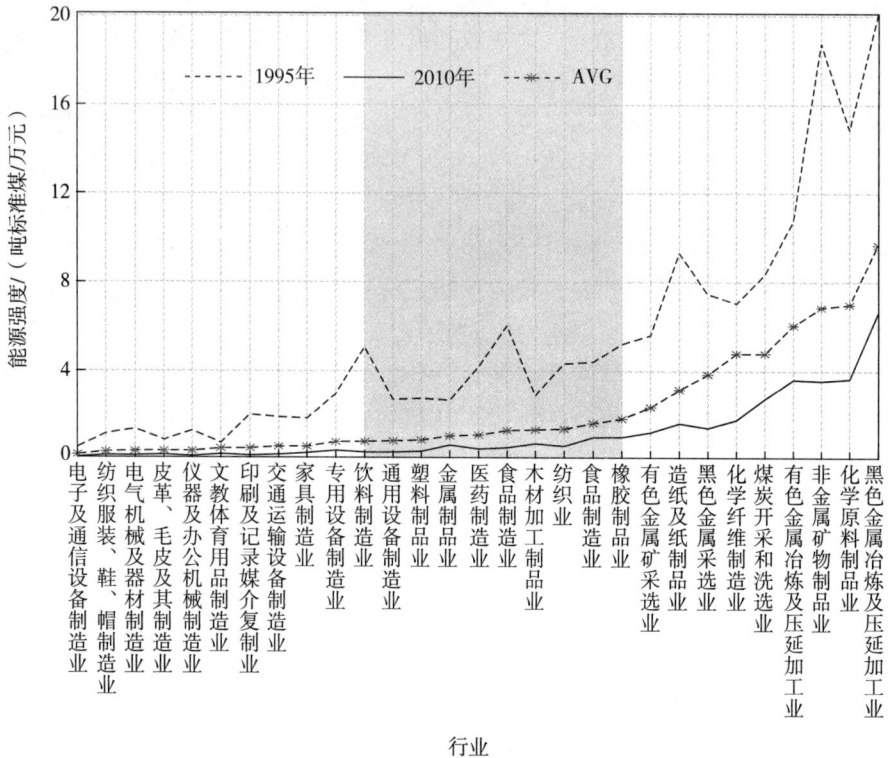

图 1-5　主要工业行业能源消耗强度差异(AVG 表示各行业 1994～2010 年的平均值)

行业中图 1-5 右侧非阴影区域的非金属矿物制品业和黑色金属冶炼及压延加工业等工业行业的能源消耗强度明显高于电子及通信设备制造业等其他工业行业,其能源强度占工业部门的能源强度接近 70%,2010 年能源强度最高的黑色金属冶炼及压延加工业是能源强度最低的电子及通信设备制造业的 48.8 倍,是有色金属矿采选业的 5.35 倍。而从表 1-11 中的数据我们又可以看出,现阶段我国工业部门内部高能耗行业的增长速度相对较高,2001～2011 年黑色金属冶炼及压延加工业生产总值的年均增速高达 27.85%。

随着我国经济的快速增长,我国的能源需求正以前所未有的速度增长,能源对经济增长的约束性不断增强,工业的粗放式生产特征,工业内部高能耗行业的过快增长已成为现阶段我国工业结构进一步升级所面临的主要问题之一。

1.4　本章小结

本章对我国工业化进程,特别是改革开放后的我国工业化发展历程进行了回顾，并在此基础上，对我国工业化各阶段工业结构的演进特征进行了分析。分析表明 20 世纪 90 年代以来，随着我国经济体制的全面转轨，工业的内部结构变化呈现出一些新的特点，具体如下。

(1)20 世纪 90 年代后特别是 2000 年以后，电子及通信设备制造业等技术密集型工业行业和石油加工及炼焦业等资本密集型工业行业的快速增长最终带来了工业总产值中技术密集型和资本密集型工业行业所占比重的逐步提高，进而使我国工业结构呈现逐步升级的变化特点。

(2)由于我国重化工业过程中尚未完成以原材料制造业为中心的工业化阶段，原材料工业的大多数产品的附加值较低，原材料工业的发展仍处于低水平的规模扩张阶段，并且我国的加工工业目前仍然存在比较严重的技术制约，大多数的加工行业和企业的核心技术和关键设备基本依赖国外，从而使 2000 年后特别是加入 WTO 之后，我国工业的高加工度有所弱化，进而使我国工业内部结构的高加工度化演进呈现出波动性特征。

现阶段我国工业结构的进一步升级主要面临的问题如下。

(1)当前世界经济危机导致的严峻形势使我国外部需求萎缩，我国制造业的优势趋弱、部分行业产能过剩、内部投资消费需求增速放缓，使我国工业经济增速明显放缓，企业效益持续快速下滑，进而对我国工业部门形成了加快结构调整的倒逼机制，同时，我国目前所处的经济放缓期将为我国工业结构调整提供一个契机，我国工业结构乃至产业结构的调整步伐需要逐步加快。

(2)面对日益突出的产能过剩问题，政府相关部门陆续出台多项"去产能"的结构调整政策。2008 年后，政府部门的相关调控政策效果已逐步显现，部分行业的产能过剩程度在一定程度上有所改善，但受国际金融危机的深层次影响，国际市场持续低迷，国内需求增速趋缓，部分行业供过于求矛盾日益凸显，传统制造业产能普遍过剩，特别是钢铁、水泥、电解铝等高消耗、高排放行业尤为突出，并且值得关注的是，这些产能严重过剩行业仍有一批在建、拟建项目，产能过剩呈加剧之势。产能严重过剩越来越成为我国经济运行中的突出矛盾和诸多问题的根源。

(3)随着经济的快速增长，我国的能源需求正以前所未有的速度增长，能源对经济增长的约束性不断增强，工业的粗放式生产特征，工业内部高能耗行业的过快增长已成为现阶段我国工业结构进一步升级所面临的主要问题之一。

基于现阶段我国工业结构进一步升级所面临的主要问题，本书接下来将从生产效率、绩效变动、投资增长和能源消耗等角度对我国工业行业经济波动特征及波动机制进行结构性研究。

第 2 章

中国工业部门技术效率、技术进步及生产率增长的实证研究

　　自 1978 年改革开放以来，中国经济在三十多年的时间里保持着年均 9.8% 的高速增长。人均 GDP 从 1978 年的 381 元迅速增加到 2010 年的 29 992 元。中国经济增长的速度是令人瞩目的，同时也引起了对中国经济增长奇迹背后驱动力的争论。Young(1995) 通过研究发现在东亚经济中，产出和制造业的出口是史无前例的，但生产率增长并不高。Kim 和 Lau(1994) 进一步发现，第二次世界大战后新型工业化国家的技术进步几乎为零。美国经济学家克鲁格曼(1999) 在这些人研究的基础上指出，东亚经济增长"主要是来自于汗水而非灵感，来自于更努力的工作而非更聪明的工作"。因而，中国经济增长模式可持续性成为近年来中国经济学家关注的热点。经济增长来源于投入要素的增加和全要素生产率水平的提高，而对于中国经济增长模式的可持续性的怀疑来自于否认中国经济存在效率的提升(易纲等，2003)。经济效率的提升是经济可持续发展的基础。而全要素生产率不仅是反映经济效率的重要指标，也是反映经济增长质量的最重要的指标。全要素生产率是一个"残差"的概念，它包含了所有不能被要素投入所解释的因素。胡鞍钢(2003) 认为，中国经济未来的增长取决于全要素生产率的提高。随着全要素生产率估计理论的深入，生产率水平的增长既与技术进步有关，也与技术使用的效率水平有关，即与技术效率的提高、资源的配置效率及规模经济有关。技术效率水平的提高主要是制度变革、管理改善等引起的效率提高(逼近生产可能性边界)的结果；技术进步是自主创新或学习现有先进技术的结果，会引起生产可能性边界向外移动。对技术效率和技术进步的研究具有重要的意义，两者所对应的政策含义是不同的。对于生产者而言，如果其生产的主要问题是由较低的生产效率引起，那么政策制定者应该鼓励企业更好地充分利用现有的技术以提高其使用水平；如果其生产问题是因技术进步迟缓或老化，则政策指向应该是鼓励生产者加大新技术的研发及吸收消化外来技术，解决企业发展后劲不足的问题。从经济增长的角度，技术效率的提高可以使现有的经济资源得以充分利用，以减

少低效率带来的损失，同时技术进步的提高使经济的持续稳定增长成为可能。

我国经济的高速增长在很大程度上是依靠高投入、高消耗、高排放、低效率支撑的粗放型增长。这必然会引起制约经济长远发展的深层次矛盾和问题。因此，十七大提出"转变经济发展方式，实现国民经济又好又快的发展"，把提高经济增长质量放在更重要的位置上，而 2008 年爆发的国际金融危机使我国转变经济发展方式问题更加凸现出来。2011 年 9 月，以"关注增长质量，掌控经济格局"为主题的夏季达沃斯论坛在大连召开，温家宝总理在开幕式讲话中也提出实现中国经济更长时期、更高质量、更好质量的发展。2012 年 2 月，国务院副总理张德江在辽宁省工业企业调研时也强调，提高工业增长、质量推进工业技术进步对保持工业平稳较快增长的重要性。工业一直是拉动我国经济增长的主要动力，截至 2010 年我国工业对经济增长贡献率已经超过 49%，我国目前还处于工业化中期阶段，工业结构的转型升级是转变经济发展方式的重要组成部分。而技术效率的提升、技术进步的加快，从而全要素生产率的增长是产业结构转型升级的必要条件。

因此，本章根据要素密集程度将我国工业部门分为劳动密集型产业、资本密集型产业和技术密集型产业，运用随机前沿生产模型分别对三个产业 1992～2010 年的全要素生产率进行具体估算和分解，在估算的基础上比较分析各产业间全要素生产率增长及各组成部分的变动，并进一步对影响我国工业技术效率、技术进步的外生影响因素进行具体的实证分析，针对不同的产业部门明确一定时期全要素生产率增长的源泉以及影响技术效率、技术进步的主要因素，对制定科学合理的产业政策使我国工业持续平稳健康增长具有重要的意义。本章的具体结构安排为：2.1 节介绍随机前沿生产函数模型，特别是 Battese 和 Coelli(1995)模型，以及 Kumbhakar(2000)对全要素生产率增长分解的框架。2.2 节首先对研究所使用的数据、变量以及工业行业分组进行说明。其次对随机前沿生产函数模型进行设定，并对模型形式做严密的假设检验以克服模型设定的随意性。再次对不同产业的全要素生产率的增长分别进行估算和分解，并进行比较分析。最后利用一步估计法考察影响我国工业行业技术效率变动的因素，包括行业内 R&D、产权结构、资本强度 KP、外资参与程度 FDI 以及进出口和行业规模(SC)等因素对不同产业行业的技术效率的具体影响。2.3 节利用面板数据模型对影响工业行业前沿技术进步的外生性因素作实证分析，并比较这些外生性因素对不同特征行业的影响差异。2.4 节给出本章所得结论及相关政策启示。

2.1 随机前沿生产函数模型及全要素生产率增长率分解

全要素生产率是目前用来衡量生产效率的重要指标，产出增长率超出要素投入增长率的部分为全要素生产率增长率，其来源主要包括技术效率的改善、技术水平的进步以及规模效应。目前学术界对全要素生产率增长率进行测度和分解的方法主要有数据包络分析方法（data envelopment analysis，DEA）和随机前沿分析方法（stochastic frontier analysis，SFA）两大类。DEA 和 SFA 两种方法都假定技术无效率的存在，即生产单元的生产有可能处于生产前沿面的下方。SFA 最大的优点就是考虑影响产出变化的随机因素（如测量误差、劳动力差异、机器运行状况、天气变化或仅仅是运气的不同）从技术有效性中分离出来。DEA 没有考虑随机性因素对生产效率的影响，故由 DEA 算出的技术效率比 SFA 估算出的技术效率要高，而 SFA 理论上更加符合实际。

2.1.1 随机前沿生产函数模型

1. 前沿生产函数、随机前沿生产模型与技术效率

Farrel（1957）和 Leibenstein（1966）各自从投入和产出角度提出了技术效率的概念。一般来说，技术效率是指在技术水平稳定的情况下，产出既定时缩小投入的能力，或投入既定时扩大产出的能力。前沿生产函数给出了效率最高生产单元的投入与产出间的结构关系，是衡量生产单元技术效率的基准。假设有 i 个生产单元，每个生产单元用 n 种投入要素生产单一产出，则前沿生产模型表示为

$$y_i = f(x_i; \beta) \cdot \text{TE}_i \qquad (2-1)$$

其中，y_i 为第 i 个生产单元的实际产出向量；x_i 为投入向量；$f(x_i; \beta)$ 为前沿生产函数，即给定投入 x_i 下生产单元所能达到的最大产出；β 为待估计的参数向量。而技术效率的变化表示为

$$\text{TE}_i = y_i / f(x_i; \beta) \qquad (2-2)$$

即实际产出与可行的最大产出的比值。当 $\text{TE}_i = 1$ 时，表明生产单元 i 实际产出已达到最大可行产出。否则，当 $\text{TE}_i < 1$ 衡量了生产单元 i 的实际产出与最大可行产出的距离。

式（2-1）给出的确定性的前沿生产函数，这里生产单元的实际产出与最大可行产出的全部差值代表了技术无效率的程度，但是却忽略了产出可能受到一些不可控随机因素的影响。为了把这种随机因素考虑进来，就有了随机前沿模型。则式（2-1）改写为

$$y_i = f(\mathbf{x}_i \, ; \, \boldsymbol{\beta}) \cdot \exp(v_i) \cdot \mathrm{TE}_i \tag{2-3}$$

其中，$f(\mathbf{x}_i \, ; \, \boldsymbol{\beta}) \cdot \exp(v_i)$ 为随机前沿生产函数。它包括两个部分：$f(\mathbf{x}_i \, ; \, \boldsymbol{\beta})$ 为对所有生产单元都相同的反映了生产单元投入与产出确定性的技术结构关系；$\exp(v_i)$ 为因生产单元而异的随机影响部分。则式(2-2)在随机前沿模型的情况下就表示为

$$\mathrm{TE}_i = \mathbf{y}_i / f(\mathbf{x}_i \, ; \, \boldsymbol{\beta}) \cdot \exp(v_i) \tag{2-4}$$

2. 随机前沿生产函数的形式

由于 Battese 和 Coelli(1995)模型能够对技术效率的外生性影响进行分析，所以本章的相关研究是以 Battese 和 Coelli(1995)模型形式(B-C95 年模型)来进行的。

随机前沿生产函数模型如下：

$$y_{it} = f(\mathbf{x}_{it}, \, t, \, \boldsymbol{\beta}) \exp(v_{it} - u_{it}) \tag{2-5}$$

其中，y_{it} 表示第 $i(i=1, \, 2, \, \cdots, \, N)$ 个生产单元在 $t(t=1, \, 2, \, \cdots, \, T)$ 时期的产出；$\mathbf{x}_{it}$ 为第 i 个生产单元在 t 时期的要素投入向量；$\boldsymbol{\beta}$ 为要估计的参数向量；v_{it} 为随机误差项，且假定服从独立同分布的零均值正态分布，即 $v_{it} \sim \mathrm{iid} \, N(0, \, \sigma_v^2)$，且独立于 u_{it}；u_{it} 为技术无效率项，且假定独立同分布，服从均值为 $z_{it}\boldsymbol{\delta}$，方差为 σ_u^2，在零点左边被截断的正态分布，即 $u_{it} \sim \mathrm{iid} \, N^+(z_{it}\boldsymbol{\delta}, \, \sigma_u^2)$，$z_{it}$ 为与生产单元的技术无效率项有关的解释变量向量，$\boldsymbol{\delta}$ 为未知系数向量。

如果把 z_{it} 第一个变量系数设定为 1，其他变量系数设定为 0，这种情况下模型变为 Stevenson(1980)、Battese 和 Coelli(1988，1992)中的模型形式。如果 $\boldsymbol{\delta}$ 向量设定为零向量，这时技术无效率项与解释变量无关，服从于半正态分布，变为 Aigner 等(1977)的模型形式。如果在 z_{it} 变量中含有行业特定变量与投入变量的交互项，则模型变为 Huang 和 Liu(1994)中的非中性随机前沿模型。

技术无效率方程设定为

$$u_{it} = z_{it}\boldsymbol{\delta} + \varepsilon_{it} \tag{2-6}$$

其中，随机变量 ε_{it} 定义为零均值；方差为 σ_u^2 的截尾正态分布，其分布被可变截点 $-z_{it}\boldsymbol{\delta}$ 截断。ε_{it} 的分布假设和前面 u_{it} 的分布假设 $u_{it} \sim \mathrm{iid} \, N^+(z_{it}\boldsymbol{\delta}, \, \sigma_u^2)$ 是一致的。这里与 Reifschneider 和 Stevenson(1991)公式的区别在于此处 ε_{it} 是独立的、但不是恒定分布的；另外 $z_{it}\boldsymbol{\delta}$ 对每一个观测值并非要求为正。

随机前沿生产模型[式(2-5)]和技术无效率模型[式(2-6)]中的参数由极大似然法联合估计得到(Battese and Coelli，1992)。似然函数中构造的方差参数 $\sigma_s^2 = \sigma_v^2 + \sigma_u^2$，$\gamma = \sigma_u^2 / \sigma_s^2$ 也会被估计出来，其中 γ 的范围为 $0 \sim 1$，γ 越接近 1 表明生产中无效率因素占比重越大直至没有随机性因素；γ 越接近于 0 表明随机性因素占比重越大直至没有无效率因素。定义第 i 个生产单元在第 t 期生产的技术效率为

$$\mathrm{TE}_{it} = \exp(-u_{it}) = \exp(-z_{it}\boldsymbol{\delta} - \varepsilon_{it}\sigma^2) \tag{2-7}$$

　　基于面板数据的随机前沿生产模型参数估计方法大致有三种：基于虚拟变量最小二乘法(least squares with dummy variable，LSDV)的固定效应估计、基于广义最小二乘法(generalized least squares，GLS)的随机效应估计及极大似然估计。这三种估计方法对数据有不同的要求且各自性质不同，在不同的情况下，其中一种方法可能优于另两种。例如，当生产单元个数 I 较大而时期 T 较小时，或者是存在非时变的回归元时，随机效应估计就优于固定效应估计；当效应和回归元的独立性假设似乎合理时，极大似然估计就比其他两种方法更有效，因为它能运用固定效应估计和随机效应估计不能适用的分布假设信息(Kumbhakar and Knox Lovell，2000)。

2.1.2　全要素生产率增长的分解

1. 全要素生产率、技术效率与技术进步

　　在随机前沿生产函数模型下，根据价格信息的已知与否可以将生产率的变化与四个或三个因素相联系。在价格信息已知的情况下，可以将生产率的增长分解为技术变化、技术效率的变化、规模效应及要素配置效率。在价格信息未知的情况下，生产率的增长只能被分解为技术变化、技术效率的变化及规模效应。生产率变化的总体结构可以由图 2-1 简要说明。在图 2-1 中，我们假定生产者投入单一要素生产单一产出，且生产从$(x^t，y^t)$扩张到$(x^{t+1}，y^{t+1})$，生产者的技术特征使规模报酬递减，因为 $f(x，t+1；\beta)>f(x，t；\beta)$，所以在 t 时期和$t+1$时期之间存在技术进步。

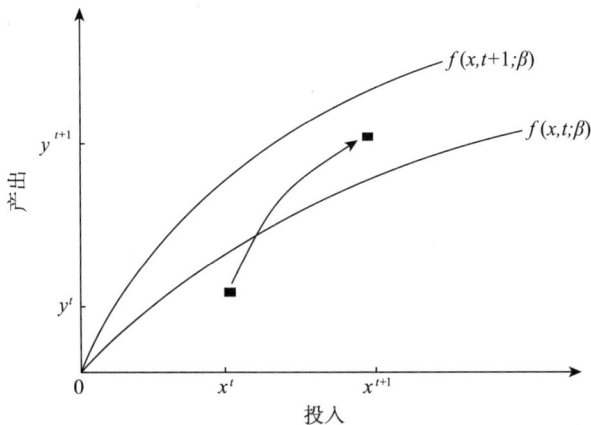

图 2-1　生产率变化的总体结构

　　忽略随机噪声的影响，由于 $y^t<f(x，t；\beta)$ 和 $y^{t+1}<f(x，t+1；\beta)$，很明显生产者在两个时期的生产都存在无效率，又$[y^t/f(x，t；\beta)]<[y^{t+1}/f(x，$

$t+1;\beta)$]，所以从 t 到 $t+1$ 时期技术效率有所提高。另外，由图 2-1 可知 $(y^{t+1}/x^{t+1})>(y^t/x^t)$，所以生产率也提高了。

经济增长理论将经济的增长归结为要素投入的增加和生产率的提高，而生产率增长的估计值应该分解为与技术变化、技术效率变化、规模报酬及要素配置效率变化相关的因素。下面我们在随机前沿生产模型的基础上对全要素生产率的增长进行分解。

2. 全要素生产率增长分解的理论框架

我们从随机性前沿生产函数开始

$$y=f(\boldsymbol{x},\ t;\ \boldsymbol{\beta})\cdot\exp(v-u) \tag{2-8}$$

其中，y 代表实际产出标量；$f(\boldsymbol{x},\ t;\ \boldsymbol{\beta})$ 为随机前沿生产函数的确定性部分；$\boldsymbol{\beta}$ 为待估计的参数向量；$\boldsymbol{x}$ 为要素投入向量；t 为时间趋势，在这里代表技术变化；而 $u\geqslant0$ 表示产出导向型技术无效率项。技术变化并非一定对要素投入表现为中性，技术进步可以通过投入要素来体现。若技术变化是中性的，则生产前沿 $f(\boldsymbol{x},\ t;\ \boldsymbol{\beta})$ 分解为技术和要素互不相关的两个部分，即 $f(\boldsymbol{x},\ t;\ \boldsymbol{\beta})=A(t)\cdot g(\boldsymbol{x};\ \boldsymbol{\beta})$。

技术进步可以由式(2-9)衡量：

$$\mathrm{TC}=\partial\ln f(\boldsymbol{x},\ t;\ \boldsymbol{\beta})/\partial t \tag{2-9}$$

TC 可以大于零、等于零或者小于零，分别表示技术变化使生产前沿面上升、不变或下降。技术效率变化可以通过式(2-10)来衡量：

$$\mathrm{TEC}=-\ \partial u/\partial t \tag{2-10}$$

TEC 同样可以大于零、等于零或者小于零，分别表示技术效率随时间上升、保持不变或者降低，也可以分别解释为向生产前沿面移动、相对生产前沿面保持不变或者偏离生产前沿面等。

在产出为标量的情况下，传统的 Divisia 生产率变化指数定义为产出变化率与要素投入数量指数变化率之差，即

$$\dot{\mathrm{TFP}}=\dot{y}-\dot{X}=\dot{y}-\sum_n S_n\dot{x}_n \tag{2-11}$$

其中，变量上的一点表示变化率，如 $\dot{y}=(1/y)(\mathrm{d}y/\mathrm{d}t)=\mathrm{d}\ln y/\mathrm{d}t$；$S_n=w_n x_n/E$ 为要素 x_n 的真实支出份额；$E=\sum_n w_n x_n$ 为总支出，$\boldsymbol{w}_n=(w_1,\ \cdots,\ w_n)>0$ 为投入价格向量。将式(2-8)两边求导后，把 $\dot{y}$ 的表达式代入式(2-11)可得

$$\dot{\mathrm{TFP}}=\mathrm{TC}+\sum_n(\varepsilon_n-S_n)\dot{x}_n+\mathrm{TEC}$$

$$=\mathrm{TC}+(\varepsilon-1)\cdot\sum_n\left(\frac{\varepsilon_n}{\varepsilon}\right)\dot{x}_n+\sum_n\left[\left(\frac{\varepsilon_n}{\varepsilon}\right)-S_n\right]\dot{x}_n+\mathrm{TEC} \tag{2-12}$$

其中，$\varepsilon_n=\varepsilon_n(\boldsymbol{x},\ t;\ \boldsymbol{\beta})=x_n f_n(\boldsymbol{x},\ t;\ \boldsymbol{\beta})/f(\boldsymbol{x},\ t;\ \boldsymbol{\beta})(n=1,\ 2,\ \cdots,\ N)$ 为相

对于各要素投入的产出弹性。规模弹性 $\varepsilon = \varepsilon(x, t; \boldsymbol{\beta}) = \sum_n \varepsilon_n(x, t; \boldsymbol{\beta})$ 衡量了生产前沿规模报酬。ε 大于 1 时表示规模报酬递增;小于 1 时表示规模报酬递减;等于 1 时表示规模报酬不变。

式(2-12)将生产率的变化分解为技术进步 TC,规模经济性 SE $= (\varepsilon - 1) \cdot \sum_n (\varepsilon_n/\varepsilon) \dot{x}_n$,技术效率变化部分 TEC 和要素配置效率部分 AE $= \sum_n [(\varepsilon_n/\varepsilon) - S_n] \dot{x}_n$。

如果生产技术或者技术效率不是时变的,那么其对生产率的变化就没有任何贡献。规模经济对生产率变化的贡献取决于规模报酬情况,当规模报酬不变时,要素投入的增加与否对生产率的变化没有影响;当规模报酬递增时增加要素投入或者当规模报酬递减时减少要素投入,都会对生产率的变化产生正面的影响;反之则产生负面影响。

要素配置效率部分衡量了要素投入的正规化产出弹性与要素真实支出份额的偏离对生产率变化所产生的影响,同时捕获了要素投入价格偏离其边际产出时对生产率变化的影响。要素配置的无效率可以表示要素投入的配置无效率,即 $f_n(x, t; \boldsymbol{\beta})/f_k(x, t; \boldsymbol{\beta}) \neq w_n/w_k$,或者规模的无效率,即有 $f_n(x, t; \boldsymbol{\beta})/f_k(x, t; \boldsymbol{\beta}) \neq w_n/w_k$,但是 $w_n \neq pf_n(x, t; \boldsymbol{\beta}) \cdot \exp(-u)$,或者两者都有 [其中,$w_n$ 为投入要素 n 的价格,P 为产出价格,$f_n(x, t; \boldsymbol{\beta})$ 为要素 n 的边际产出]。当要素 n 的正规化产出弹性大于该要素支出份额 S_n 时,在其他因素保持不变的情况下增加该要素的投入会使生产率提高。如果生产者的要素配置是有效率的,那么 $f_n(x, t; \boldsymbol{\beta}) = (w_n/p) \cdot \exp(u)(n = 1, 2, \cdots, N)$,式(2-12)中也就没有配置无效率项部分。

在价格信息未知的情况下,无论配置无效率是否存在,其都无法在实证中计算出来。在这种情况下,如果明确假设对于任意的要素 n 都有 $S_n = (\varepsilon_n/\varepsilon)$,则式(2-12)将简化为

$$\text{TFP} = \text{TC} + (\varepsilon - 1) \cdot \sum_n \left(\frac{\varepsilon_n}{\varepsilon}\right) \dot{x}_n + \text{TEC} \tag{2-13}$$

这个等式只包含生产者的数量信息,没有价格信息。如果技术效率不是时变的,式(2-13)中就不包含第三项,生产率变化是由技术变化和规模经济效应组成。如果技术效率不是时变的,同时规模报酬不变,则式(2-13)中就不包含第二项和第三项。此时生产率的变化仅仅取决于技术变化。因而只有在技术效率是非时变的、要素配置是有效的且规模报酬不变的情况下,生产率的变化才能等同于技术的变化。因此,在早期的生产率研究中将生产率的变化仅仅用技术变化来解释是不合理的。

2.1.3　技术效率与技术进步的影响因素研究

在前沿生产模型中，技术效率的提高表示生产向生产前沿面的移动，而技术进步则表示生产前沿面的上升。技术进步的提高显然可以影响到生产者的技术效率，当生产者的技术水平提高时，如果生产者不能充分吸收现有新技术，那么生产者的效率势必要降低。

技术进步通常归结为生产者的创新、技术模仿、学习及竞争，进而把影响技术进步的因素归结为企业的研发创新、国际贸易、可以反应体现在要素投入中的技术进步——资本强度、外商投资等。本章还考虑所有权形式及行业规模对技术进步的影响。影响技术效率的因素很多，除了技术进步外，还包括产业的组织状态、对外开放度、产权特征、进入壁垒等。

国内学者对我国工业技术效率与技术进步的影响因素的研究较少。李小平(2007)运用 DEA 方法和 1996~2003 年大中型工业企业数据发现出口、企业规模及资本强度对技术进步有促进作用，而自主 R&D、进口对技术进步影响并不显著，国外技术引进和 R&D 阻碍了技术效率的提高，企业规模和资本强度对技术效率影响不显著。陈勇和李小平(2007)运用 DEA 方法及 1985~2003 年我国工业行业数据发现对外开放和行业规模对技术进步有促进作用，而国有比重和行业集中度阻碍了技术进步。何元庆(2007)运用 DEA 方法及 1986~2003 年省级数据实证研究发现出口和人力资本对技术效率的提高有促进作用，进口抑制了技术效率的提高，而外商直接投资(foreign direct investment，FDI)对技术效率的影响不显著；出口对技术进步有负的影响，人力资本和 FDI 有利于技术水平的提高。姚志毅等(2010)运用随机前沿模型和 2001~2007 年 24 个制造业数据发现外商投资和国内投资对技术进步有促进作用，且提高了企业的技术效率。干春晖和郑若谷(2009)运用随机前沿模型和 1998~2007 年工业行业数据发现市场化程度越高、行业规模越大越有利于技术效率的提高。黄凌云和鲍怡(2009)将随机前沿模型运用于中国 26 个制造业，发现 FDI 对我国制造业的技术效率有促进作用，国有程度对技术效率有抑制作用。李小平等(2008)考察了国际贸易、行业 R&D、行业规模及资本强度对技术进步和技术效率的影响，发现进口显著促进了工业行业技术进步的增长，却对技术效率没有促进作用；R&D 支出对技术效率有抑制作用，而对技术进步有促进作用；资本强度和行业规模对技术效率增长有促进作用，却对技术进步有显著的抑制作用。

上述这些对技术进步和技术效率外生性因素进行的研究中，有的在使用随机前沿模型研究技术效率外生性因素时，采用了两阶段法，而两阶段法由于计量上有明显的缺陷，所以基于此的研究并不合理。有的使用 DEA 方法或者使用一步估计法的随机前沿模型，但要么对技术进步和技术效率的影响因素并不系统，要么对整个工业或者制造业使用单一的生产函数，使要素使用密集程度不同的行业具有相同的生产函数，研究结果不能令人信服，本章考虑不同行业间要素使用的差异，按照人均资本把工业行业划分为劳动密集型产业、资本密集型产业和技术密集型产业，根据研究对象和数据的可得性，利用一步估计法系统考察行业内研发、所有权形式、资本强度、外资参与程度、进出口及行业规模对各产业行业技术效率和技术进步的影响。

2.2　中国工业部门的技术效率影响因素分析及全要素生产率的增长分解

2.2.1　数据说明、行业调整与分组

1. 数据说明

本章所涉及的数据主要包括三类，即产出数据、投入数据及影响因素数据。产出数据本章使用各行业历年工业增加值表示，并根据分行业的工业品出厂价格指数(producer price index，PPI)以 1990 年为基期对各行业当年工业增加值数据进行平减。各行业历年工业增加值数据[①]来自历年《中国统计年鉴》，统计数据中各分行业工业品出厂价格指数来自《2011 中国城市(镇)生活与价格年鉴》。投入数据中，劳动投入以历年各行业全部从业人数年平均余额表示，资本存量以行业固定资产净值年平均余额衡量，并用以 1990 年为基期的固定资产投资价格指数进行平减。各行业全部从业人员人数、固定资产净值年平均余额及固定资产投资价格指数来自历年《中国统计年鉴》。影响因素数据中，本章以国有行业固定资产原值与行业固定资产原值之比衡量各行业国有产权比重，其中固定资产原值来自历年《中国统计年鉴》；行业的研发强度以各行业实际 R&D 支出与要素总成本之比衡量，各行业实际 R&D 支出来自历年《中国科技统计年鉴》，对于各投入要素的支出成本，本章用劳动报酬作为劳动的支出成本，以利税总额衡量资本的支出成本；各行业资本强度以行业资本存量与全部从业人员年均人数之比衡量；FDI以各行业三资资产总值与行业资产总值之比来衡量；各行业进口依存度和出口依存度分别以各行业进口额、出口额与行业总产值之比表示，其中各行业的进出口数据来自联合国统计署的 COMTRADE 数据库，由于我国工业行业的分类标准

　　[①]　2004 年的工业统计数据中没有公布细分行业的工业增加值数据，本章以 2003 年和 2005 年的工业增加值数据的均值代替。又自 2008 年后统计局就不再公布工业增加值数据，本章 2008～2010 年的细分行业工业增加值数据用 2007 年的细分行业工业增加值数据和 2008～2010 年 12 月的累计工业增加值增长率估算得出。

与联合国对国际贸易的分类标准不一致,本章借鉴了盛斌(2002)关于两类标准对应的分类;各行业规模以行业总产值与行业企业个数之比来衡量。其中总产值、劳动报酬及利税总额均来自历年《中国统计年鉴》。

2. 行业调整与分组

国民经济行业分类在 1993 年和 2002 年进行过调整,所以要对改革开放以来我国工业行业的生产率进行纵向研究,这些变化势必会产生一定的影响,因而要对相应的统计数字进行修正,尽量选取具有连续性的行业。考虑到数据的可得性和连续性,本章将农副食品加工业与食品制造业合并为食品加工业,将 1992 年的采盐业合并到非金属矿采选业,将 1992 年机械工业数据按照 1993 年专用设备制造业和普通机械制造业的比例分到两个行业,同时我们剔除了其他采矿业、工艺品及其他制造业、废弃资源和废旧材料回收加工业、燃气生产和供应业和水的生产和供应业等行业从而最终选取了 33 个工业行业作为研究对象,同时为了进一步分析不同要素密集型产业生产率变化及外生性因素的影响,本章按照各行业人均资本的高低并结合我国高新技术产业分类目录把 33 个工业行业分为三类,即劳动密集型产业、资本密集型产业和技术密集型产业,如表 2-1 所示。

表 2-1　产业行业分类

行业类别	工业行业	
劳动密集型产业行业	H01	煤炭开采和洗选业
	H03	黑色金属矿采选业
	H04	有色金属矿采选业
	H05	非金属矿采选业
	H09	纺织业
	H10	纺织服装、鞋、帽制造业
	H11	皮革、毛皮、羽毛(绒)及其制品业
	H12	木材加工及木、竹、藤、棕、草制品业
	H13	家具制造业
	H16	文教体育用品制造业
	H22	塑料制品业
	H26	金属制品业
资本密集型产业行业	H02	石油和天然气开采业
	H06	食品加工业
	H07	饮料制造业
	H08	烟草制品业
	H14	造纸及纸制品业
	H15	印刷业和记录媒介的复制行业
	H17	石油加工、炼焦及核燃料加工业

行业类别	工业行业
资本密集型产业行业	H18　化学原料及化学制品制造业
	H20　化学纤维制造业
	H21　橡胶制品业
	H23　非金属矿物制品业
	H24　黑色金属冶炼及压延加工业
	H25　有色金属冶炼及压延加工业
	H33　电力、热力的生产和供应业
技术密集型产业行业	H19　医药制造业
	H27　通用设备制造业
	H28　专业设备制造业
	H29　交通运输设备制造业
	H30　电气机械及器材制造业
	H31　通信设备、计算机及其他电子设备制造业
	H32　仪器仪表及文化、办公用机械制造业

2.2.2　模型形式的设定

本章在 Battese 和 Coelli(1995)模型的基础上，运用包容性较强的超越对数形式时变技术效率的随机前沿生产函数模型对 1992～2010 年我国工业部门中劳动密集型产业、资本密集型产业及技术密集型产业的全要素生产率的增长进行分解，同时对三类产业技术效率的决定性因素进行分析。

随机生产函数模型设定为

$$\ln Y_{m,it} = \beta_{m,0} + \beta_{m,L}\ln L_{m,it} + \beta_{m,K}\ln K_{m,it} + \beta_{m,T}T + \beta_{m,LL}(\ln L_{m,it})^2$$
$$+ \beta_{m,KK}(\ln K_{m,it})^2 + \beta_{m,TT}T^2 + \beta_{m,KL}(\ln K_{m,it}) \cdot (\ln L_{m,it})$$
$$+ \beta_{m,KT}(\ln K_{m,it}) \cdot T + \beta_{m,LT}(\ln L_{m,it}) \cdot T + v_{m,it} - u_{m,it} \quad (2\text{-}14)$$

其中，下标 $m=1，2，3$，分别代表劳动密集型产业、资本密集型产业和技术密集型产业；i 代表对应产业部门内的行业序号；$Y_{m,it}$ 代表 m 产业内 i 行业在 t 年的工业增加值；$L_{m,it}$ 代表 m 产业内 i 行业在 t 年的劳动投入；$K_{m,it}$ 代表 m 产业内 i 行业在 t 年的资本存量；T 表示时间；$v_{m,it}$ 为独立于 $u_{m,it}$ 的统计误差，假定 $v_{m,it} \sim \text{iid} N(0，\sigma_v^2)$；$u_{m,it}$ 为无效率项，并假定 $u_{m,it}$ 独立同分布于均值为 $\mu_{m,it}$，方差为 σ^2，在零点左边被截断的正态分布，即 $u_{m,it} \sim \text{iid} N^+(\mu_{m,it}，\sigma^2)$。其中，

$$\mu_{m,it} = \delta_{m,0} + \delta_{m,1}\ln(\text{R\&D}_{m,it}) + \delta_{m,2}\ln(\text{SD}_{m,it}) + \delta_{m,3}\ln(\text{KP}_{m,it})$$
$$+ \delta_{m,4}\ln(\text{FDI}_{m,it}) + \delta_{m,5}\ln(\text{import}_{m,it}) + \delta_{m,6}\ln(\text{export}_{m,it})$$
$$+ \delta_{m,7}\ln(\text{SC}_{m,it}) \quad (2\text{-}15)$$

方程(2-15)为生产无效率方程。其中，$R\&D_{m,it}$ 表示 m 产业内 i 行业在 t 年的研发强度；$SD_{m,it}$ 表示 m 产业内 i 行业在 t 年的国有产权比重；$KP_{m,it}$ 表示 m 产业内 i 行业在 t 年的资本强度；$FDI_{m,it}$ 表示 m 产业内 i 行业在 t 年的外资参与程度；$import_{m,it}$ 表示 m 产业内 i 行业在 t 时期的进口依存度；$export_{m,it}$ 表示 m 产业内 i 行业在 t 时期的出口依存度；$SC_{m,it}$ 表示 m 产业内 i 行业在 t 时期的行业规模。

2.2.3　模型形式设定的假设检验

本章采用包含时间变量的技术非中性的超越对数形式的随机前沿生产模型，不仅考虑了单一要素的产出弹性，还考虑了技术的非中性、要素间的替代弹性以及要素与时间的交互作用，是一个包容性很强的模型。但实际中，这种模型的设定是否对各类产业都是合理的，需要进行模型的假设检验。因为随机前沿生产函数模型是衡量技术效率的基准，其函数形式的正确设定关系到对技术效率的外生性因素分析的有效性，所以本章不仅要对技术无效率方程的设定进行检验，还要对随机前沿生产模型设定的合理性进行检验，具体的检验如下。

(1)检验无效率项的存在。如果不存在无效率项 $u_{m,it}$，随机前沿生产函数就等同于只包含随机噪声的普通的面板模型。检验技术无效率项不存在的原假设 H_0：$\gamma = \delta_{m,0} = \delta_{m,1} = \cdots = \delta_{m,6} = 0$。方差比例参数 $\gamma = \sigma_u^2/\sigma_s^2$，$\sigma_s^2 = \sigma_v^2 + \sigma_u^2$。$\gamma$ 取值范围为$[0, 1]$。当 $\gamma = 0$ 时，表明生产者不存在无效率，只有随机因素对生产的影响；当 $\gamma = 1$ 时，随机前沿生产模型就变为确定性生产前沿模型，即只有技术的无效率对生产有影响。

(2)检验无外生性因素的影响，即检验无效率方程的设定问题。如果所有的外生性因素对技术效率没有影响，可检验 H_0：$\delta_{m,1} = \delta_{m,2} = \delta_{m,3} = \delta_{m,4} = \delta_{m,5} = \delta_{m,6} = 0$。

(3)检验超越对数生产函数的合理性。简单的柯布道格拉斯(Cobb-Douglas，C-D)生产函数不包含要素的交互效应，技术结构是线性的。C-D 生产函数是否比超越对数生产函数更加合理，可以检验 H_0：$\beta_{m,LL} = \beta_{m,KK} = \beta_{m,TT} = \beta_{m,KL} = \beta_{m,KT} = 0$。

(4)检验技术的非中性。技术中性是指生产者的技术变化不体现在要素中，要素的变化也不会引起技术的变化。实际中，技术的变化往往会渗透到要素中去，特别是技术不发达的生产者在引进高技术含量的设备或者高素质的人才时。可以检验 H_0：$\beta_{m,LT} = \beta_{m,KT} = 0$。

(5)检验是否存在技术变化。本章除了用时间变量表示技术变量外，还用时间与要素的交互项表示。因此，检验是否存在技术的变化可以检验 H_0：$\beta_{m,T} = \beta_{m,TT} = \beta_{m,KT} = \beta_{m,LT} = 0$。

上述检验都通过广义似然比检验实现。本章先对无约束模型进行估计，得到备择假设下的对数似然值 $L(H_1)$，然后分别在上述约束条件下估计模型，从而得到原假设 H_0 下的对数似然值 $L(H_0)$。然后构造似然比检验统计量 $LR = -2[L(H_0) - L(H_1)]$，在原假设 H_0 成立时，LR 服从渐进卡方分布，自由度为受约束变量的个数。另外，在对无约束模型进行估计时，若解释变量或外生性变量不显著，对于调整模型时是否去掉该变量我们也采用似然比检验来判断。

2.2.4 实证结果

1. 模型形式的假设检验

随机前沿生产函数模型中的参数估计由 Frontier 4.1 软件(Coelli and Perelman，1996)使用极大似然法估计得出。在无约束估计模型中，对于不显著的变量我们尝试逐步剔除后得到修正后模型。各类产业的无约束估计的原始模型以及修正后模型估计结果如表 2-2 所示。

表 2-2 各类产业的无约束估计的原始模型以及修正后模型估计结果

参数 前沿生产函数估计	劳动密集型产业		资本密集型产业		技术密集型产业	
	原始模型	修正后模型	原始模型	修正后模型	原始模型	修正后模型
β_0	−0.984 5 ** (−2.385 9)	−0.989 1 *** (−4.173)	13.541 6 *** (60.652)	12.602 *** (21.958)	−1.967 ** (−2.126 7)	−2.421 8 *** (−3.165 6)
β_L	0.165 2 (0.577)	—	−3.539 2 *** (−70.368)	−3.107 2 *** (−11.516)	−0.440 9 (−0.527 8)	—
β_K	1.141 2 *** (5.032 7)	1.418 *** (16.189)	0.105 3 (0.364 4)	—	2.655 8 *** (3.039 8)	2.386 8 *** (10.148 3)
β_T	0.058 6 ** (2.011)	—	−0.095 5 *** (−5.771 6)	—	−0.025 2 (−0.346)	—
β_{LL}	0.245 9 *** (2.648)	0.195 5 *** (16.42)	−0.069 6 (−1.242 6)	—	0.395 ** (1.934 5)	0.401 6 *** (9.166 1)
β_{KK}	0.074 4 (0.880 4)	—	−0.322 1 *** (−10.175 3)	−0.245 4 *** (15.058 8)	0.203 1 (1.462 1)	0.279 3 *** (8.355 2)
β_{TT}	−0.000 9 (−1.147 4)	—	0.001 (1.289)	—	−0.002 8 (−1.285 6)	−0.002 *** (−2.571 8)
β_{KL}	−0.352 8 ** (−2.145)	−0.244 4 *** (−13.755)	0.767 1 *** (8.746 4)	0.595 3 *** (13.662 3)	−0.736 3 ** (−2.23)	−0.835 7 *** (−11.422 8)
β_{KT}	0.039 4 *** (3.38)	0.042 6 *** (10.627 5)	0.059 3 *** (4.635)	0.034 6 *** (8.506 1)	0.037 1 (1.105 3)	0.016 6 *** (5.486 6)
β_{LT}	−0.034 3 *** (−3.141)	−0.030 9 *** (−7.454 5)	−0.047 7 *** (−3.688 8)	−0.025 *** (−4.208 6)	−0.017 (−0.428 4)	—

续表

参数	劳动密集型产业		资本密集型产业		技术密集型产业	
无效率方程估计	原始模型	修正后模型	原始模型	修正后模型	原始模型	修正后模型
δ_0	−0.223 9 (−0.637 7)	−0.483 7** (−1.993)	1.718 4*** (15.177 7)	2.121 5*** (8.506 1)	−0.625*** (−4.059 5)	−0.597*** (−5.729 4)
δ_1	−0.232 9*** (−4.092 3)	−0.205*** (−3.480 5)	−0.136 4** (−2.289)	−0.127 5*** (−2.679 5)	−0.024 1 (−0.720 6)	−0.038 7* (−1.771 9)
δ_2	0.632*** (8.216 8)	0.557 8*** (12.38)	0.231 8** (1.921 6)	0.168 2 (1.860 1)**	0.473*** (7.814 9)	0.465 4*** (27.525 3)
δ_3	0.252 9 (1.366)	0.411 8*** (5.515 4)	−0.217 4** (−1.802 4)	−0.244 4*** (−2.375 5)	1.722 6*** (15.145 9)	1.720 6*** (29.89)
δ_4	0.015 2 (0.42)	—	0.192 1*** (4.815 6)	0.255 2*** (3.441 4)	−0.106 3 (−1.498 3)	−0.097 5** (−1.940 5)
δ_5	−0.094*** (−3.227)	−0.088 9*** (−4.251 7)	0.182 2*** (6.512 4)	0.164 7*** (5.725 3)	0.172*** (6.569)	0.183 4*** (13.779 8)
δ_6	−0.037 1 (−1.558 7)	−0.033 9** (−2.197 3)	−0.016 1* (−1.836 7*)	—	−0.114 3** (−2.488 9)	−0.105 7*** (−3.383 2)
δ_7	0.137 (1.637)	—	0.094* (1.764 3)	0.101 6* (1.736 3)	−0.518*** (−12.965 4)	−0.517*** (−20.786 5)
$\sigma_s^2=\sigma_v^2+\sigma_u^2$	0.075 4*** (7.389 3)	0.072 6*** (6.118 9)	0.113 3*** (7.210 5)	0.105 7*** (7.099 5)	0.011 9*** (5.768 7)	0.012 7*** (9.025 3)
$\gamma=\sigma_u^2/\sigma_s^2$	0.865*** (24.376 5)	0.855 8*** (25.142 4)	0.999 9*** (14.725 18)	0.999 9*** (8.581 7)	0.999 9*** (57.025 5)	0.995 8*** (4.923 1)
对数似然函数值	85.56	81.9	−51.515	−56.026	104.807	103.88
平均 TE	0.762 9	0.754 5	0.514 8	0.426 2	0.379 6	0.373 4

*** 表示 0.01 的显著水平；** 表示 0.05 的显著水平；* 表示 0.1 的显著性水平

注：括号内为 t 值

各类产业模型形式设定的检验见表 2-3～表 2-5[①]。

---

① 涉及 $\gamma=0$ 的假设，LR 服从混合卡方分布，对应临界值见 Kodde 和 Palm(1986)。

表 2-3　劳动密集型产业模型形式设定的检验

原假设 H_0	对数似然函数值 $[L(H_0)]$	似然比检验统计值 (LR)	临界值	结果
修正后的模型成立 （是否剔除不显著变量）	81.9	7.32	$\chi^2_{0.01,6}=16.81$	接受
$\gamma=\delta_0=\delta_1=\cdots=\delta_6=0$ （不存在无效率项）	−58.2	287.5	$\chi^2_{0.01,8}=19.384$	拒绝
$\delta_1=\delta_2\cdots=\delta_6=0$ （无外生性因素影响）	−32.48	236.08	$\chi^2_{0.01,6}=16.8$	拒绝
$\beta_{LL}=\beta_{KK}=\beta_{TT}=\beta_{KL}=\beta_{KT}=\beta_{LT}=0$ （C-D 生产函数）	37.2	97.52	$\chi^2_{0.01,6}=16.8$	拒绝
$\beta_{LT}=\beta_{KT}=0$ （技术中性）	79.19	12.74	$\chi^2_{0.01,2}=9.21$	拒绝
$\beta_T=\beta_{TT}=\beta_{KT}=\beta_{LT}=0$ （不存在技术进步）	4.36	162.4	$\chi^2_{0.01,4}=13.28$	拒绝

表 2-4　资本密集型产业模型形式设定的检验

原假设 H_0	对数似然函数值 $[L(H_0)]$	似然比检验统计值 (LR)	临界值	结果
修正后的模型成立 （是否剔除不显著变量）	−56.026	9.02	$\chi^2_{0.01,6}=16.81$	接受
$\gamma=\delta_0=\delta_1=\cdots=\delta_6=0$ （不存在无效率项）	−107.44	111.86	$\chi^2_{0.01,8}=19.384$	拒绝
$\delta_1=\delta_2\cdots=\delta_6=0$ （无外生性因素影响）	−104.97	106.9	$\chi^2_{0.01,6}=16.8$	拒绝
$\beta_{LL}=\beta_{KK}=\beta_{TT}=\beta_{KL}=\beta_{KT}=\beta_{LT}=0$ （C-D 生产函数）	−162.2	223.4	$\chi^2_{0.01,6}=16.8$	拒绝
$\beta_{LT}=\beta_{KT}=0$ （技术中性）	−60.97	18.92	$\chi^2_{0.01,2}=9.21$	拒绝
$\beta_T=\beta_{TT}=\beta_{KT}=\beta_{LT}=0$ （不存在技术进步）	−163.77	224.52	$\chi^2_{0.01,4}=13.28$	拒绝

表 2-5　技术密集型产业模型形式设定的检验

原假设 H_0	对数似然函数值 $[L(H_0)]$	似然比检验统计值 (LR)	临界值	结果
修正后的模型成立 （是否剔除不显著变量）	103.88	1.854	$\chi^2_{0.01,6}=16.81$	接受
$\gamma=\delta_0=\delta_1=\cdots=\delta_6=0$ （不存在无效率项）	-48.94	307.49	$\chi^2_{0.01,8}=19.384$	拒绝
$\delta_1=\delta_2\cdots=\delta_6=0$ （无外生性因素影响）	-48.94	306.5	$\chi^2_{0.01,6}=16.8$	拒绝
$\beta_{LL}=\beta_{KK}=\beta_{TT}=\beta_{KL}=\beta_{KT}=\beta_{LT}=0$ （C-D 生产函数）	-3.19	215.99	$\chi^2_{0.01,6}=16.8$	拒绝
$\beta_{LT}=\beta_{KT}=0$ （技术中性）	-12.18	233.98	$\chi^2_{0.01,2}=9.21$	拒绝
$\beta_T=\beta_{TT}=\beta_{KT}=\beta_{LT}=0$ （不存在技术进步）	78.62	42.4	$\chi^2_{0.01,4}=13.28$	拒绝

本章对不同产业行业的模型设定从六个方面进行检验，得到如下检验结果。

（1）修正后的模型更合理。对于估计的无约束原始模型中不显著的变量依次剔除得到修正后的模型，检验结果表明各类产业在 0.01 的显著性水平接受原假设，即修正后的模型比原始模型更合理。

（2）检验生产技术中是否存在无效率。检验结果表明各类产业在 0.01 的显著性水平下拒绝原假设，即生产技术中存在无效率，使用随机前沿生产函数模型比使用普通的生产函数更合理。

（3）技术效率的高低是否受外生性因素的影响。检验结果表明各产业在 0.01 的显著性水平下显著拒绝了原假设，即生产中技术效率的高低会受到外生性因素的影响。

（4）是否使用 C-D 生产函数。检验结果表明各类产业在 0.01 的显著性水平下显著拒绝了原假设，即使用包容性更强的超越对数生产函数比使用 C-D 生产函数更合理。

（5）生产技术是否是中性的。检验结果表明各类产业在 0.01 的显著性水平下显著拒绝了原假设，即生产技术是非中性的，技术可以体现在要素中。

（6）是否存在技术进步。检验结果表明各类产业在 0.01 的显著性水平下显著拒绝了原假设，即模型中包含技术进步因素的模型更合理。

综合以上假设检验，本章以经过修正后的超越对数生产函数作为最终模型对我国工业各部门效率进行分析。

2. 中国工业各类部门技术效率分析

由模型估计出的工业各行业历年的技术效率水平见附录1。三类产业及整个工业行业的加权平均技术效率水平变动（涉及整个产业或工业的值，本章都以行业增加值为权重计算得出）如图2-2所示。

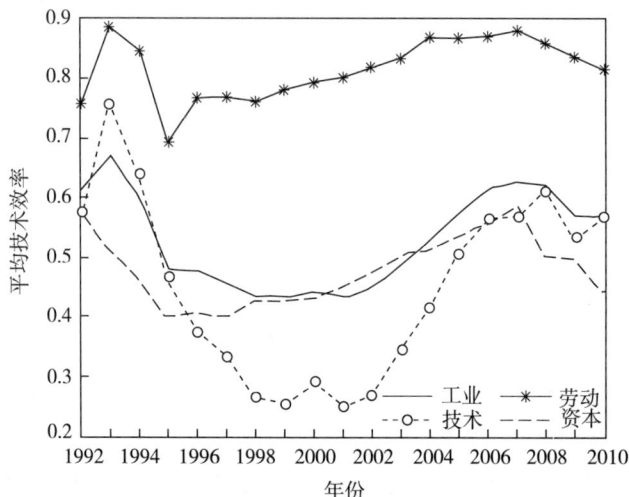

图2-2 三类产业及整个工业行业的加权平均技术效率水平变动

从各类产业部门来看，整个劳动密集型产业的技术效率在1993年达到最高峰后开始下降，直到1995年后开始上升，以后在保持在0.8上下波动，在1997年后开始缓慢下降。整个资本密集型产业的技术效率从1992年就开始下降，直到1995年开始缓慢上升，后又在2007年达到最高峰后开始下降。整个技术密集型产业的技术效率在1993年达到高峰后逐渐降低一直到1998年，然后在1998~2002年慢慢波动，从2002年开始迅速上升，2008年开始降低。整个工业部门的技术效率在1993年到达高峰后开始下降，一直到1995年有所缓和，后在波动中逐渐上升，并在2008年开始下降。可以看出，三类产业的技术效率水平变动趋势有相同之处，也有不同之处，这表明各产业的技术效率水平除了受大环境因素（金融危机等）的共同影响外，还受到行业特质因素的不同影响。

其中，劳动密集型产业各行业的平均技术效率如图2-3所示。

如图2-3所示，在劳动密集型产业中，煤炭开采和洗选业（H01）、黑色金属矿采选业（H03）、有色金属矿采选业（H04）及非金属矿采选业（H05）等行业的平均技术效率相对比较低，分别为0.32，0.46，0.62，0.55；而纺织业（H09），纺织服装、鞋、帽制造业（H10），皮革、毛皮、羽毛（绒）及其制品业（H11），木材加工及木、竹、藤、棕、草制品业（H12），家具制造业（H13），文教体育用品制造业（H16），塑料制品业（H22），金属制品业（H26）等行业的平均技术效率都

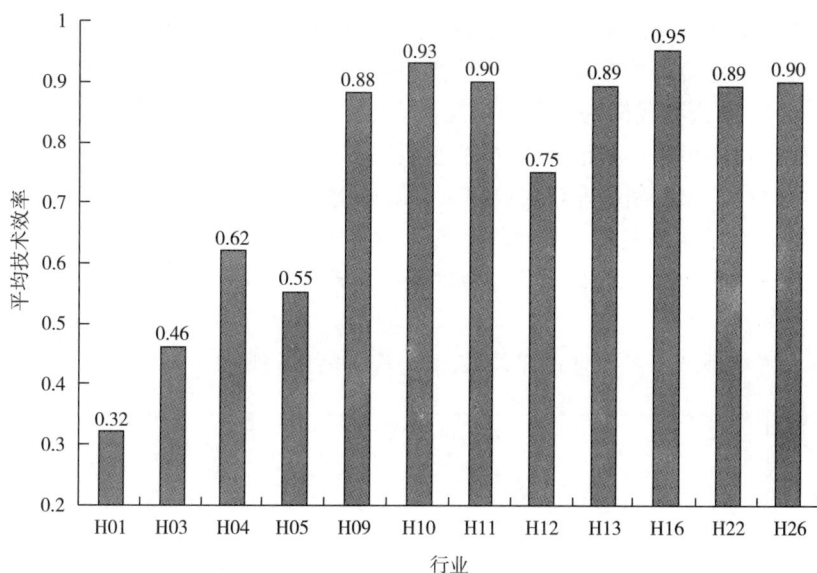

图 2-3　劳动密集型产业各行业的平均技术效率

比较高，都在 0.9 左右。可以看出，技术效率较低的行业大部分国有资产比重较高且竞争程度不高，而技术效率较高的行业国有资产比重较低，竞争程度也高，这和通常的预期是一致的。

资本密集型产业各行业的平均技术效率如图 2-4 所示。

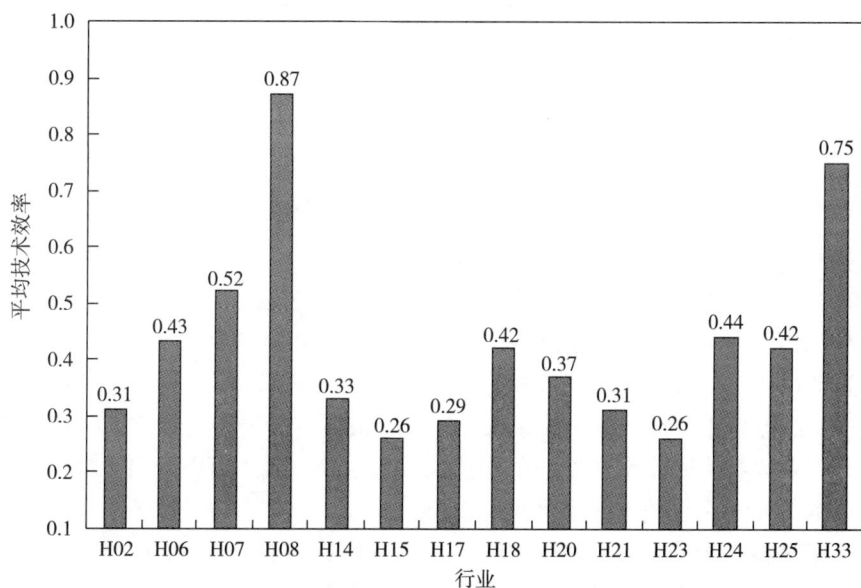

图 2-4　资本密集型产业各行业的平均技术效率

如图 2-4 所示，在资本密集型行业中，烟草制品业(H08)和电力、热力的生产和供应业(H33)等国家垄断程度较高行业的平均技术效率相对较高，分别为0.87 和 0.75，这和我们的预期相反。而石油和天然气开采业(H02)，造纸及纸制品业(H14)，印刷业和记录媒介的复制行业(H15)，石油加工、炼焦及核燃料加工业(H17)，橡胶制品业(H21)和非金属矿物制品业(H23)等行业的平均技术效率较低，均在 0.3 左右。其他行业的平均技术效率值也都在 0.4 到 0.5 左右。可以看出资本密集型产业相对劳动劳动密集型产业中各行业的平均技术效率水平是比较低的。

技术密集型产业各行业的平均技术效率如图 2-5 所示。

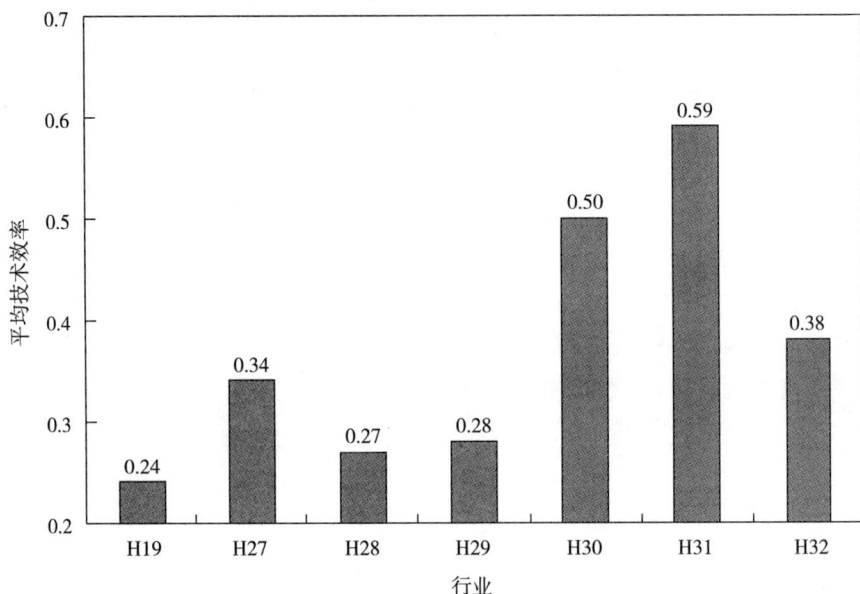

图 2-5   技术密集型产业各行业的平均技术效率

如图 2-5 所示，在技术密集型产业的七个行业中，电气机械及器材制造业(H30)，通信设备、计算机及其他电子设备制造业(H31)等行业技术效率相对较高，分别为 0.5 和 0.59。而医药制造业(H19)，通用设备制造业(H27)，专业设备制造业(H28)，交通运输设备制造业(H29)，仪器仪表及文化、办公用机械制造业(H32)等行业的平均技术效率水平较低，都在 0.24 到 0.38 之间。相比资本密集型产业，技术密集型产业的平均技术效率水平更低。可以看出，好像技术含量较高的行业的平均技术效率水平反而越低。

为了对各产业行业技术效率差异及变动趋势有更深入的了解，本章利用B-C95年模型对各产业分别进行了技术效率差异影响因素分析。

3. 中国工业各类部门技术效率的外生性影响因素分析

技术效率研究的目的有两个：一是比较生产单元间技术效率的高低；二是考察影响生产单元技术效率高低的因素。上文评价了生产单元间技术效率的高低，本小节将考察生产单元技术效率高低的决定因素。

根据前文所述，本章考察了行业内研发强度(R&D)、国有产权比重(SD)、资本强度(KP)、外资参与程度(FDI)、进口依存度(import)、出口依存度(export)和行业规模(SC)等因素对不同产业行业技术效率的影响。根据表 2-2 中无效率方程模型估计的结果整理得到表 2-6。

表 2-6　整理后无效率方程估计结果

工业行业	R&D	SD	KP	FDI	import	export	SC
劳动密集型	0.205 0	−0.557 8	−0.411 8	(0)	0.088 9	0.033 9	(0)
资本密集型	0.127 5	−0.168 2	0.244 4	−0.255 2	−0.164 7	(0)	−0.101 6
技术密集型	0.038 7	−0.465 4	−1.720 6	0.097 5	−0.183 4	0.105 7	0.517 0

注：表中数字为各影响因素对各产业技术效率的弹性，其中(0)表示该影响因素对技术效率不显著

由表 2-6 可以看出以下几点。

(1)对于各类产业行业，行业内研发对技术效率的弹性都显著且为正，这说明对三类产业行业而言，行业内研发强度促进了技术效率的提高。其中，对于劳动密集型产业 R&D 每提高 1 百分点，技术效率就提高 0.205 0 百分点；对于资本密集型行业，R&D 每提高 1 百分点，技术效率就提高 0.127 5 百分点；对于技术密集型行业，R&D 每提高 1 百分点，技术效率就提高 0.038 7 百分点。

(2)对于各类产业行业，国有产权比重对技术效率的弹性都显著且为负，这说明对三类产业行业，国有产权比重越高越不利于技术效率的提高。其中，对于劳动密集型产业，国有产权比重每上升 1 百分点，技术效率就下降 0.557 8 百分点；对于资本密集型行业，国有产权比重每上升 1 百分点，技术效率就下降 0.168 2 百分点；对于技术密集型行业，国有产权比重每上升 1 百分点，技术效率就下降 0.465 4 百分点。

(3)在劳动密集型产业和技术密集型产业中，资本强度越大越不利于技术效率的提高。其中，对于劳动密集型产业，行业资本强度每提高 1 百分点，技术效率就下降 0.411 8 百分点；对于技术密集型行业，资本强度每提高 1 百分点，技术效率就降低 1.720 6 百分点。而对于资本密集型产业行业，资本强度对技术效率却有促进作用，资本强度每提高 1 百分点，技术效率就提高 0.244 4 百分点，说明在资本密集型行业中，资本强度的增加带动了体现在资本中的技术水平的提高，从而带动了技术效率的提升。

(4)FDI 对劳动密集型产业的技术效率的影响并不显著，说明外商直接投资

并没有给劳动密集型产业带来新的技术，或者说 FDI 对劳动密集型行业没有明显的技术外溢作用；而 FDI 对资本密集型产业技术效率的提高有抑制作用，FDI 每提高 1 百分点，技术效率就会下降 0.255 2 百分点，说明 FDI 给资本密集型行业带来负向技术溢出效应，可能因为在资本密集型行业中，由于国有资本比重过高，在一定程度上阻碍了外资的引进以及削弱了竞争、示范作用带来的技术溢出效应，也可能外资的引入挤占了国内行业的市场，提升了行业的平均生产成本，导致生产效率降低；对于技术密集型行业，FDI 对技术效率的提高有促进作用，FDI 每提高 1 百分点，技术效率就提高 0.097 5 百分点，说明 FDI 对技术密集型行业有正向技术溢出效应，也表明技术密集型行业的技术吸收能力较强。

(5)对于劳动密集型产业，进、出口依存度对技术效率的提高也有促进作用，进口依存度每提高 1 百分点，技术效率就提高 0.088 9 百分点。出口依存度每提高 1 百分点，技术效率也提高 0.033 9 百分点。说明劳动密集型行业通过进出口的竞争效应和对产品技术的模仿学习效应提高了劳动密集型产业的技术效率；对于资本密集型行业，进口依存度对技术效率的提升有负的影响，进口依存度每提高 1 百分点，技术效率降低 0.164 7 百分点，这说明进口产品凭借其先进的技术给国内企业带来的竞争压力超过了对外来技术的模仿学习效应，使进口依存度的提高降低了资本密集型行业的技术效率水平。出口依存度的变化对资本密集型行业的技术效率影响不显著，这与资本密集型行业的出口力度有关，出口依存度相对较低，对生产效率的提升作用并不明显；对于技术密集型行业，进口依存度对技术效率的提升也有抑制作用，进口依存度每提高 1 百分点，技术效率就降低 0.183 4 百分点，表明外国产品进入导致市场竞争程度的加剧使技术密集型行业的技术效率降低。出口依存度对技术效率有正的影响，出口依存度每提高 1 百分点，技术效率就提高 0.105 7 百分点。

(6)对于劳动密集型产业，行业规模对技术效率的提升并不显著，劳动密集型行业的规模一般很小，对技术效率的提高作用也不显著；对于资本密集型行业，行业规模的扩大对技术效率有负的影响，行业规模每提高 1 百分点，技术效率就下降 0.101 6 百分点，说明资本密集型行业的规模过大，虽然行业规模越大越容易产生规模经济，带来效率的提高，但是规模越大使管理成本效率加大、组织协调能力的降低等反而会使技术效率降低；行业规模对技术密集型行业的技术效率有促进作用，行业规模每提高 1 百分点，技术效率就提升 0.517 0 百分点。

综上，不同的技术效率影响因素对不同产业技术效率的影响是不同的。行业内研发强度对三类产业的技术效率影响除程度上不同外，都促进了技术效率的提高，国有产权比重对三类产业行业的技术效率都有抑制作用，但程度也不同，而其他影响因素对三类产业技术效率的影响效果及程度上都有所不同，如行业规模对技术效率的影响，有些行业规模越大越有利于技术效率的提高，有些行业规模过小也不利于技术效率的提高,所以技术效率最优的行业规模会因行业的不同而不同。

2.2.5 中国工业部门全要素生产率增长的分解

根据前文所述,按照 Kumbhakar(2000)全要素生产增长的分解框架本章把全要素生产率增长率分解为技术进步(TC)、技术效率变化(TEC)、规模经济性(SE)及要素配置效率(AE)。由 2.1 节随机前沿生产函数模型的估计结果我们可以算出各行业的全要素生产率增长率,历年各行业的全要素生产率增长率见附录2。从附录 2 中可以看出,年均全要素生产率增长率最高的前 5 个行业分别是通信设备、计算机及其他电子设备制造业(13.6%),木材加工及木、竹、藤、棕、草制品业(12.3%),仪器仪表及文化、办公用机械制造业(11.8%),交通运输设备制造业(9.6%)和电气机械及器材制造业(9.6%)。其中有 4 个是技术密集型行业,1 个是劳动密集型行业,没有 1 个是资本密集型行业。全要素生产率增长率最低的 5 个行业是石油加工、炼焦及核燃料加工业(-7.69%),石油和天然气开采业(-5.11%),电力、热力的生产和供应业(-3.79%),烟草制品业(2.99%)和食品加工业(3.42%)。这 5 个行业全是资本密集型行业,其中除了食品加工业,其他 4 个行业的垄断程度都很高。

从产业层面和整个工业部门看,劳动密集型产业的加权平均全要素生产率增长率(TFPG)、技术进步(TC)、技术效率变化(TEC)、规模经济性(SE)和配置效率(AE)的变动趋势如图 2-6 所示。

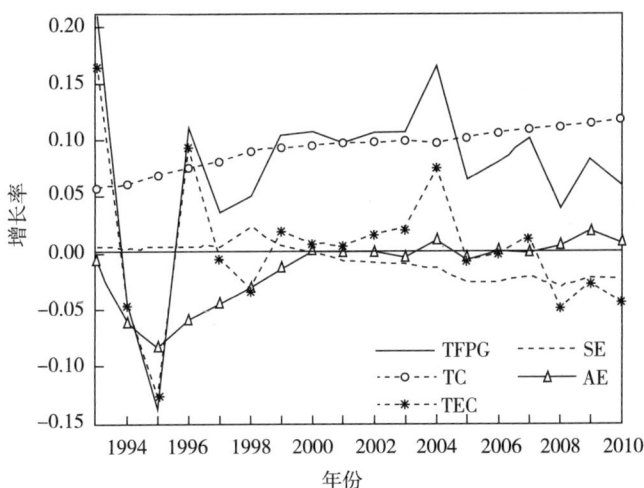

图 2-6 劳动密集型产业加权平均全要素生产率增长率及分解因素变动趋势

从图 2-6 中可以看出,对于劳动密集型产业,技术进步一直缓慢增长,技术效率的变化与全要素生产率增长率的变动趋势一致,规模经济性并不显著,在

1997年小幅上升后开始缓慢下降，要素配置效率从1993年一直下降，直到1995年开始好转，以后在0附近波动。全要素生产率增长率从1993年的最高峰到1995年一直下降，其中技术效率变化和要素配置效率在这期间的恶化是全要素生产率增长率降低的原因。随着技术效率和配置效率的提高，全要素生产率增长率在1995年开始迅速上升。但在1996年又开始下降。随着配置效率的下降，其对生产率增长的贡献大幅下降，主要是技术进步和技术效率对生产率的增长有所贡献。劳动密集型产业的全要素生产率年均增长率为7.4%，年均技术进步为9.29%，年均技术效率变化为0.4%，年均规模效率为−0.8%，年均要素配置效率为−1.49%。显然，劳动密集型产业的全要素生产率的增长主要靠技术进步的推动，技术效率的变化对生产率增长的促进作用较小，劳动密集型产业整体表现出规模不经济，规模效率对生产率的增长贡献为负，但程度较小。要素配置的无效率也阻碍了生产率的增长。

资本密集型产业的加权平均全要素生产率增长率(TFPG)、技术进步(TC)、技术效率变化(TEC)、规模经济性(SE)和配置效率(AE)的变动趋势如图2-7所示。

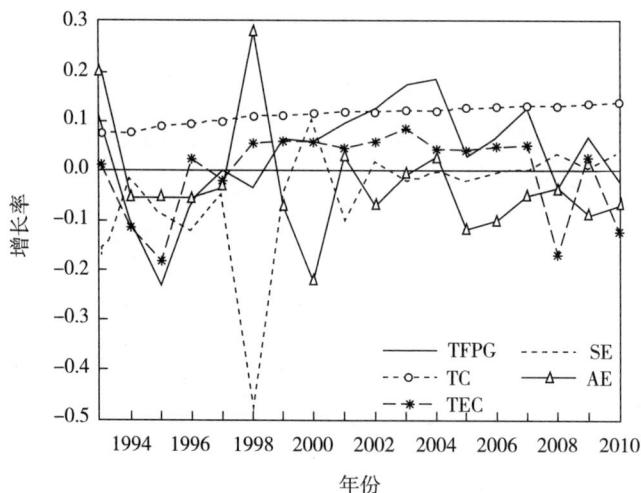

图2-7　资本密集型产业加权平均全要素生产率增长率及分解因素变动趋势

对于资本密集型产业，技术进步也是一直处于缓慢增长中，技术效率的变化同全要素生产率增长率的变化基本保持一致，资本密集型产业的全要素生产率增长率从1993年开始下降，到1995年开始在波动中上升，2004年到达高峰后又开始下降，2008年到达低谷后在波动中缓慢增长。要素的配置效率和规模经济性部分除了在1998年波动很剧烈外，其他年份一直在0附近上下波动。资本密集型产业的全要素生产率年均增长率为3.14%，年均技术进步为11.29%，年均

技术效率变化为－0.05%，年均规模效率为－5.12%，年均配置效率为
－2.99%。

可以看出，资本密集型产业全要素生产率的增长主要来源于技术进步，技术
效率的变化对全要素生产率的增长有负的影响，但程度很弱。全要素生产率的增
长同时受阻于规模不经济和要素配置效率的恶化。

技术密集型产业的加权平均全要素生产率增长率(TFPG)、技术进步(TC)、
技术效率变化(TEC)、规模经济性(SE)和配置效率(AE)的变动趋势如图 2-8
所示。

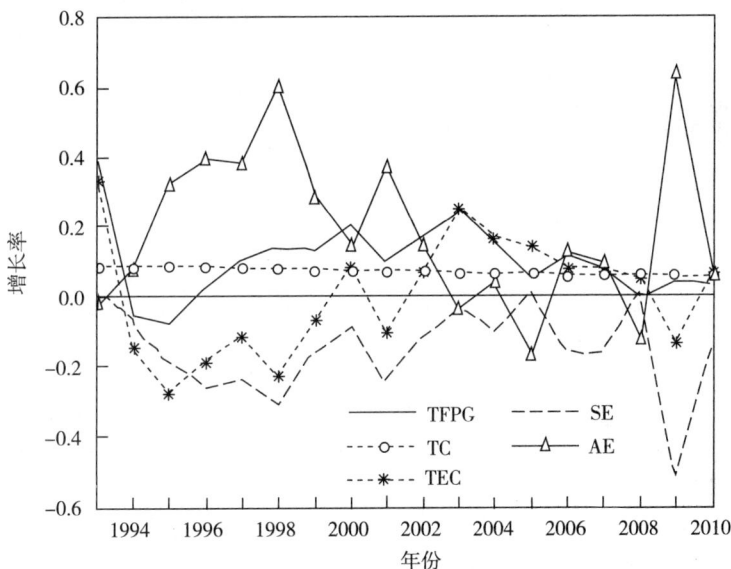

图 2-8　技术密集型产业加权平均全要素生产率增长率及分解因素变动趋势

对技术密集型产业，技术进步呈现放缓的趋势，技术效率的变化与全要素生
产率增长率的变化趋势基本一致，技术密集型产业始终表现为规模不经济，而要
素配置效率从 1993 年到 1998 年一直有所改善，1998 年后开始在波动中下降。
技术密集型产业的全要素生产率年均增长率为 10.1%，年均技术进步为 7%，年
均技术效率变化为 0.1%，而年均规模效率为－15.47%，年均要素配置效率为
18.43%。因此平均来看，要素配置效率的改善是技术密集型产业全要素生产率
增长的主要源泉，技术进步次之，技术效率变化对生产率的增长贡献不明显，而
规模效应对生产率的增长有负的影响。

整个工业部门的加权平均全要素生产率增长率(TFPG)、技术进步(TC)、
技术效率变化(TEC)、规模经济性(SE)和配置效率(AE)的变动趋势如图 2-9
所示。

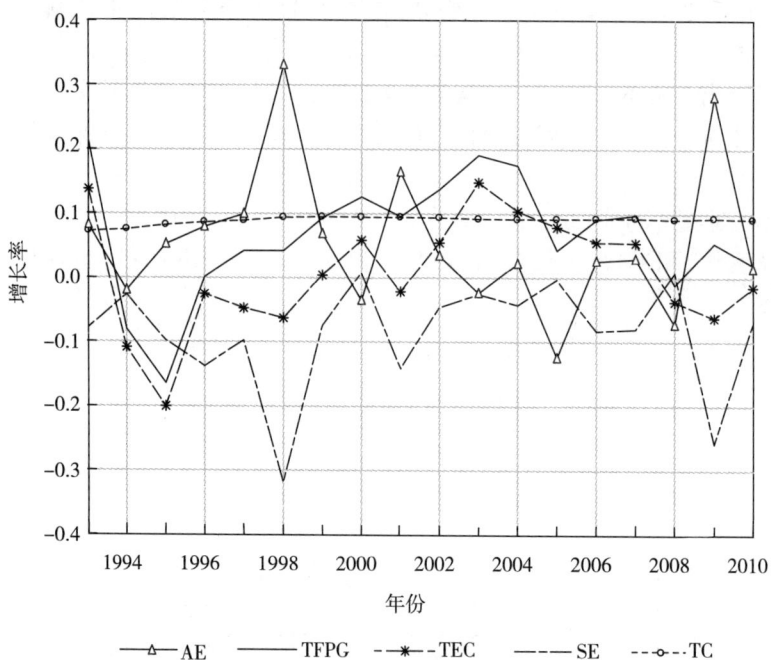

图 2-9 整个工业加权平均全要素生产率增长率及分解因素变动趋势

整个工业部门的技术进步增长很缓慢，年均在 8.96％，可见我国工业的自主创新力度和吸收外来技术的能力有待进一步提高。在整个研究期间，工业部门都表现出规模不经济，年均为−8.72％。技术效率的变化同全要素生产率增长率的变化趋势基本一致，年均技术效率的变化为 0.6％。而要素的配置效率在 1998 年以前一直有所改善，这与我国 20 世纪 90 年代进行的国企改革是分不开的。整个工业全要素生产率年均增长为 6.49％，这与涂正革和肖耿(2005)使用大中型企业数据得出的工业行业全要素生产率增长率接近(6.8％)。从 1993 年全要素生产率的增长开始降低，1995 年后又开始上升并在 2003 年达到高峰，随后在波动中降低，并在 2008 年达到最低，以后在波动中上升。

不管是从产业层面还是整个工业层面，全要素生产率经过 1993 年的高速增长后开始下降，但在 1995 年开始反弹，这与我国 20 世纪 90 年代实施的一系列的转变经济发展方式和实行"抓大放小"等经济体制改革是分不开的。在 2008 年的金融危机影响下，我国工业部门的全要素生产率出现负增长，直到 2009 年才有所改善。同时可以看出，技术进步是我国工业全要素生产率增长的主要源泉。考虑到技术进步在经济增长中的重要意义，2.3 节将对工业行业技术进步的影响因素做进一步的分析。

2.3　中国各类工业行业前沿技术进步外生性决定因素的实证分析[①]

本节对各类产业行业前沿技术进步的外生性因素分析是通过面板模型进行的，由 2.2 节算出的前沿技术进步作为被解释变量，对行业内研发、国有产权比重、行业资本强度、外资参与程度、进口依存度、出口依存度及行业规模等影响因素进行回归分析，考察 1992~2010 年上述因素对各类产业行业的前沿技术进步的影响。本节对三类产业行业的前沿技术进步建立的外生性影响因素面板模型如下：

$$
\begin{aligned}
TC_{m,it} = {} & \beta_{m,0} + \beta_{m,1} R\&D_{m,it} + \beta_{m,2} SD_{m,it} + \beta_{m,3} \ln(KP_{m,it}) \\
& + \beta_{m,4} FDI_{m,it} + \beta_{m,5} \text{import}_{m,it} + \beta_{m,6} \text{export}_{m,it} \\
& + \beta_{m,7} SC_{m,it} + \varepsilon_{m,it}
\end{aligned} \tag{2-16}
$$

其中，$TC_{m,it}$ 为 m 产业 i 行业在 t 年的前沿技术进步；$R\&D_{m,it}$ 表示 m 产业内 i 行业在 t 年的研发强度；$SD_{m,it}$ 表示 m 产业内 i 行业在 t 年的国有产权比重；$KP_{m,it}$ 表示 m 产业内 i 行业在 t 年的资本强度；$FDI_{m,it}$ 表示 m 产业内 i 行业在 t 年的外资参与程度；$\text{import}_{m,it}$ 表示 m 产业内 i 行业在 t 时期的进口依存度；$\text{export}_{m,it}$ 表示 m 产业内 i 行业在 t 时期的出口依存度；$SC_{m,it}$ 表示 m 产业内 i 行业在 t 时期的行业规模。

根据面板数据模型形式设定检验的结果，三类产业的样本数据均符合不变系数形式的面板数据模型。考虑到各行业间可能存在的同期相关性，本节对各类产业的前沿技术进步影响因素模型进行估计时采用广义最小二乘法（cross-section SUR）。各产业模型估计结果由表 2-7 给出。

表 2-7　各产业模型估计结果

参数	劳动密集型产业	资本密集型产业	技术密集型产业
β_0	0.06 *** (62.03)	0.064 *** (156.2)	0.066 *** (74.28)
β_1 (R&D)	0.16 *** (14.64)	−0.016 *** (−15.7)	0.005 *** (2.72)
β_2 (SD)	—	−0.019 *** (−36.12)	0.027 *** (28.56)
β_3 (lnKP)	0.037 *** (69.25)	0.035 *** (405.98)	−0.012 *** (−23.2)

[①]　本节所用估计软件为 Eviews 6.0。

参数	劳动密集型产业	资本密集型产业	技术密集型产业
β_4 (FDI)	-0.015^{***} (-5.37)	-0.039^{***} (-56.39)	0.01^{***} (3.21)
β_5 (import)	-0.015^{***} (-19.19)	0.022^{***} (41.19)	-0.022^{***} (-22.73)
β_6 (export)	0.002^{***} (4.94)	0.003^{***} (16.62)	0.036^{***} (18.25)
β_7 (SC)	0.013^{***} (15.09)	-0.0005^{***} (-37.52)	-0.006^{***} (-10.23)
R^2	0.99	0.99	0.96
样本容量	228	266	133

*** 表示 0.01 的显著水平；** 表示 0.05 的显著水平；* 表示 0.1 的显著性水平

注：括号内为 t 值

由表 2-7 可以得出以下几方面内容。

(1)对于劳动密集型产业，R&D 显著为正，表明行业内研发强度对技术进步有促进作用；但对于资本密集型产业，R&D 系数显著为负，这与预期不一致，为什么行业内研发在资本密集型行业没有提升行业的技术水平？李小平(2007)认为本行业的研发投资阻碍了本行业技术进步增长的原因可能是与行业本身研发的投入结构不当、使用效率不高有关。另外，资本密集型行业中的企业大部分是国有企业，国有企业一般缺乏激励机制，并且在治理结构不完善的情况下国有企业的研发投资更倾向于能在短期内带来回报的"政绩工程"，从而只能带来技术效率的提高。对于技术密集型产业，R&D 项系数显著为正，表明行业研发投资促进了行业技术进步的提高。

(2)对于劳动密集型产业，国有产权比重对技术进步的影响不显著，这可能与劳动密集型产业行业中国有产权比重较低有关；而在资本密集型产业中，国有产权项系数显著为负，说明资本密集型产业行业中国有产权越高越不利于技术水平的提升；对于技术密集型产业，国有产权比重项系数显著为正，国有产权比重越高越有利于技术密集型产业技术进步的提升，这与国家的产业政策有关，我国对技术密集型产业的扶持很大程度上是在国有企业的基础上实施的，另外面对竞争激烈的国际市场，国家作为技术密集型产业强有力的后盾在一定程度上提升了行业的技术进步。

(3)对于劳动密集型产业，资本强度项也显著为正，表明行业资本强度越高，越能提升行业的技术水平；对于资本密集型产业，资本强度项系数显著为正，表明资本强度越高有利于行业技术进步的提升；对于技术密集型产业，资本强度项系数显著为负，表明对于技术密集型产业，资本强度过高不利于技术进步的提升，这可能与技术密集型产业行业的资本强度增长过快导致的资本技术回报率递减有关。

(4)劳动密集型产业中，FDI 项系数显著为负，表明外商投资进入不利于技术进步的提升，没有给劳动密集型产业带来技术外溢效应，外商投资带来的负外部性可能是由外资企业在国内市场份额的迅速扩大挤压了国内行业市场产生的负向竞争效应引起的；而对于资本密集型产业，FDI 项系数显著为负，表明外资的引入没有给资本密集型产业带来技术溢出效应，反而阻碍了资本密集型产业行业的技术进步。这可能与资本密集型产业中较多行业具有垄断地位，在市场竞争中缺乏向外商企业模仿学习的动力和激励不强有关；对于技术密集型产业，FDI 项系数显著为正，表明 FDI 给技术密集型产业带来了正向技术溢出效应，技术密集型产业行业本身研发投入力度较大，并且向外资企业学习模仿的动力和激励性也较高，所以技术外溢的可能性和空间较大。

(5)进口对劳动密集型产业行业技术进步的提升有负向影响，表明面对激烈的进口市场，劳动密集型行业没有足够的加大研发力度、购买先进设备等创新活动以应对这种压力，从而产生负向竞争效应。出口对劳动密集型行业的技术进步提升有促进作用，表明劳动密集型产业中"出口中学"效应的存在，但是影响程度较低，可能与劳动密集型产业出口产品大多是技术含量不高的加工贸易产品为主有关；对于资本密集型行业，进口项和出口项系数显著为正，表明国际市场给资本密集型产业行业带来了正的进出口竞争效应，国内行业从进出口中获得了较大的学习效应，另外进口带来的技术溢出效应比出口带来的技术溢出效应程度更大；对于技术密集型行业，进口项系数显著为负，表明进口不利于促进技术密集型产业的技术进步。这可能与我国技术密集型产业起步较晚，面对激烈的国际市场环境，进口带来的负向竞争效应大于技术溢出效应有关。出口项系数为正，表明技术密集型产业中"出口中学"效应的存在，从出口中获得较大的学习效应，从而提升了行业技术水平。

(6)劳动密集型产业行业的规模项系数显著为正，说明劳动密集型产业中存在一定的规模效应，行业规模的适当提高有助于行业技术进步的提升；资本密集型产业的行业规模系数显著为负，说明资本密集型产业行业存在负的规模效应，行业规模越大，越不利于技术进步的提高；对于技术密集型产业，行业规模项系数显著为负，说明技术密集型产业存在负的规模效应，行业规模越大，越不利于技术进步的提升。

综上，由于要素密集程度的差异以及特定行业因素等，除了出口对各类产业技术进步的影响相同外，其他影响因素对三类产业的影响各有不同，这说明了对行业分组的可取性。

2.4　本章结论及相关政策建议

2.4.1　本章结论

本章将我国工业行业划分为劳动密集型、资本密集型和技术密集型三个产业，利用随机前沿生产函数模型度量三类产业行业的技术效率，并对技术效率的外生性影响因素进行了分析；同时估计了三类产业以及整个工业的全要素生产率增长率，并将其分解为前沿技术进步、技术效率的改善、规模经济成分和要素配置效率，在此基础上利用面板数据模型对前沿技术进步的外生性影响因素进行了分析，所得结论如下。

(1)劳动密集型产业、资本密集型产业及技术密集型产业整体的技术效率依次变小，三类产业及整个工业的技术效率是存在波动的。从整个工业行业来看，平均技术效率最低的六个行业为医药制造业，印刷业和记录媒介的复制行业，非金属矿物制品业，专业设备制造业，交通运输设备制造业，石油加工、炼焦及核燃料加工业，其中有三个行业为技术密集型行业，两个为资本密集型行业；平均技术效率最高的六个行业为纺织业，纺织服装、鞋、帽制造业，皮革、毛皮、羽毛(绒)及其制品业，金属制品业，家具制造业，塑料制品业，这些行业全是劳动密集型行业。

(2)行业内研发和国有产权对三类产业技术效率的影响相同，行业内研发对三类产业的技术效率都具有促进作用，国有产权比重越高越不利于技术效率的提高。行业资本强度越高越不利于劳动密集型产业和技术密集型产业技术效率的提高，而对资本密集型产业的技术效率有促进作用。FDI对劳动密集型产业的技术效率影响不显著，对资本密集型产业行业的技术效率有阻碍作用，但对技术密集型产业的技术效率有促进作用。进口依存度越高越有利于劳动密集型产业行业技术效率的提高，但不利于资本密集型产业和技术密集型产业技术效率的提高。出口依存度对劳动密集型产业和技术密集型产业的技术效率有促进作用，对资本密集型产业的技术效率的影响不显著。行业规模对劳动密集型产业的技术效率影响不显著，对资本密集型产业技术效率有阻碍作用，而有利于技术密集型产业技术效率的提升。

(3)全要素生产率增长率最高的前五个行业分别是通信设备、计算机及其他电子设备制造业(13.6%)，木材加工及木、竹、藤、棕、草制品业(12.3%)，仪器仪表及文化、办公用机械制造业(11.8%)，交通运输设备制造业(9.6%)和电气机械及器材制造业(9.6%)。其中有四个是技术密集型行业，一个是劳动密集型行业，没有一个是资本密集型行业。全要素生产率增长率最低的五个行业是石油加工、炼焦及核燃料加工业（－7.69%），石油和天然气开采业（－5.11%），电力、热力的生产和供应业（－3.79%），烟草制品业（2.99%）和食品加工业（3.42%）。这五个行业全是资本密集型行业。从产业层面上看，资本密集型产业的全要素生产率年均增长率最低（3.4%），技术密集型产业全要素生产率年均增长率最高（10.1%）。从整个工业来看，全要素生产率年均增长率为 6.49%，从1993 年全要素生产率的增长开始降低，1995 年后又开始上升并在 2003 年达到高峰，随后在波动中降低，并在 2008 年达到最低，以后在波动中上升。整个研究期间，前沿技术进步是工业全要素生产率增长的主要动力。

（4）行业内研发促进了劳动密集型产业和技术密集型产业前沿技术进步的提升，但不利于资本技术密集型产业技术进步的提升。国有产权对劳动密集型产业技术进步的影响不显著，对资本密集型产业的技术进步有负的影响，但有利于技术密集型产业技术进步的提升。行业资本强度越高越有利于劳动密集型产业和资本密集型产业技术进步的提升，但不利于技术密集型产业技术进步的提升。FDI不利于劳动密集型产业和资本密集型产业技术进步的提高，却对技术密集型产业的技术进步有促进作用。进口依存度越高越不利于劳动密集型产业和资本密集型产业技术进步的提升，但对资本密集型产业有促进作用。出口依存度对三类产业的技术进步影响相同，都促进了三类产业技术进步的提高。行业规模对劳动密集型产业的技术进步有促进作用，但对资本密集型产业和技术密集型产业的技术进步的提升有阻碍作用。

2.4.2　相关政策建议

从本章实证结果可以看出，劳动密集型产业行业的技术进步较低，但技术效率较高；资本密集型和技术密集型产业行业的技术进步较高，而技术效率较低。因此，为进一步提高我国工业行业的技术效率、前沿技术进步和全要素生产率从而促进产业结构优化升级，制定政策时要考虑不同行业的特征差别，对不同工业部门应具体分析、区别对待。

劳动密集型产业行业大多是资源型行业以及基于廉价劳动力的比较优势行业，这些行业在国际分工中的地位较低，一般技术含量较低，贴牌生产且产品的附加值低，而且多数企业没有形成规模经济。本章的结果也表明，对于劳动密集型产业行业，技术效率水平整体相对较高，但其前沿技术水平和全要素生产率水平较低。因此，对于这类行业要加大自主研发力度和人力资本投入，增强自主创新能力，一方面提高产品的技术水平从而提高产品的附加价值，另一方面提高对外来技术的消化、吸收能力，增强国际市场的竞争能力。另外，从政策上鼓励企业扩大出口，加强出口企业的品牌建设；提高资本投入，提高工艺、技术装备水平；同时适度引入非国有资本，以提高行业整体的市场化水平。

资本密集型产业行业中虽然前沿技术进步较高，但由于我国对于资本密集型行业大多实施的是进口替代型产业政策，引入的先进设备客观上提升了行业的技术水平，但同时在一定程度上加深了对国外技术的依赖性，导致国内行业研发投入结构不合理。资本强度的提高虽然可以提高整个产业的技术效率与技术进步，但资本密集型行业的技术效率相对不高，表明资本密集型产业一味加大资本投资力度引起了产能过剩的情况。而且，资本密集型行业中大多为国有企业，在一定程度上也导致了较低的技术效率水平。因此，对这类行业，应继续深化国有产权改革，转变国有企业的经营机制，提高效率水平；资本密集型行业的技术选择应该侧重于未体现在资本中的技术进步，加大研发投入，以提高产品档次、淘汰落后产能，还能促进 FDI 的技术溢出；同时扩大进出口力度，吸收外国先进技术提高自身国际竞争力；企业规模的过大也阻碍了技术效率与技术水平的提升，因此保持适度的规模很重要。

技术密集型产业行业的技术效率最低，可以在提高自主研发能力的基础上着重加强对现有技术的消化、吸收能力，把现有的技术充分发挥到生产当中；为了实现工业结构调整和升级，我国以电子通信、交通运输、机械工业等行业作为带动整个工业持续增长和发展的主导部门，这些部门实施功能性扶持政策和引导政策，促进了技术密集型产业的发展和技术进步的提升，但过度的资本强度及行业规模不利于技术水平的提高，因此对技术密集型行业也要保持适度的资本强度和行业规模，不能盲目扩张，同时要适度引入外资营造竞争环境；行业自身也要增强技术开发能力和强度，降低成本、提高产品质量和技术含量，扩大出口以提高国际竞争力。

第 3 章

中国工业部门绩效的变动特点及影响因素的结构性分析

在我国的整体国民经济中，工业经济占据主导地位，我国工业经济的稳定发展是国民经济持续稳定运行的基本保障，我国工业部门绩效水平的高低直接影响着我国整体经济的运行状况。改革开放以来，我国经济取得了蓬勃的发展，综合国力不断增强，工业部门的生产能力持续快速增长，我国已成为名副其实的工业大国。然而，工业大国并不一定是工业强国，事实上我国工业在快速增长的过程中质量的提高与数量的扩张并不是同步的，粗放式的生产特征明显、生产能力过剩、国际竞争力较弱等影响工业增长质量的问题依然十分突出。同时，伴随着国际大环境的逐步开放，经济全球化的程度日益加深，我国经济的对外开放程度也在不断加大，特别是 2001 年 12 月我国正式加入 WTO，标志着我国的对外开放进入了一个新的阶段，中国面临的政治经济环境开始发生了深刻的变化。当我国经济全面融入全球化的浪潮中时，我国的工业部门不可避免地参与到激烈的全球化竞争中，逐步开放的政治和经济环境使我国工业部门及其内部工业行业面临的竞争也更加激烈，在此情形下，提高我国工业部门的国际竞争力变得尤为重要。工业竞争力的核心内容是工业企业绩效，它关系到工业经济的可持续发展。因此，政府相关部门和机构在制定决策时必须全面把握工业绩效对工业经济的重要性，制定有效的宏观经济措施确保实现工业绩效的有效提升。特别是在由美国次贷危机引起的金融危机波及效应持续扩散的当前经济形势下，能够确保我国工业行业在世界上站稳脚的只有强大的工业竞争力。剖析我国工业行业的绩效变动特征及其影响因素不仅能够帮助我国政府相关部门和机构认识我国工业部门的目前发展特征，更有助于政府相关部门和机构把握我国工业部门未来的发展趋势，为政府相关部门和机构制定适当的经济政策提供重要依据，对更好地调整我国工业的内部结构，增强我国工业行业的国际竞争力，从而实现我国工业经济的又好又快发展具有举足轻重的现实意义。

近些年来，国内很多学者开始对我国工业绩效与相关影响因素关系问题感兴趣，并做了一些实际的研究工作。张军(2002)就资本利润率和资本劳动比率之间的关系问题做出研究，发现两者之间呈现显著的负相关。他指出造成这种现象的原因主要是随着改革开放程度的加深，国际经济市场逐步开放，我国越来越积极地融入国际竞争，我国工业部门最先参与其中，所以工业部门产品面临的市场竞争越来越激烈，要想在这样激烈的竞争中站稳脚，必须加快企业技术升级的步伐，以提高资本劳动比率为最终目标，但是事实证明资本密集型的道路并不适合我国工业部门的发展，所以最后必然会降低资本利润率。刘小玄(2003)使用1995年全国工业企业的数据研究我国转轨经济中，市场结构和产权结构对绩效的具体影响效果，结果表明国有产权结构对于绩效有明显的负作用。高辉和张伟(2004)使用2001年工业企业面板数据研究全部国有及规模以上非国有工业企业的产业投资资本规模、所有者权益项和工业增加值与产业绩效的相关关系，最后得到结论：只有产业的投资资本规模与产业绩效之间是负相关的，而后两者所有者权益项和工业增加值的增加均能够促进产业绩效的提升。郭斌(2004)使用国有部门1993～1997年的分行业的数据，研究了部门绩效在国有部门中是如何变动的，试图探究造成我国工业国有部门绩效在不同的分行业之间产生差异的原因，此研究是以独立核算的工业企业为对象，结果显示造成国有部门绩效较低的原因主要是非市场型约束或制度性限制制约了国有部门在按市场喜好对劳动和资本进行配置的分配过程。唐要家(2004)利用我国工业部门内33个行业的数据进行研究，发现影响我国工业行业绩效的主要影响因素是产业市场集中度和销售费用密度，企业的研发密度和规模经济并不是影响和促进工业绩效提高的因素，因此我国工业产业组织优化的重要内容是建立有效的企业技术创新机制和实现企业的规模经济。肖月琴(2007)使用2004年工业行业的截面数据对我国工业行业的绩效影响因素进行实证分析，实证结果表明对转型期的我国工业而言，市场结构、产权、市场开放度都是影响产业绩效的重要原因，其中市场结构与绩效呈正相关，产权、市场开放度与绩效呈负相关。常晓鸣(2010)使用1998～2008年的数据，对我国工业体系内的35个行业的生产绩效进行研究，发现不同行业的绩效都经历了从缓慢上升到上下波动再到加速上扬的过程。

在已有的关于我国工业行业经济绩效变动特征及影响因素的研究中，大多数学者在度量企业绩效时使用的都是反映企业某方面运行特征的单一经济效益指标，而且对企业绩效影响因素的研究多数局限从市场结构入手的理论分析层面，几乎很少考虑科技投入及能源使用效率对企业绩效的影响，也没有对不同类型的工业行业进行对比研究。然而，当今时代已成为一个知识时代，强调"科学技术是第一生产力"的知识时代，成为一个环境经济时代，强调可持续发展，因而必须重视科技投入和能源利用效率对我国工业绩效变动的影响作用。而且我国经济正处于转型的特殊时期，我国工业部门内部的诸多工业行业的发展特点和比较优势各不相同，因此在面临特殊经济时期的环境变化时，各类工业行业的经济绩效变动特征及影响因素之间将存在明显的差异，即我国工业部门绩效变动及影响因素具有明显的结构性特征。本章使用我国工业行业 1998～2010 年的分行业的面板数据，利用主成分分析方法，从绩效评价指标体系入手构建我国工业部门绩效的综合评价指标，并在此基础上详细分析 1998～2010 年我国工业部门及各类工业行业经济绩效的变动特征，同时通过建立我国工业部门绩效变动及其影响因素的面板数据模型，尝试从资本密集度、行业内部企业规模、行业的科技投入水平、行业内部的企业国有产权比重、行业的能源利用率五个可能影响我国工业部门绩效的因素入手，对我国工业部门绩效变动的影响因素进行具体的实证分析。而且，为了探究工业部门绩效变动状况在各类工业行业之间所表现出的结构性特征，从而把握各类工业行业的绩效变动及造成其变动的影响因素之间的差异性，本章进一步将我国工业部门的 31 个具体的工业行业划分为采掘工业、化学工业、轻工业和重工业四大类，并通过分别建立四大类工业行业的绩效变动模型，对四大类行业绩效的变动及其影响因素进行相应的对比分析。本章的具体结构安排如下：3.1 节利用主成分分析方法从企业绩效评价指标体系入手构建我国工业行业经济绩效的综合评价指标，并在此基础上对 1998～2010 年我国工业部门绩效变动及其结构特征进行详细分析；3.2 节在对我国工业企业绩效影响因素进行理论分析的基础上，构建我国工业部门绩效变动模型，对我国工业部门绩效变动的影响因素进行具体的实证分析；3.3 节通过建立各类工业行业的绩效变动模型，对各类行业绩效的变动及其影响因素进行相应的对比分析；3.4 节是本章的结论及政策建议。

3.1　中国工业部门的绩效变动及其结构特征

3.1.1　绩效的概念及评价

产业组织经济学中，对绩效的定义是指"在一定的市场结构下，通过一定的厂商行为使某一产业在价格、产量、成本、利润、产品质量、品种及技术进步等方面达到的状态，即厂商的经营是否增加了社会的经济福利，是否能够满足消费者的需求。"市场绩效反映了在特定的市场结构和市场行为条件下市场运行的综合效果。产业组织学主要从利润率、效率和技术进步三个方面考察市场绩效问题。第一，利润率：在完全竞争模型中，企业只能获取正常的投资收益率。超过正常收益率的利润，即垄断利润或超额利润，是企业谋求和保持市场控制能力的动因。一般来说，利润水平越接近正常收益率的水平，产量越接近于竞争条件下的产量，价格越接近于边际成本，经济绩效也就越好。第二，效率：一般情况下，效率与竞争程度成正比。没有竞争压力的企业就会缺乏降低成本、提高效率的紧迫感。产业组织学通常把效率也作为考察经济绩效的一项重要内容。第三，技术进步：效率分为静态效率和动态效率。人们通常所说的效率多是指静态效率，即生产是否按最低成本进行。而动态效率是指技术进步的速度。

国内外的学者在研究绩效时采用的绩效指标有所不同，在产业经济和金融研究中，广泛采用基于市场的绩效指标。例如，托宾 Q(Tobin's Q)、经济附加值(economic value added，EVA)、市场附加值(market value added，MVA)等。托宾 Q 是一个比值，是指一家企业资产的市场价值与这家企业资产的重置成本的比率；EVA 是一种用剩余价值指标表示的经济利润，它在数量上等于税后净经营利润超过必要资本成本的那部分价值；MVA 等于企业的公平市场价值减去股东投入的资本。如果市场是有效的，那么企业未来价值的创造能力就能以企业的市值来表示，而投资人未来能获得的价值现值就是 MVA。

我国的绩效评价体系一直随着经济体制的转变而不断的改进和完善。为了适应社会主义市场经济的发展，1997 年，国家统计局、财政部及国家经济贸易委员会等有关部门将原有我国工业部门的效益指标体系重新审慎评估，综合各方面因素制定出新的工业部门的效益指标体系，包括七项指标，即总资产贡献率、资本保值增值率、资产负债率、流动资产周转率、成本费用利润率、全员劳动生产率和产品销售率。本章利用主成分分析方法，对我国工业行业的上述七项指标进行综合评价，得出能够综合反映我国工业行业绩效的综合主成分，用来衡量各行业的综合绩效水平。

1. 主成分分析方法概述

主成分分析是数学上一种处理降维问题的方法。在描述一个问题时，通常涉及较多的不同指标，而这些较多的不同指标之间常常存在一定程度的相关性，有时甚至存在相当高的相关性。由于指标较多以及指标之间有一定的相关性，这就说明观测数据中的信息在一定程度上有所重叠，进而增加了分析问题的难度。主成分分析方法就是利用降低维度的思想，将原来较多指标重新组合成一组新的相互无关的几个综合指标来代替原来指标，并尽可能多地反映原来指标的信息。这些综合指标是原来多个指标的线性组合，虽然这些综合指标不能直接观测到，但这些综合指标彼此之间互相不具有相关性，且能反映原来那些指标的大部分信息。这种方法能够做到将高维的变量空间处理成低维变量空间，在实现降低维度的同时能够最大限度地保留原始数据的信息。在研究实际问题时，主成分分析方法既抓住了主要信息又减少了变量的数目，在许多领域的调查研究中均有广泛的应用。

1)主成分分析的基本思想

假如某一问题涉及 n 个指标，记为 x_1，x_2，$\cdots$，x_n，由这 n 个随机变量构成的随机向量为 $\boldsymbol{X}=(x_1，x_2，\cdots，x_n)'$，设 $\boldsymbol{\mu}$ 为 $\boldsymbol{X}$ 的均值向量，$\boldsymbol{\Sigma}$ 为其协方差矩阵。假设将 $\boldsymbol{X}$ 进行线性变换得到新的合成随机向量 $\boldsymbol{Y}$，$\boldsymbol{Y}=(y_1，y_2，\cdots，y_n)'$，则有

$$\boldsymbol{Y}=\boldsymbol{AX} \tag{3-1}$$

其中，

$$\boldsymbol{\alpha}_i=(\alpha_{i1}，\alpha_{i2}，\cdots，\alpha_{in})'，\boldsymbol{A}=(\alpha_1，\alpha_2，\cdots，\alpha_n)'(i=1，2，\cdots，n)$$

且

$$\text{var}(y_i)=\alpha_i'\sum\alpha_i(i=1，2，\cdots，n)$$

$$\text{cov}(y_i，y_j)=\alpha_i'\sum\alpha_j(i、j=1，2，\cdots，n) \tag{3-2}$$

由式(3-1)看出，可以根据公式的定义对原始变量进行不同的线性变换，而且线性变换具有任意性，如果是根据任意不同的线性变换合成变量 $\boldsymbol{Y}$，那么所合成的变量 $\boldsymbol{Y}$ 的统计特征很明显各不相同。根据主成分分析的基本思想，每个 y_i 应该尽可能多地反映 n 个原始变量的信息。通常用做衡量原始变量"信息"的是方差，一般认为，如果 y_i 所包含的信息越多的话，那么它的方差就会越大。根据式(3-2)的表达式可以看出，若想使 y_i 的方差无限增大，只要将系数向量 $\boldsymbol{\alpha}_i$ 扩大任意倍数即可，这就造成了 y_i 的不确定性，为了消除这种不确定性，我们可增加约束条件：$\boldsymbol{\alpha}_i'\boldsymbol{\alpha}_i=1$。另外，必须保证 $\boldsymbol{Y}$ 的不同分量所包含地信息不能相互重叠，这样才能保证 $\boldsymbol{Y}$ 能够更加有效地反映原始变量的信息。综上所述，式(3-1)的线性变换需要满足以下的约束条件。

(1)$\boldsymbol{\alpha}_i'\boldsymbol{\alpha}_i=1$，即 $\alpha_{i1}^2+\alpha_{i2}^2+\cdots+\alpha_{in}^2=1(i=1，2，\cdots，n)$。

(2)y_1 在满足本小节约束(1)$\boldsymbol{\alpha}_i'\boldsymbol{\alpha}_i=1$ 的条件下，具有最大的方差；y_2 满足本小节约束(1)，且与 y_1 不相关的，同时具有最大的方差；y_n 满足本小节约束(1)，且与 y_1，y_2，$\cdots$，y_{n-1} 都不相关，在各种线性组合中具有最大的方差。

如果由 $\boldsymbol{X}$ 进行线性变换合成的向量 $\boldsymbol{y}_1$，$\boldsymbol{y}_2$，$\cdots$，$\boldsymbol{y}_n$，满足以上的两个约束条件，那么 $\boldsymbol{y}_1$，$\boldsymbol{y}_2$，$\cdots$，$\boldsymbol{y}_n$ 分别被称为原始变量的第一主成分、第二主成分……第 n 主成分，而且 $\boldsymbol{y}_1$，$\boldsymbol{y}_2$，$\cdots$，$\boldsymbol{y}_n$ 的方差在总方差中所占的比例是从大变小排列的。在研究具体的问题时，一般只选取排在前面的方差比重比较大的主成分，这样能够真正地做到简化结构的目的。

2)主成分分析的步骤

主成分分析的基本思想是考虑合成变量的方差大小及其对原始变量方差的贡献大小，而原始变量 x_1，x_2，$\cdots$，x_n 的协方差矩阵或相关矩阵正是对各变量离散程度和相关程度的度量，因此，求解主成分时一般是从原始变量的协方差矩阵

或相关矩阵的结构分析出发，具体步骤如下。

(1)设原始变量为 x_1，x_2，$\cdots$，x_n，利用主成分分析方法将原始变量进行综合评价后，得到的综合变量是 z_1，z_2，$\cdots$，$z_m(m<n)$。首先对原始数据进行标准化处理(Eviews 6.0 自动进行标准化)，从而能够消除不同的数量级和量纲带来的影响。

$$x_{ij}^* = (x_{ij} - \overline{x}_i)/\sigma_i (i=1, 2, \cdots, n; j=1, 2, \cdots, p) \qquad (3\text{-}3)$$

其中，y_{ij} 为第 i 个指标第 j 个分区的原始数据；$\overline{x}_i$ 和 σ_i 分别代表样本均值和标准差。

(2)计算相关系数矩阵 $\boldsymbol{R} = (r_{ij})_{n\times n}$，其中，

$$r_{ij} = \frac{1}{n} \sum_{k=1}^{n} (x_{ki} - \overline{x}_i)(x_{kj} - \overline{x}_j)/\sigma_i\sigma_j \qquad (3\text{-}4)$$

注意，使用的数据是经过标准化后的数据。

(3)计算相关系数矩阵 $\boldsymbol{R}$ 的特征值与特征向量。由特征方程式 $|\lambda_i - \boldsymbol{R}| = 0$ 求得 n 个特征值 λ_1，λ_2，$\cdots$，λ_n，并将特征值由大到小排列 $\lambda_1 \geqslant \lambda_2 \geqslant \cdots \geqslant \lambda_n$，与特征值相对应的标准正交特征向量为 $\boldsymbol{e}_1$，$\boldsymbol{e}_2$，$\cdots$，$\boldsymbol{e}_n$，则第 i 个样本主成分可表示为

$$z_i = \boldsymbol{e}_i' \boldsymbol{x} = e_{i1}x_1 + e_{i2}x_2 + \cdots + e_{in}x_n (i=1, 2, \cdots, n) \qquad (3\text{-}5)$$

(4)第 i 个样本主成分的贡献率 $E_i = \lambda_i \Big/ \sum\limits_{i=1}^{n} \lambda_i$，前 m 个样本主成分的累积贡献率 $E_i' = \sum\limits_{j=1}^{m} \lambda_j \Big/ \sum\limits_{i=1}^{n} \lambda_i$。

(5)主成分个数的确定。进行主成分分析的最主要目的之一就是减少变量的个数，但是对于究竟需要保留多少个主成分却没有确定的要求。通常确定主成分的个数有两种方法，一种是选取的主成分个数 m 使累计贡献率达到 85％以上为宜。另一种常用方法是根据特征值 λ_i 的值是否大于 1 来确定选取主成分的个数，原则上只选取特征值大于 1 的主成分，即所选取的前 m 个主成分的特征值都要大于 1。因为主成分的特征值的大小能够从某种程度上代表该主成分的影响力，如果主成分的特征值小于 1，就表示使用此主成分所代表的线性组合的解释力度，要小于直接引入一个原始变量而不采用线性组合的形式的平均解释力度，因而选取主成分时一般以该主成分的特征值大于 1 为原则。

(6)主成分的综合评价。根据上面的方法提取适合的主成分，假设主成分的个数为 m 个，在具体研究问题时，为了简化问题，还需要进一步将提取的 m 个主成分进行综合评价，合成为一个综合指标。具体的合成方法是，以所选取的每个主成分所对应的特征值占所提取主成分总的特征值之和的比例作为权重，计算得到综合主成分。

2. 中国工业部门绩效的综合评价

2002 年, 国家统计局制定了最新的行业划分标准, 将我国工业部门的全部工业行业划分成 39 个具体的工业行业。本章只选取了 39 个工业行业中的 31 个行业进行实证分析, 删减掉的行业有: 水的生产和供应业, 燃气生产和供应业, 电力、热力的生产和供应业, 石油加工、炼焦及核燃料加工业, 石油和天然气开采业, 这五个行业属于垄断性行业, 另外还删减掉了废弃资源和废旧材料回收业、工艺品及其他制造业以及其他采矿业, 这三个行业存在严重的数据缺失。对我国工业行业绩效进行综合评价的具体做法是, 使用 Eviews 6.0 对我国 31 个工业行业 1998~2010 年绩效评价指标体系的 7 项指标的数据进行堆积, 并对此堆积数据进行主成分分析, 这样所得到的主成分既包含不同行业的横向信息又包含不用年份的纵向信息, 从而能使得到的综合主成分数据更具合理性。7 项指标中, 全员劳动生产率的定义为工业增加值比全部从业人员平均数, 此处的工业增加值使用平减之后的数据。由于 2007 年之后的工业增加值数据不再公布, 所以本章所使用的 2008~2010 年的工业增加值数据, 是根据已公布的 2008 年之前的工业增加值, 利用中国经济信息网公布的 2008~2010 年工业增加值增长率计算而来的, 其余 6 项指标的数据全部直接来自于中国经济信息网统计数据库, 具体的指标含义和数据来源如表 3-1 所示。

表 3-1　绩效评价指标体系中 7 项指标的含义及数据来源

指标名称	符号	计算方法	数据来源
总资产贡献率	x_1	(利润总额＋税金总额＋利息支出)/平均资产×100%	中国经济信息网统计数据库
资本保值增值率	x_2	(扣除客观因素后的年末所有者权益/上年同期期末所有者权益)×100%	中国经济信息网统计数据库
资产负债率	x_3	(负债总额/资产总额)×100%	中国经济信息网统计数据库
流动资产周转率	x_4	(销售收入/流动资产平均余额)×100%	中国经济信息网统计数据库
成本费用利用率	x_5	(利润总额/成本费用总额)×100%	中国经济信息网统计数据库
全员劳动生产率	x_6	工业增加值/全部职工平均数	根据公式计算得到
产品销售率	x_7	工业销售产值/工业总产值	中国经济信息网统计数据库

表 3-2 显示了对我国工业部门的 7 项绩效指标进行主成分分析的结果。由表 3-2 可以看出, 第一、第二主成分的累计贡献率为 74.27%, 已能较好地反映 7 个指标的总体变动情况, 而且观察它们的特征值发现第一、第二主成分的特征值大于 1, 第 3 个主成分的特征值开始明显小于 1, 所以仅选择 $m=2$, 提取第一、第二主成分反映行业绩效。

表 3-2 我国工业部门 7 项绩效指标主成分分析结果

主成分		pc1	pc2	pc3	pc4	pc5	pc6	pc7
特征 向量	x_1	0.494 2	−0.038 7	−0.061 0	−0.096 6	−0.329 1	0.309 3	−0.733 0
	x_2	0.155 3	0.622 4	−0.487 6	0.514 3	0.283 6	0.027 2	−0.071 2
	x_3	0.468 8	−0.143 9	−0.096 1	−0.214 4	0.328 5	−0.764 4	−0.110 1
	x_4	0.089 2	0.699 8	0.188 6	−0.667 8	−0.022 3	0.058 1	0.130 1
	x_5	0.472 1	−0.038 5	−0.249 2	0.083 1	−0.602 8	−0.038 3	0.584 6
	x_6	0.457 2	−0.239 0	0.079 6	−0.081 5	0.580 3	0.545 2	0.294 6
	x_7	0.268 2	0.205 1	0.803 3	0.469 8	−0.052 8	−0.131 0	0.009 6
特征值		3.802 9	1.396 1	0.834 9	0.571 7	0.216 1	0.132 4	0.045 8
贡献率		0.543 3	0.199 4	0.119 3	0.081 7	0.030 9	0.018 9	0.006 5
累积贡献率		0.543 3	0.742 7	0.862 0	0.943 7	0.974 5	0.993 5	1.000 0

根据表 3-2 中的特征向量得到第一、第二主成分 z_1、z_2 的表达式如下：

$$z_1 = 0.494\ 2x_1 + 0.155\ 3x_2 + 0.468\ 8x_3 + 0.089\ 2x_4$$
$$+ 0.472\ 1x_5 + 0.457\ 2x_6 + 0.268\ 2x_7 \tag{3-6}$$
$$z_2 = -0.038\ 7x_1 + 0.622\ 4x_2 - 0.143\ 9x_3 + 0.699\ 8x_4$$
$$- 0.038\ 5x_5 - 0.239\ 0x_6 + 0.205\ 1x_7 \tag{3-7}$$

对选择的第一、第二主成分进行综合评价的方法是根据两个主成分的特征值的大小对两个主成分进行加权，从而便得到最终表示行业绩效的综合主成分，用 Rat 表示。Rat 表达式如下：

$$\text{Rat} = 3.802\ 9/(3.802\ 9 + 1.396\ 1)z_1 + 1.396\ 1/(3.802\ 9 + 1.396\ 1)z_2 \tag{3-8}$$

3.1.2 中国工业部门的绩效变动及其结构特征

本章首先利用式(3-8)对我国工业部门整体绩效进行测度。测度结果表明，1998～2010 年，我国工业部门不仅实现了产出的持续快速增长，而且对绩效指标体系进行主成分分析得到的综合主成分，即部门绩效也得到了不断提升。图 3-1 给出了 1998～2010 年我国工业部门整体绩效的变动特征。

从图 3-1 可以看出，我国工业部门绩效指标体系的综合主成分在 1998 年处于较低水平，随后呈现逐年快速上升态势，并且上升速度在 2002 年后略有提高，2009 年其水平虽有所回落，但 2010 年再次上升至较高水平。这表明我国工业部门的整体绩效从 1998 年开始逐年提升，并且提升速度在 2001 年年底我国加入 WTO 后略有提高，而 2008 年美国金融危机的爆发导致全球经济增长放缓，我国工业部门的经济绩效也受到严重影响，不过在我国相关部门的各项应对金融危机政策的作用下，2010 年我国工业部门的整体绩效显著回升。

由于我国工业行业众多，再加上工业部门内部的诸多行业在生产技术和运作制度上存在很大的差异性，因此，当我国工业部门面临的政治、经济环境发生变

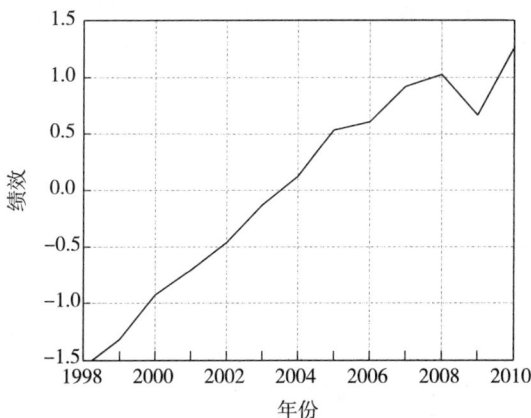

图 3-1　我国工业部门整体绩效变动特征

化时，变化的环境对各工业行业绩效增长的影响效果有所不同，也可能存在很大的差异性。我国工业部门绩效变动也会因此表现出一些比较明显的结构性特征，因此本章基于各工业行业具有的不同生产特征，将所选取的 31 个工业行业具体划分为四大类，即采掘工业、化学工业、轻工业和重工业，对各类行业的平均绩效分别进行测度。31 个行业的具体分类情况如表 3-3 所示。

表 3-3　31 个行业的具体分类情况

大类名称	行业名称	大类名称	行业名称
采掘工业（4）	煤炭开采和洗选业 黑色金属矿采选业 有色金属矿采选业 非金属矿采选业	化学工业（6）	化学原料及化学制品制造业 医药制造业 化学纤维制造业 橡胶制品业 塑料制品业 非金属矿物制品业
轻工业（12）	农副食品加工业 食品制造业 饮料制造业 烟草制品业 纺织业 纺织服装、鞋、帽制造业 皮革、毛皮、羽毛(绒)及其制品业 木材加工及木、竹、藤、棕、草制品业 家具制造业 造纸及纸制品业 印刷业和记录媒介的复制业 文教体育用品制造业	重工业（9）	黑色金属冶炼及压延加工业 有色金属冶炼及压延加工业 金属制品业 通用设备制造业 专用设备制造业 交通运输设备制造业 电气机械及器材制造业 通信设备、计算机及其他电子设备制造业 仪器仪表及文化、办公用机械制造业

注：括号内数字为该大类所包括的行业个数

与我国工业部门整体绩效的计算方法相同，本章利用式(3-8)进一步计算了采掘工业、化学工业、轻工业和重工业四类工业行业的平均绩效，我国四类工业行业绩效变动特征如图 3-2 所示。

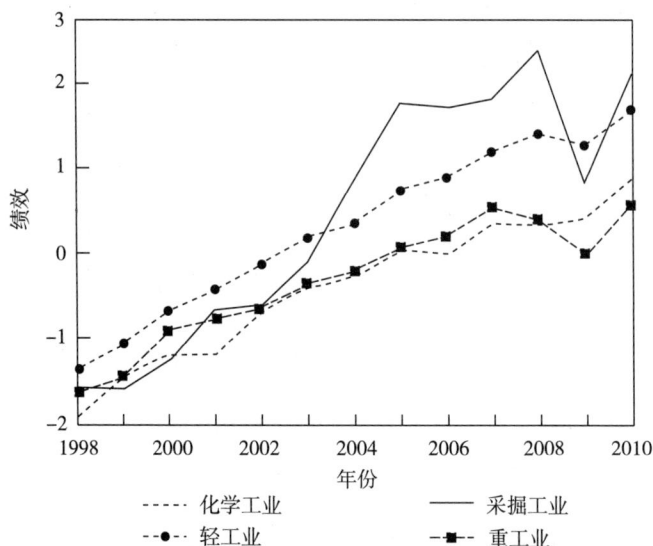

图 3-2　我国四类工业行业绩效变动特征

　　观察图 3-2 可以发现，1998～2008 年，四类工业行业平均绩效的变动趋势均与工业部门整体绩效一致，呈逐年上升态势，但上升速度略有不同。从绩效水平上看，2003 年以前，轻工业行业平均绩效水平略高于其他三类工业行业，而2003 年后采掘工业平均绩效上升至四类工业行业中最高水平。受到 2008 年美国金融危机的影响，四类工业行业的平均绩效均有不同程度的下降，并均在 2010年有所回升。此外，从图 3-2 中也可以看出，四类工业行业平均绩效曲线在1998～2008年的具体变动幅度存在明显的差异。我国加入 WTO 后，采掘工业的平均提升幅度变化比较大，金融危机后平均绩效的下降及回升幅度也比较大，绩效曲线的波动比较剧烈。轻工业部门的平均绩效变动曲线比较平稳，没有出现大的波动，说明轻工业绩效发展平稳。但是重工业和化学工业的绩效变动较大，而且这两类工业的绩效变动曲线与整体工业部门绩效曲线波动形状十分相似。因此，1998～2010 年我国的工业部门整体绩效发生了明显的变化，而且绩效的变化过程及特征在不同的工业部门之间表现出了明显的结构性特征。

　　为了进一步全面而具体地探究我国工业部门绩效变动的影响因素，进而为相关部门提升调控政策的针对性和有效性提供依据，本章接下来将分别建立我国工业整体部门和四类工业行业的绩效变动模型，对我国工业部门及四类工业行业绩效变动的影响因素进行具体的实证分析，即对我国工业部门绩效变动及影响因素之间的关系作进一步的结构性分析。

3.2　中国工业部门绩效变动影响因素的实证分析

3.2.1　行业绩效变动影响因素的理论分析

行业是内部企业的集合，影响企业盈利能力的因素必然最终影响着行业的整体绩效水平。传统经济学理论认为，企业的资本密集度、企业规模以及企业所面临的行业内部的竞争程度是影响企业盈利能力的主要因素，此外，企业内部的产权结构可以通过企业在市场中的行为影响市场绩效，尤其对于当下处于转型期的中国经济来说，行业内部的国有产权比重对企业绩效的影响是值得重视的，而企业的科学技术研发投入水平直接决定该企业的生产效率状况，进而也将在一定程度上影响该企业的市场绩效，因此，有理由认为上述诸多因素都必然能够对工业行业的部门绩效造成一定程度的影响。同时，考虑到自从改革开放以来，我国工业经济在高速增长的同时造成了能源的大量消耗，能源利用效率与工业绩效增长之间也将存在密切的关系。各因素与行业绩效具体相关关系的理论分析和已有的经验研究概括如下。

(1)资本密集度。探究产业经济的绩效本质发现，从实质上决定产业绩效的是企业的投入量，如资金、劳动投入和自然投入等，但是绩效不仅仅取决于这些投入的投入数量，另外还取决于它们的效率，投入效率与产业的绩效之间是正相关的关系。要想提高各种投入要素的效率，就必须提高技术进步，提高先进技术的使用水平。提高现代化设备的使用程度正是企业应用先进技术的表现，也就是说先进技术的使用大致表现在企业的资本密集度的提高上。可以理解为，在一定的程度上，企业应用先进技术的水平表现为企业的资本密集度，因此，理论上可以认为资本密集度的增加有利于工业部门绩效的增长。与理论不一致的是，多数学者对改革开放后的工业部门绩效进行研究，事实证明对于我国工业行业而言，当资本密集度增加时，工业部门绩效非但没有增加，反而在减少。例如，大琢启二郎等在对我国国有工业部门39个行业数据的分析中发现资本密集度对国有工业部门的业绩存在着负面影响，他们认为，除了来自非国有工业部门的竞争，国有工业部门采用了不符合中国比较优势的资本密集型生产方法也是国有部门盈利水平较低的重要原因。

(2)企业规模。基本的经济理论认为，由于社会分工的加强加上社会分工专业化协作的发展，当企业的规模不断扩大并达到一定的规模时，如果继续增加投入，那么产出比例的增加会超过投入比例的增加，从而随着产量的增加，单位产品的平均成本是逐渐减少的，这被称做规模经济性。这就会造成企业规模越大，企业的盈利能力越大，也就是说企业的盈利能力与企业的规模之间呈现出正相关的关系。而对中国工业部门规模经济性问题的多数经验研究结果认为，中国工业部门不存在规模经济。大琢启二郎等采用企业平均实际产值作为规模的度量，认为国有工业部门不具有规模生产的优势。

(3)科技投入水平。马克思曾指出，当工业发展到一定程度时，财富的创造一般由技术进步和科学水平来决定，相反会较少的取决于劳动时间和所耗费的劳动量，换言之，随着工业的发展，科学技术在生产上的应用决定了财富的创造。如今的时代，是一个知识至上的时代，因而实现经济增长时科学技术的地位越来越不可替代。世界各国纷纷把科技投入作为一项战略性投资，争相大幅度增加科技投入。近年来，有关我国工业企业科学技术投入的研究逐渐增加，但是多数研究都表明尽管近年来我国工业企业科技投入有大幅度的增长，但是我国工业科技投入对工业部门绩效的影响并不显著，主要原因是，尽管我国工业科技投入增加，但是科技投入的产出效率不高，科技投入的有效性亟待提高。

(4)国有产权比重。哈佛学派提出的经典的产业组织理论 S-C-P 分析范式认为，市场结构首先会影响企业行为，进一步影响市场绩效。国内外学者做了大量实证研究证实了这一结论，具体到当下的中国，经济体制正值转型时期，由计划经济向市场经济过渡，我国工业行业部门的企业产权结构没有在很多的时期内迅速的私有化，因而导致一个行业内产权结构非常复杂，包含多种产权结构：完全的国有企业，家族式的民营企业，公有性质的集体经济，外资经济以及国有、集体、外资、民营经济的混合经济。在这种情形下，应该重视产权结构因素对市场绩效的影响作用。已有的经验研究结果都能证明，对于我国的工业行业而言，如果国有产权比重较高，不利于或者会在一定程度上抑制工业部门绩效的提高。

(5)能源利用效率。从古典经济学到内生经济增长理论，一直认为资本、劳动力和技术进步是推动经济增长的最终原因，但是随着对增长极限的研究以及石油危机的爆发，越来越多的学者意识到能源在经济发展中的作用。对于我国来说，近年来我国经济高速发展的同时产生了很多问题，最为鲜明的就是我国工业部门对能源的需求量急剧增加，能源需求量增长的速度相当惊人，从而导致能源对经济增长的约束性越来越不可抑制，众多学者以及政府相关部门和机构越来越重视能源效率问题。能源作为工业生产不可缺少的投入要素，其利用效率将直接影响工业行业的经济绩效。

3.2.2 中国工业部门绩效变动影响因素的实证分析

本小节将对行业经济绩效(Rat)与行业的资本密集度(capit)、行业内部的企业规模(size)、行业的科技投入水平(RD)、行业内部的企业国有产权比重(own)及行业的能源利用效率(eng)等因素之间的关系进行实证研究，所建立的解释行

业经济绩效变动的理论模型可以表示为

$$\text{Rat}_{k,it} = f(\text{capit}_{k,it},\ \text{size}_{k,it},\ \text{RD}_{k,it},\ \text{own}_{k,it},\ \text{eng}_{k,it}) \qquad (3\text{-}9)$$

其中，下标 t 表示时间；$k=0$、1、2、3、4 分别代表工业行业整体、采掘工业、化学工业、轻工业和重工业；下标 i 表示各类行业内部的行业序号。

1. 数据的选取和分析

本节对我国工业部门绩效变动的影响因素进行具体实证分析时使用的数据样本为 1998～2010 年我国工业部门内部 31 个工业行业的面板数据，以下是对本节所涉及的变量和数据的进一步解释说明。

（1）行业的资本密集度（capit）用人均实际固定资产净值（单位：万元/人）度量，即等于各行业实际固定资产净值与行业从业人员人数的比值；行业内部企业规模（size）衡量方法为行业内企业平均资产，数值上等于行业实际固定资产净值与行业企业单位数之比，单位为亿元/户；行业科技投入水平（RD）由行业的科技活动经费比重度量，等于科技活动经费与销售收入之比；行业内部企业国有产权比重（own）用行业国有企业固定资产净值年均余额与规模以上工业企业固定资产净值年均余额之比度量；行业能源利用效率（eng）用行业的能源消耗强度表示，等于能源消费总量与行业增加值之比。各解释变量的名称和数据来源如表 3-4 所示。

表 3-4　解释变量的名称和数据来源

变量名称	表示符号	衡量方法	数据来源
行业的资本密集度	capit	行业实际固定资产净值/行业从业人员数	中国经济信息网统计数据库
行业内部企业规模	size	行业内企业平均资产	中国经济信息网统计数据库
行业科技投入水平	RD	科技活动经费/销售收入	中国经济信息网统计数据库
行业内部企业国有产权比重	own	国有企业固定资产净值年均余额/规模以上工业企业固定资产净值年均余额	中国经济信息网统计数据库
行业能源利用效率	eng	能源消费总量/行业增加值	中国经济信息网统计数据库

（2）为了保证数据的可比性，本章对所使用的与价格相关的以货币为计量单位的指标都进行了平减。其中，用于计算行业资本密集度和行业内部企业规模的行业实际固定资产净值数据是由公布的各行业名义固定资产净值经固定资产投资价格指数平减后得到。另外，在计算能源利用效率时使用到能源消费总量，中国经济信息网公布了 1998～2009 年分行业的能源消费总量，没有公布 2010 年分行业能源消费总量的数据，但是给出了 2010 年工业行业的能源消费总量。因此，本节根据 2010 年工业行业的能源消费总量，利用 2009 年各行业能源消费占工业行业能源消费的比例计算得出 2010 年分行业的能源消费总量。

2. 数据平稳性检验

为了避免伪回归，在实证模型建立之前，首先需要对各指标序列进行平稳性检验。因为本节所使用的数据是面板数据，时间区间为 1998～2010 年，截面成员包含我国工业部门 31 个行业，因此平稳性检验不再是单纯的 ADF(augmented Dickey-Fuller)检验，而使用基于面板数据模型的单位根检验。

面板数据模型的单位根检验方法与普通的单序列的单位根检验方法十分类似，但又不完全相同。

对面板数据考虑下面的 AR(1)过程

$$y_{it} = \rho_i y_{it-1} + X_{it}\boldsymbol{\delta}_i + u_{it} (i = 1, 2, \cdots, N; t = 1, 2, \cdots, T_i) \quad (3\text{-}10)$$

其中，X_{it} 表示模型中的外生变量向量，包括各个个体截面的固定影响和时间趋势；N 表示各个截面成员的个数；T_i 表示第 i 个截面成员的观测时期数；参数 ρ_i 为自回归的系数；随机误差项 u_{it} 相互满足独立同分布假设。可见，对于该 AR(1)过程，如果 $|\rho_i| < 1$，则对应的序列 y_{it} 为平稳序列，$|\rho_i| = 1$，则对应的序列 y_{it} 为非平稳序列。

根据对参数 ρ_i 的不同限制，可以将基于面板数据模型的单位根检验分为两类，一类是相同根情形下的单位根检验，这类检验方法假设面板数据的各截面序列具有相同的单位根过程，即假设参数 ρ_i 满足 $\rho_i = \rho (i = 1, 2, \cdots, N)$。另一类是不同根情形下的单位根检验，这类检验方法允许面板数据中的各截面序列具有不同的单位根过程，即允许参数 ρ_i 跨截面变化。

本节选择具有相同根的面板数据单位根检验方法 LLC(Levin-Lin-Chu)检验对模型中涉及的序列进行平稳性检验。LLC 检验的原假设是面板数据中的各个截面序列都有一个相同的单位根，备择假设是各个截面序列都没有单位根。LLC 检验仍然采用 ADF 检验式的形式，即检验时考虑式(3-11)所表示的模型。

$$\Delta y_{it} = \eta y_{it-1} + \sum_{j=1}^{p_i} \beta_{ij} \Delta y_{it-j} + X'_{it}\boldsymbol{\delta} + u_{it} (i = 1, 2, \cdots, N; t = 1, 2, \cdots, T)$$

$$(3\text{-}11)$$

其中，$\eta = \rho - 1$；p_i 为第 i 个截面成员的滞后阶数，在此模型中允许其跨界面变化。LLC 检验不直接使用 Δy_{it} 和 y_{it-1} 估计参数 η，而是使用两者的代理变量对 η 进行估计。LLC 检验的具体步骤包括以下几点。

各截面成员的滞后阶数 p_i 给定后，从 Δy_{it} 和 y_{it-1} 剔除 Δy_{it-j} 和外生变量的影响，并进行标准化，求出代理变量。设

$$\Delta \bar{y}_{it} = \Delta y_{it} - \sum_{j=1}^{p_i} \hat{\beta}_{ij} \Delta \hat{y}_{it-j} - x'_{it}\hat{\boldsymbol{\delta}} \quad (3\text{-}12)$$

$$\bar{y}_{it-1} = y_{it-1} - \sum_{j=1}^{p_i} \dot{\beta}_{ij} \Delta \hat{y}_{it-j} - x'_{it}\dot{\boldsymbol{\delta}} \quad (3\text{-}13)$$

其中，$(\hat{\beta}_{ij}, \hat{\boldsymbol{\delta}})$ 和 $(\dot{\beta}_{ij}, \dot{\boldsymbol{\delta}})$ 分别表示 Δy_{it} 和 y_{it-1} 对滞后差分项 Δy_{it-j} 和外生变量 x_{it} 回归所得的参数估计值。则 Δy_{it} 和 y_{it-1} 的代理变量 $\Delta \tilde{y}_{it}$ 和 $\tilde{y}_{it-1}$ 为

$$\Delta \tilde{y}_{it} = \Delta \overline{y}_{it}/s_i \tag{3-14}$$

$$\tilde{y}_{it-1} = \overline{y}_{it-1}/s_i \tag{3-15}$$

其中，s_i 为式(3-12)中对应的第 i 个截面成员的 ADF 检验式的估计标准差。然后根据代理变量做回归 $\Delta \tilde{y}_{it} = \eta \tilde{y}_{it-1} + \varepsilon_{it}$ 来估计参数 η，此时参数 η 对应的 t 统计量渐进服从标准正态分布。

如果经过 LLC 方法检验发现序列平稳，则符合建模要求。如果经过 LLC 方法检验发现序列不平稳，但非平稳序列是一阶单整的，则需要进一步对建模序列之间进行协整检验，若序列之间存在协整关系，则也符合建立模型的需要。

用 LLC 检验方法对我国工业行业经济绩效变动模型中使用的序列进行检验。LLC 检验结果如表 3-5 所示。

表 3-5 LLC 检验结果

变量	水平值		
	统计量	P 值	检验式
rat	−5.690 42	0.000 0	含截距项 不含趋势
log(capit)	−3.948 06	0.000 0	含截距项 不含趋势
log(size)	−3.298 68	0.000 5	含截距项 不含趋势
RD	−4.914 13	0.000 0	含截距项 不含趋势
own	−6.503 98	0.000 0	含截距项 不含趋势
eng	−21.685 10	0.000 0	含截距项 不含趋势

从表 3-5 可以看出，各序列 LLC 检验结果均在 0.01 的显著性水平下显著，因此模型中使用的序列都是平稳序列，变量序列通过平稳性检验，可以建立模型。

3. 实证模型的设定及估计

本节将用于实证检验的面板数据模型设定为变截距形式，即允许各工业行业的绩效水平存在个体效应，其单方程的回归形式可以写成

$$y_{it} = \alpha_i + \boldsymbol{x}_{it}\boldsymbol{\beta} + \mu_{it} \quad (i=1, 2, \cdots, N; \ t=1, 2, \cdots, T) \tag{3-16}$$

其中，y 表示被解释变量；$\boldsymbol{x}$ 表示 k 维解释变量向量。在模型[式(3-16)]中，假设只在个体成员上存在个体影响而无结构变化，且用截距项 $\alpha_i (i=1, 2, \cdots, N)$ 的差别来说明个体影响，即各个体成员方程的截距项 α_i 不同，而 $k \times 1$ 维系数向量 $\boldsymbol{\beta}$ 相同。

基于数据平稳性检验结果，工业行业绩效变动模型的具体形式设定为

$$\mathrm{Rat}_{it} = \alpha_i + \beta_1 \ln(\mathrm{capit}_{it}) + \beta_2 \ln(\mathrm{size}_{it}) + \beta_3 \mathrm{RD} + \beta_4 \mathrm{own}_{it} + \beta_5 \mathrm{eng}_{it} + \varepsilon_{it} \tag{3-17}$$

其中，下标 t 表示时间；$i=1, 2, \cdots, 31$，表示 31 个工业行业；ε_{it} 为随机误差项；α_i 为各工业行业绩效的个体效应，反映模型中未具体给出的影响行业绩效

变动的所有因素对行业绩效的综合影响。

变截距模型允许截面成员上存在个体影响，个体影响分为固定影响和随机影响两种情形，根据个体影响的不同形式，变截距模型又分为固定影响（fixed effects）变截距模型和随机影响（random effects）变截距模型两种。随机效应模型将 α_i 和随机误差项 μ_{it} 看做一样的随机变量，而且要求 α_i 和 μ_{it} 不相关；固定效应模型认为个体特性 α_i 是未知的确定的常数。在利用面板数据建模时首先需要在固定影响模型和随机影响影响模型中进行选择。究竟应该将模型中的个体影响设定为固定影响还是随机影响？Hausman 和 Taylor(1981)等学者认为应该总是把个体影响处理为随机的，即随机影响模型优于固定影响模型，其主要原因为固定影响模型将个体影响设定为跨截面变化的常数使分析过于简单，并且从实践的角度看，在估计固定影响模型时将损失较多的自由度，特别是对"宽而短"的面板数据。但相对于固定影响模型，随机影响模型也存在明显的不足：在随机影响模型中是假设随机变化的个体影响与模型中的解释变量不相关，而在实际建模过程中这一假设很有可能由于模型中省略了一些变量而不满足，从而导致估计结果出现不一致性。因此，在确定固定影响还是随机影响时，一般的做法是，先建立随机影响的模型，然后检验该模型是否满足个体影响与解释变量不相关的假设，如果满足就将模型确定为随机影响的形式，反之则将模型确定为固定影响的形式。

对于如何检验模型中个体影响与解释变量之间是否相关，Hausman 和 Taylor(1981)提出了一种严格的统计检验方法——Hausman 检验。该检验的原假设：随机影响模型中个体影响与解释变量不相关，检验过程中所构造的统计量 (W) 形式如下：

$$W = [b - \hat{\beta}]' \hat{\Sigma}^{-1} [b - \hat{\beta}] \qquad (3-18)$$

其中，b 为固定影响模型中回归系数的估计结果；$\hat{\beta}$ 为随机影响模型中回归系数的估计结果；$\hat{\Sigma}$ 为两类模型中回归系数估计结果之差的方差，即

$$\hat{\Sigma} = \mathrm{var}[b - \hat{\beta}] \qquad (3-19)$$

Hausman 证明在原假设下，式(3-18)给出的统计量 W 服从自由度为 k 的 χ^2 分布，k 为模型中解释变量的个数。

本章使用 Hausman 检验来确定模型的形式，具体做法是：运用 Eviews 6.0 对我国工业经济绩效模型进行检验，检验结果由表 3-6 给出，结果说明应该拒绝原假设，所以应该采用固定效应模型。

表 3-6 Hausman 随机效应检验结果

统计量值	自由度	P 值
2.27	5	0.86

　　考虑到我国工业部门内部的 31 个工业行业绩效可能存在异方差和同期相关性，因此采用广义最小二乘法对模型进行估计，具体估计结果由式(3-20)给出。

$$\hat{Rat}_{it} = \alpha_i - 0.13\log(capit_{it}) + 0.79\log(size_{it}) + 6.03RD_{it} - 5.24own_{it} - 0.14eng_{it}$$
$$(-1.61)\qquad(5.09)\qquad(0.82)\qquad(-28.02)\quad(-7.22)$$

$$(3-20)$$

其中，下标 t 代表时间；$i = 1, 2, \cdots, 31$ 分别表示 31 个工业行业；Rat_{it} 为行业绩效；$capit_{it}$ 为行业资本密集度；$size_{it}$ 为行业内部企业规模；RD_{it} 为行业科技投入水平；own_{it} 为行业内部的企业国有产权比重；eng_{it} 为行业的能源利用效率。

　　4. 中国工业部门绩效变动影响因素的实证分析

　　根据以上的估计结果，可以得到以下结论。

　　(1)从整体状况上看，1998~2010 年我国工业行业的经济绩效与行业的资本密集度之间存在一定程度的负相关关系。具体来看，变量行业资本密集度($capit_{it}$)前的系数为 -0.13，表明从整体状况上看，我国工业行业的资本密集度上升 1%，将使以 7 指标综合成分测算的行业绩效水平将随之平均下降 0.001 3 个单位。这表明，从整体状况上来看，资本密集型的发展道路并不符合我国工业部门的比较优势特点。该结论与多数学者对改革开放后的工业部门绩效的研究结论一致。

　　(2)从整体状况上看，我国工业部门经济绩效与行业内部企业的平均资产规模之间存在显著的正相关关系。具体来看，变量行业内部企业规模($size_{it}$)前的系数为 0.79，表明从整体状况上看，我国工业行业内部企业规模每提高 1%，将使以 7 指标综合成分测算的行业绩效水平将随之平均提高 0.007 9 个单位。这表明，随着我国工业部门内部结构的逐步调整，我国工业部门的规模经济性已初步形成，从整体状况上看，当行业内部企业的平均规模增大时，部门的经济绩效也会随之增长。

　　(3)我国工业部门的经济绩效与行业内的科技投入水平之间尚未呈现显著的相关关系，这表明，从整体状况上看，我国工业部门的行业科技投入水平即行业的更新改造投资的变化并不会显著影响工业部门的经济绩效水平。实证结果并未检验出科技投入水平与行业绩效之间的显著相关关系的原因可能是由于我国工业部门内部的众多工业行业的科技投入水平与行业绩效之间的相关关系并不一致，有些行业科技投入水平的增加会带来行业经济效益的显著增加而有些行业则会减少或没有影响。因此，本章将在 3.3 节分别对不同类型的工业行业的科技投入水平与经济绩效之间的具体相关关系进行相应的实证研究。

　　(4)我国工业部门的行业绩效与行业内部的企业国有产权比重之间存在显著的负相关关系。具体来看，变量工业行业内部的企业国有产权比重(own_{it})前的系数估计值为 -5.24，这表明，从整体状况上看，我国工业行业内部企业国有产权比重每提高1百分点，将使以7指标综合成分测算的行业绩效水平将随之平均下降5.24个单位。这一结论与部分学者的已有研究成果相吻合，如甄小鹏和甄艺凯(2012)以我国工业行业绩效为因变量，行业国有企业产值占工业产值的比重及民营企业产值占工业产值的比重做自变量，建立相应的多元线性回归模型，使用的数据是2005～2007年的我国工业行业的分行业数据，发现国有企业产值比重的增加会降低行业绩效，而民营企业产值比重对改善市场绩效有显著的正效应，所以认为，国有产权会降低资源的配置效率，同时对整个工业行业绩效增长的作用是消极的、负面的。

(5)我国工业行业部门的经济绩效与行业的能源消耗强度之间存在显著的负相关关系。具体来看，变量工业行业的能源消耗强度(eng_{it})前的系数估计值为-0.14，这表明，从整体状况上看，我国工业行业的能源消耗强度每降低1个单位，将使以7指标综合成分测算的行业绩效水平将随之平均提高0.14个单位。可见，从整体状况上来看，对于粗放式生产特点比较突出的我国工业部门来说，改善能源利用效率将显著地提高其经济绩效水平。

综上所述，我国工业部门绩效变动模型的实证结果表明，从我国工业部门的整体状况上看，我国工业行业的经济绩效与行业内部企业规模之间存在显著的正相关关系；与行业内部的企业国有产权比重、行业的能源利用率之间呈现显著的负相关关系；而与行业的资本密集度之间存在弱显著的负相关关系；但与行业的科技投入水平之间的统计关系不显著。

3.3 中国工业部门绩效变动影响因素的结构分析

由于我国工业部门内部行业众多，再加上各行业在生产技术和运作制度及能源消耗上均存在很大程度的差异，因此，当我国工业部门面临的政治、经济环境发生变化时，变化的环境对各个行业绩效增长的具体影响也将有所不同。基于此，本节进一步建立采掘工业、化学工业、轻工业和重工业4大类工业行业的面板数据模型，分别对各类工业行业绩效变动的影响因素进行具体实证分析。

3.3.1 中国各类工业行业绩效变动模型

根据行业不同的生产特征，本章将所选取的31个工业行业划分为采掘工业、化学工业、轻工业和重工业四大类，各类工业行业的绩效变动模型可以表示如下：

$$\text{Rat}_{k,it} = \alpha_{k,it} + \beta_{k,1}\ln(\text{capit}_{k,it}) + \beta_{k,2}\ln(\text{size}_{k,it}) + \beta_{k,3}\text{RD}_{k,it}$$
$$+ \beta_{k,4}\text{own}_{k,it} + \beta_{k,5}\text{eng}_{k,it} + \varepsilon_{k,it} \tag{3-21}$$

其中，下标i表示各类工业部门内部的行业序号；$k=1$、2、3、4分别代表4大类工业行业。4 个模型中每个变量符号和系数的定义与式(3-20)相同,此处不再赘述。

3.3.2　数据平稳性检验

与建立我国工业部门绩效变动模型相同,用 LLC 检验方法对采掘工业、化学工业、轻工业和重工业 4 类行业绩效变动模型中涉及的变量数据进行平稳性检验,以下分别给出四类工业部门相应数据的检验结果。

1. 采掘工业

由表 3-7 的 LLC 检验结果发现,采掘工业模型中除代表行业资本密集度和行业内部企业规模的对数序列并不平稳外,其他序列均在 0.01 的显著水平下平稳。而两个不平稳序列在进行一阶差分后均变为平稳序列,即它们都是 $I(1)$ 序列。需要进一步对两个 $I(1)$ 序列进行协整检验,同时对六个序列进行协整检验,检验结果如表 3-8 和表 3-9 所示。

表 3-7　采掘工业 LLC 检验结果

变量	水平值		
	统计量	P 值	检验式
rat	−3.861 5	0.000 1	含截距项　含趋势
log(capit)	4.567 5	1.000 0	不含截距项　不含趋势
log(size)	2.155 8	0.984 4	含截距项　不含趋势
RD	−2.886 6	0.001 9	含截距项　含趋势
own	−4.502 8	0.000 0	含截距项　不含趋势
eng	−21.685 1	0.000 0	不含截距项　不含趋势
D[log(capit)]	−3.994 33	0.000 0	不含截距项　不含趋势
D[log(size)]	−2.735 32	0.003 1	不含截距项　不含趋势

表 3-8　两个 $I(1)$ 序列协整检验结果

检验方法	检验假设	统计量值	P 值
Kao 检验	H_0：不存在协整关系	−1.292 77	0.098 0

表 3-9　六个序列协整检验结果

检验方法	检验假设	统计量值	P 值
Kao 检验	H_0：不存在协整关系	−4.578 638	0.000 0

表 3-8 和表 3-9 的结果表明,在 0.1 的显著性水平下拒绝原假设,这说明无论是两个 $I(1)$ 序列之间,还是六个序列整体之间均存在协整关系,因此变量数据符合建模要求,可以建立模型。

2. 化学工业

根据表 3-10 的 LLC 检验结果,化学工业部门绩效模型中各变量序列均在

0.05 的显著性水平下平稳，符合建立模型要求，可以建立模型。

表 3-10 化学工业 LLC 检验结果

变量	水平值			
	统计量	P 值	检验式	
rat	−3.153 1	0.000 8	不含截距项	不含趋势
log(capit)	−2.116 6	0.017 1	含截距项	不含趋势
log(size)	−2.345 8	0.004 3	不含截距项	不含趋势
RD	−2.886 6	0.009 5	含截距项	不含趋势
own	−7.508 1	0.000 0	不含截距项	不含趋势
eng	−9.112 1	0.000 0	含截距项	不含趋势

3. 轻工业

表 3-11 中 LLC 检验结果表明，轻工业部门绩效模型中各变量序列均在 0.01 的显著性水平下平稳，符合建立模型要求，可以建立模型。

表 3-11 轻工业 LLC 检验结果

变量	水平值			
	统计量	P 值	检验式	
rat	−3.751 8	0.000 1	含截距项	不含趋势
log(capit)	−5.605 4	0.000 0	含截距项	不含趋势
log(size)	−3.593 9	0.000 2	含截距项	不含趋势
RD	−3.352 7	0.000 4	含截距项	不含趋势
own	−4.993 9	0.000 0	含截距项	不含趋势
eng	−15.906 1	0.000 0	含截距项	不含趋势

4. 重工业

表 3-12 中 LLC 检验结果表明，重工业部门绩效模型中，各变量序列均在 0.1 的显著性水平下平稳，符合建立模型要求，可以建立模型。

表 3-12 重工业 LLC 检验结果

变量	水平值			
	统计量	P 值	检验式	
rat	−3.779 6	0.000 1	含截距项	不含趋势
log(capit)	−1.674 9	0.047 0	含截距项	含趋势
log(size)	−1.278 1	0.100 6	不含截距项	不含趋势
RD	−3.103 7	0.001 0	含截距项	含趋势
own	−4.344 3	0.000 0	含截距项	不含趋势
eng	−12.021 4	0.000 0	含截距项	不含趋势

3.3.3　各类工业行业经济绩效模型的估计结果及实证分析

首先运用 Eviews 6.0 对采掘工业、化学工业、轻工业和重工业 4 类工业行业经济绩效模型进行 Hausman 检验，检验结果表明 4 类工业行业的面板数据模型均采用固定效应模型。同样使用广义最小二乘法分别对 4 类工业行业经济绩效变动的面板数据模型进行估计，估计结果如表 3-13 所示。

表 3-13　4 类工业行业绩效变动模型估计结果

解释变量系数	采掘工业绩效模型	化学工业绩效模型	轻工业绩效模型	重工业绩效模型
log(capit)	0.99 (1.53)	−0.27 (−1.31)	−0.60*** (−7.34)	0.50*** (3.90)
log(size)	−0.42 (−0.00)	1.24*** (3.79)	−3.47*** (31.01)	−1.18*** (−9.47)
RD	78.27** (1.76)	−10.06 (−1.43)	2.19 (0.24)	15.34*** (3.04)
own	−5.54*** (−5.49)	−3.38*** (−11.61)	−5.38*** (−19.96)	−3.80*** (−14.24)
eng	−0.20 (−1.42)	−0.17*** (−8.38)	0.01 (0.42)	−0.09*** (−3.19)
R^2	0.84	0.95	0.98	0.93
D. W.	2.05	1.81	2.17	1.90

*** 表示 0.01 的显著水平；** 表示 0.05 的显著水平

注：括号内为 t 值

根据表 3-13 显示的四类工业行业经济绩效变动模型的估计结果可以得到以下结论。

(1)工业行业的资本密集度对行业绩效的影响具有明显的结构特征。从我国工业部门整体状况来看，行业的资本密集度与工业部门绩效之间仅存在弱显著的负相关关系，且平均负相关程度较小（影响系数为−0.13）。表 3-13 中 4 类工业行业的估计结果进一步表明，不同生产特征的工业行业其经济绩效与资本密集度之间的相关关系有所不同，即工业行业的资本密集度对行业绩效的影响具有明显的结构特征。

详细来看，在采掘工业和化学工业部门的绩效变动模型中，资本密集度的系数不显著，说明对于采掘工业和化学工业而言，资本密集度与行业部门绩效之间不存在显著的相关关系，因而不能准确地判断资本密集度的增加会对这两类行业的部门绩效造成怎样的影响；轻工业部门绩效变动模型中的资本密集度的系数显著并且为负值，这与工业经济绩效模型类似，说明轻工业部门的绩效与行业的资本密集度之间呈现出显著的负相关关系，而且与我国工业行业的整体状况相比负相关程度较大(系数值为-0.60),可见,轻工业行业资本密集度的提高会导致其部门绩效出现明显的下滑,我国的轻工业并不适合走资本密集型的发展道路;重工业部门绩效变动模型中资本密集度的系数显著且为正值,这说明重工业部门的绩效与行业的资本密集度之间呈现出显著的正相关关系,所以增加重工业行业部门的资本密集度将会有效提高其部门经济绩效,若要保证重工业的发展一定要确保对其工业部门的投资比重,致力于增加资本积累,加强企业生产技术的改造和产品升级,确保提高资本的经济效益。

(2)我国工业部门规模经济性的结构性特征。我国工业部门绩效变动模型的估计结果显示,从整体上看,我国工业部门呈现显著的规模经济性(系数为0.79),而观察各类工业行业绩效变动模型的估计结果,化学工业和轻工业行业绩效与行业内部的企业规模之间呈显著的正相关关系,重工业行业绩效与行业内部的企业规模之间有显著的负相关关系,而采掘工业的行业绩效与行业内部的企业规模之间不存在显著的统计关系。

具体来看,采掘工业的企业规模估计系数不显著,这表明我国采掘工业行业在1998~2010年尚未表现出显著的规模经济性。重工业行业绩效变动模型中企业规模系数显著为负值,这说明我国的重工业行业在在1998~2010年具有显著的规模不经济性,即当企业平均规模增大时,行业平均绩效将随之减少。而对于化学工业和轻工业两类行业来说,行业部门绩效变动模型中企业规模的估计系数显著为正值,分别为1.24和3.47,而且该系数值大于我国工业部门绩效模型中的企业规模系数(0.79)。可见,在这两类行业中,企业规模与行业部门绩效的正相关程度明显高于我国工业部门的整体水平,这说明在我国的工业行业中,化学工业和轻工业具有显著的规模经济性,而且其规模经济程度高于工业行业的综合水平,其中轻工业尤为突出。综上可以看出,随着近年来我国工业部门内部结构调整步伐的加快,我国工业部门的平均规模经济性已经形成,其中化学工业和轻工业的规模经济性明显高于工业部门的整体水平,但重工业受低水平重复建设、产能过剩等因素的影响,表现出显著的规模不经济性。

(3)我国工业部门的科技投入对行业绩效影响的结构性特征。从整体上看,我国工业部门绩效与行业内的科技投入水平之间的关系在统计上并不显著,而4类工业部门绩效变动模型的估计结果则进一步表明,与工业部门整体特征类似,行业科技投入水平对化学工业和轻工业行业绩效的影响也是不显著的,而采掘工业和重工业的行业绩效与科技投入水平存在显著的正相关关系。可见,科技投入水平的增加对我国采掘工业、重工业行业的经济绩效有显著的提升作用,而对化学工业和轻工业行业的绩效影响并不显著。近年来,我国相关部门对工业行业的科技投入总量增加较快,但是投入强度并不高,我国的科技投入水平尚不能同我国的经济发展态势相适应，并且科技投入的结构配置不够合理，用于基础研究的投入比例较低，基础研究薄弱，并且我国的科技投入没有形成有效的运行机制，存在使用效率低下等特点，进而使得对部分工业行业来说，科技投入水平的增加并未带来其经济绩效有效提升的效果。

（4）我国工业企业国有产权比重的增加将会抑制行业经济绩效的增长。从我国工业部门绩效变动模型的估计结果看，我国工业行业经济绩效与行业内部的企业国有产权比重之间存在显著的负相关关系（系数为−5.24）。4 类工业行业绩效变动模型的结果也表明，对于各类工业行业来说，其内部企业国有产权比重均与其行业绩效之间呈现显著的负相关关系。其中，采掘工业的负相关程度高于行业整体的平均水平（系数为−5.54）。由此可见，对于我国工业行业来说，其内部企业的国有产权比重过高会在一定程度上抑制行业经济绩效的提升，这种状况在采掘工业中更为突出。

（5）改善能源利用率将会提升我国工业行业的经济绩效。我国工业部门绩效模型的估计结果表明，从整体上看，我国工业部门的经济绩效与能源消耗强度之间存在显著的负相关关系（系数为−0.14）。4 类工业行业绩效变动模型的估计结果进一步表明，采掘工业、轻工业行业经济绩效与能源利用效率的关系并不显著，而化学工业、重工业的行业绩效与能源利用效率之间呈现显著的负相关关系。可见，提高我国工业行业的能源利用效率，将有助于改善我国工业行业特别是化学工业和重工业行业的经济绩效水平。

通过以上分析可以看出，无论是经济绩效的具体变动特征还是各影响因素对行业绩效的影响效果，4 类工业行业均与我国工业部门整体状况之间存在一定的差异，这表明，我国工业部门的绩效变动特征及其与影响因素的相关性具有明显的结构性特征。

3.4　本章结论及相关政策建议

3.4.1　本章结论

本章利用我国 31 个工业行业 1998～2010 年分行业的面板数据，分别建立了刻画我国工业部门、采掘工业、化学工业、轻工业和重工业行业绩效变动特征的 5 个面板数据模型，从资本密集度、行业内部企业规模、行业的科技投入水平、行业内部的企业国有产权比重及行业的能源利用效率 5 个方面，对我国工业部门绩效的变动特征及其影响因素进行具体的实证研究。实证研究结果表明，我国工业部门绩效变动及其影响因素在各类工业行业之间存在明显的结构性特征，主要表现在以下几个方面：①资本密集度的增加将会显著地降低我国工业部门尤其是轻工业行业的经济绩效，资本密集型的发展道路对我国工业行业尤其是轻工业行业并不适合，但对于重工业来说资本密集度的增加会提升其行业经济绩效水平；②行业内部的企业规模与我国工业部门行业绩效之间存在显著的正相关关系，其中化学工业和轻工业的规模经济性明显高于工业部门的整体水平，但重工业受低水平重复建设、产能过剩等因素的影响，表现出显著的规模不经济性；③无论是从整体状况上看，还是从化学工业和轻工业的具体状况上来看，科技投入水平的增加对我国工业行业经济绩效的影响作用并不显著，但其对采掘工业和重工业行业的经济绩效有显著的提升作用；④行业内部的国有产权比重过高会在一定程度上抑制我国工业行业经济绩效的提高，这种情况在采掘业中表现尤为突出；⑤能源利用率的改善对我国工业行业的经济绩效有显著的提升作用，这种提升作用在化学工业和重工业行业上表现尤为突出。

3.4.2　相关政策建议

由于我国工业部门各行业具有各自不同的运行特征，各行业具有的比较优势也各不相同，再加上各行业绩效变动特征及影响因素之间均存在明显的差异，即我国工业部门的绩效变动和影响因素存在明显的结构性特征，因此建议政府相关机构和部门在制定相关调控政策时对工业部门中的不同行业具体分析、区别对待，从而在实现我国工业各行业之间的持续协调发展的基础上持续提升我国工业的总体部门绩效。对于我国工业行业整体来说，要适当减少行业内部企业的国有产权比重，改善能源的利用效率。对于资本密集型的行业，在扩张其企业规模的同时要以企业的自主研发能力为中心，要重视保证规模经济的内部条件，重点致力于提高产品的技术含量，进而促进我国工业行业规模经济性的有效形成。对于科技投入有效性不足的行业，在增加科技投入量的同时保证其使用效果，注重企业的科技创新能力、增强产品的科技水平和科技竞争力，具体的政策建议如下。

（1）对于我国的采掘工业来说，规模经济性还未形成，因此加快采掘工业与下游产业进行纵向联合的进程，同时要增加采掘工业的集中度，建立大型的采掘企业集团。此外，政府相关部门和机构应该适当加强采掘工业科技投入力度，并落实科技投入的利用效率，同时进行相应的结构调整，促进采掘工业产品加工程度的提高，减少行业内部国有及国有控股企业总资产在行业总资产中的比例。

（2）对于化学工业来说，当前发展所面临的问题主要体现在：集约化程度较低，缺乏竞争力，企业规模较小而且分散，难以形成规模效益；科技研发的投入较低，自主创新能力不足，产品档次较低，高附加值的深加工及精细化工的比例较低；行业具有高耗能、高排放、重污染的特点，面临日益严峻的环境压力。因此，对这些行业来说，应当首先提升其产品结构，实现由低附加值向高附加值的升级，提高其自身的自主创新能力，既要坚持吸引跨国公司投资、引进国外的先进工艺和设备，又要重视技术引进后的消化吸收和自主研发，同时逐步提高行业整体能源和资源的利用效率，以保证经济和环境的协调发展。

（3）我国的轻工业行业在国际竞争中具有一定的比较优势，但由于其产品主要为中低档，附加值较低，自创品牌不多，多数轻工业企业未形成经济规模。国际金融危机爆发后，我国轻工业面临难得的发展机遇和风险，必须加快其结构调整的步伐，加快产品结构的优化和升级。政府和相关机构应该从政策上鼓励优势企业进一步扩大出口，提高其市场占有率，同时，鼓励企业增加技术创新投入，实现产品结构的优化和升级，并鼓励企业提升品牌的影响力，创造知名品牌。

（4）虽然我国的很多重工业行业具有较好的物质技术基础，但与国际先进水平相比尚有一定差距，多数重工业行业的生产集中度较低，先进工艺与设备所占比率不高，产品结构不合理，部分中低档产品结构性过剩，而高档产品又需大量进口。随着我国经济日趋全球化，这类行业面临的最大问题是国外高中档产品大量进入我国市场，因此对于这类行业，一是要加快企业改组改制的步伐，提高生产集中度，降低成本。二是要围绕品种、质量效益和扩大出口，积极推进企业技术改造。瞄准国际先进水平，采用先进技术，进一步加大调整力度，优化品种结构，尽快提高产品质量和档次，更好地适应市场需求。三是要开展多种形式的国际合作，进一步扩大利用外资规模。促进行业中的大型企业和跨国公司进一步合作，积极引进国外资金、先进技术和管理经验，提高企业技术水平和经济效益。四是要加大技术进步投资力度，引进国际先进的能源利用技术，提高各行业部门能源的利用水平。

第 4 章

中国工业投资增长波动及其结构性特征

2004 年上半年，针对投资的过快增长，政府采取了收紧"银根"和"地根"的双重"紧缩"调控政策，并取得了一定的成效，工业部门投资增速有所回落。但由于外部条件的变化以及一些深层次的内部原因，工业部门内部的部分过热行业的投资仍然持续快速增长，进而使工业部门投资过快增长的结构性矛盾进一步显现。2005 年就已被国家发展和改革委员会列入"产能过剩"名单的钢铁、铁合金等黑色金属冶炼及压延加工业的固定资产投资虽在 2006 年呈现了负增长，但 2007 年再次出现反弹迹象，2007 年 1 季度投资增长 13.15%，表现出明显的"大落大起"形式。针对工业固定资产投资过快增长过程中逐步突显的结构性矛盾，政府宏观调控的目标并不是简单地抑制总体投资过热，而是避免社会和内部各行业经济大起或大落，对各工业行业"有保有压、区别对待"，逐步推进工业部门内部结构的调整和增长方式的转变，实现社会和经济的可持续发展，防止经济发展链条出现断裂。因此，了解我国工业及其内部各工业行业投资增长的主要影响因素，掌握工业及其内部各工业行业投资波动的内在机制和规律，对提高宏观调控政策的针对性和科学性，制定适时有效的产业投资调控措施，有效促进工业结构的调整和升级，改善微观层面的工业行业投资决策能力具有重要的现实意义。

国外学者早在 20 世纪 70 年代便开始对产业层面的投资决定因素进行研究。Jorgenson(1972)的研究表明，在要素价格与价格比率具有完全弹性并且所有市场是完全竞争的假设下，最优资本存量与经过资本成本价格调整后的产出价值成比例关系。Abel(1972)在此基础上进一步研究表明可能面临的产出和劳动约束将影响资本存量对产出和劳动变化的反应。Oulton(1981)在 Q 理论的基础上，利用英国工业和商业企业 1960～1977 年的季度数据进行研究，发现 Q 值在投资决策因素中有统计上的显著性和数量上的重要性。进入 21 世纪后，国外学者开始对各种具有不确定性特征的因素与投资的具体关系进行深入研究。Chadha 和 Sarno(2002)分析了价格不确定性对投资的具体影响，其研究结果表明，价格的不确定性对投资的具体影响效果取决于不确定性的时间特征，短期的价格不确定性对投资的冲击较大。目前国内对投资增长及其影响因素的研究绝大多数均是在宏观层面上对我国总投资影响因素进行的讨论，而在中观的产业层面对我国工业部门特别是内部各主要工业行业投资及其影响因素的研究却很少。然而工业化发展的不同阶段和经济增长的不同特征使某一时期产品的市场需求及政府的产业政策在各工业行业之间存在很大的差异，各工业行业资本形成的主要决定因素有所不同，各工业行业投资增长最终所表现出的波动特征也不尽相同，从而使我国工业部门的投资增长及其波动呈现出明显的结构性特征。

　　本章以我国工业及其内部主要工业行业的投资数据为研究对象，对我国工业部门投资增长波动及其结构性特征进行具体分析。通过建立我国工业部门及各主要工业行业投资增长的协整模型和反映我国工业部门及各主要工业行业投资增长短期波动特征的误差修正模型，对我国工业部门及各主要工业行业投资增长的长期影响因素及短期市场波动机制进行实证研究，并进一步对近年来政府宏观政策对主要工业行业投资增长的调控效应进行分析评价。本章结构如下：4.1 节介绍我国工业部门及主要工业行业投资增长波动的现状即我国工业部门投资增长波动的结构性特征；4.2 节介绍本章所采用的经济模型和计量经济模型；4.3 节对我国工业部门及各主要工业行业投资增长的长期影响因素进行实证分析；4.4 节对我国工业部门及各主要工业行业投资短期波动的市场形成机制进行实证分析；4.5 节给出本章实证结论及相关政策建议。

4.1　中国工业部门及主要工业行业投资增长波动的现状

　　所谓的增长波动是指经济时间序列的水平值围绕其长期增长趋势呈现出的上下波动特征。改革开放以来，随着我国经济的持续快速增长，各主要工业行业的投资呈现出持续的增长态势。工业行业投资的增长波动是指各行业投资在其持续增长的过程中所呈现出的围绕其长期增长趋势上下波动的现象。

　　增长波动的研究依赖于序列趋势的分解结果，如果趋势估计的不同，则序列所呈现出的增长波动的频率和振幅也会随之变化，因而分离趋势是影响增长波动分析准确程度的关键步骤。估计趋势的方法很多，如回归分析法、移动平均法、BP 滤波(band-pass filters)和 HP 滤波(Hodrick-Prescott filters)等。考虑到 HP 滤波在确定序列趋势时不会损失序列首尾信息的特性，本章采用 HP 滤波来测定我国工业部门及其内部各工业行业投资增长的长期趋势和增长波动状况。

4.1.1 HP 滤波[①]

HP 滤波方法是测定序列长期趋势的一种方法,该方法在 Hodrick 和 Prescott(1997)分析第二次世界大战后美国经济周期的论文中首次使用。HP 滤波方法的优势在于可以将趋势要素和循环要素进行分解而又不像 BP 滤波方法那样会损失序列首尾的数据,并且 HP 滤波相对于其他分解方法更为灵活。

设 $\{Y_t\}$ 是包含趋势成分和波动成分的经济时间序列,$\{Y_t^T\}$ 是其中含有的趋势成分,$\{Y_t^c\}$ 是其中含有的波动成分,则

$$Y_t = Y_t^T + Y_t^c (t = 1, 2, \cdots, n) \tag{4-1}$$

计算 HP 滤波就是从 $\{Y_t\}$ 中将 Y_t^T 分离出来。一般地,时间序列 $\{Y_t\}$ 中的趋势成分 $\{Y_t^T\}$ 是不可观测的部分,常被定义为下面最小化问题的解

$$\min \sum_{t=1}^{n} \{(Y_t - Y_t^T)^2 + \lambda [c(L) Y_t^T]^2\} \tag{4-2}$$

其中,$c(L)$ 为延迟算子多项式,即

$$c(L) = (L^{-1} - 1) - (1 - L) \tag{4-3}$$

将式(4-3)代入式(4-2),则 HP 滤波的问题就是使下面损失函数最小化,即

$$\min \left\{ \sum_{t=1}^{n} (Y_t - Y_t^T)^2 + \lambda \sum_{t=1}^{n} [(Y_{t+1}^T - Y_t^T) - (Y_t^T - Y_{t-1}^T)]^2 \right\} \tag{4-4}$$

最小化问题用 $[c(L) Y_t^T]^2$ 来调整趋势的变化,并随着 λ 的增大而增大。这里存在一个权衡问题,要在趋势要素对实际序列的跟踪程度和趋势光滑度之间做一个选择。$\lambda = 0$ 时,满足最小化问题的趋势等于序列 y_i;λ 增加时,估计趋势中的变化总数相对于序列中的变化减少,即 λ 越大,估计趋势越光滑;λ 趋于无穷大时,估计趋势将接近线性函数。

一般经验,λ 的取值如下:

$$\lambda = \begin{cases} 100, & \text{年度数据} \\ 1\,600, & \text{季度数据} \\ 14\,400, & \text{月度数据} \end{cases} \tag{4-5}$$

若将计算得到的序列的 HP 滤波记为 Y_t^{HP},即 $Y_t^{HP} = Y_t^T$,则经济时间序列 $\{Y_t\}$ 的绝对增长缺口($\{gap_t\}$)可以表示为

$$gap_t = (Y_t - Y_t^{HP}) \tag{4-6}$$

在对多个经济时间序列的增长波动进行比较研究时,为剔除序列量纲对波动幅度的影响,可以使用相对增长缺口($Rgap_t$)进行研究,即

$$Rgap_t = (Y_t - Y_t^{HP}) \times 100 / Y_t^{HP} \tag{4-7}$$

[①] 刘金全. 现代宏观经济冲击理论. 长春:吉林大学出版社,2000.

4.1.2　中国工业部门投资增长波动的现状

为了真实准确地反映出近年来我国工业部门固定资产投资的实际变动情况，本章先用固定资产投资价格指数（1999 年＝100）对工业固定资产投资数据进行了相应的价格平减，求出我国工业部门的实际固定资产投资数据，然后利用 Census X12 季节调整方法求出我国工业部门实际固定资产投资的剔除季节和不规则因素后的 TC 序列，记为 I_t，再利用 HP 滤波方法分离出工业部门实际固定资产投资的长期趋势序列，记为 I_t^{HP}，并且为了剔除投资规模对波动幅度的影响，本章使用工业实际固定资产投资与其长期趋势的相对偏离百分比（记为 $Rgap_t$）的变化来反映工业投资的增长波动状况，即 $Rgap_t$ 的计算公式如下：

$$Rgap_t = (I_t - I_t^{HP}) \times 100 / I_t^{HP} \tag{4-8}$$

图 4-1 给出了我国工业部门实际固定资产投资投资相对其均衡水平偏离程度即相对增长缺口的变动情况。从图 4-1 中可以看出，1999～2012 年我国工业部门的实际固定资产投资呈现出明显的增长波动态势，特别是 2003 年下半年后，增长波动较为频繁。具体来看，我国工业部门的实际固定资产投资增长在 1999～2000 年曾出现持续的正向偏离，但相对偏离幅度较小。之后受宏观经济运行态势的影响，进入 2001 年后我国工业实际固定资产增长快速回落，到 2001 年年底，我国工业实际固定资产投资相对其均衡水平的相对偏离已由 2000 年下半年 8％左右的正向偏离，转变为 9％左右的负向偏离，随后负向相对偏离幅度继续加大，到 2002 年 10 月负向相对偏离已达到均衡水平的 11％左右。而从 2002 年 11 月开始，受工业产品价格快速上升和净进口量激增的带动，工业部门的实际固定资产投资快速增长，使其与均衡水平的负向偏离程度迅速缩小，到 2003 年 6 月已出现 4％左右的正向相对偏离。可见我国工业部门的实际固定资产投资在 2002 年前后的两年多时间里表现出一定程度的"大起大落"态势。进一步观察图 4-1 可以看出，2003 年下半年后，我国工业部门实际固定资产投资增长呈现出明显的频繁波动态势，2003 年 6 月至 2012 年 8 月，曾出现八次正向偏离和八次负向偏离，相比之下，正向相对偏离程度平均大于负向相对偏离程度，并且偏离的相对程度呈现明显的逐步缩小态势。

4.1.3　10 个主要工业行业投资增长波动的现状

为进一步分析工业部门投资增长波动的结构性特征，本章下面将对我国工业部门内部各主要工业行业的投资增长波动状况作进一步的具体分析。按照统计局 2002 年的最新行业分类标准，我国工业被划分为 39 个具体的工业行业，考虑到研究分析的针对性和实用价值，本章选择近年来政府调控政策较为关注的 10 个主要工业行业为进一步分析工业部门投资增长结构性特征的研究对象，其中包括

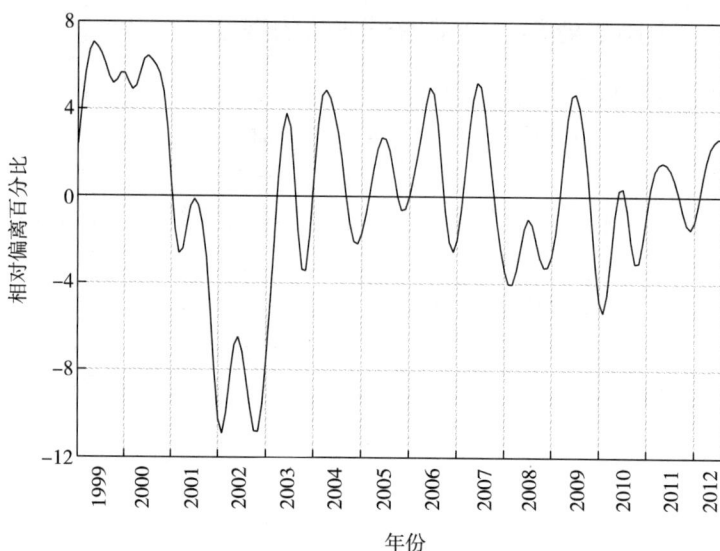

图 4-1　工业固定资产投资相对增长缺口

黑色金属冶炼及压延加工业、有色金属冶炼及压延加工业和非金属矿物制品业三个存在"产能过剩"现象的"双高"工业行业，化学原料及化学制品制造业、化学纤维制造业和塑料制品业三个高污染工业行业，通用设备制造业、专用设备制造业、交通运输及设备制造业、电气机械及器材制造业四个主要的装备制造业工业行业。

　　同样，为了真实准确地反映近年来各主要工业行业实际投资变动的情况，各行业的固定资产投资数据①均用固定资产投资价格指数（1999 年＝100）进行了相应的价格平减。本章首先利用 Census X12 季节调整方法分别求出 10 个主要工业行业实际固定资产投资的剔除季节和不规则因素后的 TC 序列，记为 I_{it}。其次利用 HP 滤波方法分离出各行业实际投资的长期趋势序列，记为 I_{it}^{HP}，其中，$i=$ 1，2，…，10，依次代表黑色金属冶炼及压延加工业、有色金属冶炼及压延加工业、非金属矿物制品业、化学原料及化学制品制造业、化学纤维制造业、塑料制品业、通用设备制造业、专用设备制造业、交通运输及设备制造业和电气机械及器材制造业。最后再根据式（4-8）进一步计算出各行业实际投资与其长期趋势的相对偏离百分比，用来反映各行业投资的增长波动。

　　图 4-2～图 4-5 分别给出了 1999 年 1 月至 2012 年 8 月 10 个主要工业行业实

---

　　①　如未特殊说明本章所用样本数据均来自中国经济信息网（http：//www.cei.gov.cn/）的宏观月度库和行业月度库，并利用 Census X12 方法进行了季节调整。其中 1999 年 1 月至 2002 年 12 月的各行业的固定资产投资数据为在工业固定资产投资相应数据基础上根据行业资产总计比例进行拆分的结果，并且纤维制造业、黑色金属冶炼及压延加工业和交通运输设备制造业的资产总计数据是根据 2002 年行业新的分类标准进行调整后的结果。

际投资与其长期趋势的相对偏离的变动图形，代表各行业投资增长的波动状况，四幅图的纵坐标刻度相同。从图 4-2～图 4-5 中可以比较清楚地了解 10 个主要工业行业投资增长的波动具有如下特征。

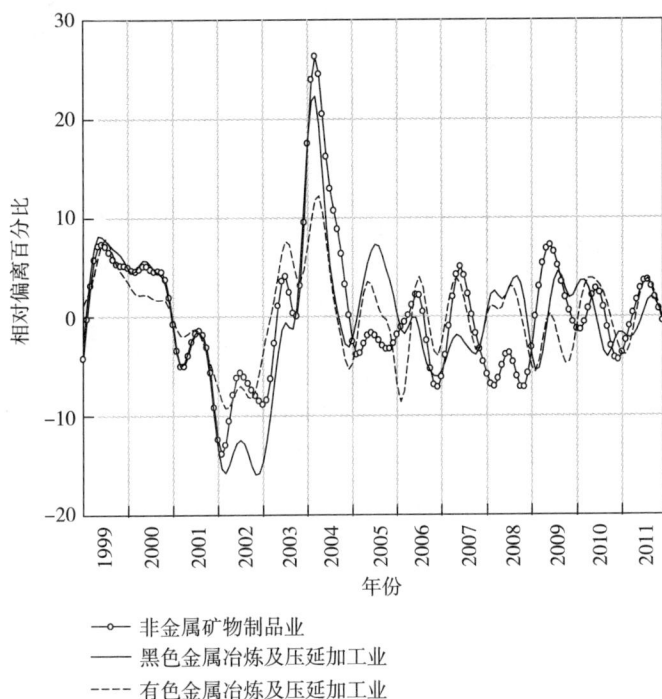

图 4-2　主要"产能过剩"行业投资相对缺口

（1）黑色金属冶炼及压延加工业和专用设备制造业等 5 个行业的实际投资增长波动较为剧烈，表现出一定程度的"大起大落"。

对比图 4-2～图 4-5 可以看出，近年来黑色金属冶炼及压延加工业、非金属矿物制品业、化学纤维制造业、专用设备制造业和电器机械及器材制造业 5 个工业行业的实际投资增长波动较为剧烈，表现出一定程度的"大起大落"。图 4-2 显示黑色金属冶炼及压延加工业和非金属矿物制品业两个行业的实际投资增长在 2002 年曾出现幅度较大的负向偏离，最大投资缺口均已接近长期趋势的 20％。随后在国民经济快速增长的带动下，两个行业的固定资产投资快速增长，使其与长期趋势的负向偏离程度迅速缩小，至 2003 年第三季度左右两个行业的实际投资便先后回归至各自的长期趋势附近。然而，随后两个行业的实际投资又分别在 2004 年上半年先后出现较大幅度的正向偏离，其中非金属矿物制品业的最大投资缺口超过其长期趋势的 25％，而黑色金属冶炼及压延加工业的最大投资缺口也已超过其长期趋势的 20％。2004 年，国家开始对投资过快增长加强调控，各

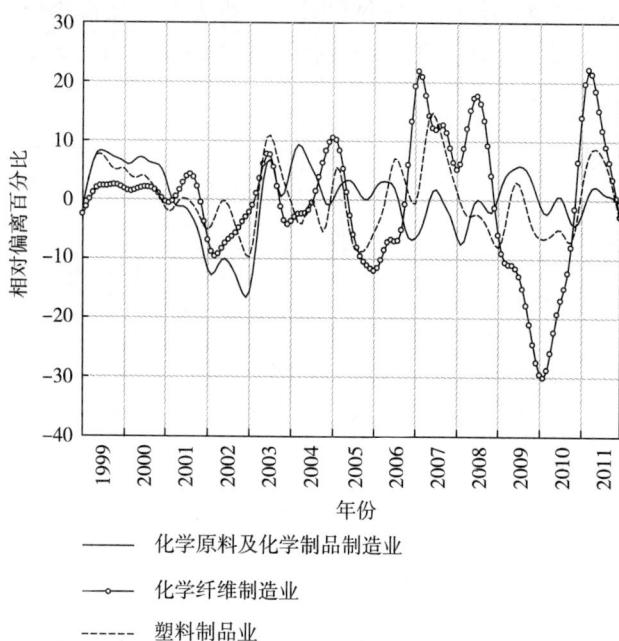

图 4-3　主要"高污染"行业投资相对缺口

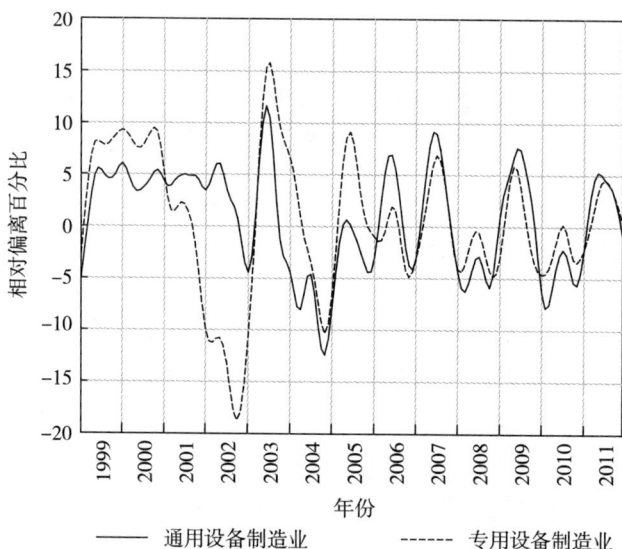

图 4-4　通用、专用设备制造业投资相对缺口

种宏观经济调控政策相继出台，在宏观环境的影响下两个行业的正向投资缺口逐步缩小，至 2011 年年底持续呈现小幅波动态势。图 4-2 显示化学纤维制造业的实际投资增长从 2006 年后呈现明显的"大起大落"，2007 年年初该行业的正向投

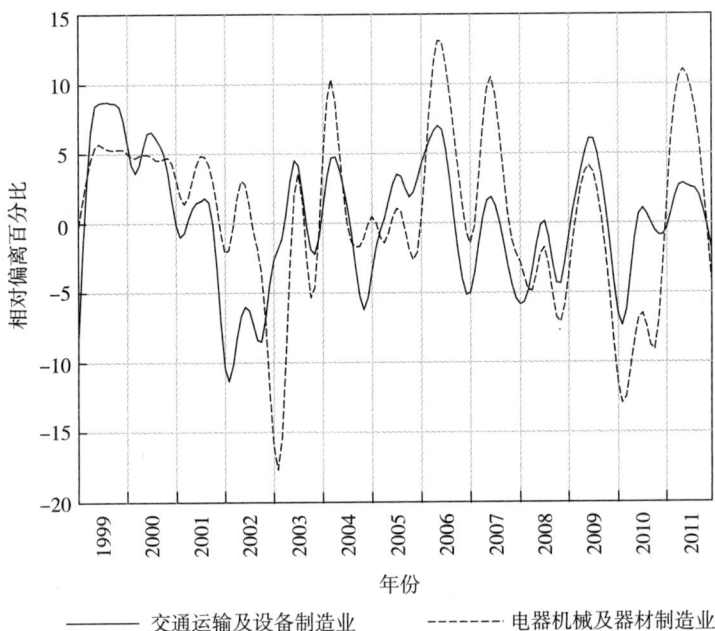

图 4-5　交通运输、电气机械制造业投资相对缺口

资缺口已超过其长期趋势的 20%，从 2008 年下半年开始该行业实际投资快速回落，至 2009 年年底其负向投资缺口已达到长期趋势的 30%。图 4-3 和图 4-4 进一步显示在 1999～2011 年专用设备制造业和电器机械及器材制造业两个工业行业的实际投资增长波动也较为剧烈，其最大正、负向投资缺口已达到或接近长期趋势的 15%。

（2）有色金属冶炼及压延加工业、交通运输及设备制造业的实际投资增长波动较为平缓。从图 4-2～图 4-5 中可以看出，10 个主要工业行业投资与其长期趋势相对偏离，有色金属冶炼及压延加工业、塑料制品业和交通运输及设备制造业三个工业行业的实际投资增长波动较为平缓，波动幅度相对较小。从图 4-2 中可以看出，有色金属冶炼及压延加工业的实际投资增长除在 2004 年曾出现最大缺口略大于长期趋势 10% 的正向偏离外，该行业的实际投资一直在其均衡水平附近运行，各期偏离均在其长期趋势的 10% 之内。图 4-3 显示塑料制品业的实际投资增长除在 2007 年下半年表现出短暂的正向缺口略大于长期趋势 10% 外，其各期偏离均在其长期趋势的 10% 之内。从图 4-5 中可以看出，交通运输及设备制造业的实际投资增长虽波动较为频繁，但其波动相对幅度较小，各期偏离基本均在其长期趋势的 10% 之内。

（3）多数工业行业的实际投资增长呈现出频繁的波动态势。图 4-2～图 4-5 中可以看出 10 个主要工业行业中多数行业的实际投资与相对其各自长期趋势的相对偏离均呈现出频繁波动的态势。从图 4-3 中可以看出化学纤维制造业的实际投资在 2002～2011 年，曾出现四次负向偏离和四次正向偏离，其中近期出现的三次偏离的相对程度较大，最大偏离均超过了其长期趋势的 30%。从图 4-4 中可以看出通用设备制造业的实际投资在 2002～2011 年，曾出现五次负向偏离和五次正向偏离，相比之下其负向平均偏离幅度明显小于正向偏离。图 4-5 显示的交通运输及设备制造业的实际投资波动最为频繁，在 2002～2011 年曾出现八次负向偏离和七次正向偏离。

从以上关于我国工业部门及其内部 10 个主要工业行业投资增长波动现状的分析中可以发现近年来我国工业部门及其内部各工业行业投资增长均在一定程度上呈现出波动态势，但由于工业内部的诸多工业行业在产品特征及生产技术水平等方面存在较大差异，并且工业化发展的不同阶段和经济增长的不同特征使某一时期产品的市场需求及政府的产业政策在各工业行业之间也存在很大的差异，各工业行业资本形成的主要决定因素有所不同，各行业投资增长对调控政策的敏感性存在一定差异，进而使我国工业部门内部各工业行业投资增长最终所表现出的波动特征也不尽相同，工业部门投资增长波动呈现出明显的结构性特征。分析我国工业部门及这些主要工业行业投资增长的决定因素，了解其波动特征的市场运行机制对提高当前国家相关产业调控政策的有效性具有一定的指导意义，因此本章将利用误差修正模型对我国工业部门及上述 10 个主要工业行业投资增长的长期影响因素及其短期波动的市场形成机制分别进行具体的实证分析。

4.2　误差修正模型及企业投资决定模型

4.2.1　误差修正模型

误差修正模型在实证分析中得到广泛的应用，是由于它既可以描述经济中的长期均衡关系，也可以衡量经济中的短期变化。长期均衡关系可以表述变量的长期发展趋势，短期变化则可用于衡量变量的短期波动，本章正是从这个角度出发，使用误差修正模型度量我国工业部门及各主要工业行业投资增长的长期趋势和短期波动。

1. 模型的基本原理

误差修正这个术语最早是由 Sargen(1964)提出的，但是误差修正模型基本形式是在 1978 年由 Davidson、Hendry、Srba 和 Yeo 提出的，因此又称为 DHSY 模型。传统的经济模型通常表述的是变量之间的一种"长期均衡"关系，而实际经济数据却是由"非均衡过程"生成的。因此，建模时需要用数据的动态非均衡过程来逼近经济理论的长期均衡过程。最一般的模型是自回归分布滞后(autoregressive distributed lag，ADL)模型。

如果一个内生变量 y_t 只表示为同一时点的外生变量 x_t 的函数，x_t 对 y_t 的长期影响很容易求出。然而如果每个变量的滞后也出现在模型之中，其长期影响将通过分布滞后函数来反映，这就是 ADL 模型。

先考虑一阶 ADL 模型，记为 ADL(1，1)：

$$y_t = \beta_0 + \beta_1 y_{t-1} + \beta_2 x_t + \beta_3 x_{t-1} + u_t \tag{4-9}$$

其中，$u_t \sim \text{iid } N(0，\sigma^2)$，记 $y^* = E y_t$，$x^* = E x_t$，由于 $E u_t = 0$，在式(4-9)两边取期望得

$$y^* = \beta_0 + \beta_1 y^* + \beta_2 x^* + \beta_3 x^* \tag{4-10}$$

进而有

$$y^* = \frac{\beta_0 + (\beta_2 + \beta_3) x^*}{1 - \beta_1} = \frac{\beta_0}{1 - \beta_1} + \frac{(\beta_2 + \beta_3)}{1 - \beta_1} x^* \tag{4-11}$$

记 $k_0 = \beta_0 / (1 - \beta_1)$；$k_1 = (\beta_2 + \beta_3) / (1 - \beta_1)$，则式(3-11)可写为

$$y^* = k_0 + k_1 x^* \tag{4-12}$$

其中，k_1 度量 y_t 与 x_t 的长期均衡关系，也是 y_t 关于 x_t 的长期乘数。

在式(4-9)两端减去 y_{t-1}，在右边加减 $\beta_2 x_{t-1}$ 得到

$$\Delta y_t = \beta_0 + (\beta_1 - 1) y_{t-1} + \beta_2 \Delta x_t + (\beta_2 + \beta_3) x_{t-1} + u_t \tag{4-13}$$

其中，Δ 表示差分算子，$\Delta y_t = y_t - y_{t-1}$，利用 $\beta_0 = k_0 (1 - \beta_1)$，$\beta_2 + \beta_3 = k_1 (1 - \beta_1)$，式(4-13)又可改写成

$$\Delta y_t = (\beta_1 - 1)(y_{t-1} - k_0 - k_1 x_{t-1}) + \beta_2 \Delta x_t + u_t \tag{4-14}$$

令 $\alpha = \beta_1 - 1$，则式(4-14)可写成

$$\Delta y_t = \alpha (y_{t-1} - k_0 - k_1 x_{t-1}) + \beta_2 \Delta x_t + u_t \tag{4-15}$$

式(4-9)和式(4-15)包含相同的关系，它们是等价的，根据不同的需要使用这两种模型来分析、研究经济现象或经济系统。但每个方程都有不同的解释与含义，式(4-15)被称为误差修正模型。当存在长期平衡关系 $y^* = k_0 + k_1 x^*$ 时，误差修正项(ECM)的形式为 $(y_t - k_0 - k_1 x_t)$，它反映了 y_t 关于 x_t 在第 t 时点的短期偏离。一般地，由于式(4-9)中 $|\beta_1| < 1$，所以误差项的系数 $\alpha = (\beta_1 - 1) < 0$，通常称为调整系数，表示在 $t-1$ 期 y_{t-1} 关于 $k_0 + k_1 x_{t-1}$ 之间的偏差调整的速度。

原始模型[式(4-9)]的右端除解释变量 x_t 外，还含有 y_t 与 x_t 的滞后项，y_t 与 x_t 之间有长期均衡关系，对经济数据而言，x_t 与 x_{t-1} 也高度相关，因此这三个解释变量之间存在着较强的多重共线性由于 y_t 的滞后项作为解释变量，也增强了模型扰动项的序列相关性。因此，误差修正模型除了以上介绍的性质外，还可以削弱原模型的多重共线性及扰动项的序列相关性。

2. 误差修正模型的建模步骤

尽管上述模型要求 y_t 与 x_t 是平稳的，但是 Engle 和 Granger(1987)的协整理论表明：对于某些 $I(1)$ 序列，虽然它们本身不平稳，却可能存在一个向量，使这些 $I(1)$ 序列的线性组合成为平稳序列，表明这些序列间存在长期均衡关系。具体对于两变量模型而言，Engle 和 Granger 两步法(简称 EG 两步法)基本思想如下。

第一步是求模型：

$$y_t = k_0 + k_1 x_t + u_t \quad (t=1, 2, \cdots, T) \tag{4-16}$$

使用普通最小二乘法(ordinary least squares，OLS)估计，又称协整回归，得到 $\hat{k}_0$，$\hat{k}_1$ 及残差序列。

$$\hat{u}_t = \mathrm{ecm}_t = y_t - \hat{k}_0 - \hat{k}_1 x_t \quad (t=1, 2, \cdots, T) \tag{4-17}$$

第二步是用 ecm_{t-1} 替换式(4-15)中的 $y_{t-1} - \hat{k}_0 - \hat{k}_1 x_{t-1}$，即

$$\Delta y_t = \beta_0 + \alpha \cdot \mathrm{ecm}_{t-1} + \beta_2 \Delta x_t + \varepsilon_t \tag{4-18}$$

再用普通最小二乘法估计其参数，则可实现对误差修正模型的估计。

注意，误差修正模型不再单纯地使用变量的水平值(指变量的原始值)或变量的差分建模，而是把两者有机地结合在一起，充分利用这两者所提供的信息。从短期看，被解释变量的变动是由较稳定的长期趋势和短期波动所决定的，短期内系统对于均衡状态的偏离程度的大小直接导致波动振幅的大小。从长期看，协整关系式起到引力线的作用，将非均衡状态拉回到均衡状态。

4.2.2 企业投资决定模型

新古典投资理论认为在假设要素价格与价格比率具有完全弹性并且所有市场是完全竞争的条件下，最优资本存量的必要条件是资本存量增加所带来的额外成本等于它带来的额外收益，即有式(4-19)成立(海和莫瑞斯，2001)。

$$\mathrm{d}Q/\mathrm{d}K = c/p \tag{4-19}$$

其中，K 为资本存量；Q 为具有有效市场需求的产出量；p 为产出的价格；c 为资本使用者成本。

假定企业的生产函数为 C-D 生产函数，则根据生产函数可以得到资本的边际产出为

$$\mathrm{d}Q/\mathrm{d}K = \alpha A K^{\alpha-1} L^\beta = \alpha Q/K \tag{4-20}$$

其中，α 为产出相对资本的弹性。

这样最优资本存量 K^* 便由式(4-21)给出。

$$K^* = \alpha Q p/c = \alpha Y/c \tag{4-21}$$

其中，$Y = Qp$ 表示能够实现有效市场需求的产值。

若用 I_t 表示当企业资本存量调整为其最优状态时的投资，则有

$$I_t = K_t^* - (1-\delta)K_{t-1}^* \qquad (4\text{-}22)$$

其中，δ 为折旧率。在式(4-22)两端同时减去 I_{t-1}，并将式(4-21)代入整理可得

$$\Delta I_t = \alpha \Delta (Y/c)_t - [I_{t-1} - \alpha\delta (Y/c)_{t-1}] \qquad (4\text{-}23)$$

注意到式(4-23)恰为误差修正模型形式，因此可将方括号内的部分视作投资变动与其影响因素之间的长期均衡关系，即有

$$I_t = \alpha\delta (Y/c)_t \qquad (4\text{-}24)$$

进一步可得投资长期均衡模型的对数形式

$$\ln I_t = \beta_0 + \beta_1 \ln Y_t + \beta_2 \ln c_t \qquad (4\text{-}25)$$

其中，$\beta_0 = \ln\alpha\delta$；$\beta_1$、$\beta_2$ 分别为投资的有效产出弹性和资本成本弹性，在市场完全竞争的条件下有 $\beta_1 = 1$、$\beta_2 = -1$。

4.3　中国工业及主要行业投资增长影响因素的实证分析

在社会主义市场经济条件下，以追求利润最大化为目标的企业已逐步成为市场的投资主体，而行业是其内部企业的中观集合，行业投资是其内部企业投资的总和，因此，本节从 4.2 节所介绍的企业投资决定模型入手对我国工业部门及其内部各主要工业行业投资增长的主要影响因素进行具体的实证分析。

4.3.1　实证模型的基本形式

对投资者而言，资本成本是指其投资的机会成本相对实际收益的回报率，在一定程度上受反映融资成本的贷款利率和决定最终实际收益的税率两个政策变量的影响，同时考虑到对于工业部门中大多数重化工业行业，其行业整体生产成本的变动在一定程度上可能影响行业投资的增长。因此，本节在建立我国工业部门及各工业行业投资增长的实证模型时，在式(4-25)基础上稍作修改，将影响资本成本的贷款利率和税率两个政策变量以及反映行业整体生产成本变化的行业成本费用利润率[①]引入模型中，最终建立的我国工业部门及内部各工业行业投资增长的长期均衡模型如下：

$$\ln(I_{it}) = \alpha_{i0} + \alpha_{i1}\ln(Y_{it}) + \alpha_{i2}\mathrm{rtax}_{it} + \alpha_{i3}\mathrm{rate}_t + \alpha_{i4}\mathrm{rcst}_{it} + \varepsilon_{it} \qquad (4\text{-}26)$$

其中，I_{it} 为我国工业部门及各行业的固定资产投资；Y_{it} 为我国工业部门及各行业的产品销售收入，反映我国工业部门及各行业产品的市场需求状况；rtax_{it} 为我国工业部门及各行业的税率；rcst_{it} 为反映生产成本状况的我国工业部门及各行业的成本费用利润率；rate_t 为五年期以上贷款利率；ε_{it} 为随机误

---

① 成本费用利润率=(利润总额／成本费用总额)×100%。

差项；$i=0$，1，2，…，10，依次代表我国的工业部门及其内部的黑色金属冶炼及压延加工业、有色金属冶炼及压延加工业、非金属矿物制品业、化学原料及化学制品制造业、化学纤维制造业、塑料制品业、通用设备制造业、专用设备制造业、交通运输及设备制造业和电气机械及器材制造业 10 个主要工业行业。系数 α_{i1} 为长期的各行业的投资需求弹性，反映我国工业部门及各行业投资对其产品市场需求变动的长期敏感程度，系数 α_{i2}、α_{i3}、α_{i4} 分别表示行业税率、贷款利率、行业成本费用利润率各自每变动 1 个单位，行业投资将分别随之平均增长 α_{i2}、α_{i3}、α_{i4}，分别反映税收政策、货币政策及行业整体生产成本对行业投资变动的长期影响。

4.3.2 中国工业部门投资增长影响因素的实证分析

1. 数据的平稳性检验

为了避免伪回归，本节使用 ADF 检验对我国工业部门投资增长的长期均衡模型中使用的各经济指标序列的进行了平稳性检验，样本区间均为 1999 年 1 月至 2011 年 12 月，各经济变量单位根检验的结果如表 4-1 所示。

表 4-1 各经济变量单位根检验的结果

变量名称	模型形式 (C, T, p)	ADF 检验 (H_0: 单位根过程　H_1: 平稳过程)	
		统计量值	P 值
$\ln(I_{0t})$	$(C, T, 1)$	-2.10	0.543 2
$\ln(Y_{0t})$	$(C, T, 0)$	-2.05	0.570 0
rtax_{0t}	$(C, T, 0)$	-2.43	0.360 1
rate_t	$(C, T, 0)$	-2.35	0.401 7
rcst_{0t}	$(C, T, 0)$	-3.05	0.122 9
$\Delta\ln(I_{0t})$	$(C, 0, 0)$	-19.37	0.000 0
$\Delta\ln(Y_{0t})$	$(C, 0, 0)$	-11.57	0.000 0
Δrtax_{0t}	$(C, 0, 0)$	-11.26	0.000 0
Δrate_t	$(C, 0, 0)$	-11.10	0.000 0
Δrcst_{0t}	$(C, 0, 0)$	-12.68	0.000 0
$\hat{\epsilon}_{0t}$	$(0, 0, 1)$	-10.09	0.000 0

注：$\ln()$ 表示对变量取对数，$\Delta\ln()$ 表示对变量取对数差分；模型形式 (C, T, p)，其中，C 和 T 分别表示截距项和趋势项，p 表示回归中差分项的滞后阶数，当 C 或 T 取值为 0 时，表示模型不包含截距项或趋势项

从表 4-1 中的检验结果可以看出，在建立我国工业部门投资增长的长期均衡

模型时需要使用的工业固定资产投资和工业企业产品销售收入的对数序列以及工业部门税率、五年期以上贷款利率和成本费用利润率序列均为非平稳序列，但是经过 1 阶差分变换后各序列均为平稳序列，满足 4.2 节中所介绍的建立误差修正模型的要求，因此，可以直接建立模型。

2. 中国工业部门投资增长长期均衡模型的估计结果及实证分析

利用我国工业部门 1999 年 1 月至 2011 年 12 月的样本数据对式(4-26)所示的行业投资增长的协整模型进行估计，估计结果如下[①]：

$$\ln(I_{0t}) = -8.21^{***} + 1.40^{***}\ln(Y_{0t}) + 0.022^{***}\,\mathrm{rtax}_{0t} - 0.05^{***}\,\mathrm{rate}_t + 0.09^{**}\,\mathrm{rcst}_{0t} + \hat{\varepsilon}_{0t}$$
$$(-11.43)\quad(26.58)\qquad\quad(6.10)\qquad\quad(-2.12)\qquad\quad(5.68)$$
$$R^2 = 0.99\qquad \mathrm{D.\,W.} = 2.44 \tag{4-27}$$

从式(4-27)中可以看出，估计结果的拟合效果较好，且不存在序列相关。并且对估计得到的残差序列 $\hat{\varepsilon}_{0t}$ 所进行的单位根检验结果表明其为平稳序列(检验结果见表 4-1)，即模型通过了协整检验，说明工业固定资产投资与上述主要经济变量之间存在长期的均衡关系。

从式(4-27)的具体估计结果中可以得出如下结论。

(1)1999～2011 年我国工业部门固定资产投资增长与工业企业销售收入增长之间呈现出显著的正相关关系，长期投资需求弹性为 1.40，这表明 1999 年以来我国工业部门总固定资产投资增长对工业产品市场需求的变动反映较为敏感，投资形成的市场导向机制已经显现，平均来看，工业产品市场需求每增加 1%，将带动我国工业部门总固定资产投资增长 1.4%。因此，从长期看，由国民经济快速增长所带来的对各主要工业产品需求的持续快速增加，在很大程度上拉动了我国工业部门固定资产投资的快速增长。

(2)估计结果表明，总的来看，我国工业部门的固定资产投资增长与工业企业的税率之间表现出显著的正相关关系，但税率系数估计值的绝对值较小，仅为 0.022。从长期看，我国 1999 年以来的税收政策对我国工业部门固定资产投资增长的调控效果并不理想，工业企业税率的增长并没有起到抑制我国工业部门固定资产投资增长的效果。这可能是由于我国工业部门中国有大中型企业所占比例较高，综合来看，工业企业的融资渠道较多、贷款能力较强，从而在一定程度上降低了税收对企业资本流动性的调控效果。表 4-2 给出了 2006 年我国工业部门中大中型企业所占比重。

---

① 括号内的数字为其上方估计值对应的 t 统计量，*** 表示 0.01 的显著性水平；** 表示 0.05 的显著性水平。

表 4-2　2006 年我国工业部门中大中型企业所占比重(单位:%)

指标	工业总产值比重	资产合计比重	主营业务收入比重	利润总额比重
数值	65.61	72.94	67.25	73.64

资料来源:国家统计局(2007)

(3)1999～2011 年我国工业部门固定资产投资增长与贷款利率之间呈现出显著的负相关关系,五年期以上贷款利率系数的具体估计值为 -0.05,这表明总体来看资本的使用成本对我国工业部门固定资产投资增长存在显著的影响,市场价格信号对工业企业投资增长的影响作用已逐步形成。从长期看,1999 年以来国家宏观调控所实施的货币政策对我国工业部门固定资产投资的增长具有一定的显著调控效果,具体来看,贷款利率每提高 1 百分点,我国工业部门总固定资产投资将平均降低 5%。

(4)式(4-27)中成本费用利润率系数的估计结果表明我国工业部门的固定资产投资与工业企业成本费用利润率之间均呈现出显著的正相关关系,可见,对于我国工业部门来说,从长期看,影响最终成本费用利润率的整体生产成本的变化对其固定资产投资的增长存在显著的影响,具体来看,其成本费用利润率系数的估计值为 0.09,说明从长期看,我国工业部门总的成本费用利润率每上升 1 百分点,其固定资产投资将随之平均增长 9%。

4.3.3　10 个主要工业行业投资增长影响因素的实证分析

由于各行业在生产特征、资本结构和市场环境等方面存在较大的差异,各行业投资增长的长期显著影响因素之间可能不尽相同,因此本节进一步对 10 个主要工业行业各自的投资增长模型分别进行了估计。利用 1999 年 1 月至 2011 年 12 月的样本数据对式(4-26)所示的 10 个主要工业行业的投资增长模型进行估计[各模型中使用的经济指标序列经 ADF 检验均为 $I(1)$ 序列,满足建立误差修正模型的要求],估计结果如表 4-3 所示(其中各模型均通过了协整检验,检验结果略)。

表 4-3　主要工业行业投资增长协整模型的估计结果

行业 ＼ 参数	$\hat{\alpha}_{i0}$	$\hat{\alpha}_{i1}(\ln Y)$	$\hat{\alpha}_{i2}(\text{rtax})$	$\hat{\alpha}_{i3}(\text{rate})$	$\hat{\alpha}_{i4}(\text{rcst})$	R^2
黑色金属冶炼及压延加工业	-8.2 *** (-15.2)	0.82 *** (45.6)	0.021 *** (12.38)	-0.23 *** (-8.61)	0.07 *** (12.10)	0.96
有色金属冶炼及压延加工业	-10.5 *** (-21.3)	1.36 *** (36.2)	0.011 *** (6.14)	-0.36 *** (-8.72)	—	0.95
非金属矿物制品业	-11.2 *** (-26.3)	1.42 *** (45.9)	0.03 *** (10.12)	-0.12 *** (-7.93)	0.09 *** (12.4)	0.98
化学原料及化学制品制造业	-12.53 *** (-23.0)	1.15 *** (39.2)	-0.012 *** (-16.8)	-0.09 ** (-5.58)	0.06 *** (8.49)	0.97

参数 行业	$\hat{\alpha}_{i0}$	$\hat{\alpha}_{i1}$ (lnY)	$\hat{\alpha}_{i2}$ (rtax)	$\hat{\alpha}_{i3}$ (rate)	$\hat{\alpha}_{i4}$ (rcst)	R^2
化学纤维制造业	−15.4 *** (−36.1)	0.53 *** (12.4)	−0.006 *** (−8.56)	−0.162 *** (−5.39)	—	0.93
塑料制品业	−23.4 *** (−28.7)	1.72 *** (43.9)	−0.03 ** (−2.75)		0.13 *** (3.70)	0.98
通用设备制造业	−21.3 *** (−45.6)	1.95 *** (52.5)	−0.013 *** (−6.89)		0.17 *** (8.09)	0.99
专用设备制造业	−23.4 *** (−38.2)	2.11 *** (68.5)	−0.008 *** (−6.87)		0.08 *** (4.05)	0.97
交通运输及设备 制造业	−21.6 *** (−53.6)	1.65 *** (58.7)		0.069 *** (3.62)	0.12 *** (10.13)	0.99
电气机械及器材 制造业	−29.4 *** (−36.1)	1.97 *** (43.6)	−0.031 *** (−8.91)	−0.09 ** (−3.11)	—	0.98

*** 表示 0.01 的显著水平；** 表示 0.05 的显著水平

注：括号内为 t 值；"—"表示该变量不显著，在相应模型中被剔除

从表 4-3 给出的估计结果中可以得出以下结论。

(1)从长期看，10 个主要工业行业投资形成的市场需求导向机制逐步显现。从长期看，1999～2011 年 10 个主要工业行业投资增长与其产品的市场需求增长之间均呈现出显著的正相关关系，除黑色金属冶炼及压延加工业和化学纤维制造业两个行业外，其余八个行业的投资需求弹性($\hat{\alpha}_{i1}$)均大于 1，其中以装备制造业中的专用设备制造业的投资需求弹性最大，等于 2.11。这表明 1999 年以来这 10 个主要工业行业投资增长对其市场需求的变动反应较为敏感，投资形成的市场导向机制逐步显现，其中专用设备制造业的行业投资对其市场需求变动的反映最为敏锐，其投资增长受其产品市场需求增加的拉动作用最大，平均来看，其产品市场需求每增加 1%，将带动该行业投资增长 2.11%。而相比之下黑色金属冶炼及压延加工业和化学纤维制造业两个行业的市场需求变动对其投资的拉动程度较小，特别是化学纤维制造业其投资需求弹性仅为 0.53，这表明从长期看该行业市场需求每增长 1%，仅带动其投资平均增长 0.53%。因此，从长期看，由国民经济快速增长所带来的对各主要工业行业产品需求的持续快速增加，在很大程度上拉动了各行业投资的快速增长，但具体的带动效应在各行业之间存在一定差异。

(2)从长期看，税收政策对化学原料及化学制品制造业等六个工业行业的投资增长具有显著的调控作用，但对三个"产能过剩"行业的调控效果并不理想。从各行业税率系数($\hat{\alpha}_{i2}$)的估计结果中可以看出，化学原料及化学制品制造业等三个"高污染"工业行业和通用设备制造业、专用设备制造业及电气机械及器材制造

业三个装备制造业的行业投资增长与其行业税率之间呈现出显著的负相关关系，这表明从长期看，税率的变化对这六个主要工业行业的行业投资增长存在显著的影响，税收政策对化学原料及化学制品制造业、化学纤维制造业和塑料制品业三个主要的"高污染"工业行业投资增长具有显著的调控效应，其中塑料制品业行业税率系数的估计值为-0.03，表明其行业税率每增加1百分点将使其行业投资平均下降3%。而黑色金属冶炼及压延加工业、有色金属冶炼及压延加工业和非金属矿物制品业的行业投资与行业税率之间呈现出显著的正相关关系，这表明从长期看，近年来税收政策对这三个"产能过剩"行业投资增长的调控效果并不理想，这可能是由于这三个行业中国有大型企业所占比例较高，企业的融资渠道较多、贷款能力较强，从而在一定程度上降低了税收对企业资本流动性的调控效果。

(3)市场价格信号对企业投资增长的影响作用在部分工业行业内部已逐步形成，从长期看，货币政策对三个"产能过剩"行业及两个"高污染"工业行业的投资增长具有显著的调控效果。表4-3中贷款利率系数($\hat{\alpha}_{i3}$)的各估计结果表明黑色金属冶炼及压延加工业等三个"产能过剩"行业、化学原料及化学制品制造业和化学纤维制造业两个"高污染"工业行业和电气机械及器材制造业的投资增长与贷款利率之间呈现出显著的负相关关系，这表明资本的使用成本对这六个工业行业的投资增长存在显著的影响，在这六个工业行业中，市场价格信号对企业投资增长的影响作用已逐步形成，从长期来看，国家宏观调控的货币政策对这六个主要工业行业的投资增长具有显著的调控效果，其中黑色金属冶炼及压延加工业的贷款利率系数为-0.23，表明从长期看，贷款利率每提高1百分点，该行业的投资将平均降低23%。但在另外四个工业行业中并没有发现行业投资与贷款利率之间的显著的负相关关系，这表明中国经济的转轨特性在部分工业行业的市场运行中依然显著存在，从长期看市场价格信号对企业投资增长的影响作用在部分工业行业内部尚未形成。

(4)从长期看，影响单位成本费用获利能力的行业整体生产成本的变化对黑色金属冶炼及压延加工业等七个工业行业的投资增长存在显著的影响。各行业成本费用利润率系数($\hat{\alpha}_{i4}$)的估计结果表明除有色金属冶炼及压延加工业、化学纤维制造业和电气机械及器材制造业三个工业行业外，黑色金属冶炼及压延加工业等七个工业行业的行业投资与其行业成本费用利润率之间均呈现出显著的正相关关系，并且其中通用设备制造业的行业成本费用利润率系数的估计值最大，这表明从长期看，影响最终成本费用利润率的行业整体生产成本的变化对黑色金属冶炼及压延加工业等其余七个工业行业的投资增长存在显著的影响，其中通用设备制造业的影响程度最大，其行业成本费用利润率系数的估计值为0.17，这说明从长期看，该行业整体成本费用利润率每上升1百分点，其行业投资将随之平均增长17%。因此，可以对能源等供给紧张的生产资料进行长期的差别定价，通过降低行业成本费用利润率的方式对"高能耗、高污染"的黑色金属冶炼及压延加工业和非金属矿物制品业等工业行业的投资增长进行长期有效的调控。

本节对我国工业部门及其内部 10 个主要工业行业投资增长的长期主要影响因素进行了具体的实证分析，分析结果表明，从投资增长的长期主要影响因素来看，我国工业部门投资增长机制存在明显的结构性特征，从长期看，近年来我国工业部门及其内部黑色金属冶炼及压延加工业等 10 个主要工业行业投资增长的主要影响因素之间存在较大的差异，政府主要的宏观调控手段——货币政策和财政税收政策对工业部门综合和各工业行业的调控效果不尽相同。

4.4　中国工业及主要行业投资增长短期波动的成因

在工业部门及 10 个主要工业行业由式(4-26)给出的投资增长协整模型的基础上，本节进一步建立了解释各行业投资增长短期波动的误差修正模型，对我国工业部门及其内部主要工业行业投资增长短期波动的成因进行具体的实证分析。

记

$$\text{ECM}_{it}=\hat{\varepsilon}_{it}=\ln(I_{it})-\hat{\alpha}_{i0}-\hat{\alpha}_{i1}\ln(Y_{it})-\hat{\alpha}_{i2}\text{rtax}_{it}-\hat{\alpha}_{i3}\text{rate}_t-\hat{\alpha}_{i4}\text{rcst}_{it} \quad (4\text{-}28)$$

则可以建立如下形式的误差修正模型：

$$\Delta\ln(I_{it})=\gamma_{i0}+\gamma_{i1}\Delta\ln(Y_{it})+\gamma_{i2}\Delta\text{rtax}_{it}+\gamma_{i3}\Delta\text{rate}_t+\gamma_{i4}\Delta\text{rcst}_{it}+\gamma_{i5}\text{ECM}_{it-1}+\mu_{it}$$

$$(4\text{-}29)$$

其中，I_{it} 为我国工业部门及各行业的固定资产投资；Y_{it} 为我国工业部门及各行业的产品销售收入，反映我国工业部门及各行业产品的市场需求状况；rtax_{it} 为我国工业部门及各行业的税率；rcst_{it} 为反映生产成本状况的我国工业部门及各行业的成本费用利润率；rate_t 为五年期以上贷款利率；$\text{ECM}_{i,t-1}$ 为误差修正项；μ_{it} 为随机误差项；$i=0，1，2，\cdots，10$，依次代表我国的工业部门及其内部的黑色金属冶炼及压延加工业等 10 个主要工业行业；系数 γ_{i1} 为各行业投资的短期需求弹性，反映各行业投资对其产品市场需求变动的敏感程度；系数 γ_{i2}、γ_{i3}、γ_{i4} 分别表示税收政策、货币政策及行业整体生产成本对行业投资变动的短期影响；误差修正项的系数 γ_{i5} 为调整速度，其值均应为负，绝对值越大表明回归到均衡水平的调整速度越快。

式(4-26)、式(4-28)和(4-29)一起构成了反映我国工业部门及各主要工业行业投资增长变动的动态模型，式(4-26)反映了行业投资增长与其主要影响因素之间的长期均衡关系，式(4-29)表明行业投资增长的短期波动不仅取决于各影响因素的短期变化，而且还受行业投资增长偏离长期均衡趋势程度的影响($\text{ECM}_{i,t-1}$)。

4.4.1 中国工业部门投资增长短期波动成因的实证分析

利用我国工业部门 1999 年 1 月至 2011 年 12 月的样本数据，对式(4-29)所示的投资增长的误差修正模型进行估计，估计结果如下[①]：

$$\Delta\ln(\hat{I}_{0t})=-0.003+1.54^{***}\,\Delta\ln(Y_{0t})+0.024^{***}\,\Delta rtax_t+0.08^{***}\,\Delta rcst_t-0.33^{***}\,\mathrm{ECM}_{0t-1}$$

$$(-0.67)\,(6.64)\qquad\quad(5.74)\qquad\quad(5.60)\qquad\quad(-4.02)$$

$$R^2=0.43\qquad\mathrm{D.\,W.}=2.01 \qquad\qquad\qquad (4\text{-}30)$$

从式(4-30)的具体估计结果中可以得出以下结论。

(1)我国工业企业销售收入变动与我国工业部门固定资产投资变动之间呈现显著的正相关关系，工业固定资产投资的短期市场需求弹性为 1.54，略高于其 1.4 的长期市场需求弹性，这表明工业产品市场需求的短期变动会使工业部门固定资产投资增长出现显著的波动，具体来看，工业产品短期市场需求每增加 1% 将使工业部门固定资产投资在短期内平均增长 1.54%。可见，1999~2011 年我国宏观经济增长所拉动的工业产品需求的激增在一定程度上将带来我国工业部门固定资产投资增长的短期波动。

(2)工业投资增长的误差修正模型的估计结果表明，与长期关系相同工业固定资产投资增长的短期波动与工业企业税率变动之间也呈现出显著的正相关关系，不过系数的具体值也较小，仅为 0.024，这表明对整个工业部门来说工业企业税率的增长从长期看没有起到抑制我国工业部门固定资产投资增长的效果，而从短期看工业企业税率的调整将带来工业部门固定资产投资增长的短期波动。从长期看显著影响工业部门固定资产投资增长的贷款利率在误差修正模型中并没有与投资增长的短期波动之间呈现出显著的相关关系，这说明，从工业部门总体状况来看，资本使用成本的变化在短期内不会显著影响其固定资产投资的增长，国家宏观调控的货币政策从长期看对我国工业的固定资产投资增长具有显著的调控效果，并且从短期看并不会使工业部门投资增长发生显著的波动。

(3)从式(4-30)中可以看出我国工业部门的固定资产投资变动与工业企业成本费用利润率变动之间均呈现出显著的正相关关系，这表明，对于我国工业部门从短期看，工业企业的成本费用利润率的变化对工业固定资产投资增长的变动具有显著的影响，工业企业单位成本费用获利能力的变化在短期内会带来工业部门固定资产投资增长的波动。

(4)误差修正项的系数为调整速度，其值均应为负，绝对值越大表明回归到均衡水平的调整速度越快。从式(4-30)中可以看出在工业部门投资增长的误差修

---

① 括号内的数字为其上方估计值对应的 t 统计量，*** 表示 0.01 的显著性水平；** 表示 0.05 的显著性水平。

正模型中误差修正项的估计值为 -0.33，这表明，对于我国工业部门月度的总固定资产投资来说，当其增长相对于均衡状态出现偏离时，其重新回归到均衡水平的调整时间大致为 3 个月。

4.4.2　10 个主要工业行业投资增长短期波动成因的实证分析

分别利用 10 个主要工业行业 1999 年 1 月至 2011 年 12 月的样本数据，对式(4-29)所示的各行业投资的误差修正模型进行估计，估计结果如表 4-4 所示。

表 4-4　各行业投资增长误差修正模型的估计结果

行业	$\hat{\gamma}_{i0}$	$\hat{\gamma}_{i1}$ ($\Delta \ln Y$)	$\hat{\gamma}_{i2}$ ($\Delta rtax$)	$\hat{\gamma}_{i4}$ ($\Delta rcst$)	$\hat{\gamma}_{i5}$ (ECM)	R^2	D.W.
黑色金属冶炼及压延加工业	-0.03^{***} (-3.16)	1.57^{**} (9.35)	—	-0.029^{**} (-4.21)	-0.37^{***} (-5.12)	0.61	1.97
有色金属冶炼及压延加工业	—	1.03^{***} (7.81)	—	-0.041^{**} (-6.68)	-0.15^{***} (-3.98)	0.43	1.86
非金属矿物制品业	—	1.27^{***} (8.62)	—	0.052^{***} (8.33)	-0.43^{***} (-4.95)	0.58	2.07
化学原料及化学制品制造业	-2.71^{***} (-6.09)	0.81^{***} (7.92)	—	0.061^{***} (7.97)	-0.31^{***} (-9.16)	0.49	2.16
化学纤维制造业	-4.1^{***} (-7.33)	0.81^{**} (3.95)	-0.006^{***} (-2.92)	—	-0.41^{***} (-5.16)	0.41	1.99
塑料制品业	-2.7^{***} (-27.1)	1.23^{***} (8.12)	-0.009^{***} (-3.05)	0.21^{***} (5.88)	-0.19^{***} (-3.85)	0.39	2.02
通用设备制造业	-2.31^{***} (-6.09)	1.09^{***} (5.18)	-0.003^{**} (-2.95)	—	-0.23^{***} (-6.51)	0.49	2.09
专用设备制造业	—	1.36^{***} (8.39)	—	0.04^{**} (3.29)	-0.17^{**} (-3.21)	0.48	2.12
交通运输及设备制造业	-1.97^{***} (-6.53)	0.92^{***} (5.16)	-0.011^{***} (-5.91)	—	-0.26^{***} (-5.81)	0.51	2.17
电气机械及器材制造业	-2.47^{***} (-11.4)	1.51^{***} (6.93)	-0.021^{***} (-3.95)	—	-0.35^{***} (-5.22)	0.45	1.93

$***$ 表示 0.01 的显著水平；$**$ 表示 0.05 的显著水平

注：括号内为 t 值；"—"表示该变量不显著，在相应模型中被剔除；因 $\hat{\gamma}_{i3}$ 均不显著，故未列出

从表 4-4 的估计结果中可以得出以下几点结论。

(1)市场需求的短期变动是 10 个主要工业行业投资增长短期波动形成的原因之一。在 10 个主要工业行业投资增长短期波动的误差修正模型中，行业的销售收入变动与行业投资变动之间均呈现出显著的正相关关系，但各行业投资增长的短期市场需求弹性($\hat{\gamma}_{i1}$)之间存在较大的差异，其中黑色金属冶炼及压延加工业

投资增长的短期市场需求弹性最大，等于1.57，显著高于其0.82的长期市场需求弹性，这表明对于10个主要工业行业来说，其产品市场需求的短期变动均会使其行业投资增长出现显著的波动，其中黑色金属冶炼及压延加工业对短期市场需求变动的敏感性最高，其短期市场需求每增加1%将使其行业投资在短期内平均增长1.57%。可见，近两年来黑色金属冶炼及压延加工业等工业行业产品需求的激增在一定程度上将带来这些行业投资增长的短期波动。

(2)行业税率的短期变化将引起部分工业行业投资增长的波动。化学纤维制造业和塑料制品业两个"高污染"工业行业和除专用设备制造业外的三个装备制造业行业的投资增长的短期波动与行业税率变动之间均呈现出显著的负相关关系，并且电气机械及器材制造业的行业税率系数($\hat{\gamma}_{10,2}$)估计值的绝对值较高，等于0.021，这表明从短期看行业税率的变动对这些工业行业投资增长具有显著的影响效果，调整税率的税收政策在短期内将带来这些工业行业投资增长的短期波动，如电气机械及器材制造业的行业税率每降低1百分点，在短期内将促使该行业投资增长2.1%，因此，在利用税收优惠政策促进通用设备制造业等装备制造业工业行业发展的同时应注意保持优惠政策的持续稳定性，避免在短期内由行业税率大幅变化所带来的各行业投资增长的剧烈波动。

(3)从长期看，对部分工业行业投资增长有显著调控效果的货币政策不会引起行业投资增长的短期波动。从长期看，显著影响黑色金属冶炼及压延加工业等三个"产能过剩"行业和化学原料及化学制品制造业、化学纤维制造业两个"高污染"工业行业投资增长的贷款利率在10个行业投资增长的误差修正模型中并没有与投资增长的短期波动之间呈现出显著的相关关系($\hat{\gamma}_{i3}$均不显著)，这表明，资本使用成本的变化在短期内不会显著影响10个主要工业行业的投资增长，国家宏观调控的货币政策从长期看对黑色金属冶炼及压延加工业等五个"双高"工业行业的投资增长具有显著的调控效果，从短期看并不会使这些工业行业的投资增长发生显著的波动。

(4)在部分工业行业中，行业单位成本费用获利能力的变化也会形成行业投资的短期波动。从10个主要工业行业投资增长误差修正模型中的成本费用利润率系数($\hat{\gamma}_{i4}$)的估计结果可以看出，非金属矿物制品业、化学原料及化学制品制造业、塑料制品业和专用设备制造业四个工业行业的行业投资增长变动与行业成本费用利润率之间呈现出显著的正相关关系，这表明，从短期看，这四个工业行业的行业成本费用利润率的变化对行业投资增长的变动具有显著的影响，行业单位成本费用获利能力的变化在短期内会带来行业投资增长的波动。而黑色金属冶炼及压延加工业和有色金属冶炼及压延加工业的行业投资增长变动与其行业成本费用利润率变动之间却呈现出显著的负相关关系，这表明在短期内这两个工业行业的投资增长会随行业单位成本费用获利能力的降低而增加，可见这两个工业行业在短期内存在明显的"盲目投资"现象。

（5）10 个主要工业行业投资增长回归到均衡水平的调整速度存在较大的差异。误差修正项的系数（$\hat{\gamma}_{i5}$）为调整速度，其值均应为负，绝对值越大表明回归到均衡水平的调整速度越快。从表 4-4 中可以看出 10 个主要工业行业的 $\hat{\gamma}_{i5}$ 的估计结果之间存在一定的差异，其中非金属矿物制品业和化学纤维制造业的估计值的绝对值最大（分别为 −0.43 和 −0.41），其次是黑色金属冶炼及压延加工业，估计值为 −0.37，而有色金属冶炼及压延加工业误差修正项系数的估计值的绝对值较小，仅为 −0.15，这表明近年来 10 个主要工业行业投资增长回归到均衡水平的速度存在一定的差异，其中非金属矿物制品业和化学纤维制造业投资增长回归到均衡水平的速度最快，其次是黑色金属冶炼及压延加工业，而有色金属冶炼及压延加工业的速度最慢，即当有色金属冶炼及压延加工业存在过度投资时进行调整的速度较慢。

本节对我国工业部门及其内部 10 个主要工业行业投资增长短期波动的成因进行了具体的实证分析。分析结果表明，我国工业部门及其内部 10 个主要工业行业投资增长短期波动的主要影响因素之间存在较大的差异，我国工业部门投资增长的波动机制也存在明显的结构性特征。

综合以上分析可以看出，我国工业部门及其内部 10 个主要工业行业投资增长的长期影响因素之间存在显著的差异，短期波动的显著影响因素也不尽相同，并且工业部门及 10 个工业行业各自的投资增长的长、短期影响因素之间也存在较大的差异，各行业投资增长回归均衡水平的调整速度也各不相同，无论是长期增长还是短期波动，我国工业部门的投资增长机制均存在明显的结构性特征。

4.5　本章结论及相关政策建议

本章以我国工业部门和近年来我国宏观调控政策较为关注的 10 个主要工业行业的投资数据为研究对象，对近年来我国工业部门投资增长波动的结构性特征进行了具体分析，并通过分别建立工业部门和各工业行业投资增长的长期协整模型和反映工业部门及各工业行业投资增长短期波动特征的误差修正模型，对我国工业部门及 10 个主要工业行业投资增长的长期影响因素及短期市场波动机制进行了实证分析。

从实证结果中可以得出如下结论。

（1）无论长期还是短期，1999 年以来我国工业部门整体和 10 个主要工业行业的投资增长对其市场需求的变动反映均较为敏感，投资形成的市场导向机制逐步显现。因此，从长期看，由国民经济快速增长所带来的对各主要工业行业产品需求的持续快速增加，在很大程度上拉动了我国工业部门及各工业行业投资的快速增长。从短期看，黑色金属冶炼及压延加工业等工业行业产品出口需求的激增将使得这些工业行业投资呈现短期的快速增长。

(2)从长期看，税收政策对我国工业部门总投资增长的调控效果并不显著，但对化学原料及化学制品制造业等六个工业行业的投资增长具有显著的调控作用。从短期看，调整税率的税收政策会带来化学纤维制造业和塑料制品业两个"高污染"工业行业和除专用设备制造业外的三个装备制造业行业投资增长的短期波动，因此，在利用税收优惠政策促进通用设备制造业等装备制造业工业行业发展的同时应注意保持优惠政策的持续稳定性，避免在短期内由行业税率大幅变化所带来的各行业投资增长的剧烈波动。

(3)从长期看，政府宏观调控的货币政策对我国工业部门及其内部三个"产能过剩"行业及两个"高污染"工业行业的投资增长具有显著的调控效果。从短期看，资本使用成本的变化不会使工业总投资及 10 个主要工业行业的投资增长发生显著的波动。

(4)从长期看，影响单位成本费用获利能力的行业整体生产成本的变化对我国工业部门和黑色金属冶炼及压延加工业等七个工业行业的投资增长存在显著的影响，从短期看，成本费用利润率的变动会带来工业部门及非金属矿物制品业等四个工业行业的投资增长的波动。

(5)近年来我国工业部门及内部 10 个主要工业行业投资增长回归到均衡水平的速度存在一定的差异，其中化学原料及化学制品业和化学纤维制造业投资增长回归到均衡水平的速度最快，其次是黑色金属冶炼及压延加工业，而有色金属冶炼及压延加工业的速度最慢，低于工业部门的平均调整速度。

可见，无论长期增长还是短期波动，近年来我国工业部门及其内部的黑色金属冶炼及压延加工业等 10 个主要工业行业投资增长的主要影响因素之间均存在较大的差异，政府主要的宏观调控手段——货币政策和财政税收政策对工业总投资增长和各工业行业投资增长的调控效果也不尽相同。

因此建议政府和相关机构在对我国工业部门特别是这些主要工业行业投资增长进行结构性调控时，应密切关注各行业投资增长的长、短期影响因素，有的放矢地利用"有保有压、区别对待"的财政政策和货币政策对各工业行业投资增长进行持续稳定的有效调控，进而逐步实现对工业行业结构的适当调整，具体的政策建议如下。

(1)继续采用稳健中"适度从紧"的货币政策，对黑色金属冶炼及压延加工业等三个"产能过剩"行业及化学原料及化学制品制造业、化学纤维制造业两个"高污染"工业行业投资的快速增长进行有效的长期调控。同时运用公开市场和窗口指导等手段，进行结构性调控，引导商业银行合理均衡放款，着力优化贷款结构，对自主创新、节能降耗的工业项目重点支持，而对低水平、高耗能、高污染的工业项目要严控信贷闸门。

(2)利用"有保有压"的税收政策对化学原料及化学制品制造业等六个工业行业的投资增长进行有效调控。对"保"的通用设备制造业等四个装备制造业，可以通过长期的税收优惠政策促进其行业投资的快速增长，但同时应注意保持税收政策的持续稳定性，避免在短期内由行业税率大幅变化所带来的各行业投资增长的剧烈波动；对"压"的化学原料及化学制品制造业等三个"高污染"工业行业，可以通过长期征收排污税等方式提高行业的总体税率，进而对其行业投资增长进行长期有效的调控。

(3)通过对能源等供给紧张的生产资料在各行业间进行长期的差别定价，降低黑色金属冶炼及压延加工业、非金属矿物制品业、化学原料及制品制造业和塑料制品业等"双高"行业的行业成本费用利润率，从而对这些行业投资的快速增长进行长期有效的调控。

第 5 章

中国工业部门能源消耗强度变动机制及其结构特征

随着我国经济的快速增长，能源需求正以前所未有的速度增长，能源对经济增长的约束性不断增强，能源效率问题已逐步成为众人关注的焦点。由于我国正处于工业化进程中，工业部门是我国能源消耗大户，其能源消耗占全国总能源消耗的比例不断上升。目前工业能源消耗占全国能源消费量的比重已达到 71.1% 左右，对我国能源需求变化起着支配性的作用，因此，我国工业部门的能源效率问题更值得关注①。衡量工业行业能源效率的主要指标是单位产值能耗，也称为能源消耗强度，用单位工业增加值的能源消耗量来表示②。能源消耗强度越小，则能源效率越高，反之亦然。图 5-1 给出了 1980～2010 年我国工业部门及其他国民经济部门，如交通运输业、建筑业和零售业等的能源消耗强度的时间变动趋势。

从图 5-1 可以看出，20 世纪 80 年代初期，我国工业部门的能源消耗强度远高于其他国民经济部门，随后受内部结构升级调整及技术进步的影响，工业部门的能源消耗强度持续快速下降，与其他部门能源消耗强度的差距逐步缩小。然而，2001 年以后，产品需求增长导致了钢铁、水泥、电解铝、石化等高耗能工业行业的产能快速扩张，使工业部门的能源消耗强度呈现出降速趋缓，甚至一度小幅止降反升的态势。2005 年开始，我国工业部门的能源消耗强度再次表现出快速下降，与其他部门能源消耗强度的差距进一步缩小，至 2010 年与交通运输业的能源消耗强度已非常接近。我国工业部门能源消耗强度变动的这一特征表明，从 80 年代初开始，我国工业部门的能源效率得到了持续快速的提高，到 2000 年虽仍显著低于其他国民经济部门，但差距已明显缩小。然而在 2001 年后，我国工业部门的能源效率却表现出逐步降低的迹象，2005 年后节能降耗的效果开始显现，我国工业部门的能源效率进一步改善。究竟是哪些因素影响着我

---

① 本章所用的数据来自中国经济信息网。

② 工业能源消耗强度＝工业能源消费量/工业增加值，单位为吨标准煤/万元。本章工业增加值均按 2000 年价格进行平减。

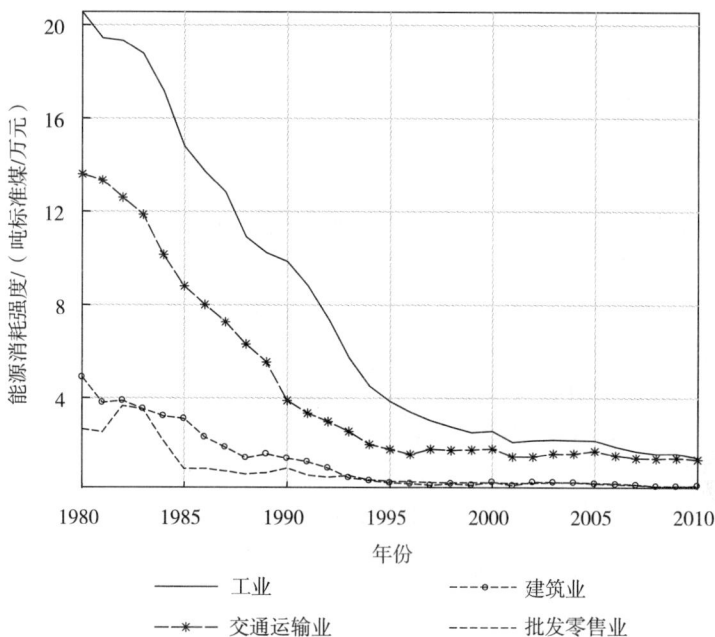

图 5-1 各部门能源消耗强度比较

国工业部门能源消耗强度的变动,工业部门内部具有不同生产特征和技术水平的各工业行业的能源消耗强度之间是否存在较大差异,各自的影响因素又有哪些。这些问题的研究,对于相关部门和机构更好地把握我国工业行业未来的能源消耗特征,制定有效提高工业部门能源效率的产业政策,促进节能减排目标的实现具有重要的现实意义。

近年来国内外学者对工业能源消耗问题进行了大量的研究。Miketa(2001)用1971~1996 年 39 个国家的 10 个制造业行业的数据分析了部门经济活动、资本形成额及工业能源价格对能源消耗强度的影响,研究结果表明,能源强度受资本形成额的影响,而且这种影响随着部门产出的增加而加强。Polemis(2007)使用协整方法研究了希腊工业能源需求,发现工业能源消耗在短期和长期都没有弹性,但是石油和电力是可以相互替代的。Adeyemi 和 Hunt(2007)利用 15 个经济合作与发展组织(Organization for Economic Co-operation and Development,OECD)国家的面板数据研究了节能技术变化和价格对工业能源需求的影响。对我国工业能源消耗强度的实证研究也较多,按所用方法可将其分为两类,一类使用因素分解方法对我国工业部门能源消耗强度变动进行研究,如齐志新和陈文颖(2006)使用拉氏分解法研究了 1993~2003 年我国 36 个工业部门的能源效率变化,得出技术变化是工业部门能源消耗强度下降的主要原因。另一类采用计量经济模型进行研究,如王少平和杨继生(2006)研究了我国 12 个工业行业的能源消费与行业总产值之间的综列协整关系；杭雷鸣和屠梅曾(2006)利用时间序列数据研究了能源价格对我国制造业能源消耗强度的影响。

我国工业能源消耗强度的研究多数是从总体或平均的角度对工业部门能源消耗强度变动的影响因素进行分析，而从中观层面对工业部门及其内部各工业行业的能源消耗强度变动差异及各自影响因素的实证研究比较少见。然而由于我国工业部门内部的诸多工业行业在生产过程及能源利用方式上均存在较大的差异，从而使这些工业行业各自的能源效率及其变动机制不尽相同。基于此，本章利用我国 29 个工业行业的面板数据，在中观层面上对我国工业部门及其内部不同能耗特征的各工业行业的能源消耗强度变动及影响因素进行具体的实证分析，在实证分析中不仅研究能源价格及技术进步对我国工业行业能源消耗强度的影响，还结合我国现有国情在影响因素中考虑高耗能产品出口贸易结构、产权结构及能源替代等重要因素。

本章的内容安排如下：5.1 节对比分析我国工业部门内部各行业能源消耗强度的变动特征；5.2 节建立工业行业能源消耗强度变动的理论模型；5.3 节从行业层次上对我国工业部门能源消耗强度的变动进行具体的实证分析，并通过建立不同能耗特征的各工业行业能耗变动的实证模型对我国工业部门能源消耗强度变动特征进行具体的结构性分析；5.4 节利用向量自回归(vector autoregression, VAR)模型对典型的高能耗工业行业——钢铁工业的能耗变动机制进行进一步的实证分析；5.5 节给出本章实证结论并提出相关政策建议。

5.1 中国工业部门内部各行业能源消耗强度的变动特征

由于工业部门内部的诸多工业行业在生产过程、行业内部产品结构、技术进步及能源利用方式上均存在较大的差异，从而使这些工业行业各自的能源效率及其变动机制不尽相同。按照国家统计局 2002 年的最新行业分类标准，我国工业被划分为 39 个具体的工业行业。鉴于数据的可得性，从 39 个工业行业中剔除了4 个数据缺失行业(非金属矿采选业、其他采矿业、工艺品及其他制造业、废弃资源和废旧材料回收加工业)和 6 个垄断性行业(石油和天然气开采业、烟草制品业、石油加工炼焦业、电力热力生产供应业、燃气生产供应业及水的生产供应业)后[①]，最终选取 29 个工业行业进行具体研究。所选取的 29 个行业中既包括轻工业，如服装鞋帽，也包括高耗能、高污染的重化工业，如黑色金属冶炼、化

---

① 缺少非金属矿采选业的工业品出厂价格指数数据及 1998～2002 年工艺品及其他制造业工业增加值数据。

学原料制造，还包含了高技术行业，如医药制造业、电子通信设备制造业等。

5.1.1　各工业行业能源消耗强度比较

图 5-2 给出了 1995 年、2010 年和 1994～2010 年平均的我国 29 个主要工业行业的能源消耗强度。从图 5-2 中可以看出，我国工业部门内部的各工业行业的能源消耗强度之间存在明显的差异，其中能源强度较高的是黑色金属冶炼及压延加工业等高耗能的重工业行业，较低的是电子及通信设备制造业等高技术行业，1995 年 29 个具体工业行业中能源消耗强度最高的黑色金属冶炼及压延加工业的能源消耗强度为 20.1 吨标准煤/万元，是能源消耗强度最低的电子及通信设备制造业的 35.3 倍，是有色金属矿选业的 3.61 倍，2010 年黑色金属冶炼及压延加工业的能源消耗强度为 6.6 吨标准煤/万元，是电子及通信设备制造业的 48.8 倍，是有色金属矿采选业的 5.35 倍，1994～2010 年黑色金属冶炼及压延加工业的平均能源消耗强度为 9.7 吨标准煤/万元，是电子及通信设备制造业的 40.3 倍，是有色金属矿采选业的 4.1 倍。

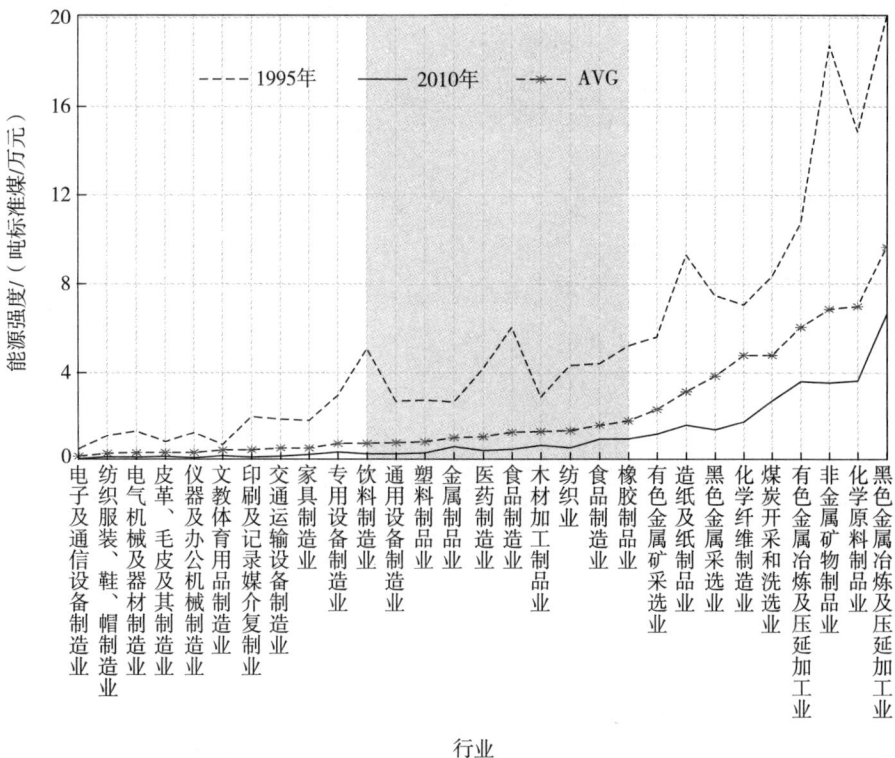

图 5-2　主要行业能源消耗强度差异（AVG 表示各行业 1994～2010 年的平均值）

根据 1994～2010 年我国各工业行业的平均能源消耗强度，本章将 29 个具体的工业行业划分为三类，第一类为能源消耗强度小于 1 吨标准煤/万元的行业，本章将其称为低能源强度行业组；第二类为能源消耗强度在 1～3 吨标准煤/万元的行业，本章将其称为中能源强度行业组；第三类为能源消耗强度高于 3 吨标准煤/万元的行业，本章将其称为高能源强度行业组[①]。图 5-2 中的阴影部分为中能源强度行业组，其左侧为低能源强度行业组，右侧为高能源强度行业组[②]。按照分组结果，高能源强度行业组的能源消耗占我国工业部门总能源消耗的比重接近70%，因此，其能源利用效率对我国工业部门的能源综合利用效率影响最大，可见，按照 1994～2010 年我国各工业行业的平均能源消耗强度对工业行业进行分组是合理的。图 5-2 中的平均能源消耗强度曲线很好地反映了 29 个工业行业之间能源消耗强度的差异。

5.1.2 各类行业组能源消耗强度的变动特征

按照前面的划分，图 5-3 进一步给出了 1994～2010 年三个行业分组平均能源消耗强度变动的直方图。从图 5-3 可以看出，各行业组的平均能源消耗强度之间仍存在明显差异，特别是高能源强度行业组与中、低能源强度行业组的平均能源消耗强度相差较大，而中、低能源强度行业组的平均能源消耗强度差异相对较小，2010 年低、中、高能源强度行业组的能源消耗强度之比为 1：2.99：14.37。并且从图 5-3 可以进一步看出，1994 年以来各行业组的能源消耗强度均呈明显的下降态势，但具体的变化特征有所不同，在三组工业行业中，高能源强度行业组的平均能源消耗强度下降最为显著，但 2006 年后其下降速度有所趋缓。

20 世纪 90 年代以来，我国工业产业结构的发展战略为从高加工化向技术集约化转变。工业企业通过调整企业结构、规模结构和产品结构，加强能源管理，提高了能源效率。这一期间，国家还发布了一系列节能政策和法规，如 1996 年国家计划委员会发布了《中国节能技术政策大纲》，1998 年国务院颁布实施的《中华人民共和国节约能源法》。这些法规和政策鼓励企业充分发挥后发优势，引进国外先进的节能技术和设备；支持企业开发推广节能技术，实施节能技术改造，淘汰能耗高的老旧技术、工艺和设备，促进企业节能和产业升级。进入 21 世纪

---

① 低能源强度行业组：电子通信设备制造业、服装鞋帽制造业、电气机械制造业、皮革制品业、仪器仪表机械制造业、文教体育用品制造业、印刷业、交通运输设备制造业、家具制造业；中能源强度行业组：专用设备制造业、饮料制造业、通用设备制造业、塑料制品业、金属制品业、医药制造业、食品加工业、木材加工业、纺织业、食品制造业、橡胶制品业、有色金属矿采选业；高能源强度行业组：造纸及纸制品业、黑色金属矿采选业、化学纤维制造业、煤炭开采和洗选业、有色金属冶炼及压延业、非金属矿物制品业、化学原料及化学制品业、黑色金属冶炼及压延业。

② 各工业行业 1995 年的能源消耗强度是 1994～2010 年最高的，故图 5-2 给出 1995 年的能源消耗强度曲线。

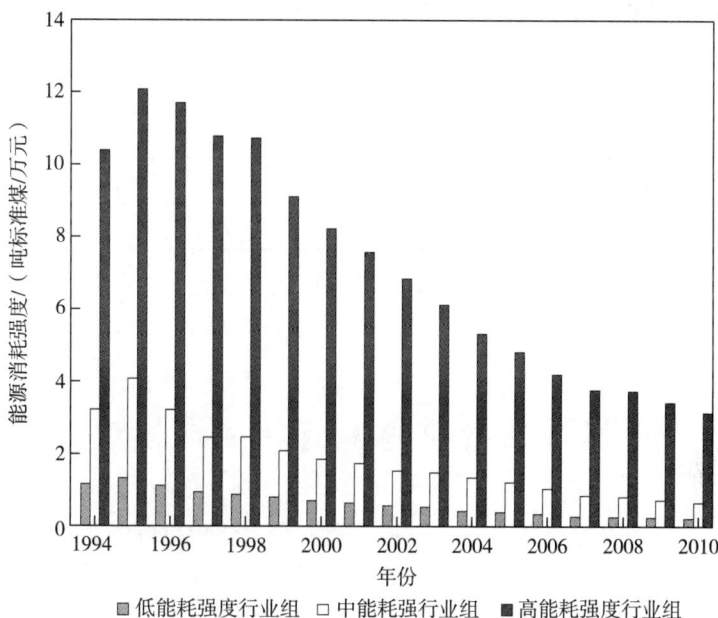

图 5-3　各行业组能源消耗强度比较

以后，国家为抑制高耗能行业的投资过热，相继出台了一系列调控措施，如对高耗能产业实行差别电价政策，利用价格杠杆淘汰落后产能。这些措施极大地提高了企业特别是高耗能企业的能源效率。我国主要高耗能产品的单位能耗逐年下降，如重点企业的吨钢综合能耗从 1995 年的 976 千克标准煤，降到 2006 年的645.12 千克标准煤，每吨水泥综合能耗从 1995 年的 199.2 千克标准煤，降到2006 年的 142 千克标准煤[①]。

　　表 5-1 进一步给出了 1994～2010 年三个行业组平均能源消耗强度的统计特征。从表 5-1 中可以看出，三个行业组的平均能源消耗强度在 1994～2010 年的平均值之间存在明显的差异，具体来看，中能源强度行业组与低能源强度行业组之间的差异较小，而高能源强度行业组与中能源强度行业组之间的差异较大。从三个行业组的最大最小值之间的差距可以看出，相比之下高能源强度组的平均能耗在 1994～2010 年的下降幅度最大。并且进一步观察表 5-1 中 1994～2010 年各行业组平均能耗的标准差可以发现，三个行业组之间存在明显的差异，这表明三个行业组的平均能耗强度在 1994～2010 年的波动性存在明显的差异，相比之下高能耗强度组平均能耗强度的波动性最大。

---

① 1995 年吨钢和吨水泥综合能耗数据的数据来自《中国能源统计年鉴》(2006)，2006 年的数据来自国家发展和改革委员会工业司。

表 5-1 1994～2010 年三个行业组平均能源消耗强度的统计特征(单位：吨标准煤/万元)

统计分析 \\ 行业组	低能源强度行业组	中能源强度行业组	高能源强度行业组
平均能源强度的最大值	1.32	4.08	12.07
平均能源强度的最小值	0.22	0.65	3.14
平均能源强度的平均值	0.63	1.81	7.17
平均能源强度的标准差	0.35	0.99	3.15

可见，在我国工业部门内部不同能耗强度的工业行业之间的具体能耗变动特征存在明显的差异，我国工业部门能源消耗强度的变动存在明显的结构性特征。

5.2 中国工业行业能源消耗强度模型的建立

在社会主义市场经济条件下，以追求利润最大化为目标的企业已逐步成为市场行为的主体，而行业是其内部企业的中观集合，行业能源消耗强度是其内部企业能耗特征的综合表现，因此，可以从企业能源消耗强度的决定模型入手对行业能源消耗强度变动的主要影响因素进行研究。

5.2.1 企业能源消耗强度模型

企业在决定能源需求时是把能源看成一种投入要素，其生产者根据成本最小化原则在能源和各种非能源投入之间分配支出。Fisher-Vanden 等(2004)从微观的层次，利用成本函数法研究了我国 2 500 家企业 1997～1999 年的能源消耗强度变化。本章在 Fisher-Vanden 的研究基础上进行扩展，分析工业行业能源效率的影响因素。假设规模报酬不变，根据微观经济学中的要素需求方程可以得出与 C-D 生产函数相对应的成本函数。

$$C(P_K, P_L, P_E, P_M, A) = A^{-1} P_K^{\alpha_K} P_L^{\alpha_L} P_E^{\alpha_E} P_M^{\alpha_M} Q \tag{5-1}$$

其中，Q 为产出；A 表示技术变化因素；P_K 表示资本投入的价格；P_L 表示劳动力投入的价格；P_E 表示能源投入的价格；P_M 表示原材料投入的价格；α_K、α_L、α_E、α_M 分别表示资本、劳动力、能源和原材料的价格弹性。

根据谢泼德引理(Shephard's Lemma)可知，某一种生产要素的投入数量等于成本函数对该要素价格的偏导数，设定能源需求量为 E，因此由式(5-1)可得

$$E = \frac{\partial C}{\partial P_E} = \frac{\alpha_E A^{-1} P_K^{\alpha_K} P_L^{\alpha_L} P_E^{\alpha_E} P_M^{\alpha_M} Q}{P_E} \tag{5-2}$$

设 EI 表示能源消耗强度，则由式(5-2)进一步可得

$$EI = \frac{E}{Q} = \frac{\alpha_E A^{-1} P_Q}{P_E} \tag{5-3}$$

其中，$P_Q = P_K^{\alpha_K} P_L^{\alpha_L} P_E^{\alpha_E} P_M^{\alpha_M}$，表示企业产出价格。

可见，企业生产的最终能源消耗强度主要受其技术水平及其产品的相对价格的影响。

5.2.2　中国工业行业能源消耗强度模型的建立

技术水平的度量一直是经济学界的一个难题，多数学者均用技术创新水平来反映其变化。考虑到我国目前正处于经济转轨时期，企业产权的逐步清晰和多元制发展是我国市场化改革的一个重要内容，企业产权结构的变革在一定程度上影响着企业的管理水平、技术水平和生产效率，从而使我国工业行业生产技术水平除受该行业的技术创新程度影响之外，还有可能受行业内部企业的产权结构的影响。因此，本章在建立我国工业行业能源消耗强度模型时，将式(5-3)中技术水平变量设定为如下形式。

$$A = \exp[\lambda_1 \ln(ST) + \lambda_2 OWN] \tag{5-4}$$

其中，ST 代表行业技术创新水平；OWN 代表行业内部企业的产权结构；exp( )表示指数函数算子。

进一步考虑到煤、电、油、天然气等不同种类能源产品的效率之间存在较大的差异，其中，煤炭的效率较低，而石油、电、天然气的效率较高，行业的能源消费结构直接影响着行业的最终能源消耗强度。同时，随着经济全球化的演进，我国逐步融入国际分工和国际产业转移体系中，我国的贸易出口结构也在逐步地发生着变化，而高耗能初级产品的出口意味着隐性出口了大量能源，贸易出口结构中高耗能工业产品出口比例的变化将在一定程度上影响工业行业最终的能源消耗强度。因此，本章在式(5-3)的基础上引入式(5-4)所示的技术水平以及行业能源消费结构和高能耗产品出口贸易结构两个因素，最终所建立的我国工业行业能源消耗强度模型如下：

$$\ln(EI) = \beta_1 + \beta_2 \ln(ST) + \beta_3 OWN + \beta_4 \ln\left(\frac{P_E}{P_Q}\right) + \beta_5 EX$$
$$+ \beta_6 OILW + \beta_7 ELEW \tag{5-5}$$

其中，EI 表示行业的能源消耗强度，用行业单位增加值的能源消耗度量；ST 表示行业技术创新水平，用行业的研发费用支出度量；OWN 表示行业内部企业的产权结构，用行业内部国有企业固定资产所占比例度量；P_E/P_Q 表示行业的能源相对价格，用能源价格指数 P_E 与行业产品出厂价格指数 P_Q 之比度量；EX 表示贸易出口结构，用高耗能产品出口比例度量；OILW、ELEW 分别为石油、电力的消费占总能源消费的份额，用来表示能源消费结构，由于天然气所占份额非常少，因此忽略了天然气的替代影响。没有使用煤炭消费份额意味着石油、电力占总能源消费比例的增加被煤炭比例减少所抵消。

5.3 中国工业行业能源消耗强度影响因素的实证分析

5.3.1 数据选取及平稳性检验

本章选取的数据样本为1994~2010年我国工业部门29个工业行业的面板数据。为了保证数据的可比性，本章对所有以货币为单位计量的指标序列均进行了相应的价格平减（2000年＝100）。在对各工业行业当年价的工业增加值进行平减时，所用的29个工业行业的工业品出厂价格指数分别由冶金行业等14个工业行业的工业品出厂价格指数换算得到①。能源价格采用反映工业行业能源消耗成本的全国燃料、动力购进价格指数来度量。由于缺少工业行业的研究与发展经费支出数据，本章选择规模以上大中型工业企业的科技活动经费内部支出来近似地反映各工业行业的技术创新投入水平，并用居民消费价格指数对其进行价格平减。在计算反映贸易出口结构的高耗能产品出口比例这一指标时，使用的是钢材、钢铁丝、铜、铝、锌、纸或纸板制品、水泥、玻璃等8种主要高耗能产品的出口额占总出口额的比率。本章采用的各工业行业的石油（分为原油、汽油、燃料油、柴油和煤油）和电力的消费数据是分别按其折算系数将其折算为标准煤（单位：万吨）后的结果。

为了避免伪回归，本章对各指标的平稳性进行了检验。由于本章使用的数据为我国工业部门的29个行业的面板数据，因此平稳性检验也不再是单纯的ADF检验，要使用基于面板数据模型的单位根检验。选择的检验方法与第4章相同，为相同根检验方法LLC检验和不同根检验方法Fish-ADF检验两种方法，分别对模型中使用的对数序列和模型估计后生成的残差序列进行检验。检验结果表明模型中使用的各对数序列不平稳，但是经过一阶差分变换以后均是平稳序列，即均为$I(1)$序列，满足建立协整模型的要求，并且各模型估计后生成的残差项序列均平稳，表明各模型均通过协整检验。

5.3.2 中国工业行业能源消耗强度影响因素的实证分析

根据式(5-5)，本章分别建立了全部工业行业及低能源强度行业组、中能源

① 根据财政部1998年关于国有资本金的统计分类规定，各行业工业品出厂价格指数换算的具体对应关系如下：黑色金属和有色金属行业采用冶金工业的价格指数；化学原料、医药、化纤、橡胶、塑料行业采用化学工业的价格指数；印刷业、文教体育用品业采用文教工业的价格指数；金属制品业、普通机械制造业、专用设备制造业、交通运输设备制造业、电气、电子设备制造业和仪器仪表业采用机械工业的价格指数；木材加工和家具制造业采用森林工业价格指数；食品加工业、食品制造业和饮料制造业采用食品工业的价格指数。所有的价格指数均以2000年为基期。

强度行业组和高能源强度行业组 4 个面板数据模型，经模型形式设定检验，4 个模型均为固定影响变截距模型，其基本形式如下：

$$\ln(\mathrm{EI}_{j,it}) = \alpha_{j,i} + \beta_{j1} + \beta_{j2}\ln(\mathrm{ST}_{j,it}) + \beta_{j3}\mathrm{OWN}_{j,it} + \beta_{j4}\ln\left(\frac{P_{E_{j,t}}}{P_{Q_{j,it}}}\right)$$

$$+ \beta_{j5}\mathrm{EX}_{j,t} + \beta_{j6}\mathrm{OILW}_{j,it} + \beta_{j7}\mathrm{ELEW}_{j,it} + u_{j,it} \tag{5-6}$$

其中，$j = 0$、1、2、3，分别代表全部工业行业（29 个行业）及低、中、高能源强度行业组；t 代表时期，$t = 1994$ 年，1995 年，…，2010 年；i 代表各工业行业；$u_{j,it}$ 为随机误差项。系数 $\alpha_{j,i}$ 为各行业的固定影响截距项；系数 β_{j2}、β_{j4} 分别为行业能源消耗强度的科技经费投入弹性和能源相对价格弹性，分别反映行业能源效率对技术创新水平（ST）和能源相对价格（P_E/P_Q）变动的敏感程度；系数 β_{j3}、β_{j5}、β_{j6} 和 β_{j7} 分别表示行业内部国有企业产权比例（OWN）、高能耗产品出口比例（EX）、行业石油消费份额（OILW）和电力消费份额（ELEW）各自每变动 1 个单位，行业能源消耗强度将分别随之平均增长 β_{j3}、β_{j5}、β_{j6}、β_{j7}，反映行业产权结构、出口贸易结构及行业能源消费结构对行业能源消耗强度变动的具体影响。由于缺少各行业的出口贸易结构数据，本章在低、中、高能源强度行业组模型中没有包括出口贸易结构变量 EX。

基于式（5-6），从行业层次上对 1994～2010 年的全工业行业以及低能源强度、中能源强度、高能源强度三个行业组的能源消耗强度变动机制进行实证分析。考虑到各工业行业的能源消耗强度变动之间存在异方差，采用广义最小二乘法对各模型进行估计，4 个面板数据模型的估计结果分别在表 5-2 的各列给出（$j = 0$，1，2，3）[①]。

表 5-2　各因素对全工业行业及不同能耗特征行业组能源消耗强度的影响

数参型模	行业组别	全部工业行业	低能源强度组	中能源强度组	高能源强度组
常数项	$\hat{\beta}_{j1}$	2.01 *** (4.18)	1.13 *** (6.13)	1.36 *** (11.39)	3.92 *** (21.33)
各因素的影响系数	$\hat{\beta}_{j2}$	−0.13 *** (−4.17)	−0.19 *** (−8.97)	−0.08 *** (−11.47)	−0.22 *** (−20.18)
	$\hat{\beta}_{j3}$	0.009 1 *** (5.67)	0.006 2 *** (2.96)	0.008 3 *** (10.13)	0.010 2 *** (8.41)
	$\hat{\beta}_{j4}$	−1.04 *** (−8.29)	−0.99 *** (−16.17)	−1.52 *** (−46.18)	−0.41 ** (−3.81)
	$\hat{\beta}_{j5}$	0.07 *** (7.28)	—	—	—

①　由于篇幅有限，各行业的截距项 $\alpha_{j,i}$ 没有列出。由于受到样本数的限制，全部工业行业模型采用截面加权法（cross-section weight）进行估计。

续表

数参型模 \ 行业组别		全部工业行业	低能源强度组	中能源强度组	高能源强度组
各因素的影响系数	$\hat{\beta}_{j6}$	−0.006 2 ** (−3.26)	−0.008 1 *** (−10.01)	−0.046 *** (−18.17)	—
	$\hat{\beta}_{j7}$	—	—	—	−0.067 *** (−11.45)
R^2		0.993	0.989	0.998	0.987
调整的 R^2		0.986	0.975	0.976	0.979
样本容量		493	153	204	136
D. W.		2.136	2.081	2.062	1.975

*** 表示 0.01 的显著水平； ** 表示 0.05 的显著水平

注：(1)括号内为 t 值；"—"表示该变量不显著或没有该变量数据，从模型中剔除

(2)全部工业行业模型的随机误差项 u_{0t} 存在自相关，用式 $\hat{u}_{0t}=0.638×u\hat{u}_{0t-1}+\varepsilon_t$ 修正，经过 LM 检验不存在序列相关

1. 科技开发经费支出的增加有助于高能耗行业降低能源消耗强度

从全工业行业模型的估计结果中可以看出，行业科技开发经费支出与行业能源消耗强度之间存在显著的负相关关系，相应的能源消耗强度的弹性系数($\hat{\beta}_{02}$)为−0.13，这表明从全工业平均状况来看，行业科技开发经费支出的增加将有助于能源效率的提高。具体来看，行业科技开发经费支出每增加1%，将使全工业行业的平均能源消耗强度降低0.13%。进一步从三个不同能耗特征行业组的估计结果中可以看出，各行业组的行业科技开发经费支出与行业能源消耗强度之间均呈现出与平均水平相同的显著的负相关关系，并且高、低能源强度组的弹性系数($\hat{\beta}_{32}$、$\hat{\beta}_{12}$)的绝对值相对较高，分别为0.19和0.22，高于全工业0.13的平均水平，这表明行业科技开发经费支出的增加对高、低能源强度行业组的能源效率的提高具有明显的促进作用，特别是对黑色金属冶炼及压延加工业等高能耗强度工业行业，行业科技开发经费支出每增加1%，这些工业行业的能源消耗强度将平均下降0.19%。但对农副食品加工业、食品制造业、木材加工、医药制造业、设备制造等这些中等能源消耗强度的工业行业，科技开发经费支出的提高对行业能源效率提高的作用较弱。

依靠技术进步是实现节能降耗的根本途径。图5-4给出了1994～2010年部分行业的科技开发经费支出变化曲线。从图5-4可以看出，自20世纪90年代末以来，低能源强度行业组的电子及通信设备制造业科技开发经费支出增长最快，显著提高了该行业的附加值，从而导致其能源消耗强度下降。2001年以后，黑色金属冶炼及压延加工业和化学原料及化学制品业等高能耗行业的科技开发经费支出也快速增长，表明这些行业加大了技术更新和改造的投入力度，有助于能源效率的提高。相比而言，中能源强度行业组的行业，如医药制造业、通用设备制

造业的科技开发经费支出增长相对较小。但从 2009 年开始各行业的科技开发经
费支出呈现出显著下降态势。

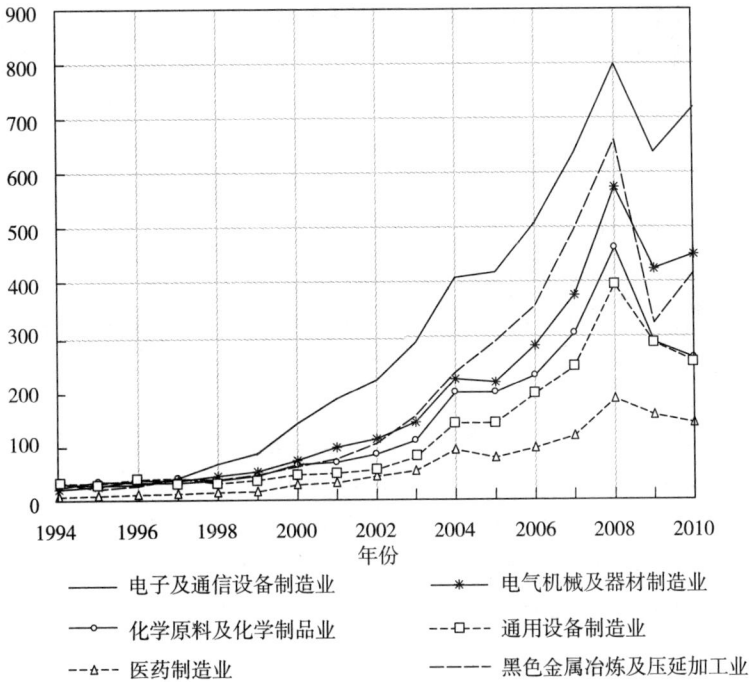

图 5-4 1994～2010 年部分行业科技开发经费支出变化曲线

目前我国正处于工业化的中后期阶段，高能耗强度的重化工业行业，如钢
铁、水泥等行业增长较快，降低这些工业行业的能源消耗强度将对降低总能源消
耗具有明显的作用。因此，这些行业的企业应该加大科技开发经费的投入，尽快
建立以企业为主体的技术创新体系，开展中高端的节能技术创新活动，通过促进
行业节能技术的开发和推广，进行技术更新、设备和生产工艺的改造，进而显著
地提高这些高能耗强度工业行业的能源效率，有效地实现节能降耗的目标。同
时，对通信设备及其他电子设备制造业、交通运输设备制造业等能耗强度已经较
低的工业行业，也可以通过增加行业的科技开发经费支出，进一步提高其产品的
附加值来促进这些工业行业能源效率的提高。

2. 行业内企业产权结构对工业行业的能源效率有显著影响

表 5-2 的估计结果显示，在全工业行业和三个不同能耗特征行业组的模型
中，行业内部国有企业所占比例与行业能源消耗强度之间均呈现出显著的正相
关，其中全工业行业模型中的相应系数（$\hat{\beta}_{03}$）为 0.009 1，这表明工业行业内部企
业产权结构的变动对行业能源消耗强度具有显著的影响。从全工业行业的平均水
平来看，行业内部国有企业比重每降低 1%，将使行业能源消耗强度平均下降

0.91%。三个不同能耗特征行业组的模型的具体估计结果表明，行业内部企业产权结构对高能源强度行业组的能源消耗强度影响最大，其系数（$\hat{\beta}_{33}$）为 0.010 2，相比之下对低、中能源强度组工业行业的能源效率的影响略小，其系数（$\hat{\beta}_{13}$ 和 $\hat{\beta}_{23}$）分别为 0.006 2 和 0.008 3。

　　上述结果表明，工业行业内部的外资企业和私营企业与国有企业相比具有更高的能源效率，这一结果与其他学者的实证研究结果相同，如刘小玄（2000）通过对我国 1995 年工业企业普查数据进行分析发现，私营个体企业的效率最高，三资企业次之，国有企业效率最低。

　　随着 20 世纪 90 年代末我国经济体制改革的不断深化，外资逐步引进，工业行业内部非国有企业的比重快速上升，进而在一定程度上促使工业行业的能源效率得以提升。图 5-5 给出了三个不同能耗特征行业组的部分行业历年的国有企业所占比重。从图 5-5 可以看出，自 1998 年起，各行业的国有企业所占比重都有较大幅度的下降。但高能源强度行业组的黑色金属冶炼及压延加工业、有色金属冶炼压延业等行业企业的国有化比重远远高于中、低能源强度组的行业，2010 年，黑色金属冶炼压延业的国有企业比重仍为 62%。随着我国工业企业产权改革的进一步深化和完善，内部包括很多国有大型企业的钢铁、化工、有色金属等高能耗强度工业行业通过加强管理，行业能源效率将得到进一步的提升。

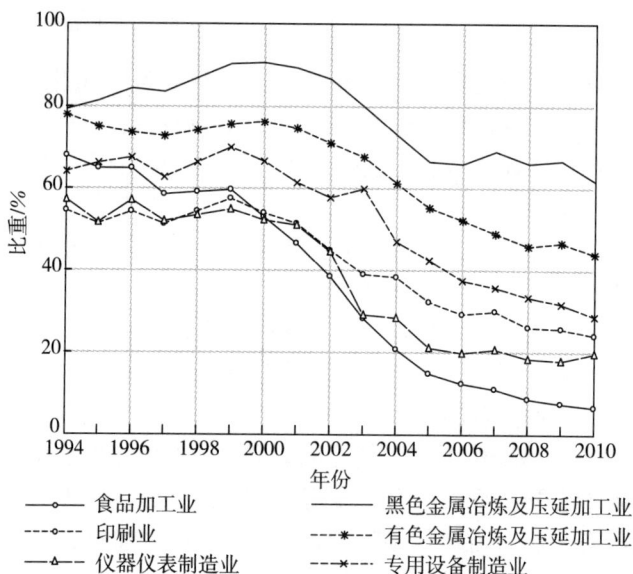

图 5-5　部分行业国有企业所占比重

3. 能源相对价格的提高有利于工业行业能源消耗强度的降低，但高能源强度工业行业的能源相对价格弹性较小

从四个模型的估计结果可以看出，能源相对价格与工业行业的能源消耗强度之间存在显著的负相关关系，其中全工业行业能源消耗强度的相对价格弹性（$\hat{\beta}_{04}$）为 -1.04，这表明能源相对价格的提高对工业行业能源消耗强度的降低具有显著的影响。从全工业行业平均水平来看，能源相对价格每提高 1%，工业行业的能源消耗强度平均将下降 1.04%。进一步从三个不同能耗特征行业组的估计结果中可以看出，中能源强度和低能源强度行业组的行业能源消耗强度的相对价格弹性（$\hat{\beta}_{14}$ 和 $\hat{\beta}_{24}$）的绝对值均接近或高于全国工业行业平均水平，分别为 -0.99 和 -1.52，而相比之下高能源强度行业组的相对价格弹性较小，仅为 -0.41。这表明能源相对价格的提高对中、低能源强度工业行业的能源消耗强度的降低具有较大的促进作用，但对高能源强度工业行业的作用相对较小，高能源强度工业行业的能源相对价格每上升 1%，仅会带动行业能源消耗强度降低 0.41%，远低于全工业平均水平。

近年来，我国主要能源产品出厂价格相对于总体的工业品出厂价格有较大幅度增长，这对提高工业行业能源效率、降低能源消耗起到了积极的促进作用。表 5-3 给出了主要工业品出厂价格的年均增长率，从中可以看出，1994 年以来，特别是 2002 年后能源价格上涨较快，其中燃料动力价格的涨幅远远高于其他工业品出厂价格。2003～2011 年燃料动力价格平均上涨 9.47%，而同期文教艺术工业品出厂价格仅上涨 0.09%，服装制品工业品出厂价格上涨 1.36%，食品工业工业品出厂价格上涨幅度也较小，为 3.99%，冶金工业工业品出厂价格上涨 6.57%。较高的能源成本使工业行业增加了节能意识，促使企业加快淘汰落后的生产工艺及设备，通过加强管理和节能技术创新降低能源消耗，增加企业竞争力。特别是对纺织业、装备制造业等中、低能源强度的工业行业，由于其行业能源消耗强度的相对价格弹性较高，从而使能源相对价格的上涨对这些工业行业能源效率的进一步提高具有非常显著的促进作用。相比之下，近年来能源相对价格上涨对高能源强度的工业行业的能源效率提高的促进作用较小，这主要是由于现有的能源价格体系没有反映高能耗行业的能源成本。1999 年，国家发展计划委员会和财政部曾联合发文对 13 家产能规模在 5 万吨以上的电解铝企业用电价格平均每千瓦时优惠 2 分钱左右；2000～2005 年，相关部门在调整终端用户销售电价时，对符合国家产业政策的电解铝、铁合金、氯碱企业用电价格比其他工业企业平均每千瓦时累计少提价约 2 分钱。2003 年很多省份以发供电联动、协议供电、大用户用电直供、竞价上网等方式，出台了对高耗能企业的优惠电价措施。直到 2007 年 10 月，国家发展和改革委员会、财政部、国家电力监督委员会三部委才联合发出通知取消国家出台的对电解铝、铁合金和氯碱企业的电价优惠

政策，并要求各地停止执行自行出台的对高耗能企业的优惠电价措施。在高能耗企业中，电费占据70%以上的生产成本，这些优惠政策掩盖了高能耗行业的能源成本，能源价格没有真实地反映能源的供需关系，进而导致了高能耗行业盲目的投资，资源没有得到优化配置。

表5-3　主要工业品出厂价格的年均增长率(单位:%)

主要工业品出厂价格	价格涨幅	
	1994~2002 年	2003~2011 年
燃料动力价格	6.88	9.47
服装制品工业工业品出厂价格	4.19	1.36
文教艺术工业工业品出厂价格	0.50	0.09
食品工业工业品出厂价格	4.62	3.99
森林工业工业品出厂价格	−0.36	1.84
造纸工业工业品出厂价格	5.47	1.09
建筑材料工业工业品出厂价格	0.96	2.79
化学工业工业品出厂价格	2.84	3.91
冶金工业工业品出厂价格	−0.48	6.57
机械工业工业品出厂价格	−0.01	−0.44

资料来源：作者根据历年《中国统计年鉴》和中国经济信息网的数据计算

4. 高能耗产品出口比例的增加将使我国工业行业能源消耗强度上升

高耗能产品出口结构反映了国际产业转移对我国工业能源消耗的影响。从表5-2中可以看出，在全工业行业的模型中，高耗能产品出口所占比例与工业行业能源消耗强度之间呈现出显著的正相关关系，其相应系数($\hat{\beta}_{05}$)为0.07，这表明高能耗产品出口比例的增加将使我国工业行业的能源消耗强度显著上升。具体来看，出口总额中高能耗产品出口额每增加1%，将平均使我国工业行业能源消耗强度增加7%，可见，国际产业转移背景下的出口贸易结构的变化拉动了国内高耗能工业行业的快速增长，加剧了我国工业行业的能源消耗，进而造成了我国能源资源的隐性流失，最终降低了我国工业行业的平均能源效率。

20世纪90年代以来，随着经济全球化的演进，我国逐步融入国际分工和国际产业转移体系中，一些加工制造业和高耗能产业开始逐步由发达国家向我国国内转移，进而使我国的出口贸易结构出现了较大的变化。2006年我国的钢材、钢铁丝、铜、铝、锌、纸或纸板制品、水泥、玻璃8种主要高耗能产品的出口额为6 624亿元，占出口总额的8.5%，比2005年增长47.5%。由于高耗能产品的出口比例快速增加，这些出口产品多数是低附加值的产品，从而在一定程度上降低了我国工业行业的能源效率。

　　5. 能源产品的替代使用显著提高了工业行业的能源效率

　　表 5-2 的估计结果表明，在高能源强度行业组的模型中，行业电力消费占总能源消耗的比例与行业能源消耗强度之间呈现出显著的负相关关系，影响系数 $\hat{\beta}_{37}$ 为 -0.067，表明对于黑色金属冶炼及压延加工业、有色金属及化学原料等高能耗强度的工业行业，行业能源消费中电力消费比例的提高有利于行业最终能源消耗强度的降低，电力消费比例每增加 1%，将使高能源强度工业行业的能源消耗强度平均下降 6.7%。在全工业行业和低、中能源强度行业组的模型中，行业的石油消费占总能源消费的比例与行业能源消耗强度之间表现出显著的负相关关系，特别是中能源强度行业组的影响系数 $(\hat{\beta}_{26})$ 较大，为 -0.046，这表明无论是从全工业的平均状况看，还是对低、中能源强度的工业行业，行业能源消费中石油消费所占比例的提高在一定程度上均会带来行业能源消耗强度的下降。具体来看，对纺织业等中等能源强度的工业行业，行业石油消耗占总能源消耗比例每提高 1%，行业最终的能源消耗强度将平均下降 4.6%。可见，我国工业特别是中、高能源强度的工业行业在生产过程中用电力、石油等效率较高的能源替代效率较低的煤炭将有利于其最终能源效率的提高。

　　受国家的能源资源禀赋制约，煤炭在我国的能源消费结构中一直居主导地位，占能源消费总量的 70% 左右。近年来，随着我国逐步制定优化和多元化的能源结构发展战略，工业行业的能源消费结构得以不断调整和优化，煤炭消费所占份额逐渐减少，电力、石油等优质能源消费所占份额迅速增加，这种变化在一定程度上促进了我国工业行业能源效率的提高。2010 年我国电力消费增长 13.2%，远高于能源消费总量 6.0% 的增长速度。表 5-4 给出了部分主要工业行业各种能源消费年均增长率。

表 5-4　部分主要工业行业各种能源消费年均增长率(单位:%)

行业	能源消费		电力消费		煤炭消费		石油消费	
	1994~2002 年	2003~2010 年	1994~2002 年	2003~2010 年	1994~2002 年	2003~2010 年	1994~2002 年	2003~2010 年
纺织服装制造业	3.82	9.93	4.63	12.77	0.08	10.77	10.30	8.20
电气机械及器材制造业	2.32	14.57	10.86	18.90	-9.68	11.95	3.16	6.43
交通运输设备制造业	3.44	12.03	10.18	16.06	-1.74	3.23	2.58	8.16
家具制造业	1.91	11.78	9.06	19.36	-4.66	0.77	1.98	10.08
饮料制造业	-4.45	7.20	4.71	8.94	-5.97	4.55	2.36	5.78
通用设备制造业	-3.03	12.02	3.26	15.34	-10.85	3.84	2.41	14.73
金属制品业	6.36	11.99	13.32	16.89	-7.12	5.76	4.22	4.83
橡胶制品业	0.58	11.00	10.38	15.35	-7.11	9.73	5.47	9.58

续表

行业	能源消费		电力消费		煤炭消费		石油消费	
	1994~2002年	2003~2010年	1994~2002年	2003~2010年	1994~2002年	2003~2010年	1994~2002年	2003~2010年
有色金属冶炼及压延加工业	7.01	14.69	10.46	18.63	−1.56	22.96	3.37	7.44
黑色金属冶炼及压延加工业	3.25	14.87	5.25	17.22	0.56	11.61	−7.38	−7.05
化学原料及化学制品制造业	−0.41	9.54	5.24	11.30	−2.68	9.02	5.26	3.47

资料来源：作者根据1994~2010年《中国统计年鉴》中各工业行业的能源消费计算

从表5-4中可以看出，很多低、中能源强度行业的煤炭消费表现为负增长，石油消费增速较高，如电气机械及器材制造业1994~2002年的石油消费年均增长率为3.16%，2003~2010年的石油消费年均增长率则达到6.43%，能源消费结构的变化促进了这些行业能源效率的提高。高能源强度行业的电力消费增长较快，如有色金属冶炼及压延加工业1994~2002年的电力消费年平均增长率为10.46%，煤炭消费年平均下降1.56%。2002年以后，有色金属冶炼及压延加工业的电力消费的增速进一步加快，2003~2010年该行业电力消费年平均增长率达到18.63%，电力消费比例的提高、能源消费结构的改善显著地提高了这些行业的能源效率。

5.4 中国钢铁工业能源强度变动机制的实证分析

从5.1节关于我国工业部门内部各工业行业能源消耗强度的比较分析中可以看出，在29个工业行业中，黑色金属冶炼及压延加工业即钢铁工业的能源消耗强度最大，1994~2010年黑色金属冶炼及压延加工业的平均能源消耗强度为9.67吨标准煤/万元，是电子及通信设备制造业的40.7倍，是有色金属矿采选业的4.1倍，这表明在29个工业行业中作为我国典型的高耗能行业，钢铁工业的能源利用效率相比之下最低，因此，对我国钢铁工业能源消耗强度变动规律进行进一步的具体研究，对制定有效提高我国工业部门能源效率的产业政策，促进节能减排目标的实现具有重要的现实意义。本节选择钢铁工业为具体研究对象，通过VAR模型的脉冲响应函数分析各影响因素的变动对我国钢铁工业能源利用效率的影响，同时利用方差分解技术，考察各影响因素变动对钢铁工业能源利用效率影响的贡献率，对我国钢铁工业的能源利用效率变动机制进行进一步的实证分析。

5.4.1 VAR 模型简介

1. VAR 模型

设 VAR(p) 模型为

$$Y_t = A_0 + A_1 Y_{t-1} + A_2 Y_{t-2} + \cdots + A_p Y_{t-p} + \varepsilon_t \tag{5-7}$$

其中，A_0 代表常数项的一个 $(n \times 1)$ 向量；Y_t 为一个 $(n \times 1)$ 的向量过程；A_1，A_2，$\cdots$，A_p 为自回归系数的 $(n \times n)$ 矩阵；$(n \times 1)$ 向量 ε_t 为白噪声的一个向量推广。

$$E(\varepsilon_t) = 0 \tag{5-8}$$

$$E(\varepsilon_t \varepsilon'_\tau) = \begin{cases} \boldsymbol{\Omega}, & t = \tau \\ 0, & t \neq \tau \end{cases} \tag{5-9}$$

其中，$\boldsymbol{\Omega}$ 为一个 $(n \times n)$ 对称正定矩阵。如果对于一个向量过程 Y_t 其一阶和二阶矩关于时期 t 是独立的，那么我们便将此向量过程称作为协方差平稳的。如果过程是协方差平稳的，则此过程可以被表示为 $MA(\infty)$ 形式[①]。

$$Y_t = \mu + \varepsilon_t + \boldsymbol{\Psi}_1 \varepsilon_{t-1} + \boldsymbol{\Psi}_2 \varepsilon_{t-2} + \cdots + \equiv \mu + \boldsymbol{\Psi}(L) \varepsilon_t \tag{5-10}$$

2. 脉冲响应函数

从式 (5-10) 中我们可以看出矩阵 $\boldsymbol{\Psi}_s$ 的意思为

$$\frac{\partial Y_{t+s}}{\partial \varepsilon'_t} = \boldsymbol{\Psi}_s \tag{5-11}$$

其中，$\boldsymbol{\Psi}_s$ 的第 i 行、第 j 列元素等于时期 t 第 j 个变量的创新 ε_{jt} 增加一个单位而其他时期其他创新为常数的情况下对时期 $t+s$ 的 i 个变量的值 $(y_{i,t+s})$ 的影响。如果我们已知 ε_t 的第一个元素变化 δ_1，同时第二个元素变化 δ_2，依次下去，第 n 个元素变化 δ_n，则这些变化对向量 Y_{t+s} 的值的综合影响为

$$\Delta Y_{t+s} = \frac{\partial Y_{t+s}}{\partial \varepsilon_{1t}} \delta_1 + \frac{\partial Y_{t+s}}{\partial \varepsilon_{2t}} \delta_2 + \cdots + \frac{\partial Y_{t+s}}{\partial \varepsilon_{nt}} \delta_n = \boldsymbol{\Psi}_s \boldsymbol{\delta} \tag{5-12}$$

其中，$\boldsymbol{\delta} = (\delta_1, \delta_2, \cdots, \delta_n)'$。$\boldsymbol{\Psi}_s$ 中的所有元素均可以通过模拟的方法计算出来。$\boldsymbol{\Psi}_s$ 的第 i 行、第 j 列元素 $\frac{\partial y_{i,t+s}}{\partial \varepsilon_{jt}}$ 作为 s 的一个函数，称作脉冲响应函数。它描述了 $y_{i,t+s}$ 在时期 t 的其他变量和早期变量不变的情况下对 y_{jt} 的一个暂时变化的反应。

3. 方差分解

与脉冲响应函数相比较方差分解提供了另外一种描述系统动态的方法。脉冲响应函数是追踪系统对一个内生变量的冲击效果，相反，方差分解则是将系统的均方误差 (mean square error) 分解成各变量冲击所作的贡献。

假设已经获得了 $VAR(p)$ 模型中的系数矩阵 A_1，A_2，$\cdots$，A_p 的参数估计，依据已经观测到的数据 $\{Y_s, s \leqslant t\}$ 对其后各个阶段的 Y_{s+i}，$i \geqslant 1$ 进行预测，取时

---

① 详细推导过程可参见：Hamilton J D. Time Series Analysis. Princeton：Princeton University Press，1994。

刻 t 时的条件数学期望，得到预测函数为

$$E_t(\boldsymbol{Y}_{t+1}) = \boldsymbol{A}_0 + \boldsymbol{A}_1\boldsymbol{Y}_{t-1} + \boldsymbol{A}_2\boldsymbol{Y}_{t-2} + \cdots + \boldsymbol{A}_p\boldsymbol{Y}_{t-p} \tag{5-13}$$

这时，向后一步的预测误差为 $\boldsymbol{e}_{t+1} = \boldsymbol{Y}_{t+1} - E_t(\boldsymbol{Y}_{t+1})$，由 $\boldsymbol{Y}_t$ 的 MA(∞) 形式，即式(5-10)可得预测误差的另一种表示为

$$\boldsymbol{Y}_{t+1} - E_t(\boldsymbol{Y}_{t+1}) = \left(\boldsymbol{\mu} + \sum_{q=0}^{\infty}\boldsymbol{\Psi}_q\boldsymbol{\varepsilon}_{t+1-i}\right) - \left(\boldsymbol{\mu} + \sum_{q=1}^{\infty}\boldsymbol{\Psi}_q\boldsymbol{\varepsilon}_{t+1-i}\right) = \boldsymbol{\Psi}_0\boldsymbol{\varepsilon}_{t+1} \tag{5-14}$$

更一般地，s 步预测误差为

$$\boldsymbol{Y}_{t+s} - E_t(\boldsymbol{Y}_{t+s}) = \left(\boldsymbol{\mu} + \sum_{q=0}^{\infty}\boldsymbol{\Psi}_q\boldsymbol{\varepsilon}_{t+s-q}\right) - \left(\boldsymbol{\mu} + \sum_{q=1}^{\infty}\boldsymbol{\Psi}_q\boldsymbol{\varepsilon}_{t+s-q}\right) = \sum_{q=0}^{s-1}\boldsymbol{\Psi}_q\boldsymbol{\varepsilon}_{t+s-q} \tag{5-15}$$

则此预测误差的方差为

$$\mathrm{var}[\boldsymbol{Y}_{t+s} - E_t(\boldsymbol{Y}_{t+s})] = \mathrm{var}\left\{\sum_{q=0}^{s-1}\boldsymbol{\Psi}_q\boldsymbol{\varepsilon}_{t+s-q}\right\} = \sum_{j=1}^{k}\left\{\sum_{q=0}^{s-1}(\boldsymbol{\Psi}_{q,\,ij})^2\sigma_{ij}\right\} \tag{5-16}$$

从而我们可以得到预测误差的方差分解模型为

$$\mathrm{RVC}_{ij}(s) = \frac{\sum_{q=0}^{s-1}(\boldsymbol{\Psi}_{q,\,ij})^2\sigma_{ij}}{\mathrm{var}(y_{it})} = \frac{\sum_{q=0}^{s-1}(\boldsymbol{\Psi}_{q,\,ij})^2\sigma_{ij}}{\sum_{j=1}^{k}\left\{\sum_{q=0}^{s-1}(\boldsymbol{\Psi}_{q,\,ij})^2\sigma_{ij}\right\}} \tag{5-17}$$

其中，$\boldsymbol{\Psi}_{q,ij}$ 为脉冲响应函数；σ_{ij} 为第 j 个变量的标准差；y_{it} 为自回归向量的第 i 个变量；$\mathrm{RVC}_{ij}(s)$ 表示第 j 个变量对第 i 个变量的方差贡献率。

5.4.2 钢铁工业能源强度变动机制的实证分析

在本节所建立的钢铁工业能源消耗强度变动的 VAR 模型中，式(5-7)中的 $\boldsymbol{Y}_t$ 共包括钢铁工业的能源消耗强度(用钢铁工业单位增加值的能源消耗度量)、钢铁工业内部企业的产权结构(用行业内部国有企业固定资产所占比例度量)、钢铁工业的能源相对价格(用能源价格指数与行业产品出厂价格指数之比度量)和钢铁工业的能源消费结构(用电力消费占总能源消费的份额度量)4 个经济变量，受模型识别性及数据可得性的限制，$\boldsymbol{Y}_t$ 中并没有包含反映钢铁中工业技术创新水平的行业研发费用支出变量，数据的样本区间为 1990~2010 年。本章对 $\boldsymbol{Y}_t$ 中包括的 4 个经济变量的时间序列进行了协整检验，检验的结果表明各变量之间满足协整关系。这表明，所选的各影响因素与钢铁工业能源消耗强度之间具有长期的均衡关系。在短期内由于随机干扰，这些变量可能偏离均衡值，但这种偏离是暂时的，最终会回到均衡状态。

1. 各影响因素变动对钢铁工业能源利用效率的影响

图 5-6~图 5-8 分别表示给各影响因素一个单位大小的冲击，所得到的关于钢铁工业能源消耗强度的脉冲响应函数图。在图 5-6~图 5-8 中，横轴表示冲击

作用的滞后期间数(单位：月度)，纵轴表示钢铁工业能源消耗强度(单位：吨标准煤/万元)，实线表示脉冲响应函数，代表了钢铁工业能源消耗强度对相应影响因素变动所带来的冲击的反应。

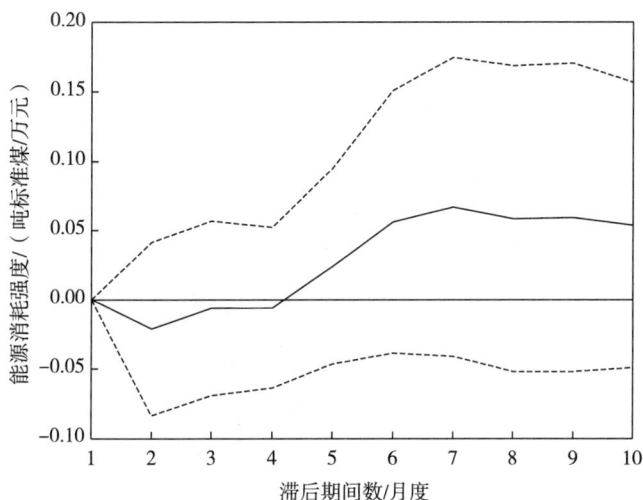

图 5-6　产权结构变动对钢铁工业能耗强度的影响

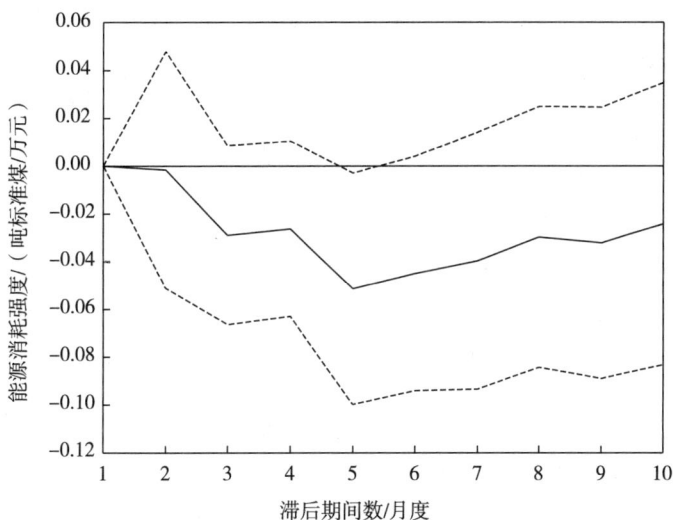

图 5-7　能源相对价格变动对钢铁工业的能耗强度的影响

图 5-6 是对钢铁工业行业内部国有企业固定资产所占比重给予一个单位的冲击所引起的钢铁工业能源消耗强度变化的脉冲响应函数图。从图 5-6 中可以看出，当在本期给行业国有企业固定资产所占比重一个正冲击后，钢材工业的能源消耗强度在前 4 个月内会出现小幅负向波动，第 4 个月后波动方向由负转正，并

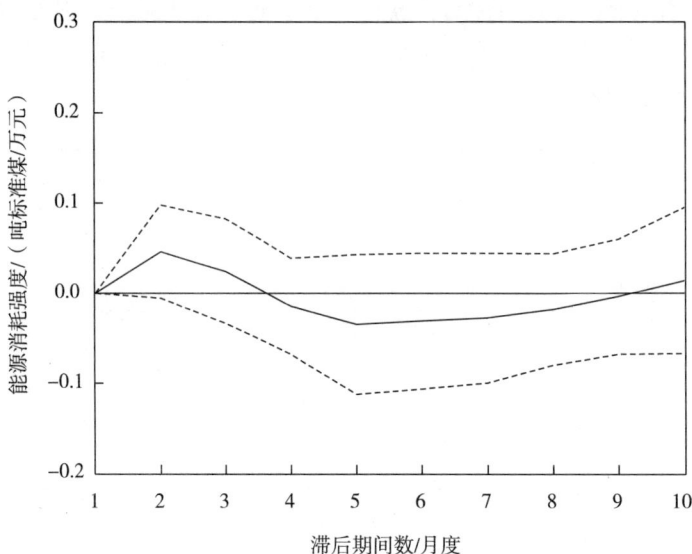

图 5-8　能源消费结构变动对钢铁工业能耗轻度的影响

开始逐步上升，在第 7 个月前后达到最高点。这表明对于钢铁工业，其行业内部企业的产权结构的变动对行业的能源利用效率存在显著的影响，行业内部国有产权比重的下降，从长期看将促进行业能源利用效率的改善，改善效果在第 7 个月左右最为显著。

随着 20 世纪 90 年代末我国经济体制改革的不断深化，外资逐步引进，我国钢铁工业内部非国有企业的比重开始快速上升，国有企业比重逐步下降，1998年，我国钢铁工业行业内部国有企业所占比重为 87%，而 2010 年该比重已下降至 62%，下降了 20 多百分点，进而在一定程度上促使了我国钢铁工业行业能源利用效率的改善。虽然 1998 年至今我国钢铁工业行业的国有企业比重已呈现较大幅度的下降，但在我国全工业部门中钢铁工业的国有企业比重仍然较高。随着我国工业企业产权改革的进一步深化和完善，高能耗强度的钢铁工业行业的能源效率将得到进一步的提升。

图 5-7 是对能源相对价格给予一个单位的冲击所引起的钢铁工业能源消耗强度变化的脉冲响应函数图。从图 5-7 中可以看出，当在本期给钢铁工业的能源相对价格一个正冲击后，钢铁工业能源消耗强度将逐步降低，并且该变动趋势具有持续性。这表明能源价格的某一冲击会给我国钢铁工业的能源消耗强度带来明显的影响，能源相对价格的提高，将促进行业能源利用效率的持续提升，促进效应具有持续性。

1994 年以来，特别是 2001 年后我国能源价格上涨较快，其中燃料动力价格的涨幅远远高于其他工业品出厂价格，2003～2011 年燃料动力价格平均上涨

9.47%，而冶金工业工业品出厂价格仅上涨 6.8%，可见，近年来，对于我国钢铁工业来说，能源产品的相对价格有了较大幅度增长，这对提高我国钢铁工业行业能源效率、降低能源消耗起到了一定的促进作用。

图 5-8 是对钢铁工业的电力消费占行业总能源消费的份额给予一个单位的冲击所引起的钢铁工业能源消耗强度变化的脉冲响应函数图。从图 5-8 中可以看出当在本期给行业电力消费占行业总能源消费份额一个正冲击后，钢材工业的能源消耗强度在前 4 期内会出现小幅正向波动，第 4 期后波动方向由正转负，行业能耗强度开始逐步下降，并且该变动趋势一直持续至第 9 期左右。这表明，对于我国钢铁工业来说，行业内部能源消费结构的变化直接影响着行业的能源利用效率，在行业总能源消费中，电力消费比例的提高从长期看将有助于行业整体能源利用效率的改善。

近年来，随着我国逐步制定优化和多元化的能源结构发展战略，我国钢铁工业行业的能源消费结构得以不断调整和优化，煤炭消费所占份额逐渐减少，电力、石油等优质能源消费所占份额迅速增加，这种变化在一定程度上促进了我国钢铁工业能源利用效率的提高。

2. 各影响因素变动对钢铁工业能源利用效率影响的贡献率

图 5-9～图 5-11 分别给出各影响因素的变化对钢铁工业能源消耗强度变化的方差分解图。在这 3 幅图中横轴表示滞后期间数（单位：月度），纵轴表示该影响因素对钢铁工业能源消耗强度变动的贡献率（单位：%）。

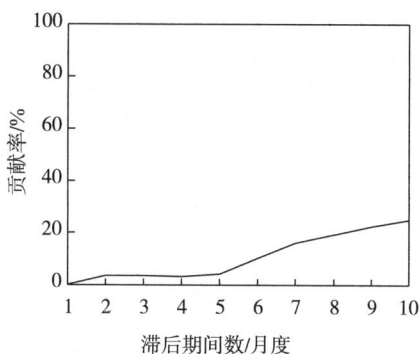

图 5-9　产权结构变动对钢铁工业能耗强度的贡献率

从图 5-9～图 5-11 三幅图中可以看出，不考虑钢铁工业能耗强度的贡献率，在三个主要影响因素中，钢铁工业行业内部的企业产权结构对钢铁工业能源消耗强度变动的贡献率最大，并且贡献率呈逐年上升态势，最大值在 25% 左右。相比之下，行业的能源相对价格和能源消费结构的变动，对钢铁工业能源消耗强度变动的贡献率较小，其中能源相对价格的贡献率从第 5 期开始基本稳定在 15% 左右，能源消费结构的贡献率最小，并呈逐渐下降态势。可见，我国钢铁工业行

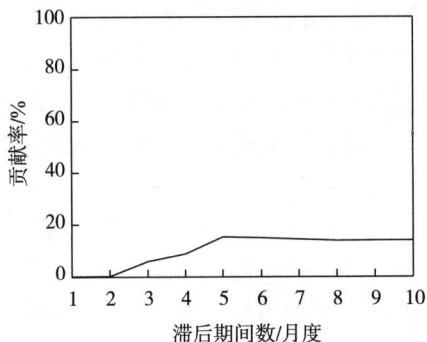

图 5-10　能源相对价格变动对钢铁工业能耗强度的贡献率

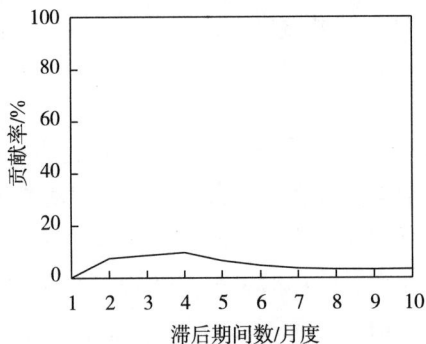

图 5-11　能源消费结构变动对钢铁工业能耗强度的贡献率

业内部企业产权改革的进一步深化和完善，将使钢铁工业的能源利用效率得到较大程度的有效提升。

5.5　本章结论及相关政策建议

本章利用我国 29 个工业行业的面板数据，在中观层面上对我国工业部门及其内部不同能耗特征的各工业行业的能源消耗强度变动及影响因素进行了具体的实证分析，在实证分析中不仅研究了技术进步及能源价格对我国工业行业能源消耗强度的影响，还结合我国现有国情在影响因素中考虑了高耗能产品出口贸易结构、产权结构及能源替代等重要因素。并进一步利用 VAR 模型对我国典型的高能耗工业行业——钢铁工业的具体能耗变动机制进行了实证分析。

实证研究结果表明，科技开发经费支出的增加有助于工业行业特别是高能源强度行业的能源效率的提高；工业行业内部的外资企业和私营企业相对国有企业具有更高的能源效率，行业内企业产权结构的变动对工业行业能源效率有显著影响；能源相对价格的提高有利于我国工业行业能源效率的提高，但由于国家及地方出台的各项优惠政策掩盖了高耗能行业的能源成本，因此这些行业能源消耗强度的相对价格弹性较低；国际产业转移背景下的出口贸易结构的变化拉动了国内高耗能工业行业的快速增长，加剧了我国工业行业的能源消耗，进而造成了我国能源资源的隐性流失，最终降低了我国工业行业的平均能源效率；我国工业行业特别是高、中能源强度的工业行业在生产过程中用电力、石油等效率较高的能源替代效率较低的煤炭有利于行业最终能源效率的提高。

对于我国钢铁工业来说，其行业内部国有产权比重的下降，从长期看将促进行业能源利用效率的改善，改善效果在第 7 期左右最为显著；行业能源相对价格的提高，将促进行业能源利用效率的持续提升，促进效应持续时间为 7 期左右；在行业总能源消费中，电力消费比例的提高从长期看将有助于行业整体能源利用效率的改善。并且在这三个主要影响因素中，行业内部的企业产权结构对我国钢铁工业能源消耗强度变动的贡献率最大，并且贡献率呈逐年上升态势，相比之下，行业的能源相对价格和能源消费结构变动的贡献率较小，其中能源相对价格的贡献率从第 5 期开始基本持续稳定在 15% 左右，能源消费结构的贡献率最小，并呈逐渐下降态势。

由于我国工业部门内部的诸多工业行业的能源消耗强度之间存在较大的差异，不同能耗特征的各工业行业的能源消耗强度的显著影响因素及其影响具体程度也不尽相同，因此，相关部门在采取相应的节能措施时对不同的工业行业应该具体分析、区别对待。对于黑色金属冶炼及压延加工业等高能耗强度工业行业应该通过行业内部企业产权结构的进一步调整，加强企业管理、优化能源消费结构，提高电力的消费比例，进而较大程度地提高行业的能源效率；同时增加行业的技术改造和研发经费支出，大力淘汰落后生产能力，通过鼓励其内部企业增加节能技术投资，不仅可以提高能源效率，还可以挤出导致高能耗企业快速增长的投资，调整投资结构，有效降低行业的能源消耗强度；调整出口贸易结构，充分运用税收、行政等手段降低高能耗产品的出口比例，减少因国际产业转移带来的能源隐性流失，促进高能耗强度工业行业的节能降耗。对于纺织业等中等能耗强度的工业行业，应该在生产过程中加快优化行业能源消费结构的步伐，推广先进的节能技术和设备，从而促进行业能源消耗强度的有效降低。此外，相关部门还应该尽快建立能够反映资源稀缺性和环境成本的合理能源价格体系，加强对高耗能企业差别电价政策的实施力度，充分运用能源价格的杠杆作用促进工业企业的技术升级，淘汰落后企业，使工业行业的能源效率进一步提高，从而全面有效地实现国家的节能降耗目标。

第 6 章

中国工业部门技术进步偏向特征及其结构升级效应研究

作为经济增长的源泉之一，技术进步是经济学界经久不衰的研究主题。近年来，国外学者对世界各国经济增长问题的研究表明，技术进步并非独立作用于经济增长，技术进步的发展通常耦合于资本投资和劳动积累的过程中，并对资本和劳动的边际产出产生非对称性的影响，从而促使技术进步表现出偏向性特征（Violante，2008）。此外，在经济发展的不同阶段，由于经济体内部的各类产业在要素禀赋、要素质量及技术选择路径上均会有所不同，各类产业选择的技术进步对各类要素边际产出的具体作用效果有所差异，从而使不同产业在不同时期的技术进步偏向性特征呈现出明显的差异。产业间不同的技术进步偏向性特征，将促使生产要素流向高回报率的产业部门，改变生产要素在各产业间的配置结构，而且，技术进步偏向方向与要素禀赋结构相协调的产业将获得更高的生产效率，从而促使产业结构发生变化。产业结构升级是近几年来我国政府工作的重点，李克强总理 2014 今年的政府工作报告中也提到"注重调整经济结构"，并"在创新驱动中调整我国的产业结构"。因此，从行业层面入手，研究我国各行业技术进步偏向性特征，具体测度我国各行业的技术进步偏向方向及程度，实证分析各类行业技术进步偏向性特征对其产业比重提升的作用效果，探讨各类行业有效实现技术创新驱动产业发展的技术选择方式，有助于相关部门有效引导各产业结合自身的资源禀赋特点，进行合理的技术选择，进而实现技术创新对产业结构升级的有效驱动，对我国经济的持续稳定增长具有重要的现实意义。

随着我国经济的快速增长，我国技术进步的变迁路径也日趋复杂，国内许多学者开始逐步对我国的技术进步偏向性特征进行研究，研究结果均表明，改革开放以来我国的技术进步具有明显的偏向性特征。例如，黄先海和徐圣（2009）考察了技术进步偏向性对要素收入份额的影响，其中间结果表明改革开放以来我国的技术进步总体偏向于资本；戴天仕和徐现祥（2010）考察了我国 1978～2005 年总体的技术进步方向，表明我国在 20 世纪 80 年代后期以来表现为资本偏向型技术进步；宋冬林等(2010)利用状态空间模型，验证同时期我国技术进步偏向性，发现技术进步使技能劳动需求上升并产生技能溢价；宋冬林等(2010)检验了我国1978～2007年技能偏向型技术进步的存在性；董直庆和安佰姗(2012)考察了我国各省1985～2010年、各行业1995～2010年的技术进步方向，结果表明各省和各行业的技术进步方向大体都偏向资本；钟世川和雷钦礼(2013)考察了我国工业行业1979～2011年的技术进步方向，结果表明1987年以前我国工业技术进步大体偏向于劳动，1987年以后我国工业技术进步大体偏向于资本。目前，在对我国技术进步偏向性特征的研究中，部分学者对我国各行业的技术进步偏向方向及程度进行了测度计算。但由于技术进步方向的判断依赖于要素替代弹性的测算结果，而已有研究在估算技术进步偏向性指数时，要么采用我国总体的要素替代弹性估算，要么采用工业行业总体的替代弹性来估算。然而，我国各行业的要素禀赋特征、要素质量之间均存在明显差别，使用相同的要素替代弹性去测算各行业的技术进步偏向方向和程度存在一定程度的不准确性。因此，本章从我国工业行业数据入手，利用标准化供给面系统法估计出我国各工业行业的要素替代弹性，在此基础上测算工业各行业的技术进步偏向性指数，定量判断我国各工业行业的技术进步方向和程度，对我国各工业行业近年来的技术选择结果进行评价。此外，本章还进一步利用面板数据模型实证分析行业技术进步偏向特征对技术创新驱动产业结构升级作用的影响效果，以期对相关部门制定有效引导各产业结合自身的资源禀赋特点，进行合理的技术选择，进而实现技术创新驱动产业结构升级的相关政策提供一定的帮助。

本章的具体内容安排如下：6.1节介绍技术进步理论模型和标准化不变替代弹性(constant elasticity of substitution，CES)生产函数，并在此基础上提出工业行业技术进步偏向程度的测度方法；6.2节从我国工业行业的实际数据出发，计算我国各工业行业的技术进步偏向性指数，对我国各工业行业的技术进步偏向性特征进行具体分析；6.3节根据各工业行业的技术进步偏向方向和要素禀赋特征对工业行业分类，并利用面板数据模型来估计各类工业行业技术进步偏向特征对技术创新驱动产业结构升级作用的影响效果，即实证分析技术进步偏向性特征下技术创新对工业结构升级的驱动效应；6.4节给出本章所得结论及相关政策启示。

6.1　技术进步偏向性指数的理论推导及估计过程

按照Hicks(1932)对技术进步方向的定义，技术进步的方向是指在保持资本和劳动的投入比不变时，技术进步对资本和劳动两种要素边际产出的相对影响，即当技术进步更有助于资本的边际产出增加时，称为技术进步偏向于资本；更有助于劳动的边际产出增加时，称为技术进步偏向于劳动；若技术进步对劳动和资本的边际产出比不变，称为 Hicks 中性技术进步。

Acemoglu(2002)将 Hicks(1932)关于技术进步方向的定义由资本和劳动这两种要素拓展到任意两种要素，即对于 Z 和 L 这两种要素：技术进步偏向于 Z 等价于 $\partial(\mathrm{MP}_Z/\mathrm{MP}_L)>0$，反之，小于 0 代表性技术进步偏向于 L；等于 0 代表技术进步呈现中性。根据 Acemoglu 提出的技术进步偏向理论，技术进步偏向性一方面受价格效应的影响，其引致技术进步偏向于相对稀缺的要素，另一方面受市场规模效应的影响，其引致技术进步偏向于相对丰富的要素，由于这两种效应的作用方向恰好相反，两者作用的效果不同，最终表现为技术进步偏向的方向不同。不同时期要素结构和技术进步特征并不是持续不变的，而是伴随技术创新和教育发展及要素禀赋约束条件变化而呈现出动态波动特征，而且技术进步偏向的方向直接依赖于劳动和资本结构的变化。

6.1.1 技术进步偏向性指数的理论推导

在实证分析中技术进步的偏向方向和程度一般通过技术进步偏向性指数来测度。而在推导技术进步偏向性指数公式时，首先需要确定生产函数的具体形式，以往研究普遍采用 C-D 生产函数形式，C-D 生产函数的基本假设为生产要素资本与劳动的替代弹性等于 1，然而，越来越多的实证研究表明生产要素资本与劳动的替代弹性等于 1 的这一基本假设与我国工业经济运行特征并不符合。为使分析的结果更具有广泛的适用性和一般性，并参考 David 和 van de Klundert(1965)关于技术进步方向的研究，本章将我国各工业行业生产函数的具体形式设定为允许要素替代弹性不等于 1 的 CES 生产函数形式，其具体形式由式(6-1)给出。

$$Y_{it}=\left[(1-\theta_i)\left(A_{it}L_{it}\right)^{\frac{\sigma_i-1}{\sigma_i}}+\theta_i\left(B_{it}K_{it}\right)^{\frac{\sigma_i-1}{\sigma_i}}\right]^{\frac{\sigma_i}{\sigma_i-1}} \tag{6-1}$$

其中，Y_{it} 为第 i 个行业 t 时期的产出；L_{it} 和 K_{it} 分别为第 i 个行业 t 时期的劳动投入和资本投入；A_{it} 和 B_{it} 分别为第 i 个行业 t 时期的劳动效率和资本效率；$\theta_i\in(0,1)$ 为第 i 个行业在生产过程中其资本和劳动重要程度的分配参数；σ_i 为第 i 个行业资本与劳动的替代弹性，其中，$i=1,2,3,\cdots,33$；$t=1,2,3,\cdots,20$。

此 CES 生产函数具有一般性，若要素替代弹性为 0，此生产函数则为里昂惕夫固定比例生产函数，表明两种生产要素不可替代；若要素替代弹性为正无穷，此生产函数就为线性生产函数，表明两种生产要素具有完全的替代性。

由式(6-1)可以得到第 i 个行业 t 时期的资本劳动边际产出比。

$$\Delta_{it}=\frac{\partial Y/\partial K}{\partial Y/\partial L}=\frac{\theta_i}{1-\theta_i}\left(\frac{B_{it}}{A_{it}}\right)^{\frac{\sigma_i-1}{\sigma_i}}\left(\frac{L_{it}}{K_{it}}\right)^{\frac{1}{\sigma_i}} \tag{6-2}$$

　　根据技术进步偏向的定义，如果技术进步更有助于提升资本的边际产出，也就是资本与劳动的边际产出比上升，则技术进步是资本偏向性的；如果技术进步更有助于提升劳动的边际产出，也就是劳动与资本的边际产出比上升，则技术进步是劳动偏向性的；如果技术进步不影响资本与劳动的边际产出比，也就是资本与劳动的边际产出比为常数，则技术进步是中性的。进一步，本章借鉴戴天仕和徐现祥（2010）提出的用于定量刻画技术进步方向的指标即技术进步方向指数，其经济含义为由技术进步引起的资本劳动边际产出比的变化率，数学表达式如下：

$$\mathrm{Bias}_{it}=\frac{1}{\Delta}\frac{\mathrm{d}\Delta}{\mathrm{d}(B/A)}\frac{\mathrm{d}(B/A)}{\mathrm{d}t}=\frac{\sigma_i-1}{\sigma_i}\left(\frac{A_{it}}{B_{it}}\right)\frac{\mathrm{d}(B_{it}/A_{it})}{\mathrm{d}t} \tag{6-3}$$

　　根据式（6-3）及技术进步偏向的定义，可以得出如果 $\mathrm{Bias}_{it}>0$，那么行业 i 的技术进步是偏向资本的；如果 $\mathrm{Bias}_{it}<0$，那么行业 i 的技术进步是偏向劳动的；如果 $\mathrm{Bias}_{it}=0$，那么行业 i 的技术进步是中性的。由式（6-3）可知，行业 i 在 t 时期的技术进步为资本偏向性还是劳动偏向性取决于要素替代弹性 σ_i 的大小及劳动效率 A_{it} 和资本效率 B_{it}。

6.1.2　劳动效率和资本效率的理论推导

　　在市场经济中，劳动与资本按其边际产出获得报酬，由式（6-1）得工资率与资本回报率分别为

$$\omega_{it}=\frac{\partial Y}{\partial L}=(1-\theta_i)\left(\frac{Y_{it}}{L_{it}}\right)^{\frac{1}{\sigma_i}}A_{it}^{\frac{\sigma_i-1}{\sigma_i}} \tag{6-4}$$

$$\gamma_{it}=\frac{\partial Y}{\partial K}=\theta_i\left(\frac{Y_{it}}{K_{it}}\right)^{\frac{1}{\sigma_i}}B_{it}^{\frac{\sigma_i-1}{\sigma_i}} \tag{6-5}$$

则资本回报率与工资率的比值为

$$\frac{\gamma_{it}}{\omega_{it}}=\frac{\partial Y/\partial K}{\partial Y/\partial L}=\frac{\theta_i}{1-\theta_i}\left(\frac{B_{it}}{A_{it}}\right)^{\frac{\sigma_i-1}{\sigma_i}}\left(\frac{L_{it}}{K_{it}}\right)^{\frac{1}{\sigma_i}} \tag{6-6}$$

将式（6-6）代入式（6-1）有

$$Y_{it}=\left[(1-\theta_i)(A_{it}L_{it})^{\frac{\sigma_i-1}{\sigma_i}}+\theta_i\left(\frac{1-\theta_i}{\theta_i}\frac{\gamma_{it}K_{it}}{\omega_{it}L_{it}}\right)(A_{it}L_{it})^{\frac{\sigma_i-1}{\sigma_i}}\right]^{\frac{\sigma_i}{\sigma_i-1}} \tag{6-7}$$

由此得到劳动效率与资本效率的计算公式分别为

$$A_{it}=\frac{Y_{it}}{L_{it}}\left[\frac{\omega_{it}L_{it}}{(1-\theta_i)(\omega_{it}L_{it}+\gamma_{it}K_{it})}\right]^{\frac{\sigma_i}{\sigma_i-1}} \tag{6-8}$$

$$B_{it}=\frac{Y_{it}}{K_{it}}\left[\frac{\gamma_{it}K_{it}}{\theta_i(\omega_{it}L_{it}+\gamma_{it}K_{it})}\right]^{\frac{\sigma_i}{\sigma_i-1}} \tag{6-9}$$

现在劳动效率和资本效率的公式也已得到，因此要估算各工业行业的技术进步方向指数 Bias_{it}，只需知道工业各行业的要素替代弹性 σ_i。

6.1.3　标准化供给面方法估计要素替代弹性

本章采用标准化供给面方法对我国各工业行业要素替代弹性进行估计。Klump 等(2007)发现由 CES 生产函数和其两个一阶条件方程构成的三方程标准化系统法估计 CES 生产函数的要素替代弹性更为有效，可以解决只用 CES 生产函数单一方程估计结果的非稳健性。此外，本章采用标准化供给面方法的考虑还在于：标准化供给面方法中的"系统"是由 CES 生产函数和其两个一阶条件构成的，其一阶条件假设劳动与资本按其边际产出获得报酬。本章研究所选样本期为 1993～2012 年，这段时间我国实行市场经济体制，各行业的要素资源由市场进行配置，满足系统中的劳动与资本按其边际产出获得报酬这一假设条件，这一约束条件能使估计结果更符合经济运行现实。

为了获得较稳健的估计结果，对式(6-1)、式(6-4)和式(6-5)构成的系统进行标准化处理。假设对于行业 i 的某基准值(基准值以带下标 0 的变量表示)有

$$\frac{1-\theta_i}{\theta_i}=\frac{\omega_{i0}L_{i0}}{\gamma_{i0}K_{i0}} \tag{6-10}$$

可以证明，$A_{i0}=Y_{i0}/L_{i0}$，$B_{i0}=Y_{i0}/K_{i0}$。

假设技术增长路径为 $A_{it}=A_{i0}\,e^{a_{it}(t-t_0)}$，$B_{it}=B_{i0}\,e^{b_{it}(t-t_0)}$，系统的基准值设定为 $\bar{L}_i=L_{i0}$，$\bar{K}_i=K_{i0}$，$\bar{t}=t_0$，由于产出水平的初始值和要素投入间的关系并不确定，可引入另外一个参数，规模因子 ξ，使 $\xi\bar{Y}_i=Y_{i0}$，其中，$\bar{Y}_i$、$\bar{L}_i$、$\bar{K}_i$ 与 $\bar{t}$ 分别为产出、劳动、资本与年份的样本均值，经过整理系统被标准化为

$$\log\left[\frac{Y_{it}}{\bar{Y}_i}\right]=\log(\xi)+\frac{\sigma_i}{\sigma_i-1}\log\left\{(1-\theta_i)\left[\frac{L_{it}}{\bar{L}_i}e^{a_{it}(t-\bar{t})}\right]^{\frac{\sigma_i-1}{\sigma_i}}+\theta_i\,\frac{K_{it}}{\bar{K}_i}e^{b_{it}(t-\bar{t})}\right]^{\frac{\sigma_i-1}{\sigma_i}}\right\}$$

$$\tag{6-11}$$

$$\log\left(\frac{\omega_{it}L_{it}}{Y_{it}}\right)=\log(1-\theta_i)+\frac{\sigma_i-1}{\sigma_i}\log(\xi)-\frac{\sigma_i-1}{\sigma_i}\log\left[\frac{Y_{it}/\bar{Y}_i}{L_{it}/\bar{L}_i}\right]+\frac{\sigma_i-1}{\sigma_i}a_{it}(t-\bar{t})$$

$$\tag{6-12}$$

$$\log\left(\frac{\gamma_{it}K_{it}}{Y_{it}}\right)=\log(\theta_i)+\frac{\sigma_i-1}{\sigma_i}\log(\xi)-\frac{\sigma_i-1}{\sigma_i}\log\left[\frac{Y_{it}/\bar{Y}_i}{K_{it}/\bar{K}_i}\right]+\frac{\sigma_i-1}{\sigma_i}b_{it}(t-\bar{t})$$

$$\tag{6-13}$$

利用行业各年的产出(Y_{it})、劳动投入(L_{it})、资本投入(K_{it})、劳动所得($\omega_{it}L_{it}$)估计该系统，就可以得到行业替代弹性(σ_i)及资本密集度(θ_i)，再利用

式(6-3)就可以得到我国各工业行业的技术进步偏向性指数。

6.2　中国各工业行业技术进步偏向性特征的实证分析

6.2.1　数据说明

在对我国工业各行业的要素替代弹性及技术进步偏向性进行实证研究时,根据数据的可获得性和连续性,本章根据统计局 2002 年后的行业分类标准,最终选取了 33 个两位数代码行业,数据样本区间为 1993～2012 年,各指标的具体数据说明如下。

劳动力投入数据:1993～2002 年的数据采用公式(全部职工平均人数＝工业增加值/全员劳动生产率)计算而来,其中工业增加值和全员劳动生产率均来自《中国统计年鉴》;2003～2011 年的《中国统计年鉴》提供了工业各行业全部从业人员年平均数;2012 年的劳动力投入数据根据中国经济信息网统计数据库月度数据加权平均而来。由于 2012 年采用了最新版(即 2012 年版)的工业行业分类标准,因此本章中 2012 年的交通运输设备制造业劳动人数是汽车制造业以及铁路、船舶、航空航天和其他运输设备制造业劳动人数总和。

资本投入数据:本章以固定资产净值来衡量资本投入。1993 年的数据《中国统计年鉴》中没有统计,本章使用 1992 年和 1994 年的均值来代替;1994～2010年来自《中国统计年鉴》中工业各行业固定资产净值年平均余额;2011～2012 年根据《中国统计年鉴》中固定资产原价减去累计折旧计算而来。并根据《中国统计年鉴》中的固定资产投资价格指数对固定资产净值数据进行平减。

产出数据:本章以各行业工业增加值来衡量工业各行业的产出。1993～2003年和 2005～2007 年工业增加值来自《中国统计年鉴》;2004 年的工业增加值缺失,以 2003 年和 2005 年的均值来代替;2008～2012 年的各行业工业增加值本章基于 2007 年的数据和 2008～2012 年的累计工业增加值增速估算得出。并根据《中国统计年鉴》中各类工业品出厂价格指数对其进行平减。

劳动所得数据:本章以各行业每年的劳动力投入数据与各行业每年的平均工资的乘积计算而来,其中各行业每年的平均工资来自《中国劳动统计年鉴》。并根据《中国统计年鉴》中的居民消费价格指数对其平减。

资本所得数据:本章采用工业总产值减去劳动所得计算得到。

6.2.2　中国各工业行业要素替代弹性的估计结果

本章采用非线性三阶段最小二乘法(NL-3SLS)通过对式(6-11)～式(6-13)构

成的系统进行估计，进而得到我国各工业行业要素替代弹性的估计结果①，计算软件为 Eviews 6.0，所得结果如表 6-1 所示。

表 6-1　两位数工业行业要素替代弹性、资本密集度估计结果

两位数代码	工业行业名称	要素替代弹性(σ)	资本密集度(θ)
06	煤炭开采和洗选业	1.046 **	0.510 ***
07	石油和天然气开采业	0.685 ***	0.713 ***
08	黑色金属矿采选业	0.769 ***	0.781 ***
09	有色金属采选业	0.876 ***	0.767 ***
10	非金属矿采选业	1.072 ***	0.797 ***
15	饮料制造业	0.965 ***	0.892 ***
16	烟草制造业	0.657 ***	0.968 ***
17	纺织业	0.916 ***	0.798 ***
18	纺织服装、鞋、帽制造业	0.505 ***	0.735 ***
19	皮革、毛皮、羽毛及其制品业	1.064 ***	0.729 ***
20	木材加工及木、竹、藤、棕、草制品业	2.238 ***	0.911 ***
21	家具制造业	0.603 ***	0.822 ***
22	造纸及纸制品业	1.102 ***	0.825 ***
23	印刷业和记录媒介的复制工业	0.401 ***	0.793 ***
24	文教体育用品制造业	1.078 ***	0.713 ***
25	石油加工、炼焦及核燃料加工业	1.387 ***	0.841 ***
26	化工原料及化学制品制造业	0.924 ***	0.832 ***
27	医药制造业	0.901 ***	0.877 ***
28	化学纤维制造业	0.911 ***	0.890 ***
29	橡胶制品业	0.862 ***	0.820 ***
30	塑料制品业	0.594 ***	0.827 ***
31	非金属矿物制品业	0.931 ***	0.837 ***
32	黑色金属冶炼及压延加工业	1.680 ***	0.889 ***
33	有色金属冶炼及压延加工业	0.905 **	0.848 ***
34	金属制品业	0.390 ***	0.848 ***
35	通用设备制造业	0.953 ***	0.827 ***
36	专用设备制造业	0.942 ***	0.809 ***
37	交通运输设备制造业	0.968 ***	0.854 ***
39	电气机械及器材制造业	0.551 ***	0.895 ***

①　借鉴 Leon-Ledesma 等(2010)，将参数初始值设定为：$\xi(0)=1$，$a\_i(0)=0.002$，$b\_i(0)=0.0001$，对于 $\theta\_i(0)$ 本章采用 i 行业各年份资本所得占总产值即资本所得份额的加权平均值，替代弹性的初值 $\sigma\_i(0)$，本章设置为钟世川和雷钦礼(2013)估计的工业行业总体的替代弹性 0.475，并在[0.470 0.480]公差为 0.001 范围内进行调节，使其得到一个最优值。

两位数代码	工业行业名称	要素替代弹性(σ)	资本密集度(θ)
40	通信设备、计算机电子设备制造业	0.953 ***	0.827 ***
41	仪器仪表及文化、办公用机械制造业	0.874 ***	0.820 ***
44	电力、热力的生产和供应业	0.537 ***	0.837 ***
46	水的生产和供应业	0.679 ***	0.701 ***

*** 表示 0.01 的显著水平；** 表示 0.05 的显著水平

要素替代弹性是指资本劳动投入比的变化率与这两种要素相对价格变化率的比值，它反映了经济体中要素相对价格的变化对生产要素配置的影响。如果替代弹性大于1，资本劳动两种生产要素间为替代关系，如果替代弹性小于1，则资本与劳动为互补关系。为了对估计得到的替代弹性有直观的认识，本章进一步将估计得到的各工业行业要素替代弹性散点图，如图 6-1 所示。

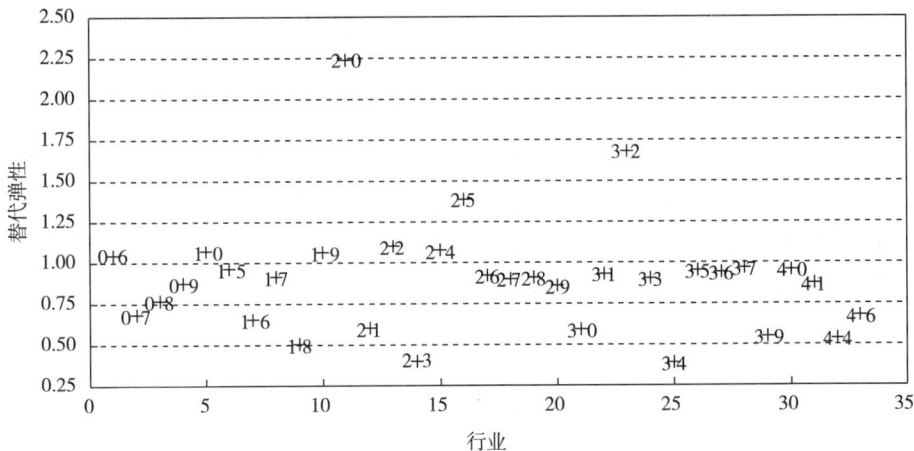

图 6-1　各工业行业要素替代弹性散点图

首先，在 33 个工业行业中，煤炭开采和洗选业(06)，非金属矿采选业(10)，皮革、毛皮、羽毛及其制品业(19)，木材加工及木竹草制品业(20)，造纸及纸制品业(22)，文教体育用品制造业(24)，石油加工、炼焦及核燃料加工业(25)和黑色金属冶炼及压延加工业(32)，其资本劳动间的替代弹性大于1，说明这些行业资本与劳动间是替代的关系，其余工业行业的资本劳动替代弹性在 0 到 1 之间，说明这些行业的劳动和资本之间存在着互补关系。其次，除个别替代弹性较大和替代弹性较小的几个工业行业，大部分工业行业的替代弹性介于 0.75 和 1 之间，这与戴天仕和徐现祥(2010)估计的中国资本劳动之间的替代弹性为 0.813 相一致。

de La Grandville(1989)认为人均产出的持久增长与替代弹性的大小密切相

关，较高的替代弹性能够保证一个较高人均产出增长率，替代弹性是经济增长的一个引擎。为了检验各行业资本劳动替代弹性估计的准确性，本章采用上述的德拉格兰德维尔假说进行验证。进一步选取了要素替代弹性介于 0.5 和 1 之间的工业行业，要素替代弹性与人均产出增长率散点图如图 6-2 所示。

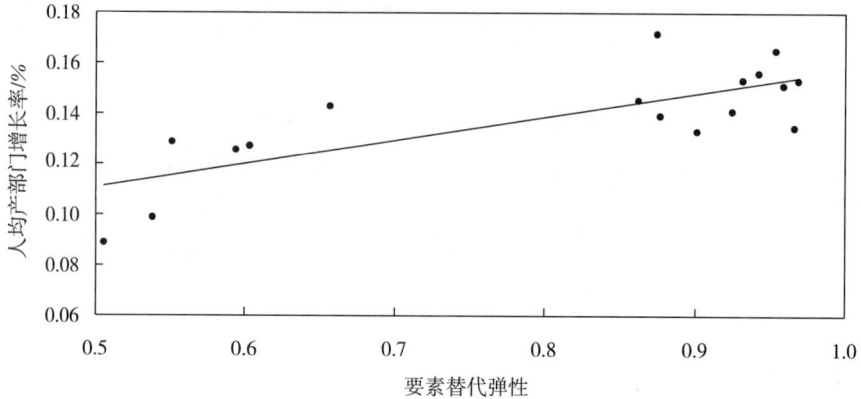

图 6-2 要素替代弹性与人均产出增长率散点图

从图 6-2 中可以看出，替代弹性与经济增长之间呈现正相关关系，一般要素替代弹性越大，其经济增长的越快，这符合德拉格兰德维尔假说，另外，如上所述，本章估计要素替代弹性和戴天仕和徐现祥（2010）估计的中国资本劳动之间的替代弹性非常接近，说明估计的行业要素替代弹性有其合理性。

6.2.3 各工业行业技术进步偏向性特征的实证分析

根据式(6-3)，技术进步偏向性指数的公式为

$$\text{Bias}_{it} = \frac{\sigma_i - 1}{\sigma_i}\left(\frac{A_{it}}{B_{it}}\right)\frac{\mathrm{d}(B_{it}/A_{it})}{\mathrm{d}t}$$

借鉴董直庆和安佰姗（2012）的处理方法，本章用差分近似替代微分，即用 $\dfrac{B_{it}}{A_{it}} - \dfrac{B_{i,t-1}}{A_{i,t-1}}$ 代替 $\mathrm{d}(B_{it}/A_{it})/\mathrm{d}t$，最终得到式(6-14)：

$$\text{Bias}_{it} = \frac{\sigma_i - 1}{\sigma_i}\left(\frac{A_{it}}{B_{it}}\right)\left(\frac{B_{it}}{A_{it}} - \frac{B_{i,t-1}}{A_{i,t-1}}\right) \tag{6-14}$$

根据式(6-14)以及以上文中估计出的各行业要素替代弹性和资本密集度，可以计算出工业各行业的技术进步偏向性指数。由于最终得到的技术进步偏向性指数是一个面板数据，只是数据本身并不能对工业各行业的偏向性有一种直观的认识，本章将从时间维度和行业维度两个方面对其进行分析。

时间维度：工业行业总体的技术进步偏向性指数走势如图 6-3 所示。从图 6-3 中可以看出其总体的走势大概分为三个阶段，第一阶段是 1995 年以前，

技术进步偏向性指数均为负，工业行业总体呈现劳动偏向性技术进步，即技术进步对劳动的边际产出影响更大。1994 年和 1995 年的偏向性指数分别为－0.055 3 和－0.007 1，说明技术进步导致 1994 年和 1995 年资本和劳动的边际产出比分别下降 5.53％和 0.71％。第二阶段是 1996～2004 年，这一阶段偏向性呈现平稳的趋势，技术进步偏向性指数均为正，工业行业总体呈现资本偏向性，其偏向均值为 0.118 6，说明工业技术进步平均每年使资本与劳动的边际产出比提升 11.8 百分点。第三阶段是 2005～2012 年，这一阶段的工业行业总体的技术进步呈波动趋势，但总体仍然偏向于资本。相对于 2004 年，2005 年的偏向性指数有所下降，但仍然是偏向于资本；2006 年和 2007 年偏向性指数开始回升，2007 年的偏向水平基本和 2004 年持平；但是由于美国次贷危机导致了全球的金融危机，使劳动相对于资本而言变得丰富，劳动充足性及相对低成本导致技术创新朝向充裕劳动力要素的方向发展，进行使 2008 年的偏向性指数为负，在 2008 年我国工业行业技术进步总体偏向于劳动；2009 年经济逐步复苏，资本相对于劳动而言不再那么稀缺，使偏向性指数提高，2010 年稍微有所回落，2011 年经济基本复苏到金融危机以前，偏向性也逐步恢复到 2007 年的偏向水平。总之，1996 年以来，工业行业基本上是偏向于资本的，尽管每年偏向性程度有所不同。

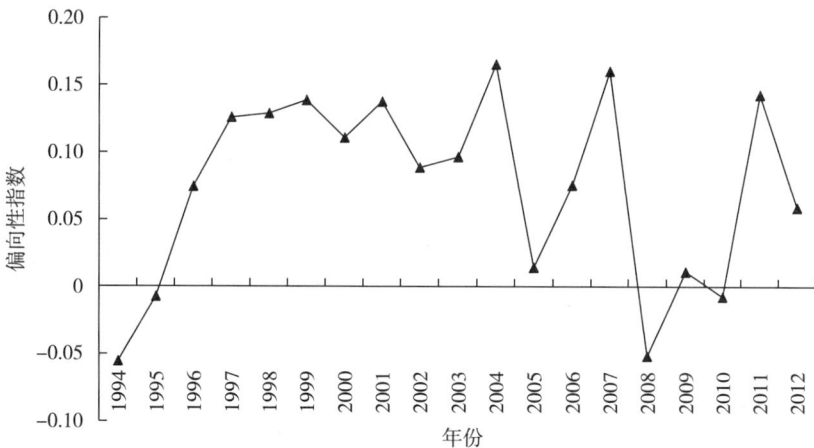

图 6-3　时间维度工业行业总体的技术进步偏向性指数走势

行业维度：工业各行业在各年份的技术进步偏向性指数均值如图 6-4 所示（编号对应表 6-1 中两位数行业代码，其中起始编号 0 表示整个行业）。Acemoglu(2002)指出，技术进步偏向性一方面受价格效应的影响，其引致技术进步偏向于相对稀缺的要素，另一方面受市场规模效应的影响，其引致技术进步偏向于相对丰富的要素，当两种要素是互补关系(替代弹性小于 1)时，价格效应发挥主导作用，技术进步朝偏向相对稀缺要素的方向发展，当两种要素是替代关系(替代弹性大于1)时，市场规模效应发挥主导作用，技术进步朝偏向相对丰富要素的方向发展。本章进一步将技术进步偏向性指数与要素替代弹性联系起来，对行业维度的技术进步偏向均值进行分析。

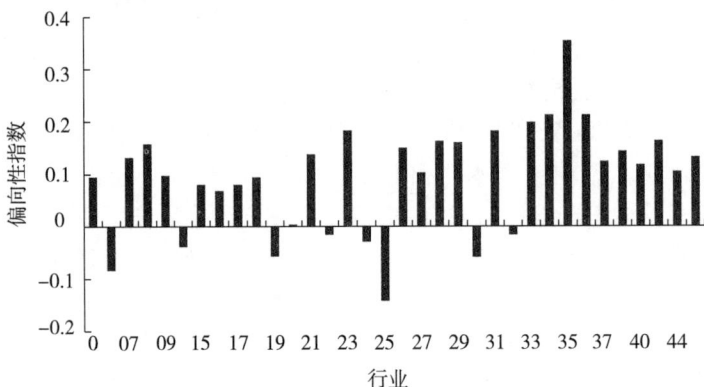

图 6-4　各行业技术进步偏向性指数均值

　　首先，非金属矿采选业(10)，皮革、毛皮、羽毛及其制品业(19)和文教体育用品制造业(24)的技术进步偏向性指数为负，其行业总体偏向于劳动。一方面，这些行业相对应的要素替代弹性均大于1，要素之间表现为替代关系；另一方面，这些行业均对应于表 6-1 中的劳动密集型行业，劳动相对于资本是较丰裕的要素，按照 Acemoglu(2002)的理论，要素替代弹性大于1的行业，市场规模效应发挥主导作用，技术进步朝偏向相对丰富要素的方向发展，因而这些行业最终表现的是劳动偏向性技术进步。其次，仪器仪表及文化、办公用机械制造业(41)、电气机械及器材制造业(39)、专用设备制造业(36)、通用设备制造业(35)、金属制品业(34)、家具制造业(21)、纺织服装、鞋、帽制造业(18)和纺织业(17)等行业的技术进步偏向性指数为正，其行业总体偏向于资本。一方面，这些行业相对应的要素替代弹性均小于1，要素之间表现为互补关系；另一方面，这些行业均对应于表 6-1 中的劳动密集型行业，资本相对于劳动是相对稀缺的要素，按照 Acemoglu(2002)的理论，要素替代弹性小于1的行业，价格效应发挥主导作用，技术进步朝偏向于相对稀缺要素的方向发展，因而这些行业的最终的技术进步偏向于资本。再次，在 1994～2012 年，明显的资本偏向性技术进步存在于大多数行业中，其中工业行业总体的技术进步偏向均值为 0.093 8，表明工业技术进步平均每年使资本与劳动的边际产出比增加 9.38 百分点。最后，通用设备制造业(35)偏向性指数最大，为 0.352 9，石油加工、炼焦及核燃料加工业(25)偏向性指数最小，为 -0.140 8。需要强调的是，石油加工、炼焦及核燃料加工业是资本密集型行业，而且其要素替代弹性大于1，按照 Acemoglu 的理论，其技术进步应偏向于资本，但是目前我国的石油加工、炼焦及核燃料加工业的市场还没有完全放开，主要还是由政府来调控，这样可能导致其资本和劳动的投入产出比不相协调，使实际技术进步偏向的方向和预期的技术进步偏向的方向有所差异。但总而言之，工业行业整体的技术进步与各工业行业技术进步相同大致都是呈现资本偏向性。

6.3　技术进步偏向特征对创新驱动结构升级影响作用分析

由 6.2 节的估算结果可以得出我国大多数工业行业的技术进步是偏向资本的，对于资本密集型的行业来说，资本偏向性技术进步会有利于其产出的增加，但对于劳动密集型行业来说，资本偏向性技术进步不利于其行业本身产出的增加。各行业的技术进步偏向方向只有与行业要素禀赋结构相协调时，其技术创新投入才会最有效地提升行业的生产效率；相反，技术创新的效果将会受到影响。因此，本章进一步根据我国各工业行业的技术进步偏向方向及其要素禀赋特征对我国工业行业进行分类，并利用面板数据模型实证检验各类工业行业技术进步偏向特征对技术创新驱动产业结构升级作用的影响效果。

6.3.1　行业分组与数据说明

按照技术进步偏向的方向不同，我国的工业行业可分为资本偏性技术进步行业和劳动偏向性技术进步行业；按照人均资本的高低不同，工业行业又分为资本密集型行业和劳动密集型行业。一般来说，资本（劳动）偏向性技术进步对资本密集型行业和劳动密集型行业产出的影响会有所不同，那么对所有行业采用一个面板数据模型来研究是不合理的，为了对所研究的问题有比较清晰的认识，本章从技术进步偏向的方向和人均资本的高低两个维度将所研究的 33 个行业分为四组分别来进行研究。具体分组为从技术进步偏向的方向来分，由图 6-4 可知，技术进步偏向于劳动的行业有黑色金属冶炼及压延加工业（32），塑料制品业（30），石油加工、炼焦及核燃料加工业（25），文教体育用品制造业（24），造纸及纸制品业（22），皮革、毛皮、羽毛及其制品业（19），非金属矿采选业（10），煤炭开采和洗选业（06），技术进步偏向于资本的行业则为除这 8 个行业之外的 25 个行业；按照人均资本的高低来分，33 个工业行业可以被分为资本密集型行业和劳动密集型两类行业。综合以上两种分组方法，本章将所研究的 33 个行业分为四种类型，分别为资本密集型资本偏向性技术进步行业、资本密集型劳动偏向性技术进步行业、劳动密集型资本偏向性技术进步行业和劳动密集型劳动偏向性技术进步行业，然后对这四组行业分别采用面板数据模型来进行分析研究，具体的分组形式如表 6-2 所示。

表 6-2　四种行业类型对应的具体的工业行业

要素结构特征	偏向特征	资本偏向性技术进步行业	劳动偏向性技术进步行业
资本密集型行业		07 石油和天然气开采业	
		08 黑色金属矿采选业	
		09 有色金属采选业	
		15 饮料制造业	
		16 烟草制造业	
		23 印刷业和记录媒介的复制工业	
		26 化工原料及化学制品制造业	06 煤炭开采和洗选业
		27 医药制造业	22 造纸及纸制品业
		28 化学纤维制造业	25 石油加工、炼焦及核燃料加工业
		29 橡胶制品业	32 黑色金属冶炼及压延加工业
		31 非金属矿物制品业	
		33 有色金属冶炼及压延加工业	
		37 交通运输设备制造业	
		40 通信设备、计算机电子设备制造业	
		44 电力、热力的生产和供应业	
		46 水的生产和供应业	
劳动密集型行业		17 纺织业	
		18 纺织服装、鞋、帽制造业	
		20 木材加工及木竹藤棕草制品业	
		21 家具制造业	10 非金属矿采选业
		34 金属制品业	19 皮革、毛皮、羽毛及其制品业
		35 通用设备制造业	24 文教体育用品制造业
		36 专用设备制造业	30 塑料制品业
		39 电气机械及器材制造业	
		41 仪器仪表及文化、办公用机械制造业	

由于本节是采用 6.2 节计算得到的结果进行分析，因此样本区间的选取 1994~2012 年。本节实证分析采用的数据有技术进步偏向性指数、工业增加值、资本投入、劳动投入、研发支出费用，其中技术进步偏向性指数为 6.2 节估算的结果，工业增加值、资本投入和劳动投入采用 6.2 节获取的数据，研发支出费用来源于《中国科技统计年鉴》。

6.3.2　理论模型的构建

检验模型中，反映产业结构状态的被解释变量本章采用各工业行业工业增加值占总工业增加值比重来衡量，并且从投入要素角度出发，模型中的解释变量包含资本投入比重、劳动投入比重及研发支出比重，此外，考虑到技术进步偏向性指数可能通过影响研发支出来影响技术进步的效果，所以本章在实证检验模型的解释变量中加入了技术进步偏向性指数与研发支出占比的交叉项。最终所构建的用于检验我国工业行业技术进步偏向特征对技术创新驱动产业结构升级作用影响效果的实证模型中的变量有工业增加值占比（S_{it}^{y}）为被解释变量，解释变量为工业各行业的资本投入占比（S_{it}^{k}）、劳动投入占比（S_{it}^{l}）、研发支出费用占比（S_{it}^{r}）以及技术进步偏向性指数与研发支出费用占比的交叉项（$\text{Bias}_{it} \times S_{it}^{r}$），其具体形式如式（6-15）所示。

$$S_{j,it}^{y} = \alpha_{j,0} + \alpha_{j,1} S_{j,it}^{k} + \alpha_{j,2} S_{j,it}^{l} + \alpha_{j,3} S_{j,it}^{r} + \alpha_{j,4} \times \text{Bias}_{j,it} \times S_{j,it}^{r} + \nu_{j,i} + \mu_{j,it}$$

(6-15)

其中，$j=1，2，3，4$ 分别代表资本密集型和资本偏向性技术进步行业、资本密集型和劳动偏向性技术进步行业、劳动密集型和资本偏向性技术进步行业以及劳动密集型和劳动偏向性技术进步行业；$i=1，2，\cdots，N_J$ 分别表示四组模型中包含的行业数；t 表示时期。

在对回归方程估计之前，为了避免出现"伪回归"[①]的问题，需要对估计模型使用的数据进行单位根检验，也就是数据的平稳性检验。本章选择 LLC 检验方法对四种类型行业中的各指标的面板数据进行单位根检验，结果如表 6-3 所示。

表 6-3　四种类型行业经济变量单位根检验结果

行业类型	变量	S_{it}^{y}	S_{it}^{k}	S_{it}^{l}	S_{it}^{r}	$\text{Bias}_{it} \times S_{it}^{r}$
资本偏向 资本密集	统计量	−2.62	−1.32	−6.75	−5.10	−13.01
	P 值	0.004 4	0.093 5	0	0	0
	检验式	I&T	I	I&T	I&T	I&T
劳动偏向 资本密集	统计量	−3.04	−2.51	−3.03	−1.47	−5.71
	P 值	0.001 2	0.006 0	0.001 2	0.071 0	0
	检验式	N	I&T	I&T	I&T	I&T
资本偏向 劳动密集	统计量	−6.47	−2.73	−2.79	−4.91	−5.00
	P 值	0	0.003 2	0.002 6	0	0
	检验式	I&T	I	I&T	I&T	I&T
劳动偏向 劳动密集	统计量	−10.51	−2.19	−1.76	−1.76	−11.43
	P 值	0	0.014 3	0.038 9	0.038 8	0
	检验式	I&T	N	I	I&T	I&T

注：I 为包含截距项；I&T 为既包含截距项也包含趋势项；N 为既不包含截距项也不包含趋势项

———————

① 当存在随机性趋势的时候，很容易产生两个不相关的时间序列看起来相关的问题，即所称的"伪回归"。这种情况下，无论是 t 统计量还是 R^2 都很大，但 D. W. 统计量低，所谓"显著"的效应是虚假的。

由表 6-3 的检验结果可知，在 0.1 的显著水平下，各组行业的各个经济变量均为平稳序列，即不存在单位根，符合构建模型的要求。

6.3.3 面板模型形式的设定

根据系数向量和截距项向量中各分量的不同限制要求，面板数据模型可以划分为 3 种类型，即无个体影响的不变系数模型、变截距模型和含有个体影响的变系数模型(高铁梅，2009)。

(1)无个体影响的不变系数模型的单方程回归形式可以写成

$$y_{it} = \alpha + X_{it}\beta + \mu_{it} (i=1, 2, \cdots, N; t=1, 2, \cdots, T) \quad (6-16)$$

在模型[式(6-16)]中，对于各截面方程，截距项和系数向量均相同，也就是说截面成员上既不存在个体影响也无结构变化，对于参数 α 和 β 的一致有效估计利用普通最小二乘法便可求出。

(2)变截距模型的单方程回归形式可以写成

$$y_{it} = \alpha_i + X_{it}\beta + \mu_{it} (i=1, 2, \cdots, N; t=1, 2, \cdots, T) \quad (6-17)$$

在模型[式(6-17)]中，各截面成员方程的截距项不同，而系数向量相同，也就是说在截面成员上有个体影响的存在而无结构的变化，并且个体影响可以通过截距项的差别来表示。

(3)变系数模型的单方程回归形式可以写成

$$y_{it} = \alpha_i + X_{it}\beta_i + \mu_{it} (i=1, 2, \cdots, N; t=1, 2, \cdots, T) \quad (6-18)$$

在模型[式(6-18)]中，各截面成员方程的截距项和系数向量都不相同，也就是说在截面成员上既存在个体影响，又存在结构变化，变化的截距来说明个体影响的存在，系数向量依截面成员的不同来反映结构的变化。

使用面板数据模型进行实证分析时，如果模型形式设定不正确，估计结果因与现实偏离将使分析毫无意义，因此为避免模型设定的偏差，保证参数估计的有效性，首先要检验四组模型的数据究竟分别符合哪种面板数据模型形式。一般使用常规的协方差分析检验，主要检验如下两个假设。

$$\mathrm{H}_1: \beta_1 = \beta_2 = \cdots = \beta_N$$
$$\mathrm{H}_2: \alpha_1 = \alpha_2 = \cdots = \alpha_N$$
$$\beta_1 = \beta_2 = \cdots = \beta_N$$

如果不拒绝假设 H_2，则样本数据符合不变系数模型，无须进行进一步的检验；如果拒绝假设 H_2，则需检验假设 H_1；如果不拒绝假设 H_1，样本数据符合变截距模型；反之，则样本数据符合变系数模型。

首先，在假设 H_2 下检验统计量 F_2，即

$$F_2 = \frac{(S_3 - S_1)/[(N-1)(k+1)]}{S_1/[NT - N(k+1)]} \sim F[(N-1)(k+1), N(T-k-1)] \quad (6-19)$$

其中，S_1 为方程(6-18)对应模型的残差平方和；S_3 为方程(6-16)对应模型的残差平方和；N 为截面数；T 为时期数；k 为系数向量的列数。若依据数据得到的统计量 F_2 的值小于相应临界值，即接受 H_2，则认为样本数据符合方程(6-16)对应的模型，否则拒绝假设 H_2，继续检验假设 H_1。其次，在假设 H_1 下检验统计量 F_1，即

$$F_1 = \frac{(S_2 - S_1)/[(N-1)k]}{S_1/[NT - N(k+1)]} \sim F[(N-1)(k+1), \ N(T-k-1)] \quad (6\text{-}20)$$

其中，S_2 为方程(6-17)对应模型的残差平方和。若依据数据得到的统计量 F_1 的值小于下的相应临界值，即接受 H_1，则认为样本数据符合方程(6-17)对应的模型，否则拒绝假设 H_1，则认为样本数据符合方程(6-18)对应的模型。

本章将 33 个行业分为 4 种类型分别来研究技术进步偏向性对行业产出份额的影响，本章首先利用 F 统计量分别对资本密集型资本偏向性行业、资本密集型劳动偏向性行业、劳动密集型资本偏向性行业和劳动密集型劳动偏向性行业四类行业的面板数据模型设定形式进行检验，具体检验结果由表 6-4 给出。

表 6-4　四种类型行业模型形式设定检验结果

行业类型	F_2	临界值	结果	F_1	临界值	结果	选择模型
资本密集资本偏向	18.32	$F(75, 224)=1.52$	拒绝 H_2	1.35	$F(60, 224)=1.57$	接受 H_1	变截距模型
资本密集劳动偏向	11.74	$F(15, 56)=2.38$	拒绝 H_2	2.13	$F(12, 56)=2.52$	接受 H_1	变截距模型
劳动密集资本偏向	13.80	$F(40, 126)=1.75$	拒绝 H_2	1.53	$F(32, 126)=1.83$	接受 H_1	变截距模型
劳动密集劳动偏向	5.32	$F(15, 56)=2.38$	拒绝 H_2	1.96	$F(12, 56)=2.52$	接受 H_1	变截距模型

注：显著性水平为 0.01

根据表 6-4 的检验结果，本章将四种类型行业的面板数据模型均设定为变截距模型，即每种类型行业中各截面成员的解释变量系数相同，截面成员的行业差异通过截距项来体现。

根据个体影响的不同形式，变截距模型又分为随机影响变截距模型和固定影响变截距模型，因此，在变截距情况下，还需要选择使用随机效应模型还是固定效应模型，随机效应模型与固定效应模型的区别不在于个体效应是否固定，而是在于个体效应是否与解释变量相关，如果不相关就为随机效应模型，如果相关就为固定效应模型，为了进行区别，Hausman 提出了一种基于随机效应估计量与固定效应估计量两者差异的检验，该检验的做法如下：先建立随机影响的模型，然后检验该模型是否满足个体影响与解释变量不相关的假设，如果接受原假设就为随机效应模型，否则为固定效应模型。进一步本章对四种类型行业所设定的变

截距模型进行 Hausman 检验，检验结果由表 6-5 给出。

表 6-5　四种类型行业 Hausman 检验结果及模型选择

行业类型	P 值	结果	选择模型
资本密集资本偏向	0.006 3	拒绝原假设	固定效应变截距模型
资本密集劳动偏向	—	—	固定效应变截距模型
劳动密集资本偏向	0.053 3	拒绝原假设	固定效应变截距模型
劳动密集劳动偏向			固定效应变截距模型

注：对于模型 2 和 4，由于截面数较少，不能估计随机效应模型，只能采用含固定效应的变截距模型

6.3.4　实证检验结果及分析

对于 4 种类型行业对应的模型我们分别用 Eviews 6.0 对其进行估计，考虑到每种类型行业中各行业之间可能存在同期相关性，本章采用广义最小二乘法分别对四组模型进行估计，估计结果如表 6-6 所示。

表 6-6　四种类型行业面板数据模型估计结果

系数	资本密集资本偏向性行业	资本密集劳动偏向性行业	劳动密集资本偏向性行业	劳动密集劳动偏向性行业
α_0	0.000 515	−0.004 186	0.016 814 ***	0.006 853 ***
α_1	−0.135 778 ***	0.245 021 ***	0.287 919 ***	0.424 477 ***
α_2	0.801 087 ***	0.460 611 ***	0.115 928 ***	0.005 570
α_3	0.519 357 ***	0.329 113 ***	0.132 404 ***	0.130 557
α_4	−0.064 183 ***	−0.152 586 ***	−0.024 381 ***	0.200 166 ***
R^2	0.998 628	0.976 232	0.996 954	0.978 090
样本容量	304	76	171	76

*** 表示 0.01 的显著水平；** 表示 0.05 的显著水平，无 * 表示估计结果不显著

从表 6-6 的实证检验结果中可以得出如下结论。

(1)α_1 表示资本份额对产出份额影响的程度，从估计结果来看，资本密集型劳动偏向性行业、劳动密集型资本偏向性行业及劳动密集型劳动偏向性行业所估计的结果均为正，说明资本份额对产出份额的影响效应为正，对于行业而言，在其他条件不变时，产出增加的百分比高于资本投入增加的百分比。然而对于资本密集型资本偏向性行业而言，其估计结果为负，究其原因，一方面可能是增加资本投入，产出总量没有增加，如图 6-5 所示的化工原料及化学制品制造业其资本投入份额和产出份额的走势图，2008 年之后资本投入份额逐年递增，而产出份额逐年下降，也就是说增加了行业的资本投入(变现为资本份额递增)而产出总量没有增加(表现为产出份额逐年下降)；另一方面也可能是产出增加的速度不及投

入资本增加的速度，如图 6-6 所示的有色金属采选业其资本投入份额和产出份额走势图，从斜率来看 2007 年之后资本投入份额的增长率高于产出份额的增长率，使产出增加的份额不及资本投入增加的份额。

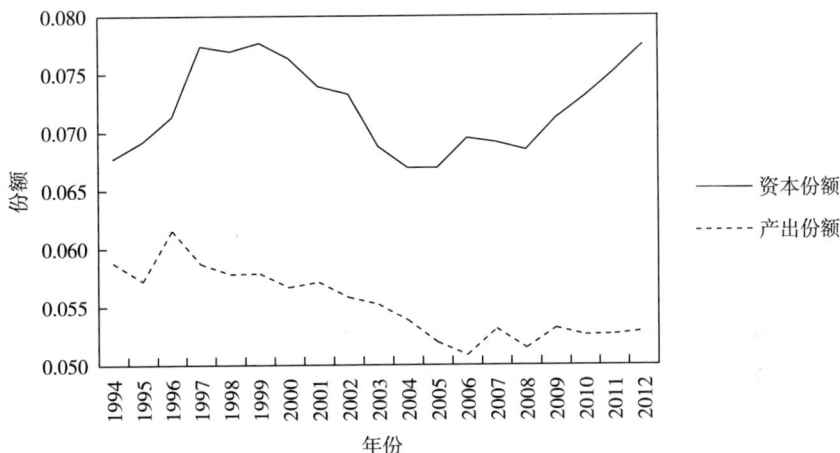

图 6-5　化工原料及化学制品制造业

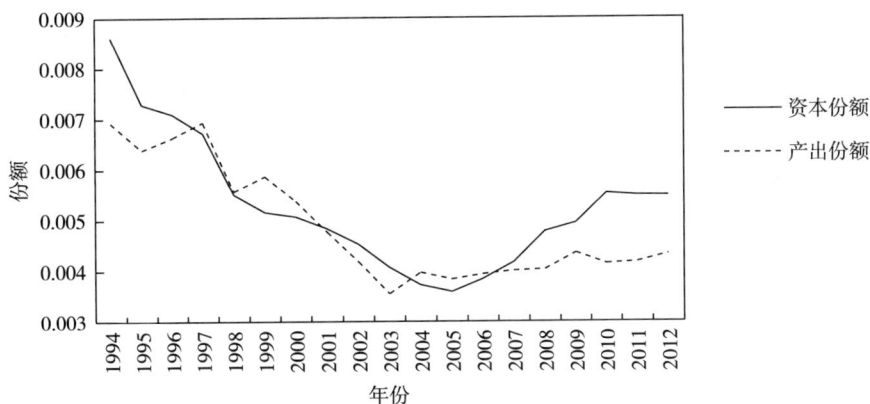

图 6-6　有色金属采选业

　　一般而言，资本密集型资本偏向性行业，增加资本的投入份额是有助于产出份额增加的，然而实际估计的结果却与我们的预期相反，这是否说明这些行业中存在着过度投资及产能过剩的问题呢？也就是说某些行业增加的资本投入并没有转化为有效的产出。首先，汪平和孙士霞(2009)通过选取上市公司 2005～2007 年的数据，研究发现过度投资行为普遍存在于中国企业中，而且相比于非国有公司，国有公司的过度投资更为严重。可以看出，在资本密集型资本偏向性行业中以重工业为主，而我国的重工业多以国有公司或是国家控股为主，垄断性比较强，过度投资问题更为严重，所以在目前条件下，某些行业经济增长不能主要依靠资本的高投入，政府和企业要着重改善投资结构、提高投资效率，在当前技术环境下构建合理的投资机制和技术引进的优化方案。其次，韩国高等(2011)分析了我国制造业行业 1999～2008 年的产能利用水平，发现我国制造业 28 个行业中化学纤维、造纸业、黑色金属、非金属矿物制品、有色金属、化学原料、石化炼焦七个产能过剩行业，而我们的资本密集型资本偏向性行业中就包含了其中的化学纤维、黑色金属、非金属矿物制品、有色金属、化学原料五个行业，可以说是占有了产能过剩行业的半壁江山。若实现产业结构的有效升级，这些过度投资和产能过剩的行业必须转变其现有的发展思路，须以政府政策为依托，以企业发展战略为主导，以市场需求为导向，实现资源的有效利用，抑制过度投资和产能过剩，促进产业结构有效转型。

(2)α_3 是研发支出占比的系数，表示在没有其他条件的影响下，科研投入占比本身对工业增加值占比影响的程度，从表 6-6 来看，四种行业类型的 α_3 均为正值，说明对于某行业增加研发支出费用，产出增加的速度要高于研发支出增加的速度，也就是说研发投入的弹性为正值，也就意味着加大 R&D 投入会促进经济的增长，这实际上符合罗默的内生增长理论，即加大研发投入可以促进技术进步，最终表现为对实际 GDP 增长具有促进作用，也就是我们常说的技术进步是推动经济增长的最终源泉。另外，资本密集型资本偏向性行业和资本密集型劳动偏向性行业的 α_3 值较大，分别为 0.519 和 0.329，劳动密集型资本偏向性行业和劳动密集型劳动偏向性行业的 α_3 值较小且相差不大，分别为 0.132 和 0.131，这是由于前者均属于资本密集型行业，而后者均属于劳动密集型行业，一般来说，资本密集度越高的行业其技术含量也越高，技术进步更有助于其产出的增加，也就是说资本密集型行业对技术进步的要求较高，而技术进步对产出增加的贡献也较大。

(3)α_4 是技术进步偏向性指数与研发支出占比交叉项的系数，其含义是由于技术进步偏向性的存在，研发支出占比对工业增加值占比(即产出占比)影响的程度。资本密集型资本偏向性行业中 α_4 的估计结果为 -0.064，是一个负值，也就是说由于技术进步偏向性的存在，技术进步会抑制工业增加值占比的增加。一方面，与资本密集型资本偏向性行业中 α_3 的估计结果形成对比，当不考虑技术进步偏向性时，研发支出占比的增加有助于产出占比的增加，但将技术偏向性考虑在内时，研发支出占比的增加反而抑制了产出占比的增加；另一方面，一般而言，对于资本密集型行业来说，资本偏向性技术进步有助于其产出占比增加，但实际估计结果与我们的预期相反，这两方面足以引起我们的思考，是不是某些资本密集型行业，其技术的引进与现有的技术发展水平以及行业资源禀赋不相匹配，导致产业结构不能有效地转型升级。

技术选择假说认为，一个经济的要素禀赋结构决定了这个经济的最优产业和技术条件，发展中国家更好的发展选择是遵循比较优势战略。黄茂兴和李军军(2009)也认为如果不顾自身技术条件和资源要素基础，盲目追求新技术，不仅不能有效促进技术进步，还会造成经济效率低下和资源浪费。现阶段我国工业的发展就存在上述问题，许多行业引进新技术时其技术选择与要素禀赋特征相悖，违背了比较优势的发展战略，导致某些行业存在着较为严重的过度投资、产能过剩等一系列问题。例如，2013 年我国工业产能利用率仅为 79%，落后产能占15%，尤其是钢铁工业近年来一直存在着较为严重的产能过剩问题，而企业和政府又无法从根本上来解决这一问题。

(4)对于资本密集型劳动偏向性行业和劳动密集型资本偏向性行业，其对应的 α_4 的估计值均为负值，也就是说当技术进步偏向的方向与其投入要素的结构不相对应时，技术进步并不能有效地促进产出的增长。这一点也是容易理解的，如资本密集型劳动偏向性行业，由于其属于资本密集型行业，资本成本相对于劳动成本所占比重较大，而其又属于劳动偏向性行业，技术进步的偏向性使劳动的边际产出增加的更多，也就是说相对于劳动，资本投入的较多，而资本的产出较少，投入和产出不成正比，技术进步并没有充分发挥作用，所以导致资本密集型劳动偏向性行业和劳动密集型资本偏向性行业的 α_4 值为负。由于技术创新的总体偏向性是由价格效应和市场规模效应的共同作用形成的，价格效应促使技术进步朝偏向相对稀缺要素的方向发展，市场规模效应促使技术进步朝偏向相对丰富要素的方向发展，因而当某一行业为技术密集型行业时，企业应当有意识地调整其价格效应和市场规模效应，使技术进步偏向的方向与其投入要素的结构相对应，这样技术进步才能有效地促进产出的增加，才能有效推动产业的有效升级，确保经济的快速增长。

(5)劳动密集型劳动偏向性行业，其估计的 α_4 的值为正数，即当考虑技术进步偏向性时，研发支出占比的增加有助于产出占比的增加，也就是说对于劳动密集型行业，劳动偏向性技术进步能够有效地促进产出的增长。这一点的理解同本小节(4)中分析的理解相类似，对于劳动密集型劳动偏向性行业而言，其属于劳动密集型行业，劳动成本相对于资本成本所占比重较大，而其又属于劳动偏向性行业，技术进步的偏向性使劳动的边际产出增加的更多，也就是说相对于资本，劳动投入的较多，劳动的产出也较多，投入和产出是成正比的，技术进步有效地发挥了作用，使劳动密集型劳动偏向性行业交叉项的系数 α_4 的值为正数。

6.4　本章结论及相关政策建议

本章在测算 33 个工业行业要素替代弹性的基础上，估算出我国各工业行业的技术进步偏向性指数,对 1993~2012 年我国各工业行业的技术进步偏向性特征进行了具体分析。同时,本章进一步将 33 个工业行业分为资本密集型资本偏向性技术进步行业、资本密集型劳动偏向性技术进步行业、劳动密集型劳动偏向性技术进步行业和劳动密集型劳动偏向性技术进步行业 4 种类型,实证检验各类工业行业的技术进步偏向性特征对其产出的影响效果。研究结果表明:①在 33 个工业行业中,黑色金属冶炼及压延加工业(32),石油加工、炼焦及核燃料加工业(25),文教体育用品制造业(24),造纸及纸制品业(22),木材加工及木竹草制品业(20),皮革、毛皮、羽毛及其制品业(19),非金属矿采选业(10)和煤炭开采和洗选业(06),其资本劳动间的替代弹性大于 1,说明这些行业资本与劳动间是替代的关系,其余行业的资本劳动替代弹性在 0 到 1 之间,这些行业的劳动和资本之间存在着互补关系。②在时间维度方面,工业行业总体的技术进步偏向性指数走势大致分为三个阶段,1995 年以前技术进步偏向于劳动,1996~2004 年偏向性指数呈现平稳趋势,技术进步偏向于资本,2005~2012 年技术进步偏向性指数呈波动趋势,但总体仍然偏向于资本;在行业维度方面,黑色金属冶炼及压延加工业(32),塑料制品业(30),石油加工、炼焦及核燃料加工业(25),文教体育用品制造业(24),造纸及纸制品业(22),皮革、毛皮、羽毛及其制品业(19),非金属矿采选业(10)和煤炭开采和洗选业(06)的技术进步偏向性指数为负,其行业总体偏向于劳动,其余行业的技术进步偏向性指数为正,其行业总体偏向于资本;在 1995~2012 年,工业行业总体的技术进步是偏向于资本的。③对于资本密集型劳动偏向性行业、劳动密集型资本偏向性行业及劳动密集型劳动偏向性行业而言,资本份额的增加有助于产出份额的增加,然而对于资本密集型资本偏向性行业而言,资本份额影响产出份额的系数为负,也就是说对于这些工业行业资本份额的增加将带来其产出份额的下降。④对于资本密集型资本偏向性行业来说,其技术进步偏向性指数和研发支出占比交叉项的系数为负,也就是说由于技术进步偏向性的存在,技术进步会抑制工业增加值占比的增加,从而表明,在某些资本密集型行业中,其技术的引进与现有的技术发展水平及行业资源禀赋不相匹配,即某些行业在发展过程中没有遵循比较优势的发展战略,而且不顾资源条件和要素基础,盲目追求新技术,以至于导致了过度投资和产能过剩等一系列问题,难以促进产业结构的有效升级转型。

根据上述结论,相关的政策建议如下:①首先,控制政府主导下的过度投资行为,遵循"谁投资、谁决策、谁受益、谁承担风险"的原则,使政府只发挥引导性作用,让市场机制充分发挥主导作用;其次,产能过剩的表现是企业产品同质、产业同构,消化过剩产能是实现产品和服务的多元化和差异化,实现企业有效的创新发展,推动企业及产业的转型升级。②由于各地区之间要素禀赋的实际情况不同,同一行业不同企业之间在进行技术选择时,一定要结合自身的现有技术水平、要素投入结构，依靠本企业的资源禀赋优势，制定经济发展策略，通过恰当的技术选择和合理的资本深化，促进产业结构升级，提高劳动生产率，实现经济快速增长。③对于某些高新技术产业为技术密集型行业时，可能存在着技术进步偏向的方向和其要素的投入结构不相适应的问题。由于技术创新的总体偏向性是由价格效应和市场规模效应共同作用形成的，为确保技术进步有效地促进产出的增长，企业应当有意识地对价格效应和市场规模效应加以干预，使技术进步的方向与企业投入要素结构相匹配，真正发挥技术进步对高新技术产业的主导作用，并鼓励高新技术产业优先发展，促进产业结构的有效升级。④对于我国人力资本水平不高、经济发展水平较低的地区，应充分发挥技术进步偏向性正向引导资本投资结构的作用，即有选择性地引进与要素禀赋相适应的技术，引导资本向生产率更高领域及资本密集型行业流动，实现经济结构和产业结构转型，实现经济可持续发展。

第 7 章

中国工业景气指数的编制及其应用

无论是 1998 年的亚洲金融危机，还是 2008 年由美国次贷危机引发的金融海啸，均会在一定程度上引起或加剧我国实体经济的波动。因此，在思想上需要从经济波动的大思路下来分析金融危机的影响，在对策上应该把应对金融危机冲击和平缓或淡化经济波动协调起来。虽然经济的周期性波动是经济运行中不可避免的，但如果波动的影响效果过于剧烈，冲击作用时间过长，无疑会对经济体的经济效率和稳定运行带来巨大的损失和危害，对经济体的持续发展极为不利。而工业是我国经济中对外开放程度最高、利用外部资源最集中的领域，因此我国工业部门在国际金融危机中所受冲击更为显著。我国工业部门的持续平稳增长，对实现我国国民经济平稳较快发展和社会稳定至关重要。政府和相关调控部门应在了解我国工业经济周期性波动特征的基础上，对我国工业经济的运行状态进行及时的跟踪分析，运用科学的方法准确把握其未来经济走势，采取适时有效的产业调控政策增强我国工业行业或企业"缓冲"经济波动的能力，进而达到平缓或淡化行业经济波动的效果和目的，实现我国工业部门的平稳健康发展。

国外学者在 20 世纪早期便开始了对经济周期波动的监测预测的研究工作，我国经济学界在 80 年代末开始对我国宏观经济周期波动进行监测预测研究，众多经济学者从理论上探讨我国宏观经济周期发生的原因，同时利用各种统计方法和计量模型来测定我国经济周期的长度和波动幅度等特征，多角度对我国宏观经济运行的周期性波动态势进行监测和预测。其中董文泉等(1998)在全面系统总结国际上研究经济周期波动的各种经济计量方法的基础上，编制了我国宏观经济景气指数并建立了我国宏观经济监测预警系统，以此来对我国宏观经济形势进行分析和预测；刘金全和王大勇(2003)利用经济增长率的绝对离差、条件标准差和在险增长水平三种方法度量了经济增长风险和条件波动性，并进一步利用冲击反应函数度量了经济增长水平对于经济增长风险的动态反应，检验了增长水平与波动性之间的影响关系；刘树成(2005)综合借鉴熊彼特经济周期理论和现代经济周期理论的分析思路，将经济的长期增长趋势与短期周期波动统一起来，对我国经济周期冲击因素的特点进行了具体分析；陈磊(2005)构建了反映我国经济运行状况的合成指数和预警信号系统，并在此基础上对投资、居民消费、对外贸易、货币供应量和通货膨胀等主要宏观经济指标进行了预测。宏观经济周期波动的监测预测对于加强和改善我国宏观调控，使我国经济既保持适度高位增长，又避免出现大幅波动具有重要的现实意义。近年来也有部分国内学者将我国经济周期波动的监测预测工作扩展至宏观经济的各重要领域和部分具体工业行业，如高铁梅等(2006)通过研制物价、房地产、出口、汽车行业等领域的景气指数，构建了一个多维的框架景气指数系统，进而可以实现从结构上综合把握我国宏观经济波动的总体状况和未来发展趋势；孔宪丽和陈磊(2009)利用国际上通用的合成指数方法构建了我国装备制造业的景气指数，并进一步对近年来我国装备制造业运行态势的周期性波动特征及成因进行了具体的实证分析。然而已有的研究中对我国工业部门经济周期性波动特征的具体分析及波动态势的监测预测却很少。

　　本章通过多方面收集与我国工业部门经济运行相关的月度经济指标，利用时差相关分析等方法从中筛选出我国工业经济运行的先行、一致和滞后指标，并利用国际上先进的合成指数方法构建我国工业部门的景气指数，并在此基础上分析我国工业经济的周期性波动特征，同时结合主要经济指标的变动对我国工业部门的本轮景气波动特点进行具体分析，以期为政府相关调控部门和工业企业及时把握我国工业经济的运行态势，准确判断我国工业经济的未来走势，进而有针对性地制定相关的产业调控政策及企业的经营方针提供一定的依据。本章的结构安排如下：7.1 节对景气指数分析方法进行简要的介绍；7.2 节利用景气指数分析方法编制我国工业部门的景气指数；7.3 节利用我国工业一致合成指数对我国工业经济的周期性波动特征进行相应分析；7.4 节结合我国宏观及工业领域主要经济指标的变动特征对我国工业部门的本轮景气波动特点进行具体分析；7.5 节给出本章小结。

7.1　景气指数分析方法简介

　　景气指数方法是一种实证的景气观测方法。它的基本出发点是某一经济体的经济周期波动是通过一系列经济活动来传递和扩散的，任何一个经济变量本身的波动过程都不足以代表该经济体的整体波动过程。因此，为了正确地测定经济体的综合波动状况，必须综合考虑相关各领域的景气变动及相互影响。即对某一经济体周期波动的研究，不能局限于对某一个指标波动的分析，而是要从各领域中选择出一批对经济体景气变动敏感，有代表性的经济指标，再将这些指标用数学方法合成一组景气指数(先行、一致和滞后)，用其来作为观测经济体波动的综合尺度。

7.1.1 景气指标的选取

1. 景气指标选取的一般原则

决定经济景气分析系统科学性的一个重要因素就是景气指标选择的好坏，在对景气指标进行选择时要遵循下面几项基本原则。

(1)被选指标反映经济体运行的一个重要方面：所选指标经济上的重要性对于正确刻画经济体的景气是非常重要的，因此，它们要能够代表经济体自身运行的主要方面，或与该经济体相关的主要领域。

(2)指标数据收集的及时性和充分性：及时性是指能够定期地统计数据并予以公布，在每月后的1～2月内即能使用。数据充分性是指数据区间较长、较完整、覆盖面广、可信度高。

(3)与景气波动的对应性：对应性是指所选指标的峰、谷应与经济体周期波动的峰、谷一一对应，并有稳定的对应(先行、一致或滞后)关系。

2. 选取景气指标的常用方法[①]

随着计算机等先进技术手段的使用，统计方法的不断改进，使得从巨大的信息资源中，及时准确地加工提炼出反映经济运行状态的特征信息成为可能。常用的景气指标筛选方法有：时差相关分析方法、K-L信息量方法、峰谷对应法、聚类分析等。本节将主要介绍时差相关分析方法和K-L信息量方法。

1)时差相关分析方法

时差相关分析法是利用相关系数验证经济时间序列先行、一致或滞后关系的一种常用方法。时差相关系数的计算方法是以一个重要的能够敏感地反映当前经济活动的经济指标作为基准指标，一般选择一致指标(coincident indicators)作为基准指标，然后使被选择指标超前或滞后若干期，计算它们的相关系数。设 $y=\{y_1, y_2, \cdots, y_T\}$ 为基准指标；$x=\{x_1, x_2, \cdots, x_T\}$ 为被选择指标；T 为样本个数；r 为时差相关系数；则

$$r_l = \frac{\sum_{t=t'}^{T_l}(x_{t+l}-\bar{x})(y_t-\bar{y})}{\sqrt{\sum_{t=t'}^{T_l}(x_{t+l}-\bar{x})^2 \sum_{t=t'}^{T_l}(y_t-\bar{y})^2}},$$

$$l=0, \pm1, \pm2, \cdots, \pm L; \quad t'=\begin{cases}1, & l\geqslant0\\1-l, & l<0\end{cases} \tag{7-1}$$

其中，l 表示超前、滞后期，l 取负数时表示超前，取正数时表示滞后，l 被称

---

① 指标选取方法参见：董文泉，高铁梅，姜诗章，等. 经济周期波动的分析与预测方法. 长春：吉林大学出版社，1998。

为时差或延迟数；L 为最大延迟数；T_l 为数据取齐后的数据个数。在选择景气指标时，一般计算若干个不同延迟数的时差相关系数，然后进行比较，其中最大的时差相关系数

$$r_{l'} = \max_{-L \leqslant l \leqslant L} r_l \tag{7-2}$$

被认为反映了被选指标与基准指标的时差相关关系，相应的延迟数 l' 表示超前或滞后期。

2)K-L 信息量方法

20 世纪中叶，统计学家 Kullback 和 Leibler 提出一个信息量，后人称之为 K-L 信息量，用以判定两个概率分布的接近程度。近年来 K-L 信息量被运用到经济分析中(板元庆行等，1982)。

对于偶然的带有随机性质的现象，通常可以认为是服从某一概率分布的随机变量的一些实现值。如果已知(或假设)真正的概率分布，而希望估计我们选择的模型与这一真的概率分布相近似的程度，从而估价模型的好坏，就需要一个度量，这就是 K-L 信息量，其具体定义如下。

设(基准)随机变量的概率分布列为 $p = \{p_1,\ p_2,\ \cdots,\ p_m\}$，其中，$p_i$ 为事件 w_i 发生的概率，限定 $p_i > 0$，$\sum_{i=1}^{m} p_i = 1$。

设(评价的)随机变量的概率分布列为 $q = \{q_1,\ q_2,\ \cdots,\ q_m\}$，$q_i$ 为事件 w_i 发生的概率，则期望

$$I(p,\ q) = \sum_{i=1}^{m} p_i \ln \frac{p_i}{q_i} \tag{7-3}$$

为分布列 q 关于分布列 p 的 K-L 信息量。

将 K-L 信息量用于选择景气指标的实际计算中，也是以一个重要的，能够敏感地反映当前经济活动的经济指标作为基准指标，设基准指标为 $y = \{y_1,\ y_2,\ \cdots,\ y_T\}$。由于任意满足 $p_i > 0$，$\sum p_i = 1$ 的序列 p 均可视为某随机变量的概率分布列。因此，对基准指标做标准化处理，使指标的和为单位 1，处理后的序列记为 p，则

$$p_t = y_t \Big/ \Big(\sum_{j=1}^{T} y_j \Big) (t = 1,\ 2,\ \cdots,\ T) \quad (其中假定\ y_t > 0) \tag{7-4}$$

设被选择的指标 $x = \{x_1,\ x_2,\ \cdots,\ x_T\}$，也做标准化处理，处理后的序列记为 q，则

$$q_t = x_t \Big/ \Big(\sum_{j=1}^{T} x_j \Big) (t = 1,\ 2,\ \cdots,\ T) \quad (其中假定\ x_t > 0) \tag{7-5}$$

由式(7-3)，K-L 信息量可由式(7-6)计算

$$k_l = \sum_{t=1}^{T_l} p_t \ln(p_t/q_{t+l}) \ (l=0, \ \pm 1, \ \cdots, \ \pm L) \tag{7-6}$$

其中，l 表示超前或滞后期，l 取负数时表示超前，取正数时表示滞后，l 被称为时差或延迟数；L 为最大延迟数；T_l 为数据取齐后的数据个数。当计算出 $2L+1$ 个 K-L 信息量后，从这 k_l 值中选出一个最小值 k_l 作为被选指标 x 关于基准指标 y 的 K-L 信息量，即

$$k_{l'} = \min_{-L \leqslant l \leqslant L} k_l \tag{7-7}$$

其相对应的延迟数 l' 就是被选指标最适当的超前或滞后月数（季度）。K-L 信息量越小，越接近于 0，说明指标 x 与基准指标 y 越接近。

7.1.2 合成指数的计算方法

国际上普遍采用的计算景气指数的方法有：合成指数、扩散指数（diffusion index，DI）、S-W 景气指数（Stock-Watson index，SWI）等方法。其中合成指数与其他景气指数相比，具有别的指数所没有的优点，它不仅可以预测经济周期波动的转折点，在某种意义上还可以反映经济周期波动的振幅，因此，本章选用合成指数方法来计算景气指数。目前国际上使用的合成指数有三种计算方法：①美国商务部和美国全国经济研究局（The National Bureau of Economic Research，NBER）的合成指数方法。本章中所使用的方法与 NBER 和美国商务部的合成指数计算方法一致；②日本经济企划厅调查局的计算方法，它与美国商务部的思想是一致的，但是方法上略有不同；③OECD 方法。OECD 依据增长循环，用比较简单的方法编制各成员国的景气指数，确定各成员国的基准日期，对其成员国的经济状况进行分析和预测。本章选用的合成指数计算方法如下[①]。

1. 求指标的对称变化率并进行标准化处理

设指标 $Y_{ij}(t)$ 为第 j 指标组的第 i 个指标，$j=1$，2，3 分别代表先行、一致、滞后指标组，$i=1$，2，$\cdots$，k_j 是组内指标的序号，k_j 是第 j 个指标组的指标个数，T 表示样本容量。首先对 $Y_{ij}(t)$ 求对称变化率 $C_{ij}(t)$：

$$C_{ij}(t) = 200 \times \frac{Y_{ij}(t) - Y_{ij}(t-1)}{Y_{ij}(t) + Y_{ij}(t-1)} (t=2, \ 3, \ \cdots, \ T) \tag{7-8}$$

为了防止变动幅度大的指标在合成指数中取得支配地位，各指标的对称变化率 $C_{ij}(t)$ 都被标准化，使其平均绝对值等于 1。首先求标准化因子 A_{ij}：

$$A_{ij} = \sum_{t=2}^{n} \frac{|C_{ij}(t)|}{n-1} \tag{7-9}$$

① U. S. A. Bureau of Economic Analysis, Department of Commerce. Handbook of Cyclical Indicators—A Supplement to the Business Conditions Digest. Princeton: Princeton University Press, 1984.

用 A_{ij} 将 $C_{ij}(t)$ 标准化，得到标准化变化率 $S_{ij}(t)$：

$$S_{ij}(t)=\frac{C_{ij}(t)}{A_{ij}} \ (t=2, \ 3, \ \cdots, \ T) \tag{7-10}$$

2. 分别求出各指标组的标准化综合变化率

首先，求出先行、一致、滞后指标组每个时点的综合变化率 $R_j(t)$。

$$R_j(t)=\frac{\sum_{i=1}^{kj} S_{ij}(t) \cdot w_{ij}}{\sum_{i=1}^{kj} w_{ij}}(j=1, \ 2, \ 3; \ t=2, \ 3, \ \cdots, \ T) \tag{7-11}$$

其中，w_{ij} 为第 j 组的第 i 个指标的权数，可以使用等权，即 $w_{ij}=1$，也可以采用 Moore 和 Shiskin 设计的评分系统来计算，即考虑指标的经济重要性、统计适当性、与经济周期波动的同步性和对应性、数据统计的时效性，以及时间序列的平滑性，不过评分系统计算的权重并没有受到重视，因为，与按照等权重方式计算出来的指数相比，为指标赋予权重并不能够得到更多的有用信息(Niemira and Klein，1998)。

其次，计算标准化因子 F_j。

$$F_j=\left[\sum_{t=2}^{n} |R_j(t)|/(n-1)\right]\Big/\left[\sum_{t=2}^{n} |R_2(t)|/(n-1)\right](j=1, \ 2, \ 3)$$

$$\tag{7-12}$$

并计算标准化的综合变化率 $V_j(t)$：

$$V_j(t)=R_j(t)/F_j(t=2, \ 3, \ \cdots, \ T) \tag{7-13}$$

这样做的目的是增强三个指数的可比性，将它们作为协调一致的体系来应用。

3. 计算合成指数

令 $I_j(1)=100$，则

$$I_j(t)=I_j(t-1)\times\frac{200+V_j(t)}{200-V_j(t)} \ (j=1, \ 2, \ 3; \ t=2, \ 3, \ \cdots, \ T) \tag{7-14}$$

有时，为了减少不规则变动，还要对 $CI_j(t)$ 进行移动平均处理。最终制成以基准年份为 100 的合成指数。

7.1.3　经济波动和经济周期的转折点判别准则

1. 经济周期波动的概念

1)古典周期波动

古典周期波动(classical cycle)又称为古典循环，观察经济时间序列其"绝对水平"本身的上下波动，如果这种波动具有某种规律性，则认为存在经济周期波动，并称这种波动为古典周期波动。目前美国商务部发布的景气指数仍基于古典循环的概念。

2)增长周期波动

增长周期波动(growth cycle)也称为增长循环，在古典周期波动的概念中，将趋势要素与循环要素视为一体而不加分离。而在增长周期波动中却是将趋势要素和循环要素相分离，把循环要素的变动看做景气变动，即增长周期波动是循环要素的波动。第二次世界大战前，资本主义国家的经济危机频繁，并且进入经济衰退期时，各种经济活动的"绝对水平"本身处于下降状态，所以，人们研究经济周期波动时采用古典循环的概念是自然的。第二次世界大战后，西方国家运用立法、财政、金融等手段对经济进行了大规模干预，这些努力虽然没有能从根本上克服经济周期波动和危机，但是使经济波动变得比较平缓了，而且在周期波动中收缩期变短了，扩张期延长了，同时波动的幅度也变小了。例如，美国 1961 年 2 月至 1969 年 12 月曾连续 106 个月处于扩张期，且 1982 年 11 月至 1990 年 7 月美国又连续 8 年保持一种低速增长状态。鉴于经济周期波动形态的变动，一些西方经济学家提出了增长周期波动的概念。

增长周期波动依赖于趋势的分解结果，如果趋势估计得不同，则经济周期波动的振幅、转折点、扩张与收缩期间就随之而变化，因而分离趋势是影响增长周期波动分析准确程度的关键步骤。估计趋势的方法比较多，如回归分析方法、移动平均方法等，目前公认的较好方法是 NBER 开发的阶段平均法(phase-average method)。作为增长循环应用的典型例子，是 OECD 开发的 OECD 先行指标 (leading indicators)。OECD 于 1978 年开始基于"增长循环"的概念，利用景气分析的手法对其成员国的经济周期波动进行研究，并开发了各成员国除去趋势的景气指数。

3)增长率周期波动

目前，国际上还有一些国家采用增长率周期波动(growth rate cycle)的概念研究景气循环。增长率周期波动也称为增长率循环，观察经济时间序列的增长率(考察与上年同月或同季相比的变化率)，如果这些增长率上下波动具有某种规律性，则认为存在着经济周期波动，并称这种波动为增长率周期波动。由于近二十年来，我国大多数经济指标在绝对量上都是增长的，只是增长速度波动较大，所以，我国大多数研究部门和政府机构都利用增长率周期波动研究我国的经济周期波动状况。

虽然美国、日本等对经济周期的测量仍然主要基于古典型周期波动，即研究经济活动绝对水平的周期波动，但是，对中国和其他主要发展中国家而言，大多数总量经济指标在绝对水平上都是增长的，基本不存在下降情况，经济周期波动仅表现为经济增长速度的高低，因此，通常采用增长率周期波动的概念研究景气循环。增长率周期波动也称为增长率循环，即观察经济时间序列的同比增长率变化。

我国大多数研究部门和政府机构都基于增长率周期波动来研究宏观经济的周期波动状况。对于我国主要工业部门来说，其大多数经济指标近年来在绝对量上均表现出持续的增长，不存在绝对水平的下降，因此，本章将基于增长率周期波动的概念对我国工业部门的周期性特征进行具体分析。

2. 经济周期转折点的判别准则

识别和确定转折点的传统方法是基于一些识别准则或算法的非参数方法，其典型代表是 NBER 的 Bry 和 Boschan(1971)开发的测定经济时间序列转折点程序，简称 B-B 法，该方法在各国的景气分析中得到广泛应用。20 世纪 90 年代以来，伴随着统计和经济计量技术的创新，基于状态（机制）转换模型（regime switching model)等统计模型的参数方法得到大量应用，为研究经济周期波动的非线性特征提供了有力工具。然而，随着近些年国际上开始重新关注转折点问题的研究，有些经济学家[如 Harding 和 Pagan(2002)]经过分析比较认为，这些参数方法在确定经济周期转折点上并不如传统的 NBER 方法稳健和直观，并提出了改进的非参数方法，探讨了转折点的定义与经济时间序列的统计特征的联系。下面，我们在 B-B 法、Harding-Pagan 方法(Harding and Pagan，2002)以及我们原有工作的基础上，采用改进的非参数方法来确定经济周期波动的转折点。

识别转折点的非参数方法需要完成三个基本过程：①检查出序列中的所有波峰和波谷集合；②保证波峰和波谷交替出现；③每个周期需满足最小的持续期长度要求，即符合所谓的"审查规则"(censoring rules)。

第一步的核心是定义局部极值点，具体来说，序列 $\{y_t\}$ 在时点 t 出现局部峰和谷需分别满足

$$y_t > y_{t\pm i}, \quad 1 \leqslant i \leqslant k,$$
$$y_t < y_{t\pm i}, \quad 1 \leqslant i \leqslant k,$$

k 是正整数

根据人们普遍接受的美国著名经济学家 Burns 和 Mitchell(1946)的经济周期定义，在实际测量过程中，对月度和季度数据需要分别设定 $k=5$ 和 $k=2$。

著名的 B-B 法是针对月度经济时间序列转折点提出的。该方法的基本思路是将原序列适当光滑，在平滑后的序列上按照 $k=5$ 识别出峰、谷的出现时间作为初始转折点；在转折点识别过程的第三步，他们依据经验提出了确定转折点的两个约束条件：①谷到峰或峰到谷的持续时间在 6 个月以上；②两个相同转折点即一个波动周期的持续时间至少为 15 个月，从而避免较短的波动干扰[①]。此外，

[①]　有关 B-B 法的详细介绍可参见：董文泉，高铁梅，姜诗章，等．经济周期波动的分析与预测方法．长春：吉林大学出版社，1998。

当多个峰(谷)连续出现时,还需要剔除其中相对较低(高)的峰(谷),以保证峰谷交替的要求。

Harding 和 Pagan(2002)针对季度经济时间序列,提出了与 B-B 法对应的识别方法(即季度 B-B 法,简称 BBQ),即在第一步中设定 $k=2$,以保证 y_t 至少相对于前后每侧相邻的两个季度是局部极值点;在第三步中的审查规则确定为:①谷到峰或峰到谷的持续时间至少为两个季度;②一个波动周期的持续时间至少为 5 个季度。

按照 B-B 或者 BBQ 方法的规则要求,经济周期将包括长度小于两年的短周期波动。根据经济周期理论,一个完整的经济周期应包括复苏、高涨、衰退、萧条等四个阶段,如果按每个阶段最短半年计算,一个周期至少应持续两年以上。再从西方学者对经济周期波动的类型划分来看,最短的基钦型周期也有 2~4 年,而由投资波动主导的朱格拉型中周期长度通常为 7~10 年。因此,我们认为,这两种方法的测定准则更接近经济波动的含义,而非较严格意义上的周期。在经济周期测量过程中,有必要将经济周期与经济波动的判别标准加以区分。同时,还应该考虑关于周期波动幅度的约束条件。

结合经济周期理论、国外经验和我国经济的实际运行情况,在我们以往工作的基础上提出我国经济波动转折点与经济周期转折点的判别准则分别如下。

经济波动(或称景气波动)的识别准则与 B-B 法或 BBQ 方法的两个限制条件相同。此外,对宏观增长率统计指标,扩张(谷到峰)或收缩(峰到谷)的幅度一般不低于 0.5 百分点;对综合景气指数(以某一基准年为 100),扩张或收缩的幅度不低于 1 个指数点。

经济(短)周期(景气循环)的识别准则:①扩张或收缩的局面持续时间至少为 12 个月或 4 个季度;②一个循环周期的持续时间至少为 30 个月或 10 个季度;③扩张或收缩的幅度不低于 1 百分点或 2 个指数点。

经济中周期的识别准则:①扩张或收缩的局面持续时间至少为 18 个月或 6 个季度;②一个循环周期的持续时间至少为 5 年;③扩张或收缩的幅度不低于 2 百分点或 3 个指数点。

此外,在过程第三步确定最终转折点时,对不满足相应准则要求的转折点,舍弃较低的峰和较高的谷。

按照以上的转折点识别标准,经济周期的含义较经济波动更为严格,也就是说,一个周期(或循环)可以包含一个或多个波动,而一次波动却不一定能作为一个完整的循环或周期。类似地,一个中周期可以包含一个或多个短周期和波动。

需要说明的是,与通常经济周期分析中的概念有所不同,这里我们只是从实证角度对经济波动和经济周期加以区分,以便更准确地测量经济周期波动。

7.2 中国工业景气指数的编制

7.2.1 工业景气指标的选取

形成并反映工业部门景气波动的不仅有工业部门和其内部各行业自身的活动，还包括其相关的上、下游行业活动以及物价、贸易、财政、金融等领域的广泛的经济活动，因此我们收集了与我国工业部门经济运行相关的月度宏观经济指标以及工业生产和效益等各项经济指标共 500 多个[①]。之后将收集到的指标进行数据处理，计算相应的增长率序列，并将其进行季节调整，然后利用时差相关分析方法、K-L 信息量方法、峰谷对应法等多种方法从中筛选出 17 个景气指标，分别构成了我国工业的先行、一致、滞后指标组(表 7-1 中各指标均为同期比增长率序列，经季节调整并消除不规则因素，数据截止到 2012 年 8 月)。

表 7-1 我国工业景气指标

指标类型	指标名称	延迟月数	时差相关系数
先行指标	1. 生铁产量增速	−3	0.73
	2. 服装产量增速	−6	0.56
	3. 化学纤维产量增速	−5	0.58
	4. 成品钢材产量增速	−3	0.71
	5. 粗钢产量增速	−3	0.71
	6. 汽车产量增速	−3	0.53
	7. 固定资产投资本年施工项目个数增速	−6	0.57
一致指标	1. 工业企业增加值增速	0	1.00
	2. 工业固定资产投资增速	+2	0.60
	3. 工业用电量增速	−1	0.81
	4. 工业企业产品销售收入增速	+1	0.90
	5. 工业企业税金总额增速	+1	0.86
滞后指标	1. 工业品出厂价格指数[1)]	+4	0.78
	2. 原材料、燃料、动力购进价格指数[1)]	+4	0.78
	3. 工业企业产品销售率[1)]	+5	0.67

---

① 如不做特别说明，本章所采用数据均来自中国经济信息网，样本区间：1999 年 1 月至 2012 年 8 月。

续表

指标类型	指标名称	延迟月数	时差相关系数
滞指 后标	4. 建筑材料类购进价格指数[1]	+10	0.64
	5. 农副产品类购进价格指数[1]	+4	0.73

1)逆转指标

注：各指标均为同期比增长率序列，经季节调整并消除不规则因素，延迟月数中"＋"表示滞后月数，"－"表示先行月数

　　首先考察一致指标的选取。一致指标是指该指标的波动与我国工业部门的景气变动大体一致。除基准指标工业企业增加值增速外，本章选出的其他我国工业经济的一致指标还有4个。其中，工业企业产品销售收入增速和工业企业税金总额增速两个指标是综合反映我国工业企业经营效益的经济指标，其波动特征应该与基准指标工业企业增加值增速的波动相一致，从表7-1中可以看出，这两个指标与基准指标的相关系数比较高，分别为0.90和0.86，虽然工业企业产品销售收入增速和工业企业税金总额增速相对基准指标略有滞后，但滞后期仅为1个月，因此，将工业企业产品销售收入增速和工业企业税金总额增速选为我国工业经济的一致指标是合适的。此外，工业用电量增速一直以来都被看做工业企业生产的晴雨表，因此将其选为我国工业经济的一致指标在经济上存在着合理性。而且，从表7-1中也可以看出工业用电量增速与基准指标的相关系数也比较高，为0.81，虽然其波动相对基准指标的波动略有超前，但由于超前期不超过2个月，因此最终将其选为一致指标。经济指标工业固定资产投资增速相对于基准指标虽有所滞后，但由于滞后期没有超过两个月，并且相关系数达到了0.6，因此也将其选为我国工业经济的一致指标。

　　其次考察选取的先行指标。先行指标是指在经济波动达到高峰或低谷前，超前出现峰和谷的指标，目前许多国家都把先行指标作为短期预测的重要依据。本章所选出的这7个先行指标总的来说与基准指标的时差相关关系都较好，并且具有明显的先行特征，其中生铁产量增速、成品钢材产量增速和粗钢产量增速与基准指标的时差相关系数均达到了0.7以上，先行期为3个月，化学纤维产量增速与基准指标的时差相关系数均为0.58，先行期为5个月。生铁、成品钢材、粗钢和化学纤维等均是我国工业生产的主要原材料，其产量增长的波动从经济活动时间上先行于工业生产中最终产品产量的增长，这些指标的波动表现出先行工业企业增加值增速的特征是合理的，因此，将生铁产量增速、成品钢材产量增速、粗钢产量增速和化学纤维产量增速这四个指标选为我国工业经济的先行指标。同时，考虑到固定资产投资本年施工项目个数增速从经济活动时间上显著先行于工业产值的形成，并且该指标与基准指标的时差相关系数较高，达到了0.57，因此，也将其选为我国工业经济的先行景气指标。从表7-1中可以看出服装产量增

速和汽车产量增速这两个指标相对于基准指标也具有较好的先行性，且与基准指标的时差相关系数也较高，虽然服装和汽车均是工业生产的最终产品，但从生产周期和使用途径上看，服装产量增速和汽车产量增速先行于工业企业增加值增速具有一定的合理性，因此，也将其选为我国工业经济的先行景气指标。

最后考察滞后指标。滞后指标是指那些转折点(峰或谷)滞后于经济波动的指标，其作用在于通过观察它的峰和谷的出现来确认经济波动的高峰或低谷确已出现。本章选取了 5 个滞后指标，其中工业品出厂价格指数、原材料、燃料、动力购进价格指数、建筑材料类购进价格指数和农副产品类购进价格指数均是反映产品价格变动的指标，其从经济活动产生的时间上明显滞后于产品产量的增长，并且从表 7-1 的计算结果也可以看出，这四个指标相对于基准指标工业企业增加值增速均具有显著的滞后性，其中建筑材料类购进价格指数的滞后期达到 10 个月，并且与基准指标的时差相关系数均达到 0.6 以上，因此将这四个指标选为我国工业经济的滞后景气指标是合理的；工业企业产品销售率是综合反映工业产品销售状况的经济指标，从经济活动发生的时间上来看，工业企业产品的销售活动是明显滞后于工业企业的生产活动的，工业企业产品销售率的波动从时间上来说应该滞后于基准指标工业企业增加值增速的波动，同时，从表 7-1 中也可以看出，工业企业产品销售率相对于基准指标其滞后期为 4 个月，并且时差相关系数较高，达到了 0.67，因此，将其选为我国工业经济的滞后景气指标是合理的。

以上从经济角度分析了本章选出的我国工业部门的景气指标，可以看出表 7-1 中的指标不仅与我国工业部门景气波动的对应性较好，还具有重要的经济意义。通过观测这些指标的变化，可以比较全面地分析我国工业经济的发展态势，从而帮助有关部门较为合理和准确地掌握我国工业经济未来的发展动向。

7.2.2　中国工业景气指数的编制

基于表 7-1 所列的各组景气指标，利用合成指数方法，7.2.1 小节构造了我国工业部门的先行、一致、滞后景气指数(基准年为 2006 年)。各合成指数的具体走势如图 7-1 和图 7-2 所示，图中阴影部分表示我国工业部门景气下降时期。

从图 7-1 可以看出我国工业先行合成指数的先行效果非常明显，其峰谷平均超前我国工业一致合成指数 12 个月左右；并且从图 7-2 中，也可以看到我国工业滞后合成指数与我国工业一致合成指数的对应关系也非常好，其峰谷平均滞后期为 14 个月左右。

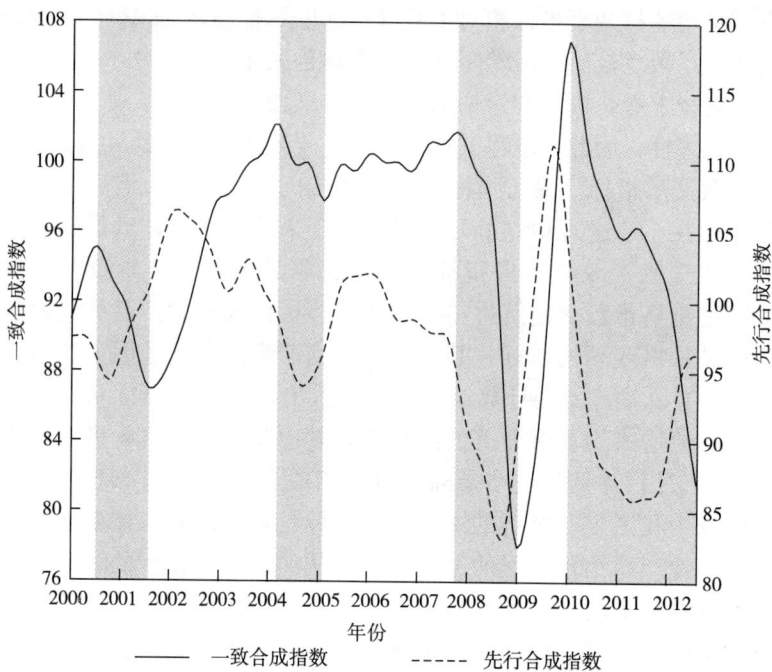

图 7-1　一致合成指数与先行合成指数

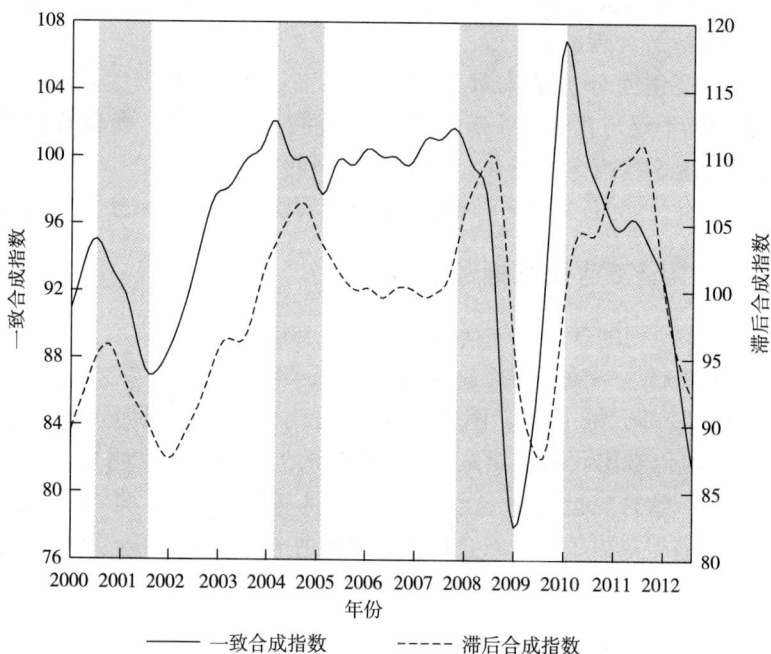

图 7-2　一致合成指数与滞后合成指数

7.3　中国工业经济周期性波动特征及本轮波动特点分析

7.3.1　中国工业经济周期波动特征

进一步观察图 7-1 可以看出，2000 年至今我国工业经济一致合成指数呈现出明显的波动特征，于 2010 年年初到达前一轮景气循环的峰顶，此后开始进入本次新一轮的景气循环。2000 年以来，按峰-峰的周期计算，我国月度工业经济景气已经历了 3 次长度和幅度不同的完整循环，目前正处第 4 次循环的下降期。

（1）2000 年 8 月至 2004 年年初我国工业经济景气的循环波动属于典型的长扩张型周期，并且呈现明显的非对称性周期特征。

2000 年 8 月我国工业经济景气进入收缩期，仅持续到 2001 年 9 月。从 2002 年开始，随着我国社会主义市场经济体制的初步建立，工业企业的活力不断增强，中国工业经济景气进入第一个比较强劲的上升期。经过将近两年半的持续大幅攀升，在 2004 年 2 月达到该轮景气循环的峰。从而，2000 年 7 月至 2004 年 2 月构成了我国工业经济景气的一个完整循环，其长度为 44 个月。其中收缩期为 15 个月，扩张期为 29 个月，属于典型的长扩张型周期。并且从一致合成指数（图 7-1）看，本轮景气循环的收缩幅度只有 5.6 个指数点，而扩张幅度高达 17.6 个指数点，为收缩幅度的 3 倍以上，呈现比较明显的非对称性周期特征。

（2）2004 年年初至 2007 年年末的工业景气循环属于典型的震荡型周期，且收缩幅度和扩张幅度明显缩小。

2004 年 3 月后，受原材料、能源和运力等"瓶颈"因素的制约以及中央政府适时的紧缩性宏观调控措施的影响，我国工业生产增速出现逐步回落势头，我国工业经济景气呈现震荡下滑态势，到 2006 年 9 月，景气指数回落到相当于 2003 年年中的指数水平，并在此形成高位谷底。从 2006 年 10 月开始，经济景气重新转入回升局面，持续 13 个月后到达本轮景气循环的峰。2004 年 3 月至 2007 年 11 月构成了我国工业经济 2000 年以来的第二个完整的景气循环，其长度为 45 个月。由于上升和下滑阶段交错出现，因此属于典型的震荡型周期。本轮景气循环的收缩幅度和扩张幅度相对 2000 年以来的第一个景气循环明显缩小，这表明中央政府的宏观调控政策在平缓我国工业经济的大幅波动方面已获得一定成效。

（3）2007 年年末至 2010 年年初的工业景气循环对称特征较为明显，且受金融危机影响谷底较深。

2007 年年底为了缓解部分工业行业日趋严重的产能过剩形势，中央政府出台了一些结构性调控政策，在这些调控政策的作用下，我国工业经济于 2007 年 12 月进入新一轮的景气收缩期，工业生产呈现逐步回落态势。到 2008 年下半年，在国际金融危机对我国实体经济巨大冲击效应的叠加作用下，我国工业经济景气呈现加速下滑态势，并一直持续至 2009 年 1 月。随后，2009 年 2 月，在中央扩内需、保增长的一系列调控政策作用下，我国工业部门的经济运行出现了积极变化，我国工业经济景气呈现出触底回升态势，经过 12 个月的强劲回升后，在 2010 年 1 月达到本次景气循环的峰。2007 年 12 月至 2010 年 1 月构成了我国工业经济 2000 年以来的第三个完整的景气循环，其长度为 26 个月。由于下滑和上升阶段的周期分别为 14 个月和 12 个月，因此对称性特征比较明显。并且由于全球金融危机的影响，此次景气循环的谷底较深，收缩幅度和扩张幅度都较大。

(4)2010 年 1 月以来，我国工业景气持续快速回落。

2010 年 1 月后，工业生产延续了 2009 年下半年以来的运行态势，继续保持较快增长。但是随着国家宏观调控政策的适度放松和一系列规范房地产市场政策的出台，我国工业一致合成指数走势自 2010 年年初开始调头向下，虽然到 2010 年 8 月一致合成指数再次呈现上升态势，但此次上升阶段持续时间较短，上升幅度较小。从 2011 年年初开始我国工业一致合成指数再次回落态势，并且回落态势一直持续至 2012 年 8 月。

另外，从图 7-2 中可以看出，集中反映工业企业产成品库存、流动资金和产品价格指数变化的我国工业经济滞后合成指数始终具有较稳定的滞后特征，相对于我国工业一致合成指数的平均滞后期为 8 个月。该指数在 2000 年 10 月出现 2000 年以来的第一次波动峰顶，之后于 2002 年 1 月达到本次循环的谷底。随后经过两年半的持续攀升，滞后合成指数于 2004 年 9 月到达第二次波动峰顶，比一致合成指数的峰晚出现 7 个月。此后，该指数转入下降局面，进入新一轮的景气循环，并于 2008 年 7 月达到第三次波动峰顶，比一致合成指数的峰晚出现 9 个月，其第四次波动的峰顶于 2011 年 7 月出现，比一致合成指数的峰晚出现 18 个月。滞后指数的走势进一步确认了本章前面对我国工业景气波动的判断。

(5)由先行合成指数的平均超前期计算，我国工业经济景气下降态势在短期内仍将继续。

同时进一步观察图 7-1 中我国工业经济先行合成指数的走势可以看出，由生铁产量增速等主要工业产品产量指标构成的我国工业经济先行合成指数相对于我国工业一致合成指数始终具有较稳定的先行特征，其平均先行期为 12 个月左右。具体观察我国工业先行合成指数的变动可以看出，从 2009 年 10 月开始呈现的快速回落态势至 2011 年 6 月结束，随后在谷底徘徊 3 个月左右后于 2011 年 10 月开始出现快速回升局面并一直持续至 2012 年 7 月，2012 年 8 月虽然其仍延续上升态势,但上升速度有趋缓迹象,因此,根据先行合成指数的平均超前期计算,我国工业经济本轮景气回落态势于 2012 年三季度将结束,从综合运行态势上看,2012 年 10 月左右我国工业经济或将逐步呈现明朗的回升局面。

7.3.2　中国工业经济本轮波动特点

为了提高对我国工业经济景气波动特征及现行运行态势判断的准确性,本章结合主要经济指标的变动对我国工业部门的本轮景气波动特点进行了进一步的具体分析。

(1)各相关领域经济指标变动均显示 2010 年以来我国工业生产状况一直呈现持续快速回落态势。

由美国次贷危机引发的金融危机愈演愈烈,其对我国对外贸易和国内经济活动的波及效应在 2008 年下半年已逐步显现。图 7-3 中给出了反映我国国内经济活跃状况的我国铁路货运量增速与出口总额增速。从图 7-3 中可以看出,受国际金融危机影响,我国铁路货运量增速和出口总额增速从 2008 年开始呈现快速下滑势头,历经了近 1 年的快速下滑后,2009 年年初,在中央政府调控政策的作用下,这两项指标的下降幅度逐步缩小,继而实现了快速回升。2009 年 2 月我国出口总额为 64 894 649 000 美元,同比下降 25.7%,而至 2009 年 12 月我国出口总额为 130 723 881 000 美元,同比增长 17.7%;同时,2009 年 2 月我国铁路货运量为 2.34 亿吨,同比下降 9.5%,而 2009 年 12 月我国铁路货运量为 2.94 亿吨,同比增长 18.4%。这表明,进入 2009 年以来,在中央政府一系列"保增长、扩内需"等应对国际金融危机政策的作用下,我国国内经济运行状况显著改善,对外贸易水平大幅下降的态势也在很大程度上得以缓解。然而,进入 2010 年以后,全球经济增速快速放缓、美国经济疲软、欧债危机逐步蔓延进而导致我国外部需求快速萎缩,我国我国出口总额呈现持续快速回落态势,截止到 2010 年 12 月,我国出口总额为 154 148 895 000 美元,同比增长 17.9%,相比于 2010 年 2 月的 45.7% 下降近 28 百分点。虽然我国出口总额增速在 2011 年上半年有所回升,但回升幅度较小,持续时间较短,从 2011 年 9 月开始其再次呈现快速回落态势,并一直持续至 2012 年 8 月。

图 7-4 进一步给出了我国工业增加值增速和工业用电量增速,从中可以看出,2008 年年初在中央政府宏观调控政策的作用下,我国工业增加值增速呈逐步回落态势。然而 2008 年下半年由金融危机对我国实体经济的波及效应日趋显现,进而使我国工业增加值增速呈现快速下滑态势,同时作为工业生产晴雨表的工业用电量增速也在这一时期呈现出加速下滑态势。而进入 2009 年以后,受国内经济运行状况明显改善的影响,我国工业生产状况逐步改善,工业增加值增速在 2009 年 1 月见底后逐步呈回升态势。至 2009 年 11 月,工业增加值增速为

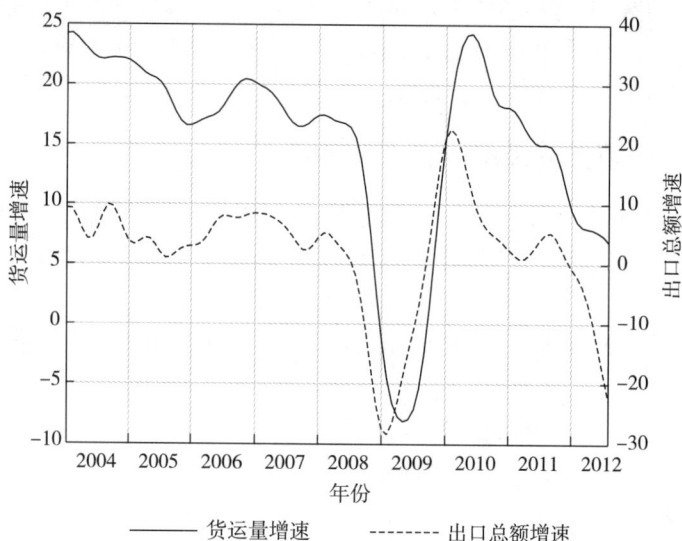

图 7-3　我国铁路货运量增速与出口总额增速

19.2%。2009年12月，工业增加值增速为18.5%。进入2010年以后，全球经济增速放缓、美国经济疲软、欧债危机蔓延均导致我国外部需求萎缩，而我国制造业的优势趋弱、部分行业产能过剩、内部投资消费需求增速放缓，使我国工业经济增速明显放缓，企业效益持续快速下滑。2012年1月至8月，全国规模以上工业增加值累计同比增速为10.1%，相对于2011年和2010年同期分别回落4.1百分点和6.5百分点；全国规模以上工业企业盈亏相抵实现利润累计同比下降3.1%，与2011年和2010年同期累计同比增速28.23%和55.01%相比，分别下降31.33百分点和58.11百分点。

(2)产品价格震荡上行后快速回落，工业企业经济效益却持续下滑。

进入2009年，在国内经济运行状况明显改善的作用下，我国工业企业产品的需求不断增长，价格随之持续上升，工业企业经济效益开始持续快速增长。从图7-5中可以看出我国工业企业产品销售收入和工业企业产品销售率两个指标均在2009年2月左右达到上轮下滑的谷底，呈现持续回升态势，我国工业品出厂价格指数也于2009年8月开始快速回升。但进入2010年以后我国工业企业经济效益再次出现下滑局面，工业企业产品销售收入增速和工业企业产品销售率两个我国工业企业主要经济效益指标先后进入下降通道。2011年年初虽然我国工业企业产品销售率持续逐步回升，工业品出厂价格指数也逐步震荡上行，但我国工业企业产品销售收入增速却仍呈持续下降态势。我国工业企业效益的具体数据显示，2011年1月至8月我国工业企业产品销售收入累计同比增长29.9%，比2010年1月至8月33.37%的累计同比增速下降了3.47百分点；而工业企业利

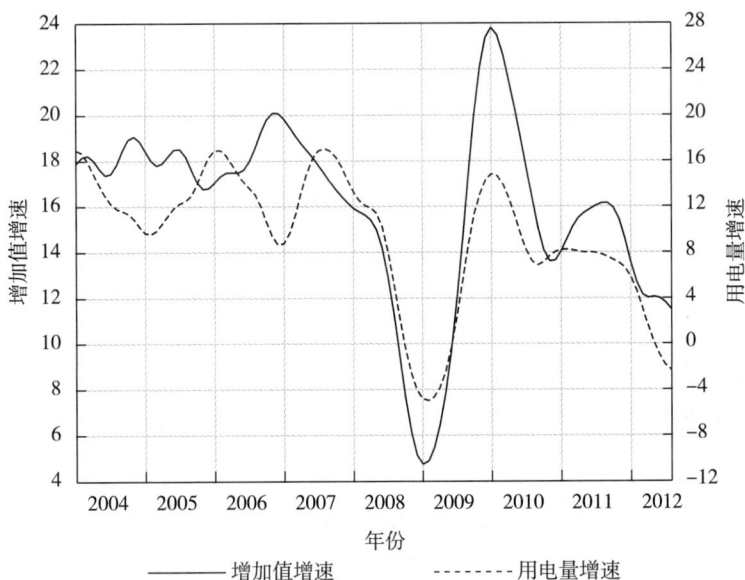

图 7-4　我国工业增加值增速和工业用电量增速

润累计同比增速为 28.2%，较 2010 年 1 月至 8 月 55.01% 的累计同比增速下降了 26.81 百分点。

我国工业企业主要经济效益指标的上述变动特征表明 2011 年以来在国家紧缩性货币政策、劳动力成本和资源原材料成本不断上涨以及人民币加速升值的叠加作用下，我国工业企业的生产经营状况逐步恶化，其经济效益继续呈现出持续下滑局面。虽然从具体数据上看，无论是我国工业企业产品销售收入还是我国工业企业利润的绝对增速均不算低，但必须注意到其持续不断回落的趋势并不乐观。同时，我国工业的亏损企业亏损额和亏损企业数量也在不断增加，2012 年 1 月至 7 月我国工业亏损企业亏损额累计增速为 46.87%，较 2012 年 1 月至 2 月 22.19% 的累计增速上升了 24.68 百分点；而 2012 年 1 月至 6 月工业亏损企业数累计增速为 4.27%，是 2012 年 1 月至 3 月累计增速的 2 倍多，这意味着我国工业企业的亏损面正在不断扩大，宏观经济及政策环境给我国工业企业特别是中小工业企业生产经营所带来的压力日趋显现。

(3) 产量增速低位运行，产销率一度逐步回升，工业企业"去库存化"现象显现。

从图 7-4 和图 7-5 中可以看出，进入 2011 年以来，我国工业增加值增速呈现

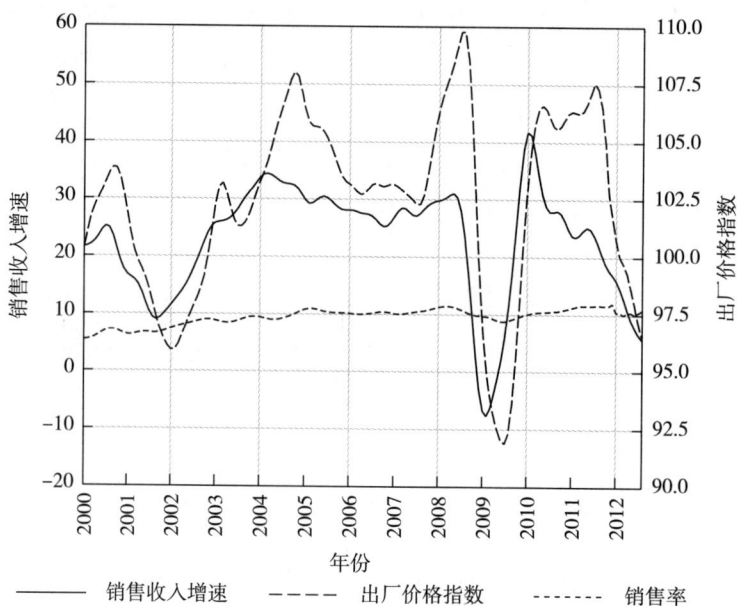

图 7-5　工业企业产品销售收入增速、工业企业产品销售率、工业品出厂价格指数

低位震荡态势的同时，我国工业企业产品销售率却呈逐步回升走势，进而使工业企业产成品增速持续下降，这表明在存货压力日益严峻、资金链条日趋紧张的双重压力下，我国工业企业已经开始逐步进行"去库存化"经营。2011 年 1 月至 8 月我国工业企业增加值累计增速为 14.2%，较 2010 年 1 月至 8 月 16.6% 的累计增速下降了 2.4 百分点；工业企业产品销售率为 97.9%，较 2010 年 8 月上升 0.1 百分点；2011 年 1 月至 7 月我国工业企业产成品库存累计增速为 22.5%，较 2010 年 1 月至 8 月 9.03% 的累计增速上升了 13.47 百分点。

2011 年在国内消费和出口增幅双回落的影响下，我国工业产品需求增速逐步放缓，从而使工业企业产成品库存大幅增加。与此同时，国内外原材料价格持续快速上涨，企业为降低生产成本增加原材料库存，我国工业企业面临需求疲软和成本压力日趋高企的双重压力。而密集的紧缩性货币政策调控和人民币的大幅升值进一步使我国工业企业特别是中小企业融资成本不断上升。在存货压力日益严峻、资金链条日趋紧张的双重压力下，我国部分工业企业开始缩减开工率，我国工业企业的"去库存化"现象逐步显现。

7.4　本章结论及相关政策建议

本章基于景气分析思想，利用国际上先进的合成指数方法构建了反映我国工业经济运行状况的景气指数，在此基础上分析了我国工业经济的周期性波动特征，并结合主要经济指标的变动对我国工业部门的本轮景气波动特点进行了具体分析。结果表明 2000 年我国工业经济共经历了三次完整的景气循环，现正处于第四次循环的下降期。其中第一轮循环属于典型的长扩张型周期，并且呈现明显的非对称性周期特征。第二轮循环属于典型的震荡型周期，且收缩幅度和扩张幅度明显缩小。受金融危机影响第三轮景气循环的谷底较深，但是该次循环对称性特征比较明显，同时收缩幅度和扩张幅度都较大。目前我国工业景气处于第四次循环的下降期，并且根据先行指数的判断短期内仍将呈现持续下降态势。进一步观察各主要经济指标的具体变动状况可以发现，我国工业部门的本轮景气波动特点主要为 2011 年以来我国工业生产状况一直呈现持续快速回落态势；产品价格震荡上行后快速回落，工业企业经济效益却持续下滑；产量逐步回落，产销率一度逐步回升，工业企业"去库存化"现象开始显现。

我国目前所处的经济放缓期为我国工业结构调整提供了一个契机，相关部门应该根据我国工业经济的当前运行态势及结构特征，合理利用当前市场的"倒逼机制"，有效促进我国工业部门转型升级，强化结构性政策机制引导，推动工业平稳较快发展，确保整体经济稳定增长。结合本章研究和分析的结果提出如下几点加快我国工业结构调整、促进我国工业经济平稳增长的相关政策建议。

(1)加强中小企业融资担保，积极改善其发展环境。更加注重改善中小企业发展环境，促进中小企业发展，是适应不同层次市场需求、扩大城乡就业、增强经济活力、保持国民经济平稳较快发展的重要基础。2012 年上半年在原材料价格上涨、企业工人工资提高以及银行贷款利率持续上调等诸多因素叠加作用下，我国中小企业的生产经营逐步陷入困境，在中小企业数量庞大的长三角地区甚至出现大量企业停工、半停工局面。而与此同时在中国人民银行连续上调存款准备金率和控制全年信贷额度的调控政策下，商业银行贷款额度日趋紧张，这对成本持续快速上升的中小企业来说无疑是雪上加霜，中小企业资金链遭遇到了前所未有的挑战。因此有关部门应加强中小企业融资担保，缓解其融资困难，加快设立国家中小企业发展基金，并加大对中小企业的财税扶持力度，加强和改善对中小企业的服务，切实有效地改善我国中小企业的发展环境，具体措施如下：①通过税收支持、扩大利率浮动幅度以及再贷款、再贴现等方式，鼓励国有商业银行、股份制银行和政策性银行提高对中小企业的贷款比例，合理确定中小企业贷款期限和额度，切实发挥银行内设中小企业信贷部门的作用，同时，鼓励政策性银行依托地方商业银行和担保机构，开展以中小企业为服务对象的转贷款、担保贷款等业务；②建立和规范中小企业的税收优惠政策，要健全税收法律法规，提高税收优惠政策的法律层次，并通过直接减免、降低税率、加速折旧和利润再投资退税等多种形式加大对中小企业的税收扶持力度，坚决清理和禁止不合理收费；

③适时纠正部分税务部门在服务上"重大轻小"的倾向，加强对中小企业的税收宣传和纳税辅导，创造条件为那些财务管理和经营管理水平相对落后的中小企业提供建账建制的指导和培训，提高服务的质量和工作效率，减少企业报税时间，降低纳税成本。

（2）加大工业投资引导，促进工业结构调整，提升工业经济内在质量。工业投资作为投资中最重要的组成部分，不仅在总量上直接影响和决定着经济增长的速度，而且在结构上直接影响和决定着经济结构特别是工业结构的形成及其发展变化，进而影响和决定着经济增长的质量和效益。因此，相关部门应加大工业投资力度，强化其引导作用，促进工业结构调整，进而达到有效提升工业经济内在增长质量的效果，具体措施如下：①要继续鼓励技术改造投资，特别是传统工业技术改造投资，提升工业技术设备和产品整体水平；②庞大的落后产能是我国经济复苏缓慢、库存积压增加和国际竞争力不强的原因之一，因此，要严格监管高耗能工业和产能过剩工业投资，减轻资源环境压力，减少产能闲置；③要大力推进高技术产业、战略性新兴产业的投资，提升我国工业经济总体质量；④要继续鼓励民营工业发展，创造更加宽松的民间投资环境，鼓励民间投资积极参与交通设施、水利设施和农村公路等公共基础设施领域。

（3）采取结构性减税措施，切实减轻企业负担。近年来国家两次降低存贷款利率，并允许存款利率向上浮动和扩大贷款利率向下浮动，并实行非对称降息，这有利于企业融资，但效果不明显。因为，虽然贷款利率降低给企业带来收益，但是大部分企业又因为存款利息的下降带来了一定程度的损失，正负抵消，使企业因降息所带来的真正收益大幅降低。特别是工业部门中的小、微企业，其对银行议价能力弱，积极货币政策很难有效降低企业融资的真正成本。而我国的财政政策在减轻企业负担方面效果好于货币政策。我国积极的财政政策执行重点应由扩大政府投资支出转向结构性减税。适当降低名义税率，同时逐步取消名目繁多的税收优惠政策。首先，我国税收以间接税为主，很大程度上都会通过税负转嫁的形式由最终消费者承担。名义税率的降低有助于控制物价水平，促进居民消费，提高企业应对成本上升的能力，使企业有能力提高劳动者薪酬水平，从而改善政府、企业与居民的收入分配关系。其次，税收优惠政策的逐步取消可以使中小企业获得公平的税负环境，明显减轻中小企业在结构调整中的经营压力。最后，名义税率的降低有利于促进内外需平衡。近年来，我国陆续出现部分国产商品高于国外售价的不正常现象，内销与外销税率不同是重要原因之一。降低内销名义税率有助于进一步扩大内需。

（4）加大淘汰落后产能的监督和执行力度，拓展高技术产业的增长空间。庞大的落后产能是我国经济复苏缓慢、库存积压增加和国际竞争力不强的原因之一，淘汰低技术、高耗能的落后产能，短期内可能会使工业增长受到影响，但长期看优化的产业结构水平有利于经济的持续增长。因此，相关部门应继续加大淘汰落后产能的监督和执行力度，不折不扣地推进和执行产业淘汰规划目标，拓展高技术产业的增长空间，具体措施如下：①修订完善产业政策，提高行业在节约资源、保护环境方面的准入门槛，坚决摒弃落后产能有所反弹；②推进企业技术改造、用新技术、新材料、新工艺、新装备改造提升传统产业，提高技术装备水平，走内涵发展道路；③加大监督检查力度和妥善解决企业在淘汰落后产能过程中遇到的各项问题，确保淘汰落后产能工作顺利进行；④将淘汰落后产能进度和完成情况作为衡量地方政府落实科学发展观的考核指标，积极推进落后产能的淘汰。

(5)促进节能减排，加强对企业兼并重组和产业转移的引导。按照"十二五"规划规定的节能减排要求，积极鼓励企业研发、引进和采用清洁生产技术，加强节能减排新技术的示范；应继续按照市场导向与政府推动相结合的原则，尽最大努力废除体制机制中不利于企业有效合并重组的障碍因素，积极鼓励大企业实施跨地区、跨行业的兼并重组，支持优势企业并购落后企业，从政策上予以引导，从财政上予以支持，从税收上予以减免，推动专业化重组，提高产业集中度和企业规模经济效益；建立国内区域产业转移的对接机制，积极鼓励轻工、纺织、食品等劳动密集型和原料密集型企业自东部地区向中西部地区转移，加快中西部地区的产业转移示范园建设，提升中西部地区的产业配套能力。

第8章

中国工业主要部门及行业景气波动的实证分析

任何经济体的运行都不可能一直处于均衡状态,而是长期处于对其均衡状态的偏离和调整中,即其运行态势总是呈现出扩张与收缩交替的周期性波动特征。对经济周期波动问题的研究已成为目前经济学特别是宏观经济学的主要内容之一,同时也受到政府部门和企业管理者的关注。因为准确把握经济运行周期、预测经济周期的转折点、了解经济周期波动给经济带来的具体影响,既是制定和执行相关调控政策的基础,也是企业生产经营决策的重要参考因素。

在现代经济社会中,工业是国民经济的主导,其内部主要部门或行业的运行态势将直接影响国民经济的运行,同时其具体经济活动对宏观经济周期波动的反映也相当灵敏。在经济扩张期,受市场需求增长的拉动,工业相关产品的生产、价格及销售会迅速上升;而当经济处于衰退阶段,这些活动均会随之下降。因此,随着国民经济的周期性运行,工业部门及其内部主要行业的运行态势也呈现出周期性特征。研究我国工业部门及其内部主要行业景气变动的周期性特征,实现对其发展态势的有效监测和预测,对制定适时有效的产业调控政策、加快我国工业结构调整和升级、实现国民经济又好又快发展具有重要的现实意义。

国外学者早在19世纪末便开始了对宏观经济周期波动的监测预测工作。1888年,在巴黎统计学会上出现了以不同色彩对经济状态进行评价的文章。但是大规模的系统研究实际上是从20世纪初开始的。1917年,哈佛大学设立了经济研究委员会(Harvard Committee on Economic Research),主要从事经济周期波动的监测和分析等研究工作。该委员会在著名经济统计学家珀森斯(W. M. Persons)的领导下,在广泛收集和分析了1875~1913年的大量的经济统计资料的基础上着手进行新的景气观测方法的研究。哈佛委员会利用新的景气指数编制方法编制了哈佛指数"美国一般商情指数"(Harvard Index Chart or Harvard Index of General Economic Conditions),并于1919年1月开始在《经济统计评论》(*Review of Economic Statistics*)上定期发表。但 20 世纪 40 年代之前国外学者对经济周期波动的监测、分析与预测工作还处于探索阶段，研究工作多数以民间研究方式进行。而第二次世界大战之后，特别是 20 世纪 50 年代和 60 年代，研究经济周期波动的各种经济计量方法和模型得以迅速发展。Moore(1950)从涵盖生产、就业、库存、投资、成本、利润、消费支出、贸易、金融、物价、国际收支等经济各领域的近千个统计指标的时间序列中选择了具有代表性的 21 个指标，构建了可以很好地预测经济周期波动转折点的扩散指数；Moore 和 Shiskin(1967)合作开发了既能反映景气变动的方向又能反映景气循环的振幅编制了合成指数，合成指数的出现对经济周期波动的监测产生了重大的影响，至今仍然是构造经济周期波动监测系统的基本方法之一；Stock 和 Watson (1993)认为多个宏观经济总量指标共同变动的背后存在着刻画经济中主要经济指标间的协同变动趋势的一个共同成分，因此他们利用状态空间模型和 Kanlman 滤波建立了 S-W 型景气指数，虽然 S-W 型景气指数的编制原理与合成指数相差甚远，但所编制结果呈现出的景气波动特征却与合成指数十分接近。

我国经济学界在 20 世纪 80 年代末开始对我国宏观经济周期波动进行监测预测，众多经济学者(刘树成，1989，2005，2006；董文泉等，1987，1998；刘金全和张海燕，2003；陈磊，2005)从理论上探讨我国宏观经济周期发生的原因，同时利用各种统计方法和计量模型来测定我国经济周期的长度和波动幅度等特征，多角度对我国宏观经济运行的周期性波动态势进行监测和预测，这些研究对于加强和改善我国宏观调控，使我国经济既保持适度高位增长，又避免出现大幅波动具有重要的现实意义。而到目前为止，对我国工业内部的主要部门或行业的周期性运行特征的研究及运行态势的监测和预测仍很少见，本章将借鉴国际上通用的景气分析方法，对我国工业内部主要部门及行业的景气波动特征分别进行具体的实证分析。

我国大多数研究部门和政府机构都基于增长率周期波动来研究宏观经济的周期波动状况。对于我国主要工业部门及行业来说，其大多数经济指标近年来在绝对量上均表现出持续的增长，不存在绝对水平的下降，因此，本章将基于增长率周期波动的概念对我国装备制造业、钢铁工业和汽车工业等工业主要部门及行业的周期性特征进行具体分析。

本章的具体结构安排如下：8.1 节利用景气指数分析方法，构造我国我国装备制造业的先行、一致和滞后合成指数，并对我国装备制造业的景气波动及其成因进行具体分析；8.2 节构造我国钢铁工业及的景气指数，并对其近年来的综合运行态势进行具体分析；8.3 节构造我国汽车工业的景气指数，并对其景气波动特征进行具体的实证分析；8.4 节给出本章结论并提出政策建议。

8.1 中国装备制造业景气波动及其成因的实证分析

在现代经济社会中，工业是国民经济的主导，制造业是工业的主导，而装备制造业又是制造业的主导。在经济全球化的竞争背景下，国家装备制造业的发达程度直接影响着该国的经济实力和国际竞争力。在我国经济由重工业化初期向中期转变、经济增长方式亟待改变以增强发展后劲的关键时期，装备制造业的发展态势将直接影响国民经济的运行。同时作为主导产业的装备制造业对宏观经济周期波动的反映也相当灵敏。在经济扩张期，受市场需求增长的拉动，装备制造业相关产品的生产、价格及销售会迅速上升；而当经济处于衰退阶段，这些活动均会随之下降。随着国民经济的周期性运行，装备制造业的运行态势也呈现出周期性特征。研究我国装备制造业景气变动的周期性特征与成因，实现对其发展态势的有效监测和预测，对制定促进我国装备制造业发展的产业调控政策、加快我国工业结构调整和升级、实现国民经济又好又快发展具有重要的现实意义。

虽然美国、日本等对经济周期的测量仍然主要基于古典型周期波动，即研究经济活动绝对水平的周期波动，但是，对中国和其他主要发展中国家而言，大多数总量经济指标在绝对水平上都是增长的，基本不存在下降情况，经济周期波动仅表现为经济增长速度的高低，因此，通常采用增长率周期波动的概念研究景气循环。增长率周期波动也称为增长率循环，即观察经济时间序列的同比增长率变化。我国大多数研究部门和政府机构都基于增长率周期波动来研究宏观经济的周期波动状况。对于我国工业部门来说，其大多数经济指标近年来在绝对量上均表现出持续的增长，不存在绝对水平的下降，因此，本章将基于增长率周期波动的概念对我国主要的工业部门或行业的周期性运行特征进行分析。

本节通过多方面收集与装备制造业有关的月度经济指标，利用时差相关分析等方法从中筛选出装备制造业的先行、一致和滞后指标，利用国际上先进的合成指数方法构建我国装备制造业的景气指数，并进一步对近年来我国装备制造业运行态势的周期性波动特征及成因进行具体的实证分析，以期为政府相关部门和行业内企业准确判断装备制造业的发展形势，有效预测其未来发展动向、正确制定相关的产业调控政策及经营方针提供一定的依据。

8.1.1 装备制造业景气指标的选取及景气指数的制定

除装备制造业自身的产业活动外，其相关的上游和下游产业的经济活动以及投资、贸易、物价、财政、金融等宏观经济领域广泛的经济活动均会在一定程度上影响和反映装备制造业的景气波动状况。因此，要想制定能够全方位综合反映我国装备制造业景气波动状况的景气指数，必须尽量全面地选取相关领域的经济指标。利用国家信息中心中国经济信息网上的数据资源，本章收集了与装备制造业相关的月度宏观经济指标、相关行业的经济指标以及装备制造业自身的各项指标共 300 多个[①]，这些指标覆盖了装备制造业及相关行业的生产、销售、效益、成本等各个方面。

本节将收集到的指标进行数据处理，计算相应的增长率序列，并将其进行季节调整，然后利用时差相关分析方法和 K-L 信息量方法等多种方法筛选出了 15 个景气指标，分别构成我国装备制造业的先行、一致、滞后指标组，具体指标由表 8-1 中列出。

表 8-1　我国装备制造业景气指标

	指标名称	超前滞后月数	相关系数
先行指标	钢产量	−6	0.69
	微型电子计算机产量	−7	0.65
	汽车产量	−6	0.80
	金融机构各项贷款	−8	0.77
一致指标	装备制造业销售收入	0	1.00
	进口额	+1	0.89
	进料加工贸易出口额	+2	0.88
	交通运输设备制造业资本保值增值率	−1	0.69
	三资企业工业增加值	+1	0.91
滞后指标	装备制造业产成品资金占用	+12	0.75
	加工工业品出厂价格指数	+3	0.75
	金属制品业工业品出厂价格指数	+6	0.69
	铁路货运量	+10	0.63

注：（1）表中指标均是在进行季节调整基础上计算得到的增长率序列

（2）"＋"表示滞后；"−"表示先行

筛选装备制造业景气指标的首要工作是确定一个重要的能够敏感反映我国当前装备制造业经济活动的指标作为基准指标。装备制造业基准指标的选取采用装备制造业增加值增长率最合适，但是由于现有的统计数据中缺少这个指标，因此，根据 2003 年构造钢铁工业景气指数的经验，本节选取装备制造业的总销售收入（即金属制品业、普通机械制造业、专用设备制造业、交通运输设备制造业、电气机械及器材制造业、电子及通信设备制造业和仪器仪表及文化办公用机械制造业等 7 个行业的产品销售收入的总计）增长率作为基准指标。

---

① 如不做特别说明，本章所采用数据均来自国家统计局《中国经济景气月报》和中国经济信息网，样本区间：1999 年 1 月至 2012 年 10 月。

　　首先考察一致指标的选取。一致指标是指该指标的波动与当前装备制造业的景气变动大体一致。除基准指标装备制造业销售收入外，本节选出的其他装备制造业一致指标还有四个。其中，进口额增长率和进料加工贸易出口额增长率与基准指标的相关系数比较高，均达到 0.8 以上，虽然这两个指标的波动相对基准指标的波动略有超前或滞后，但由于超前或滞后期不超过 2 个月，因此被选为一致指标。随着全球制造业加工中心向中国的转移，在中国制造业特别是装备制造业的出口贸易中，进料加工已成为贸易的主要方式，因此，进口额增长率和进料加工贸易出口额增长率同装备制造业产品销售收入增长率之间呈现出较为一致的波动特征。此外，三资企业工业增加值增长率和交通运输设备制造业资本保值增值率与基准指标的相关系数也比较高，分别为 0.91 和 0.69，并且超前或滞后期均未超过 2 个月，因此也被选为一致指标。在我国的装备制造业企业中，三资企业所占比重较大，其中，作为我国装备制造业中规模最大的电子及通信设备制造业，同时也是三资企业比重最高的产业，2003 年三资企业销售收入占全行业的78.27%（王燕梅，2004），因此，三资企业工业增加值应该与装备制造业销售收入具有较一致的变化趋势；交通运输设备制造业属于装备制造业的子行业，其资本保值增值率[①]反映了行业内部企业资本的保全性和增长性，因此，交通运输设备制造业资本保值增值率的波动与装备制造业销售收入增长率的波动基本一致。

　　其次考察先行指标的选取。先行指标是指在经济波动达到高峰或低谷前，超前出现峰和谷的指标，目前许多国家都把先行指标作为短期预测的重要依据。本小节所选出的这 4 个先行指标总的来说与基准指标的时差相关关系都较好，并且具有明显的先行特征，其中钢产量增长率与基准指标的时差相关系数为 0.69，先行期为 6 个月。钢是装备制造业生产的主要原材料，其产量增长的波动从经济活动时间上先行于装备制造业最终产品产量的增长，因此其必然先行于装备制造业销售收入的增长，故钢产量增长率作为先行指标是合理的。同时，由于微型电子计算机和汽车均为装备制造业中相应子行业的最终产品，而产品最终转化为销售收入还需要经历一定时间的销售过程，因此微型电子计算机产量和汽车产量的增长从经济活动的时间上要先行于装备制造业销售收入的增长，同时计算结果也表明两种产品产量增长率与基准指标的时差相关系数较高，分别为 0.65 和 0.8，因此，微型电子计算机产量和汽车产量也被选为先行指标；金融机构各项贷款的增长从经济活动的时间上要先行于各行业投资及效益的增长，因此其必然先行于装备制造业产品销售收入的增长，故将金融机构各项贷款增长率作为先行指标是合适的。

　　最后考察滞后指标的选取。滞后指标是指那些转折点（峰或谷）滞后于经济波

---

　　① 资本保值增值率＝本期所有者权益×100%/上期所有者权益，所有者权益＝资产总计－负债总计。

动的指标，其作用在于通过观察它的峰和谷的出现来确认经济波动的高峰或低谷确已出现。本小节选取 4 个装备制造业的滞后指标，其中装备制造业产成品占用增长率在一定程度上可看做装备制造业存货增长的一种反映。在经济发展态势较好时期，存货一般较少，存货的积累并不会马上反应经济的衰退，常滞后几期才会引起注意，所以可以作为衡量经济发展的滞后指标；加工工业品出厂价格指数及金属制品业工业品出产价格指数均是反映装备制造业产品价格的指标，因此也具有一定的滞后性；装备制造业特别是交通运输设备制造业为铁路运输能力的提高提供必要的设备基础，因此，铁路货运量的增长较装备制造业的增长具有一定的滞后性，故铁路货运量增长率可以作为衡量装备制造业发展的滞后指标。

　　以上从经济角度分析了文中选出的装备制造业的景气指标，可以看出表 8-1 中的指标不仅与该行业景气波动的对应性较好，还具有重要的经济意义。通过观测这些指标的变化，可以比较全面地分析我国装备制造业的发展态势，从而帮助有关部门较为合理和准确地掌握装备制造业未来的发展动向。但是由于我国装备制造业的景气指标的时间序列还比较短，仅仅经历了一个完整的循环，同时我国又处于经济结构的变化当中，我国装备制造业所面临的市场环境不断地发生着变化，因此，随着时间的推移、数据的积累，在景气指标的选取上，还需不断地改进和完善。

　　基于表 8-1 所列的各组指标，利用合成指数方法，构造了我国装备制造业的先行、一致、滞后景气指数(基准年为 2006 年)。各合成指数的具体走势如图 8-1 和图 8-2 所示，图中阴影部分表示我国装备制造业的景气下降时期。

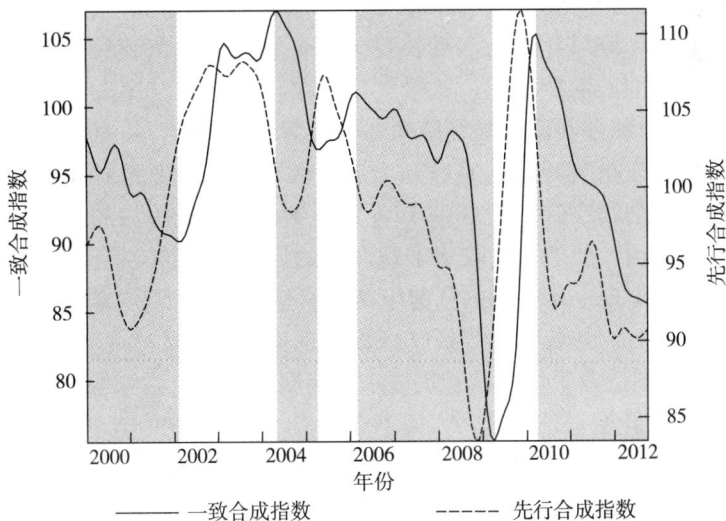

图 8-1　装备制造业一致合成指数和先行合成指数

从图 8-1 可以看出先行合成指数的先行效果非常明显，其峰谷平均超前一致

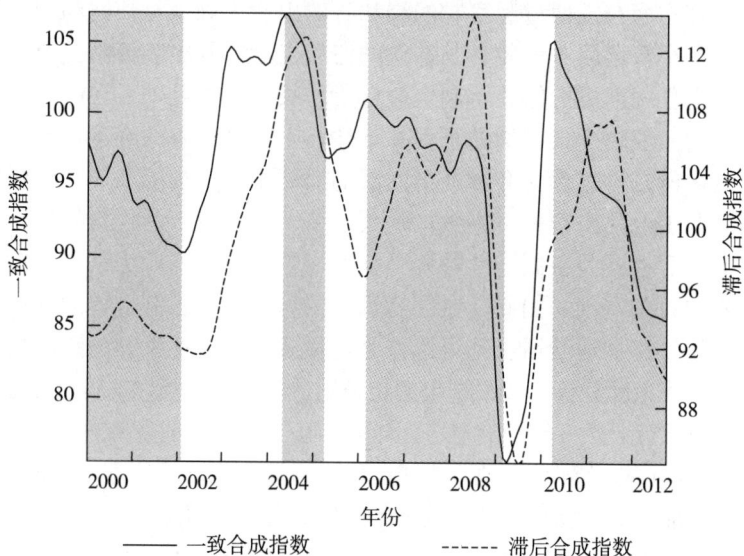

图 8-2　装备制造业一致合成指数和滞后合成指数

合成指数 6 个月左右；并且从图 8-2 中，也可以看到滞后合成指数与一致合成指数的对应关系也非常好，其峰谷平均滞后期为 6 个月左右。

8.1.2　中国装备制造业的周期性运行特征

1. 装备制造业景气波动特征考察

图 8-1 显示，2000 年以来，反映我国装备制造业景气运行状况的一致合成指数呈现出明显的波动性特征。从景气波动出现的时间顺序来看，2000 年 1 月至 2002 年年初，装备制造业景气持续处于震荡下行通道，从 2002 年 3 月开始装备制造业一致合成指数开始迅速回升，景气水平一举回到相对高位，经过 2003 年的平稳休整后继续攀升，于 2004 年 5 月达到此次上升阶段的高点，也是 2000 年以来的最高峰顶；此后，受政府宏观调控的影响，从 2004 年 6 月开始，我国装备制造业景气出现一年左右的急速下滑，合成指数于 2005 年 5 月达到该轮下滑的最低点；此后，装备制造业景气指数呈现反弹回升，并一直持续至 2006 年 3 月；随后装备制造业景气开始呈现逐步震荡回落态势，在小幅震荡回落两年多后，2008 年 6 月开始呈现急速、大幅下滑态势，并于 2009 年 4 月达到该轮下滑的最低点，也是 2000 年以来的最低谷底。此后，装备制造业景气发生剧烈转折，指数呈现"井喷式"的快速上升，并于 2010 年 4 月达到接近 2000 年以来最高峰顶的本轮波动的最高点；此后，我国装备制造业景气再次呈现快速下滑态势，并一直持续至 2012 年 10 月。

根据确定经济周期波动转折点的判别准则和 2000 年以来装备制造业景气指

数的走势,按照谷—谷的周期计算基本可以确定,我国装备制造业从 2002 年开始,经历了两次完整的景气波动,目前似乎处于第三次景气波动的下降阶段,并且到 2012 年 10 月为止,已经基本形成了本轮景气中周期的大体形态。

具体来看,2002 年 2 月至 2005 年 5 月构成了一次长度为 39 个月的景气波动,同时也符合经济短周期的构成标准,其中扩张期(2002 年 2 月至 2004 年 5 月)为 27 个月,收缩期(2004 年 6 月至 2005 年 5 月)为 12 个月,显然,这一轮波动属于长扩张型周期,且扩张幅度远大于收缩幅度,从而形成了 2000 年以来的最高峰顶;2005 年 6 月至 2009 年 4 月构成了第二次长度为 47 个月的景气波动,同时也符合经济短周期的构成标准,其中扩张期(2005 年 6 月至 2006 年 3 月)为 10 个月,收缩期(2006 年 4 月至 2009 年 4 月)为 37 个月,显然,这一轮波动属于长收缩型周期,并且下降幅度远大于上升幅度,从而形成了 2000 年以来的最低谷底,且这次波动的峰顶远低于前一次。根据经济中周期的判别准则,已出现的这两次景气波动已经具备构成一个景气中周期的初步条件,很明显,这轮中周期的峰顶已经在 2004 年 5 月出现。虽然 2009 年 5 月开始装备制造业景气呈现"井喷式"的快速上升,但其于 2010 年 4 月达到的本轮波动的最高点仍未超过 2004 年 6 月的水平,因此,从中周期角度来看,装备制造业自 2004 年下半年已进入于本轮景气中周期的收缩阶段。

图 8-2 显示,2000 年以来,集中反映我国装备制造业企业产成品库存状况和价格指数变化的滞后合成指数在 2002 年 7 月、2006 年 2 月和 2009 年 7 月出现 3 次波动谷底,形成一个比较明显的周期波动,2011 年 4 月开始进入新一轮下降局面,并一直持续至 2012 年 10 月。该指数相对于一致合成指数始终具有较稳定的滞后特征,平均滞后期为 6 个月左右。滞后合成指数的走势确认了前面对装备制造业景气波动和周期转折点的判断。

2. 装备制造业景气与宏观经济景气的相关性分析

为了对我国装备制造业景气变动与宏观经济运行态势进行比较分析,我们基于长期使用的"宏观经济监测预警系统"和更新后的相关经济数据,进一步得到我国宏观经济景气的一致合成指数(基准年为 2006 年)[1],其与我国装备制造业一致合成指数的对比状况由图 8-3 给出。

从图 8-3 中可以看出,2000 年以来,我国装备制造业的一致合成指数与宏观一致合成指数的走势基本一致,表明我国装备制造业的周期性景气变动与宏观经济景气运行大体一致。装备制造业景气变动的峰谷转折点多数相对于宏观景气转折点略有滞后,滞后期一般在 2 个月左右。但在 2002 年 2 月至 2004 年 5

---

① 依据陈磊和孔宪丽(2007),基准指标为工业增加值增速,一致指标有全行业产品销售收入、全社会固定资产投资、社会消费品零售总额和狭义货币供应量 M1。

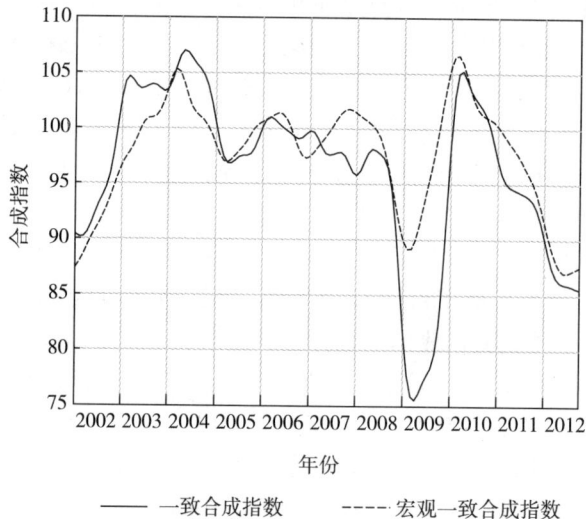

图 8-3 装备制造业一致合成指数和宏观一致合成指数

月的扩张阶段,装备制造业一致合成指数的峰值点(107.00)要略高于宏观一致合成指数(105.34),而在 2006 年 4 月至 2009 年 4 月的收缩阶段,装备制造业一致合成指数的谷底点(75.53)要明显低于宏观一致合成指数(89.14),这表明2002~2010 年装备制造业的景气波动相对于宏观经济更为剧烈,由美国次贷危机引致的国际经济形势恶化对我国装备制造业的冲击明显大于其他领域。而 2011 年以后,装备制造业景气指数波动幅度明显降低,与宏观景气指数较为接近,这表明装备制造业的运行态势 2011 年以来呈现明显趋稳迹象。

进入 21 世纪,随着我国经济的持续快速增长,道路交通等基础设施得到了很大程度的改善、人民收入水平不断提高,消费结构进一步升级,对汽车、房地产需求的快速增长,带动了相关行业的发展,带动了投资需求,从而有效地带动了我国装备制造业的快速增长。但是,由于我国装备制造业起步较晚,早期的装备制造业在产品结构、技术含量以及企业管理、销售方式等方面存在着诸多不足,从而在一定程度上制约了我国装备制造业的快速增长,我国装备制造业增长的一致合成指数在 2000 年下半年开始出现回落态势。2002 年以来,在政府扩大内需的方针和积极的财政政策等宏观调控的作用下,我国经济进入了新一轮的快速增长阶段,中国经济呈现高增长低通胀的良好局面,周期波动的幅度较历史大为缓和。同时,加入 WTO,国际市场的进一步开放,使中国出口快速增长。受国内市场巨大需求和出口高增长的拉动,我国装备制造业增长的一致合成指数在2002 年 3 月止跌回升,进入新一轮的快速上升阶段,并一直持续到 2004 年 5月。然而,前期良好的市场状态使一些装备制造业企业开始低水平的重复建设、盲目地进行产能扩张,进而导致产成品库存的不断增加,产业整体景气状况大幅下滑。例如，在交通运输设备制造业中的轿车生产上，2003 年 1 月至 7 月全国轿车共生产 106.02 万辆，同比增长 97.35％，相比上年翻了一番。然而，由于受非典疫情影响的汽车企业产销衔接状况尚未好转，相比于产量突飞猛进，汽车市场的销售情况却增长缓慢，进而导致库存的不断积压，行业景气状况出现大幅下滑，2003 年前 7 个月产生的轿车库存已超过 6 万辆。同时，2004 年国家紧缩经济政策的实施也在一定程度上制约了我国装备制造业的增长。在上述综合因素的影响下，我国装备制造业一致指数从 2004 年 6 月开始出现的下滑态势一直持续至 2005 年 5 月。2005 年下半年，相关的产业新政策、新法规的正式实施使装备制造业所面临的市场环境在一定程度上得以改善，进而使装备制造业的运行态势重新显现回升趋势，并一直持续至 2006 年 3 月。2008 年 6 月受美国次贷危机引致的金融危机影响，我国装备制造业运行态势开始呈现急速、大幅下滑。2009 年下半年，在我国中央政府出台一系列"保增长、扩内需"的应对国际金融危机政策作用下，我国国内经济运行状况得到逐步改善，进而使我国装备制造业景气再次快速回升。但是随着国家宏观调控政策的适度放松及欧债危机引致的世界经济形势的进一步恶化，我国装备制造业景气状况自 2010 年 5 月开始再次调头向下，并持续至 2012 年 10 月。

8.1.3　中国装备制造业景气波动成因的实证分析

从上述分析可以看出，我国装备制造业的运行态势呈现出明显的周期性特征，并且其周期波动的状况与宏观经济的周期运行密切相关，本小节将进一步从宏观经济运行角度对装备制造业运行态势的周期性波动成因进行具体的实证分析。

1. 逐步最小二乘回归

逐步回归分析方法的基本形式和核心思想是在备选的全部解释变量中，按照它们对因变量影响大小、变量的显著程度或对回归方程整体显著性的贡献大小，由大到小地逐个引入回归方程。同时，已被引入回归方程的变量在引入新变量后也可能失去重要性，而需要从回归方程中剔除出去。经过逐步地比较判断，最终按照建模者的意愿产生最优的回归模型。建模者可以根据经济理论确定必须要保留的解释变量，然后依据模型的用途自行选择引入或者替换备选解释变量的标准。

1）单方向筛选法

单方向筛选法（uni-directional method）包含前向法（forwards）和后向法（backwards）两种，两种方法都是利用最大 t 值或者相对应的最小 P 值作为变量入选标准，即根据变量的显著性进行筛选。前向法是根据最小 P 值进行逐步回归。首先设定变量的入选 P 值标准（如 0.05），即将入选变量的显著性水平设为 0.05；其次选择所有变量中 P 值最小并且小于所设定入选 P 值标准的变量加入模型；最后在剩余变量中一直筛选下去；当剩余的每个变量加入模型后其 P 值

都大于设定的 P 值时，或者增加回归变量的数量达到了建模者事先设定的数值时，逐步回归运算结束。

后向法与前向法类似，只不过这种方法一开始就将全部的备选变量加入模型，然后选择 P 值最大的变量，如果此变量的 P 值大于事先设定的数值，则将其剔除掉，最后再在剩余的变量中依此做法选择剔除变量，直到模型中剩余的解释变量所对应的 P 值都小于设定值，或者增加回归变量的个数达到设定数值时结束筛选。

2）逐步筛选法

逐步筛选法（stepwise method）是以单方向筛选法为基础的，也包含前向法和后向法两种方法。逐步前向筛选法最先是和单方向前向法完全相同，将 P 值最小并且小于所设定入选 P 值标准的变量加入模型，但不同的是，每次增加变量后还要执行单方向后向法的程序，即检查模型中包含的解释变量中是否存在最大的 P 值超过设定值的情况，如果存在，则剔除这个变量。每次按照单方向前向法增加一个变量的时候，都要按照单方向后向法检查是否要剔除一些不显著的变量。筛选结束规则与上述两种方法相同。

逐步筛选法的后向法正好与前向法相反。这种方法首先将全部的备选变量加入模型，其次剔除 P 值最大并大于事先设定数值的变量，最后执行单方向前向法程序，即检查是否应该在剔除掉的变量选出能够加入进模型的变量。每次按照单方向后向法剔除一个不显著的变量，都要按照单方向前向法检查是否可以加入一些变量，直到模型中的变量 P 值都小于设定值，或者增加回归变量的个数达到设定数值时结束筛选。

3）互换变量法

互换变量法（swapwise method）基于模型整体效果，即通过判断拟合优度 R^2 作为筛选变量的标准。首先选择能够使得方程的 R^2 增加最大的变量入选。其次选择下一个能使回归方程 R^2 增加最大的变量。最后，将第一个选中的变量逐一与未选中的变量互换，一旦出现 R^2 超过现在的数值的情况，就将新的变量换入方程中，再将另一个变量与其他未选中的变量互换，这个过程一直进行下去，直到 R^2 无法改善的时候，再考虑加入第三个变量。加入第三个变量后，仍然要执行类似的变量互换过程，一旦出现 R^2 超过既有数值的情况，就换入新的变量。当入选变量的个数达到事先设定的数值时，结束筛选。

也可选择使方程的 R^2 增加较小的变量入选，这种选择标准将由于大量的变量组合运算而导致筛选过程较长。

4）组合法

组合方法（combinatorial method）与互换变量法作用类似，即将给定的所有变量进行组合分别进行回归，使 R^2 最大的变量组合即为最终的回归方程。这种方法适合于建模者事先设定了最终希望包含的变量个数的情形。

2. 中国装备制造业景气波动成因的实证分析

我们利用 2002 年 1 月至 2012 年 10 月的样本数据以装备制造业的一致合成指数为被解释变量，并依据从一般到特殊的建模理论，综合考虑各种影响装备制造业运行的因素，解释变量中除考虑装备制造业的景气指标外，还考虑到反映宏观经济主要领域运行状况的部分具体宏观经济指标，通过先建立最一般的模型，然后逐步剔除明显不显著的变量，将模型约化为一个变量和参数都很简约的模型，并对方程进行协整检验，以避免传统经济计量模型中存在的伪回归问题，最终所建立的协整方程[①]如下：

$$CI_t = 10.15 + 32.96 \times INC_t + 0.15 \times HCI_t + 47.9 \times SZJ_t$$
$$\quad (2.55) \quad\quad (22.89) \quad\quad\quad (5.83) \quad\quad\quad (2.23)$$
$$+ 24.08 \times JLE_t + 1.52 \times FDI_t + 5.51 \times IDK_t + \hat{u}_t$$
$$\quad (28.91) \quad\quad\quad (2.94) \quad\quad\quad (2.43) \quad\quad\quad\quad\quad (8\text{-}1)$$
$$\hat{u}_t = 2.88 \times \hat{u}_{t-1} - 3.61 \times \hat{u}_{t-2} + 2.37 \times \hat{u}_{t-3} - 0.7 \times \hat{u}_{t-4} + e_t$$
$$t = (41.5) \quad\quad (-20.9) \quad\quad (13.8) \quad\quad (-10.2)$$
$$R^2 = 0.99 \quad\quad D.W. = 2.01 \quad\quad\quad\quad\quad\quad\quad (8\text{-}2)$$

其中，CI 为装备制造业的一致合成指数；INC 为反映装备制造业产品市场需求状况的装备制造业销售收入增速；HCI 为反映宏观经济综合运行态势的宏观一致合成指数；SZJ 为三资企业工业增加值增速；JLE 为进料加工贸易出口额增速；FDI 为外商直接投资增速；IDK 为反映工业企业融资状况的金融机构工业贷款增速。

由于式(8-1)存在序列相关，利用 AR(4)模型进行修正，具体修正结果由式(8-2)给出，修正后经过 LM 检验，表明不存在序列相关。并对残差 e_t 进行单位根检验，结果是平稳的，说明装备制造业一致合成指数与上述主要宏观经济变量之间存在长期的均衡关系。

从式(8-1)可以看出，我国装备制造业的一致合成指数与宏观经济一致合成指数、装备制造业销售收入及三资企业工业增加值增速等四个具体宏观经济指标之间存在显著的正相关关系，这表明除装备制造业自身的产品市场需求状况外，宏观经济的综合运行态势及部分宏观经济领域的运行状况也显著影响装备制造业的运行态势，装备制造业销售收入增速的周期性波动、宏观经济的周期性运行及部分宏观经济领域运行态势的周期性波动均会在一定程度上带来装备制造业运行态势的周期性变化。其中，三资企业工业增加值增速的波动对装备制造业一致合成指数波动的影响效果最大，其每波动 1 百分点，装备制造业一致合成指数将随之同向波动 0.479 个单位，这主要是由于在我国装备制造业中三资企业所占的比

[①] 方程下面括号内数字为相应系数的 t 统计量，各系数均在 0.01 显著性水平下显著。

重较大。例如，2006 年我国金属制品业等 7 个装备制造业工业行业共实现工业增加值 25 925.16 亿元，其中三资工业企业工业增加值所占比重为 48%，特别是其中规模最大的电子及通信设备制造业，全行业共实现工业增加值 7 084.30 亿元，三资企业占 77.3%。除三资企业工业增加值外，进料加工贸易出口额的波动也同样对装备制造业运行态势也有较大影响，具体来看，进料加工贸易出口额增速每波动 1 百分点，装备制造业的一致合成指数将同向波动 0.24 个单位，这主要是因为随着全球制造业加工中心向中国的转移，在中国制造业特别是装备制造业的出口贸易中，进料加工已成为贸易的主要方式。而外商直接投资增速及金融机构工业贷款增速的波动，虽与装备制造业一致合成指数波动之间存在显著相关关系，但具体影响效果相对较小，外商直接投资增速或金融机构工业贷款增速每波动 1 百分点，装备制造业一致合成指数将随之同向波动 0.015 或 0.055 个单位。此外，宏观经济一致合成指数与装备制造业的一致合成指数之间也存在显著的相关关系，但相比于其他因素，宏观经济波动对装备制造业景气波动的独立影响程度很低，具体来看，宏观经济一致合成指数每波动 1 个单位，装备制造业一致合成指数将随之同向波动 0.001 5 个单位。

8.2　中国钢铁工业景气波动的实证分析

钢铁工业作为基础原材料工业其发展态势将直接影响国民经济的运行，同时钢铁工业对宏观经济周期波动的反映也是相当灵敏，在经济扩张期，钢铁工业的生产、价格及销售会迅速上升，而经济处于衰退阶段，这些活动均会随之下降。因此，对钢铁工业的运行状态进行监测预测具有十分重要的现实意义。

始创于 1969 年的国际钢铁联合会（The International Iron and Steel Institute，IISI）定期监测和公布世界和各国钢铁工业的各种统计和预测指标。20世纪 90 年代初期，美国地质调查网（U. S. Geological Survey，USGS）在哥伦比亚大学国际经济周期研究中心的帮助下定期监测美国金属市场的波动变化，并定期计算和发布"金属工业指数"（metal industry indicators，MII）。金属工业指数提供了包括钢铁工业指数在内的几种不同类型的先行和一致合成指数，通过这些景气指数可以对钢铁工业等金属工业的未来变化进行分析和预测，同时通过分析这些金属工业的波动变化对整个宏观经济的影响，可以为相关单位和部门制定与金属活动相关的决议和政策提供一定的依据。国外的一些新闻组织，如《华尔街杂志》（The Wall Street Journal）、《纽约时代》（The New York Times）等均会定期向社会公布金属工业指数的趋势。除此之外，芝加哥的联邦储备银行和一些基金组织等金融机构也使用金属工业指数去分析经济周期对钢铁工业生产和收益的影响。目前美国地质调查网分别构建了初级金属、钢铁、铜、铝等行业的先行指数，改进后的新先行指数的先行期为 6～9 个月，这些改善后的先行指数可以为使用者提供一些关于宏观经济变动对金属活动影响的早期信号。同时美国地质调查网也计算和公布了钢铁等金属价格的先行指数，这些指数可以对金属的价格指数增长率的变化给出预期。

我国在 20 世纪 80 年代末开始利用景气指数方法对宏观经济周期波动进行监测预测，而对钢铁工业的监测预测工作则刚刚起步。我国加入 WTO 后，钢铁工业全面置身于经济全球化和市场经济的大潮中起伏动荡，正是基于此种状况，制定我国钢铁工业的景气指数具有极为重要的现实意义。我们通过多方面收集与钢铁工业有关的月度经济指标，利用时差相关分析等方法从中筛选出钢铁工业的先行、一致和滞后指标，并利用国际上通用的合成指数方法构建了我国钢铁工业的景气指数，以期为政府、钢铁企业及相关部门准确判断钢铁工业发展形势，有效预测钢铁工业的未来发展动向，正确制定相关的宏观经济调控方向、力度及经营方针提供一定的依据。

8.2.1　钢铁工业景气指标的选取及景气指数的制定

除钢铁工业自身的产业活动外，其相关的上游和下游产业的经济活动以及投资、贸易、物价、财政、金融等宏观经济领域广泛的经济活动均会在一定程度上影响和反映钢铁工业的景气波动状况。因此，要想制定能够全方位综合反映钢铁工业景气波动状况的钢铁工业景气指数，必须尽量全面地选取相关领域的经济指标。在国家信息中心中国经济信息网和中国钢铁工业协会的大力支持下，我们收集了与钢铁工业相关的月度宏观经济指标、钢铁工业相关行业的经济指标以及钢铁工业自身的各项指标共 300 多个[①]，这些指标覆盖了钢铁工业及相关行业的生产、销售、效益、成本等各个方面。

同样，在本小节中我们将收集到的指标进行数据处理，计算相应的增长率序列，并将其进行季节调整，然后利用时差相关分析方法和 K-L 信息量方法等多种方法筛选出了 14 个景气指标，分别构成钢铁工业的先行、一致、滞后指标组，表 8-2 中列出了美国及我国钢铁工业的景气指标。由于国内外在数据统计上的区别，我们所选出的指标与美国的指标存在着一定的差别，一个重要的差别是在数据类型上，美国采用的指标多是基于古典循环的水平值序列；而我国的指标由于不存在古典循环，所以采用基于增长率循环的增长率指标。

---

① 如不做特别说明，本小节所采用数据来源均为国家统计局《中国经济景气月报》、中国钢铁协会《中国钢铁工业统计月报》和中国经济信息网，样本区间：1999 年 1 月至 2012 年 10 月。

表 8-2　美国及我国钢铁工业景气指标组

美国钢铁工业景气指数①		中国钢铁工业景气指数		
	指标名称	指标名称	超前滞后月数	相关系数
先行指标	钢铁工业平均周工作小时 钢铁企业新订单 钢铁公司的 S&P 股价指数 美国客车和轻型卡车销售额 废钢价格增长率 家用器具的货运量 新建私人住宅指数 美国 M2 增长率 初级金属指数(PMI)	先行指标 金融机构工业贷款 商业营业用房竣工面积 汽车累计产量 摩托车累计产量 交通运输设备制造业产品销售收入 火电产量	−10 −12 −10 −10 −5 −5	0.65 0.70 0.74 0.65 0.78 0.71
一致指标	钢铁工业生产指数 钢铁工业企业出厂产品价值 钢铁工业总工作小时	一致指标 钢铁工业产品销售收入 钢铁工业工业品出厂价格指数 钢铁工业税金总额 钢铁工业流动资产	0 0 −2 2	1 0.82 0.81 0.86
滞后指标		滞后指标 钢铁工业产成品资金占用 汽车零件累计出口额增速 煤炭开采和洗选业产品销售收入增速 黑色金属材料类购进价格指数	+3 +9 +9 +11	0.83 0.74 0.78 0.73

注：(1)需要指出的是表中所列指标：美国采用的指标除废钢价格和 M2 外均为水平值；而中国指标除 2 个价格指标外，均计算指标的增长率并进行了季节调整

(2)"+"表示滞后；"−"表示先行

筛选钢铁行业景气指标的首要工作是确定一个重要的能够敏感反映我国当前钢铁经济活动的指标作为基准指标。我国钢铁工业基准指标的选取应该是钢铁工业总产值增长率最合适，但是由于钢铁工业总产值的数据序列太短，暂时无法使用。经过比较研究，我们选取钢铁工业的销售收入增长率作为基准指标，这是因为钢铁工业销售收入与钢铁工业总产值具有较一致的变化趋势。

首先考虑一致指标。本小节所选出的钢铁工业工业品出厂价格指数与基准指标的相关系数比较高，达到 0.82，并且其超期滞后月数为 0，这说明钢铁工业工业品出厂价格指数与基准指标的波动非常一致。钢铁工业工业品出厂价格指数直接反映着钢铁工业产品的市场需求状况，因此，其应该与钢铁工业销售收入具有较一致的变化趋势；钢铁工业税金总额增长率和钢铁工业流动资产增长率虽略超前和滞后于钢铁工业销售收入增长率，但由于超前滞后期不超过 2 个月，其时差

---

① 本指标由美国地质调查网每月定期公布，但其中不包括滞后指标。

相关系数分别达到 0.81 和 0.86，因此被选为一致指标。

其次考虑先行指标。本小节所选出的这 6 个先行指标总的来说与基准指标的时差相关关系都较好，特别是商业营业用房竣工面积增长率、汽车累计产量增长率、交通运输设备制造业产品销售收入增长率和火电产量增长率这 4 个指标，与基准指标的时差相关系数均达到了 0.7 以上。房地产、汽车和交通运输设备制造业均是钢铁工业的主要下游需求行业，这些行业产品产量及销售收入的迅速增长必然会拉动钢材市场的需求，从而经市场传递后也会拉动钢材市场的需求，因此商业营业用房竣工面积增长率、汽车累计产量增长率、摩托车累计产量增长率和交通运输设备制造业产品销售收入增长率这四个指标相对于基准指标(钢铁工业销售收入)应该是先行的。而电力是钢铁工业生产所需能源，因此，火电产量增长率先行基准指标钢铁工业销售收入也是合理的。

最后考虑滞后指标。本小节选取了 4 个滞后指标，其中钢铁工业产成品占用增长率在一定程度上均可看做钢铁工业存货增长的一种反映。在经济发展态势较好时期，存货一般较少，存货的积累并不会马上反应经济的衰退，常滞后几期才会引起注意，所以可以作为衡量经济发展的滞后指标；黑色金属材料类购进价格指数是反映与钢铁工业产品相关的大类产品价格变动的指标，因此也具有一定的滞后性。汽车零件累计出口额增速和煤炭开采和洗选业产品销售收入增速两个指标滞后 9 个月的序列与基准指标序列的相关系数较高，均达到 0.7 以上，因此也被选为滞后指标。

以上从经济角度分析了我们选出的钢铁工业景气指标，可以看出表 8-2 中的指标不仅与景气波动的对应性较好，还具有重要的经济意义。通过观测这些指标的变化，可以比较全面地分析钢铁工业的发展态势，从而帮助有关部门较为合理和准确地掌握钢铁工业未来的发展动向。但由于我国钢铁工业景气指标的时间序列较短，仅仅经历了一个完整的循环，同时我国又处于经济结构的变化当中，所以随着数据的积累，在指标的选取上，仍需不断地改进和完善。

基于表 8-2 所列的我国钢铁工业的各组景气指标，利用合成指数方法，构造了我国钢铁工业的先行、一致、滞后景气指数(基准年为 2006 年)。各合成指数的具体走势由图 8-4 和图 8-5 给出，图中阴影部分表示我国钢铁工业的景气下降时期。

从图 8-4 可以看出钢铁工业先行合成指数的先行性非常明显，其峰谷平均超前期为 6 个月；并且从图 8-5 中，我们也可以看到钢铁工业滞后合成指数与一致合成指数的对应关系也非常好，其峰谷平均滞后期为 5 个月。

8.2.2 中国钢铁工业的周期性运行特征

根据综合反映钢铁工业景气运行状况的一致合成指数(图 8-4)的走势可以看出，我国钢铁工业一致合成指数在 2002 年 3 月达到前一轮波动的谷底(95.94)后，

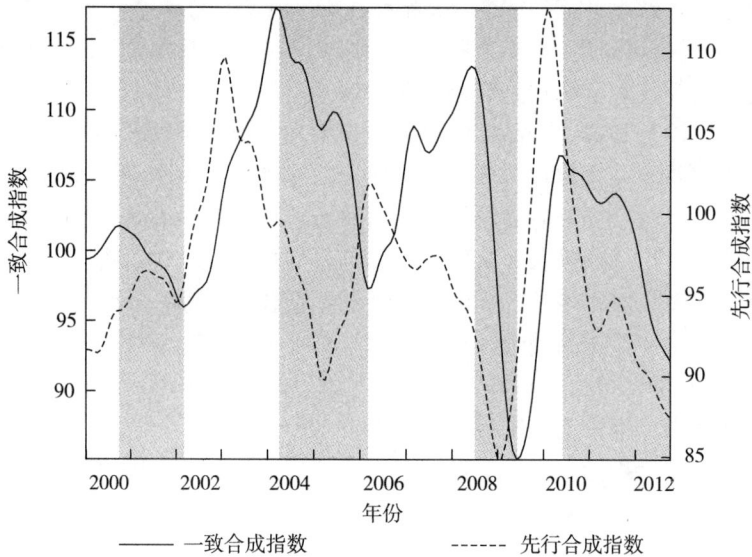

图 8-4　钢铁工业一致合成指数和先行合成指数

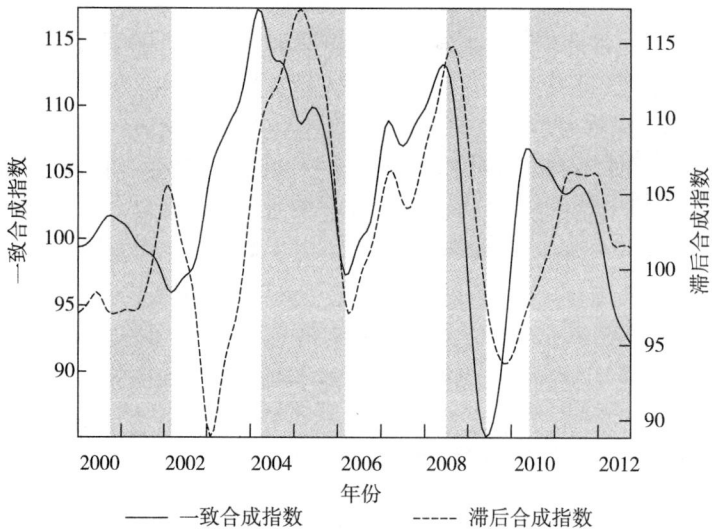

图 8-5　钢铁工业一致合成指数和滞后合成指数

开始呈现出强劲的上升趋势，经过两年多的持续攀升，于 2004 年 3 月达到本次行业景气波动的峰顶（117.27）。随后再次出现下滑态势，并持续至 2006 年 3 月（97.31）。2006 年 4 月我国钢铁工业一致合成指数止跌回升，并一直持续至 2007 年 3 月，随后经小幅震荡后于 2007 年 8 月重新恢复上升态势，至 2008 年 6 月达到本次行业景气波动的峰顶（113.14）。2008 年 7 月我国钢铁工业一致合成指数呈现急速回落态势，至 2009 年 6 月达到 2000 年以来的最低点(85.15)，随后我国钢铁工业一致合成指数再次步入上升通道，并于 2010 年 5 月达到本次行业景气波动的峰顶(106.81)，随后逐步呈现回落态势，并一直持续至 2012 年 10 月。

根据确定经济周期波动转折点的判别准则和 2000 年以来我国钢铁工业景气指数的走势，按照峰—峰的周期计算基本可以确定，我国钢铁工业从 2000 年开始，经历了三次景气波动，目前似乎处于第四次景气波动的下降阶段。

具体来看，2000 年 11 月至 2004 年 3 月构成了一次长度为 40 个月的景气波动，同时也符合经济短周期的构成标准，其中收缩期(2000 年 11 月至 2002 年 2 月)为 15 个月，扩张期(2002 年 3 月至 2004 年 3 月)为 25 个月，显然，这一轮波动属于长扩张型周期，且扩张幅度远大于收缩幅度，从而形成了 2000 年以来的峰顶；2004 年 4 月至 2008 年 6 月构成了第二次长度为 51 个月的景气波动，同时也符合经济短周期的构成标准，其中的收缩期(2004 年 4 月至 2006 年 3 月)为 23 个月，并上升扩张期(2006 年 4 月至 2008 年 6 月)为 28 个月，属于长扩张型周期，但收缩幅度大于扩张幅度；2008 年 7 月至 2010 年 5 月构成了一次长度为 23 个月的景气波动，同时也符合经济短周期的构成标准，其中收缩期(2008 年 7 月至 2009 年 6 月)为 12 个月，扩张期(2009 年 10 月至 2010 年 5 月)为 11 个月，显然，这一轮波动属于对称型周期，但收缩幅度远大于扩张幅度，从而形成了 2000 年以来的谷底。根据经济中周期的判别准则，已出现的这三次经济短周期已经具备构成一个景气中周期的初步条件，很明显，这轮中周期的峰顶已经在 2004 年 3 月出现。

图 8-5 显示，2000 年以来，集中反映我国钢铁工业企业产成品库存状况和价格指数变化的滞后合成指数在 2003 年 2 月、2006 年 5 月和 2009 年 11 月出现 3 次波动谷底，形成三个比较明显的周期波动。2009 年 12 月我国钢铁工业滞后合成指数开始进入新一轮回升局面，并持续至 2011 年 6 月，随后其再次呈现回落态势，并一直持续至 2012 年 10 月。该指数相对于一致合成指数始终具有较稳定的滞后特征，平均滞后期为 5 个月。滞后合成指数的走势确认了前面对钢铁工业景气波动和周期转折点的判断。

8.2.3　钢铁工业景气与宏观经济景气的相关性分析

为了将我国钢铁工业的景气变动与宏观经济运行态势进行比较分析，图 8-6 进一步给出了我国钢铁工业一致合成指数与宏观一致合成指数的对比状况，图中阴影部分仍表示我国钢铁工业一致合成指数的下降期。

从图 8-6 中可以看出，2005 年上半年前，我国钢铁工业的一致合成指数与宏观一致合成指数的走势基本一致，这表明在这段时间我国钢铁工业的景气变动与宏观经济景气运行大体一致。而从 2005 年下半年开始，宏观一致合成指数呈

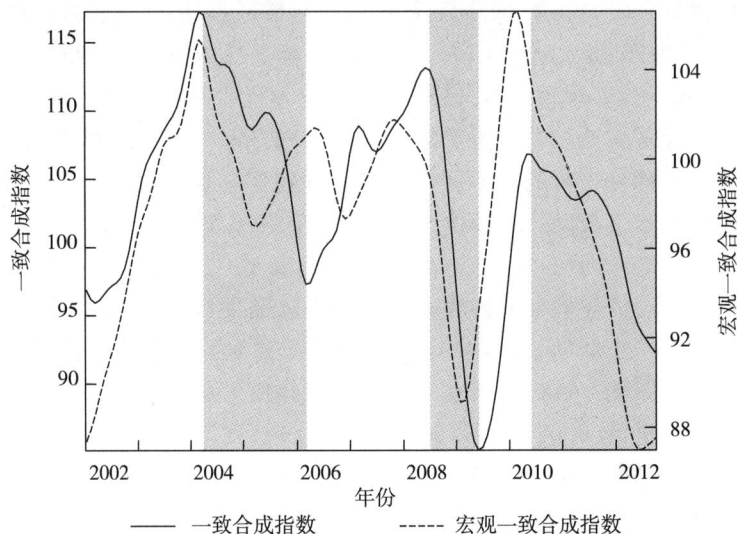

图 8-6　钢铁工业一致合成指数和宏观一致合成指数

现持续的震荡小幅攀升态势，而我国钢铁工业一致合成指数则呈现持续快速下滑态势，并于 2006 年 3 月形成本轮波动的谷底（97.31），可见，2005 年下半年开始，我国钢铁工业的景气态势与宏观经济走势呈现出明显的差异。从 2008 年年初开始，我国钢铁工业的一致合成指数的走势相对于我国宏观一致合成指数呈现出明显的 5 个月左右的滞后期，并且滞后关系一直稳定持续至 2012 年 10 月。

近年来，在国家扩大内需、加大基础设施建设等政策的拉动下，我国钢铁工业获得了快速的增长。同时，在世界钢材需求大幅增长的国际环境下，我国钢材出口在 2000 年创出了历史新高，从而有力地拉动了我国钢铁工业的快速增长。我国钢铁工业的一致合成指数于 1999 年年底便开始进入了快速增长时期，此趋势持续一年左右。由于前期良好的市场状态使一些已经停产的钢铁生产能力再度开工，加之在世界钢铁产能过剩的状况下，国内强劲的内需使得中国钢材市场成为全球的焦点，使国际钢铁市场的竞争日益加剧。钢材出口增幅的下降、进口钢材对国内市场冲击的不断加强，使我国钢铁工业的发展态势又有所回落，企业的效益开始下滑。钢铁工业一致合成指数于 2000 年 11 月开始下滑，并一直持续到 2002 年 3 月。此后受宏观经济快速增长的拉动，我国钢铁工业景气呈现持续快速上升态势。2004 年 4 月受宏观景气回落的影响，钢铁工业一致合成指数再次呈现下降趋势。同时由于近年来钢铁工业的下游行业需求结构不断调整和升级使得钢铁工业在产量快速增长的同时积累的产品结构性问题日益突出，我国钢铁工业景气呈现出有悖经济基本面的运行态势，在宏观经济再次稳步回升的大环境下，钢铁工业的景气持续不断下滑。整体来看，在 2005 年 4 月之前，我国钢铁工业发展主要满足中、低端产品的市场需求，原来被认为紧缺产品，如中厚板、热轧薄板等的产能快速增长，而高端产品，如冷轧薄板、品种板、冷轧无趋向硅钢等产能还不能满足市场需求。而在 2005 年 4 月之后，我国中厚板等产品的产能开始释放，市场供大于求的形势逐步形成，我国钢铁工业进入结构性过剩阶段，进而使得行业景气呈现大幅下滑态势。2005 年年末钢铁工业成为国家发展和改革委员会圈定的 11 个"产能过剩"行业之一，相应的宏观调控政策陆续出台，对钢铁工业的产能扩张进行严格限制。在国家结构性调整宏观政策的作用下及国际市场需求持续增加的强劲拉动下，2006 年 4 月我国钢铁工业的景气开始呈现快速上升态势，并持续至 2008 年 6 月。随着美国次贷危机逐步向严峻的世界性金融危机转化，我国国内外需求明显减弱，我国钢铁主要产品的价格呈"跳水式"急剧回落，我国钢铁工业的景气在 2008 年下半年开始呈现明显快速下滑态势，并于 2009 年 6 月达到 2000 年以来的最低点(85.15)。2009 年下半年，在我国中央政府出台一系列"保增长、扩内需"的应对国际金融危机政策作用下，我国国内经济运行状况得到逐步改善，进而使我国钢铁工业景气再次快速回升。但是随着国家宏观调控政策的适度放松和一系列规范房地产市场政策的出台，我国钢铁工业景气状况自 2010 年 6 月开始再次调头向下，虽然从 2011 年 5 月开始一致合成指数曾经出现持续 4 个月的回升局面，但回升程度非常有限。

8.3   中国汽车行业景气波动的实证分析

近年来，随着我国工业化和现代化步伐的加快，我国汽车制造业取得了快速的增长，逐步成为支撑经济高速增长的"支柱产业"，其发展态势将直接影响国民经济的运行。任何一个国家在完成其工业化的过程中都无法离开汽车工业的支撑。据有关资料显示(叶航，2004)，汽车工业对其他产业带动效应的直接相关度为 1：2.4～1：2.7，对劳动就业的带动效应为 1：7。以美国为例，汽车工业消费了美国 50％的钢铁，60％的橡胶，33％的锌，17％的铝和 40％的石油；在商业领域，汽车经销商的收入占美国批发商业的 17％和零售商业的 24％。同时汽车工业对宏观经济周期波动的反映也相当灵敏，在经济扩张期，汽车工业的生产量、价格及销售量会迅速上升，而经济处于衰退阶段，这些活动均会随之下降。因此，对汽车工业的运行状态进行监测预测具有十分重要的现实意义。

近几年随着对行业的监测预测工作的逐步展开，对我国汽车工业周期的相关研究也已经有了一定程度的发展，很多学者对我国汽车工业周期的定义、存在原因、传导方式等做了一定的研究；现有的研究成果主要是中国经济信息网构造的我国汽车工业景气指数，但是目前已有研究所选择的指标体系仍需要作进一步的探讨并加以完善。我国加入 WTO 后，汽车工业受到较大的冲击是不可避免的，特别是随着 2002～2006 年的五年过渡保护期的结束，我国汽车制造业将完全置身于经济全球化和市场经济的大潮中起伏动荡，因此，监测预测我国汽车工业的运行态势无论是对宏观调控部门还是对相应投资者均是非常必要的。正是基于此种状况，制定我国汽车工业的景气指数具有极为重要的现实意义。本节我们通过多方面收集与汽车工业有关的月度经济指标，利用时差相关分析等方法从中筛选出汽车工业的先行、一致和滞后指标，并构建我国汽车工业的景气指数，以期为政府、汽车企业及相关部门准确判断汽车工业的发展形势，有效预测汽车工业的未来发展动向，为正确制定相关的产业调控政策及企业的经营方针提供一定的依据。

8.3.1　汽车行业景气指标的选取及景气指数的制定

除汽车行业自身的产业活动外，其相关的上游和下游产业的经济活动以及投资、贸易、物价、财政、金融等宏观经济领域广泛的经济活动均会在一定程度上影响和反映汽车行业的景气波动状况。因此，要想制定能够全方位综合反映汽车行业景气波动状况的汽车行业景气指数，必须尽量全面地选取相关领域的经济指标。我们收集了与汽车行业相关的月度宏观经济指标、汽车行业相关产业的经济指标以及汽车行业自身的各项指标共 200 多个[①]，这些指标覆盖了汽车行业及相关产业的生产、销售、效益、成本等各个方面，本节数据主要来源于国家信息中心中国经济信息网和中国汽车工业协会。

将收集到的指标进行数据处理，计算相应的增长率序列，并将其进行季节调整，然后利用时差相关分析方法、K-L 信息量方法、峰谷对应法等多种方法筛选出 13 个景气指标，分别构成汽车行业的先行、一致、滞后指标组（基准指标为汽车行业的销售收入），具体指标由表 8-3 列出。

表 8-3　我国汽车行业景气指标组

	指标名称	超前滞后月数	相关系数
先行指标	汽车产量	−5	0.85
	汽车行业管理费用	−3	0.75
	汽车和汽车底盘进口额	−3	0.81
	钢材进口额	−7	0.63
	汽车行业产成品资金占用[1)]		

---

① 样本区间：1999 年 1 月至 2012 年 10 月。

续表

指标名称		超前滞后月数	相关系数
一致指标	汽车行业销售收入	0	1.00
	汽车行业税金总额	−1	0.91
	汽车行业亏损面(逆转)	0	0.89
	汽车行业利润总额	−1	0.78
滞后指标	汽车制造业流动资产年平均余额	+3	0.72
	汽车制造业产成品资金占用	+8	0.71
	汽车制造业从业人员人数	+10	0.65
	汽车制造业成本费用利润率	+3	0.78
	汽车制造业资产总计	+4	0.63

1)为逆转指标

首先考虑一致指标。本节所选出的汽车行业利润总额增长率、汽车行业税金总额增长率和汽车行业亏损面(逆转)增长率与基准指标的相关系数都比较高，特别是汽车行业税金总额增长率与汽车行业销售收入增长率的时差相关系数为0.91，两条曲线波动非常一致，且汽车行业税金总额增长率只超前了1个月，因此被选为一致指标。汽车行业亏损面(逆转)增长率是汽车行业亏损汽车制造企业个数占全部汽车制造企业个数比重的倒数的增长率，从计算结果中可以看出，其与汽车行业销售收入增长率的时差同步，时差相关系数为0.89，是很好的一致指标。当汽车行业亏损企业个数占全部企业个数的比例增大时，可以直观地看出此时正是汽车行业景气下滑的阶段，汽车行业亏损面(逆转)非常好地反映了汽车行业的景气状况。

其次考虑先行指标。本节所选出的这4个先行指标总的来说与基准指标的时差相关关系都较好，其中汽车行业管理费用增长率与基准指标的时差相关系数为0.78，先行期为3个月。管理费用是指企业行政管理部门为组织和管理生产经营活动而发生的各项费用，工业制造业管理费用的增长必然会带动生产效率的提高，最终带来行业销售收入的增长，因此，汽车行业管理费用增长率作为先行指标是合适的。由于汽车为汽车行业最终产品，而产品最终转化为销售收入还需要经历一定时间的销售过程，所以汽车产量的增长从经济活动的时间上要先行于汽车行业销售收入的增长，因此，汽车产量也被选为先行指标。汽车和汽车底盘进口额的波动，在一定程度上反映着由我国改装汽车制造业、车身制造业和轿车制造业所拉动的汽车底盘的需求情况，并且在我国的汽车行业中改装汽车制造业、车身制造业和轿车行业占有比较高的比重，因此，汽车和汽车底盘进口额的增长在时间上要先行于汽车制造业销售收入的增长，因此，汽车和汽车底盘进口额增长率也被选为先行指。钢材进口额作为反映汽车工业需求原料的指标，其波动在一定程度上先行于汽车行业销售收入，因此，将钢材进口额增长率选为先行指标。

最后考虑滞后指标。本节选取了 5 个滞后指标，其中汽车制造业流动资产年平均余额增长率和汽车制造业产成品资金占用增长率在一定程度上均可看做汽车行业存货增长的一种反映。在经济发展态势较好时期，存货一般较少，存货的积累并不会马上反映经济的衰退，常滞后几期才会引起注意，所以可以作为衡量经济发展的滞后指标；汽车制造业成本费用利润额增长率及汽车制造业资产总计增长率均是反映汽车行业发展状况的指标，具有一定的滞后性。从各指标的时差相关系数的超前滞后月数与 K-L 信息量的超前滞后月数看，二者有一定的不同，但相差不大，所以这样的指标还是可以作为稳定的景气指标。

以上从经济角度分析了我们选出的汽车行业景气指标，可以看出表 8-3 中的指标不仅与景气波动的对应性较好，还具有重要的经济意义。通过观测这些指标的变化，可以比较全面地分析汽车行业的发展态势，从而帮助有关部门较为合理和准确地掌握汽车行业未来的发展动向。但同样由于我国汽车行业的景气指标的时间序列较短，仅仅经历了一个完整的循环，同时我国又处于经济结构的变化当中，所以随着数据的积累，在指标的选取上，还需不断地改进和完善。

利用表 8-3 所列的指标通过合成指数方法计算出汽车行业的先行、一致、滞后景气指数(基准年为 2006 年)，如图 8-7 和图 8-8 所示。

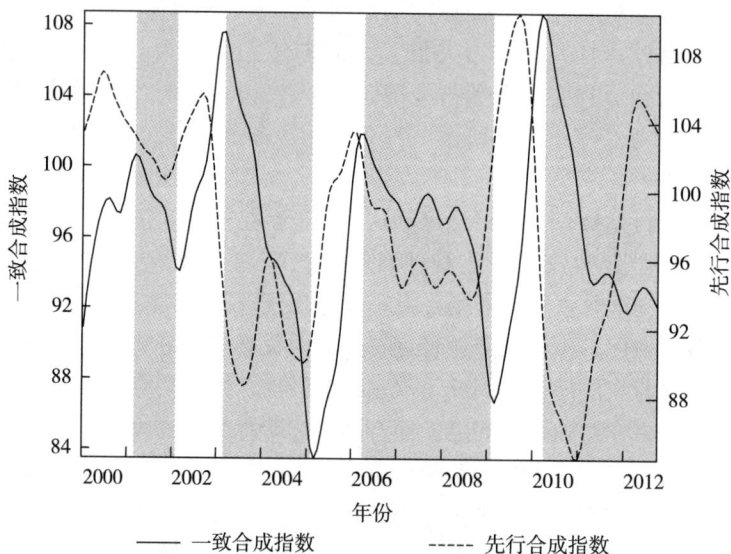

图 8-7　汽车行业一致合成指数和先行合成指数

从图 8-7 可以看出我国汽车行业先行合成指数相对于一致合成指数的先行效果非常明显，其峰谷平均超前期为 6 个月；从图 8-8 中，也可以看到我国汽车行业滞

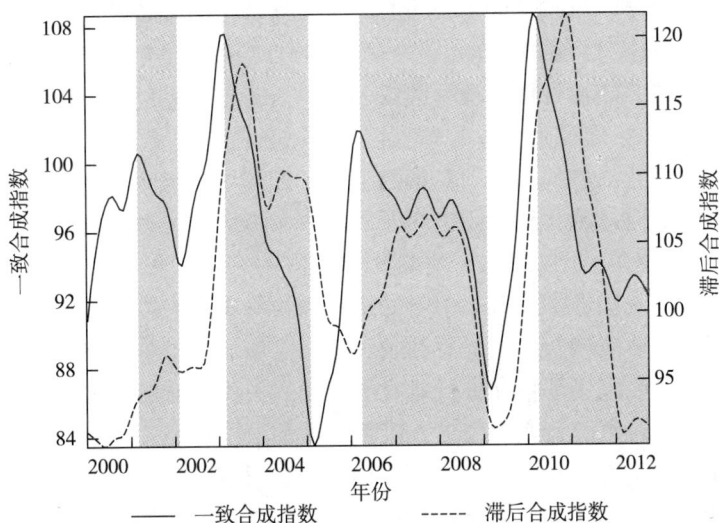

图 8-8　汽车行业一致合成指数和滞后合成指数

后合成指数与一致合成指数的对应关系也非常好，其峰谷平均滞后期为 9 个月。

8.3.2　中国汽车行业景气波动的实证分析

从图 8-7 中可以看出我国汽车行业增长的一致合成指数在 2002 年 3 月达到前一轮波动的谷底(94.07)后，开始呈现出强劲的上升趋势，经过一年的持续攀升，于 2003 年 3 月达到本次行业景气波动的峰顶(107.60)。2003 年 4 月我国汽车行业一致合成指数重现快速回落态势，2005 年 3 月达到 2000 年以来的最低点(83.50)。随后，我国汽车行业一致合成指数再次呈现快速上升态势，但持续一年左右后，于 2006 年 4 月再次进入下降通道，并持续至 2007 年 4 月。至 2007 年 10 月我国汽车行业一致合成指数经小幅震荡后呈现继续快速回落态势，2009 年 3 月达到本次行业景气波动的最低点(86.71)。2009 年 4 月我国汽车行业重现快速上升态势，2010 年 3 月达到 2000 年以来的最高峰顶(108.69)。随后，我国汽车行业一致合成指数再次掉头向下，直至 2012 年 10 月仍呈现震荡下行态势。

近年来，随着国民经济的发展和居民收入增加，在国家扩大内需、加大基础设施建设等政策的拉动下，汽车工业得到了快速发展。但我国的汽车工业在产品结构、企业管理、劳动生产率等方面与世界汽车强国还存在很大差距。从汽车工业一致合成指数的走势可以看出，我国的汽车工业 2002 年年初开始进入快速增长时期，此趋势持续一年左右，从 2003 年 4 月之后，汽车行业一致合成指数开始下滑，并且一直持续到 2005 年 3 月。这主要是由于，前期汽车市场的良好状态使众多厂家加大了投资力度，国内强劲的内需使中国的汽车市场在 2002 年起进入快速成长时期，汽车工业进入新一轮的、持续时间较长的增长阶段，汽车行业景气指数直线攀升。进入 2004 年，受政府宏观调控和汽车行业内部市场调节作用以及原材料、能源价格上涨等因素影响，汽车行业发展速度放缓。

2002 年景气上升期时我国汽车工业快速增长的主要原因是国民经济持续快速增长为汽车工业高增长提供了广阔的空间，随着中国经济从计划经济走向市场经济、从短缺走向过剩、从封闭走向开放，汽车市场已由过去的生产拉动型转变为市场拉动型。2002 年以来，在政府扩大内需的方针和积极的财政政策等宏观调控的作用下，我国经济进入一个新的快速增长阶段，有力地带动了汽车市场的需求，为汽车工业高增长提供了有利条件。同时应该注意到虽然中国具有成本优势，但过低的产能利用率将导致行业亏损。此后由于政府的宏观调控和油价、原材料上涨等原因，汽车行业景气进入较长时期的下降通道。

2005 年年初，中国汽车工业结构调整开始取得成效，经过大规模的技术改造和技术创新，我国汽车工业发生了很大的变化，无论是从生产力的布局到技术装备水平，还是从企业组织结构到产品结构的调整，都取得了显著的进步，从而使我国汽车工业的市场竞争力进一步增强。同时，钢铁价格的下降也使汽车制造的成本降低，居民消费需求持续增长等，都为汽车行业进入新一轮的经济周期上升阶段开辟了空间，自 2005 年 4 月开始，我国汽车工业进入了一种健康、稳定、可持续的发展阶段，开始了新一轮的景气上升阶段，然而由于五年贸易保护期的逐步结束，国内汽车市场的竞争日趋加剧，产能过剩矛盾逐步凸现，于 2006 年年初，汽车行业景气又再次出现下滑态势。2009 年下半年，在我国中央政府出台一系列"保增长、扩内需"的应对国际金融危机政策作用下，我国国内经济运行状况得到逐步改善，进而使我国汽车行业景气再次快速回升。但是随着国家宏观调控政策的适度放松和一系列规范房地产市场政策的出台，我国汽车行业景气状况自 2010 年 4 月开始再次调头向下，直至 2012 年 10 月仍未呈现明显回升态势。

根据确定经济周期波动转折点的判别准则和 2000 年以来我国汽车行业景气指数的走势，按照峰—峰的周期计算基本可以确定，我国汽车行业从 2000 年开始，经历了三次完整的景气波动，目前似乎处于第四次景气波动的下降阶段。

具体来看，2001 年 3 月至 2003 年 3 月构成了第一次长度为 25 个月的景气波动，同时也符合经济短周期的构成标准，其中收缩期（2001 年 3 月至 2002 年 3 月）为 13 个月，扩张期（2002 年 4 月至 2003 年 3 月）为 12 个月，显然，这一轮波动基本属于对称型周期，但扩张幅度远大于收缩幅度；2003 年 4 月至 2006 年 3 月构成了第二次长度为 36 个月的景气波动，同时也符合经济短周期的构成标准，其中收缩期（2003 年 4 月至 2005 年 3 月）为 24 个月，上升扩张期（2005 年 4 月至 2006 年 3 月）为 12 个月，属于长收缩型周期，并且收缩幅度远大于扩张幅度，进而形成了 2000 年以来的景气最低点；2006 年 4 月至 2010 年 3 月构成了一次

长度为 48 个月的景气波动，同时也符合经济短周期的构成标准，其中收缩期
（2006 年 4 月至 2009 年 3 月）为 36 个月，扩张期（2009 年 4 月至 2010 年 3 月）为
12 个月，显然，这一轮波动属于长扩张型周期，并且扩张幅度远大于收缩幅度，
从而形成了 2000 年以来的最高峰顶。根据经济中周期的判别准则，已出现的这
三次经济短周期已经具备构成一个景气中周期的初步条件，很明显，这轮中周期
的谷底已经在 2005 年 3 月出现。

图 8-8 显示，2000 年以来，集中反映我国汽车行业企业产成品库存状况和
成本费用利润率变化的滞后合成指数在 2003 年 8 月、2007 年 10 月和 2010 年 12
月出现三次波动峰顶，形成三个比较明显的周期波动。2010 年 4 月我国汽车行
业滞后合成指数开始呈现新一轮回落态势，并持续至 2012 年 3 月，随后其呈现
明显小幅震荡波动态势，并一直持续至 2012 年 10 月。该指数相对于一致合成指
数始终具有较稳定的滞后特征，平均滞后期为九个月。滞后合成指数的走势确认
了上文对汽车行业景气波动和周期转折点的判断。

8.4　本章结论及相关政策建议

本章借鉴国际上通用的景气分析方法，构造了我国装备制造业、钢铁工业以
及汽车行业的景气指数，并进一步对这些主要的工业部门或行业的景气波动特征
进行了具体的实证分析。

关于我国装备制造业景气波动的实证分析表明我国装备制造业的景气运行态
势呈现出明显的周期性特征。根据 2000 年以来我国装备制造业一致景气指数的
走势，按照谷—谷的周期计算基本可以确定，我国装备制造业从 2002 年开始，
共经历了两次完整的景气波动，目前正处于第三次景气波动的下降阶段，并且到
2012 年 10 月为止，已经基本形成了本轮景气中周期的大体形态。我国装备制造
业一致合成指数与宏观经济一致合成指数的进一步对比状况表明，就走势而言，
我国装备制造业的周期性运行态势与宏观经济的综合运行态势基本一致，装备制
造业景气变动的峰谷转折点多数相对于宏观经济景气转折点略有滞后，滞后期一
般在两个月左右。但就波动幅度而言，2002～2010 年装备制造业运行态势的波
动状况相对于宏观经济要更为剧烈，由美国次贷危机引致的国际经济形势恶化对
我国装备制造业的冲击明显大于其他领域。

根据确定经济周期波动转折点的判别准则和 2000 年以来我国钢铁工业业景
气指数的走势，按照峰—峰的周期计算基本可以确定，我国钢铁工业从 2000 年
开始，经历了三次景气波动，目前似乎处于第四次景气波动的下降阶段。2005
年上半年前，我国钢铁工业的一致合成指数与宏观一致合成指数的走势基本一

致，这表明在这段时间我国钢铁工业的景气变动与宏观经济景气运行大体一致。从 2005 年下半年开始，宏观一致合成指数呈现持续的震荡小幅攀升态势，而我国钢铁工业一致合成指数则呈现持续快速下滑态势，并于 2006 年 3 月形成本轮波动的谷底(97.31)，从 2008 年年初开始，我国钢铁工业的一致合成指数的走势相对于我国宏观一致合成指数呈现出稳定的 5 个月左右的滞后期，并且滞后关系一直持续至 2012 年 10 月。

根据确定经济周期波动转折点的判别准则和 2000 年以来我国汽车行业景气指数的走势，按照峰—峰的周期计算基本可以确定，我国汽车行业从 2000 年 1 月至 2012 年 10 月，经历了三次完整的景气波动，2012 年 10 月处于第四次景气波动的下降阶段。其中，2001 年 3 月至 2003 年 3 月的第一轮波动属于对称型周期，但扩张幅度远大于收缩幅度；2003 年 4 月至 2006 年 3 月的第二次景气波动属于长收缩型周期，并且收缩幅度远大于扩张幅度；2006 年 3 月和 2006 年 4 月的第三轮景气波动属于长扩张型周期，并且扩张幅度远大于收缩幅度。根据经济中周期的判别准则，已出现的这三次经济短周期已经具备构成一个景气中周期的初步条件，很明显，这轮中周期的谷底已经在 2005 年 3 月出现。

在我国经济由重工业化初期向中期转变、经济增长方式急需改变以增强发展后劲的关键时期，工业内部的主要部门及行业的发展态势将直接影响国民经济的运行，并且随着宏观经济的周期性运行，工业部门及内部行业的增长也将呈现一定的波动态势。并且由于市场经济信息的不对称性，一个企业、一个地区很难掌握全局的经济信息，容易依据局部的、少量的、片面的信息做出判断，导致投资和经营的失误。因此，建议政府和相关部门在制定相关的产业调控政策时应密切关注主要工业部门及行业运行态势的周期性特征及其与宏观经济的相关性，定期发布宏观经济及主要产业的全局经济信息，准确判断主要工业部门及行业的发展形势，有效预测其未来发展动向，正确把握政策的调控方向和力度，适时适当地通过产业政策、税收政策、金融政策等宏观经济调控政策促进我国主要工业部门及行业快速增长，减小其运行态势周期波动的振幅，延长其上升期，进而实现各产业和企业的健康、协调发展。

我国工业主要部门及行业景气指数的构建和发布可以从景气分析的角度为政府部门及相关企业准确判断这些部门和行业的发展形势，有效预测其未来发展动向，从而为制定正确的相关宏观经济调控政策提供科学的依据。但是由于我国正处于经济转轨阶段，经济结构变化较大，统计数据又不健全，所以这些主要工业部门及行业景气指数的研制和应用还处在尝试阶段，仍然需要在实践中不断地改进和完善。

第 9 章

中国煤炭行业景气波动特征及煤炭消费影响因素的实证分析

改革开放以来,我国经济快速增长,能源消耗也正以前所未有的速度增长。2007 年我国能源消耗 26.56 亿吨标准煤,占世界能源消耗的比重为 16.8%,位居世界第二位。而受国内能源资源的制约,我国形成了以煤炭为主的能源消费格局,并且这种能源消费格局在未来相当长的时期内难以改变,2007 年我国煤炭消费量占能源消费总量的 70.4%,远高于世界平均水平。煤炭资源的消费已成为影响我国整个能源消费的决定性因素,我国经济强劲的发展势头以及重工化、城市化的进程将进一步拉动煤炭消费的增长。作为国民经济基础产业的煤炭行业在我国经济发展中已占据重要的战略性地位,煤炭行业的平稳持续发展已经成为保证我国国民经济持续快速增长的基本支撑。然而,快速增长的煤炭消费在支撑我国国民经济高速发展的同时也带来了高耗能、高污染及低效率等诸多问题,进而在很大程度上制约了我国经济社会的科学发展、和谐发展和可持续发展。因此,分析我国煤炭行业的景气波动特征,运用科学的方法对我国煤炭行业的运行态势和未来走势进行及时的跟踪和预测,对相关部门采取适时有效的产业调控政策促进我国煤炭行业的平稳健康发展具有重要的现实意义。此外,进一步分析我国煤炭消费与经济增长的关系,掌握煤炭消费变动的影响因素,研究我国煤炭消费的变动机制,对于相关部门和机构更好地把握我国未来的煤炭消费特征,合理制定有效促进节能减排目标实现的调控政策具有极为重要的现实意义。

本章通过多方面收集与我国煤炭行业经济运行相关的月度经济指标,利用时差相关分析等方法从中筛选出我国煤炭行业的先行、一致和滞后指标,并利用国际上先进的合成指数方法构建我国煤炭行业的景气指数,并在此基础上对我国煤炭行业的景气波动特征进行具体的实证分析,以期为政府相关调控部门及时把握我国煤炭行业的运行态势,准确判断我国煤炭行业的未来走势,进而有针对性地为制定相关的产业调控政策提供一定的依据。此外,本章还通过建立我国煤炭消费的协整方程,对我国煤炭消费的影响因素进行实证分析,在实证分析中不仅考虑经济增长、产业结构、技术进步、煤炭价格及运输成本对我国煤炭消费的影响，而且还借鉴 Gately(1992) 开发的技术，对我国煤炭消费变动的非对称价格效应进行实证分析。同时，在我国煤炭消费协整方程的基础上，本章利用状态空间模型技术进一步建立我国煤炭消费的变参数模型，对 1978~2007 年我国煤炭消费与经济增长及其他影响因素之间的相关关系进行动态分析，以揭示我国煤炭消费与经济增长相关关系的时变规律。

本章的结构安排如下：9.1 节通过构建我国煤炭行业的景气指数，对我国煤炭行业的景气波动特征进行具体的实证分析；9.2 节对我国煤炭消费的影响因素及其现状进行深入的理论分析，并在此基础上通过建立我国煤炭消费的协整方程对我国煤炭消费的影响因素进行实证分析；9.3 节利用状态空间模型技术建立我国煤炭消费的变参数模型对我国煤炭消费与经济增长及其他影响因素之间的动态关系进行实证分析；9.4 节给出本章小结。

9.1　中国煤炭行业景气波动特征的实证分析

9.1.1　中国煤炭行业景气指数的编制

本章收集了与我国煤炭行业经济运行相关的月度经济指标 300 多个[①]，指标涵盖了我国煤炭行业及相关上、下游行业的生产、投资、价格、效益等各方面。之后将收集到的指标进行数据处理，计算相应的增长率序列，并将其进行季节调整，然后以我国煤炭开采和洗选业产品销售收入增速作为基准指标，利用时差相关分析方法、K-L 信息量方法、峰谷对应法等多种方法从中筛选出 14 个景气指标，具体结果如表 9-1 所示。

表 9-1　我国煤炭行业景气指标组

指标类型	指标名称	延迟月数	时差相关系数
先行指标	1. 火电产量增速	−18	0.84
	2. 房地产开发投资总额增速	−9	0.68
	3. 重工业企业增加值增速	−12	0.72
	4. 建筑材料工业品出厂价格指数	−4	0.73
	5. 发电量增速	−17	0.67
一致指标	1. 煤炭开采和洗选业产品销售收入增速	0	1.00
	2. 煤炭开采和洗选业工业品出厂价格指数	+2	0.94

---

①　如不做特别说明，本节所采用数据均来自中国经济信息网，样本区间：1999 年 1 月至 2012 年 10 月。

续表

指标类型	指标名称	延迟月数	时差相关系数
一致 指标	3. 煤炭炼焦工业品出厂价格指数	+1	0.91
	4. 煤炭开采和洗选业产品销售税金增速	+2	0.82
	5. 煤炭开采和洗选业税金总额增速	0	0.94
	6. 原煤产量增速	−1	0.58
滞后 指标	1. 燃料动力类购进价格指数	+13	0.53
	2. 石油天然气开采业产品销售收入增速	+13	0.63
	3. 黑色金属冶炼及压延加工业产成品资金占有率	+4	0.67

　　首先，考察一致指标的选取。一致指标是指该指标的波动与我国煤炭行业的景气变动大体一致。在表 9-1 中的 6 个一致指标中，煤炭开采和洗选业产品销售收入增速为指标选择的基准指标，其综合反映了我国煤炭行业的经济效益状况。而煤炭开采和洗选业产品销售税金增速和煤炭开采和洗选业税金总额增速这两个指标也在一定程度上反映着煤炭行业的经济效益状况，其与煤炭行业的基准指标应该具有一致的波动特征，从表 9-1 中可以看出，它们与基准指标的相关系数非常高，分别为 0.82 和 0.94，因此将这两个指标选为我国煤炭行业的一致景气指标。煤炭开采和洗选业工业品出厂价格指数和煤炭炼焦工业品出厂价格指数的高低决定了煤炭行业的收入水平，与基准指标的时差相关系数分别为 0.94 和 0.91，同基准指标的波动非常一致，因此也选为一致景气指标。原煤产量增速在一定程度上反映了煤炭行业产品的供给状况，因此，选择该指标作为一致指标在经济意义上是合理的，它与基准指标的相关系数为 0.58。

　　其次，考察先行指标的选取。先行指标是指在经济波动达到高峰或低谷前，超前出现峰和谷的指标。从表 9-1 中可以看出，本章选取的我国煤炭行业的 5 个先行指标与基准指标的时差相关关系都较好，并且具有明显的先行特征，其中，火电产量增速与基准指标的时差相关系数为 0.84，先行期为 18 个月。我国发电主要采用燃煤发电，电力燃料的 76% 来自煤炭，电力行业是煤炭最大的用户，因此，火电发电量的产量增长波动从经济活动时间上先行于煤炭产量的增长。另外，随着工业化、城市化进程的深化，房地产等行业快速发展，拉动了钢铁、建材等用煤行业的增长，因此，房地产开发投资总额增速、重工业企业增加值增速和建筑材料工业品出厂价格指数作为先行指标是合理的，同时，计算结果也表明这 3 个指标与基准指标的时差相关系数较高，均为 0.7 左右。

　　最后，考察滞后指标的选取。滞后指标是指那些转折点(峰或谷)滞后于经济波动的指标，其作用在于通过观察它的峰和谷的出现来确认经济波动的高峰或低谷确已出现。本章选取了 3 个滞后指标，其中，燃料动力类购进价格指数反映工业企业购入各种能源产品的价格，由于煤炭行业的市场化改革最早，并已经逐渐由市场完全定价，而石油和电力的价格仍然受政府管制，因此，燃料动力类购进价格指数滞后于煤炭供应品出厂价格指数，与基准指标的时差相关系数为 0.53。石油天然气行业与煤炭行业有一定的替代性，煤炭产量增长的波动必然影响石油生产，因此，石油天然气开采业产品销售收入增速可以作为煤炭行业的滞后指标，与基准指标的对差相关系数为 0.63。黑色金属冶炼及压延加工业属于高耗能行业，其产成品资金占有率可看做黑色金属冶炼及压延加工业存货增长的一种反映，在经济发展态势较好时期，存货一般较少。存货的积累并不会马上反映经济的衰退，常滞后几期才会引起注意，所以可以作为衡量煤炭行业发展的滞后指标，与基准指标的时差相关系数为 0.67，滞后期为 4 个月。

基于表 9-1 所列的我国煤炭行业的各组景气指标，利用合成指数方法，构造了我国煤炭行业的先行、一致、滞后景气指数，各合成指数具体走势如图 9-1 和图 9-2 所示。

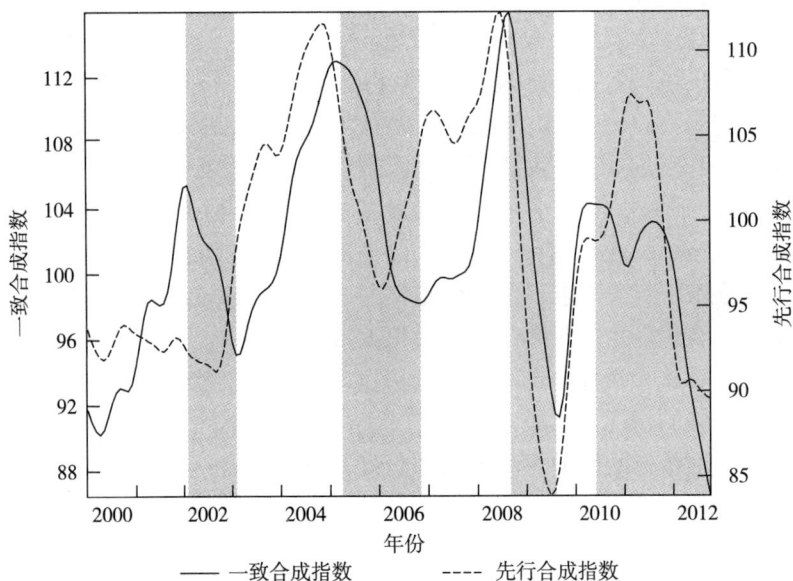

图 9-1　煤炭行业一致合成指数与先行合成指数

从图 9-1 可以看出先行合成指数的先行效果非常明显，其峰谷平均超前一致合成指数 4 个月左右；并且从图 9-2 中，也可以看到滞后合成指数与一致合成指数的对应关系也非常好，其峰谷平均滞后期为 10 个月左右。

9.1.2　中国煤炭行业景气波动特征的实证分析

从图 9-1 中可以看出，2000 年以来，综合反映我国煤炭行业景气运行状况的一致合成指数呈现出明显的波动性特征。具体观察煤炭行业一致合成指数的走势可

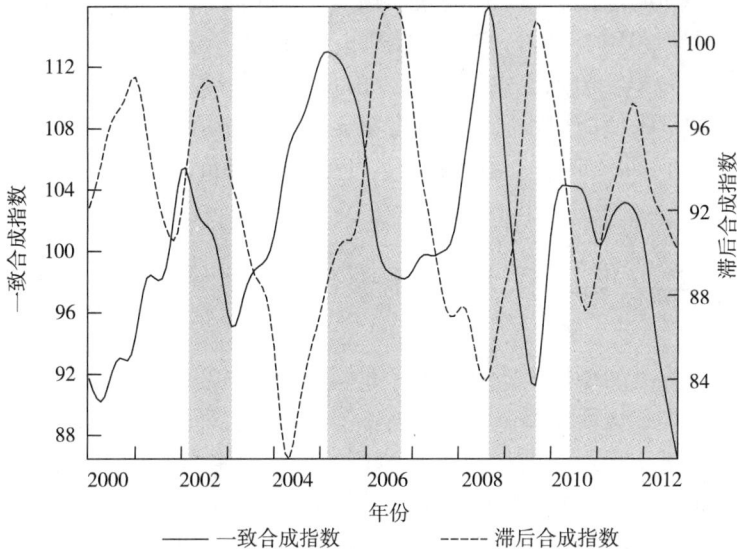

图 9-2　煤炭行业一致合成指数与滞后合成指数

以看出，从 2000 年年初其便呈现快速上升态势，2002 年 2 月达到此轮上升的峰，随后开始小幅下滑，下滑态势一直持续至 2003 年 2 月。随后我国煤炭行业再次呈现出强劲的景气上升趋势，经过两年多的持续攀升，我国煤炭行业一致合成指数于 2005 年 3 月达到峰顶后开始逐步回落，此轮回落的谷底于 2006 年 11 月出现。随后，煤炭行业一致合成指数经历 1 年多的小幅波动后，于 2007 年 8 月再次呈现快速上升局面，并于 2008 年 9 月再次达到此轮景气波动的高峰，而后煤炭工业一致合成指数再次掉头向下，呈现急速回落态势，2009 年 9 月达到本次行业景气波动的最低点。随后我国煤炭行业一致合成指数再次步入上升通道，2010 年 5 月达到本次行业景气波动的峰顶后再次掉头向下，并于 2011 年 3 月呈现小幅震荡波动后，从 2011 年 9 月开始再现急剧回落态势，并一直持续至 2012 年 10 月。

根据确定经济周期波动转折点的判别准则和 2000 年以来煤炭行业一致合成指数的走势，根据峰—峰的周期计算可以确定，我国煤炭行业 2000 年 1 月至 2009 年 2 月共经历了三次完整的增长率景气循环。第一次完整的景气循环是 2002 年 2 月至 2005 年 3 月，长达 38 个月，其中收缩期（2002 年 2 月至 2003 年 2 月）为 13 个月，扩张期（2003 年 3 月至 2005 年 3 月）为 25 个月，显然，这一轮景气循环属于典型的扩张型周期，且扩张幅度明显大于收缩幅度。第二次完整的景气循环是 2005 年 4 月至 2008 年 9 月，长达 42 个月，其中收缩期（2005 年 4 月至 2006 年 11 月）为 20 个月，随后经历较长时间的谷底徘徊后，于 2007 年 8 月煤炭行业景气再次呈现强劲上升态势，总体上来看，我国煤炭行业第二次景气循环的上升期（2006 年 12 月至 2008 年 9 月）为 22 个月，显然，这一轮景气循环属于典型的对称型周期，且扩张幅度与收缩幅度大体相同。第三次完整的景气循环是2008 年 10 月至 2010 年 5 月，其中收缩期(2008 年 10 月至 2009 年 9 月)为 12 个月，扩张期(2009 年 10 月至 2010 年 5 月)仅为 8 个月，显然，这一轮景气循环也属于典型的扩张型周期，但扩张幅度明显小于收缩幅度。2012 年 10 月，我国煤炭行业正处于 2000 年以来的第四轮景气循环的下降阶段。

9.2 中国煤炭消费影响因素的实证分析

在以煤炭为主的能源消费格局下，我国经济在高速增长的同时，煤炭消费量也随之快速增加，从而使煤炭消费对能源消耗和生态环境等方面的不良影响日益突显。深入分析我国经济增长与煤炭消费的关系，掌握我国煤炭消费的变动机制，对准确把握我国煤炭消费的未来变动特征、合理制定相关产业调控政策和节能减排目标具有重要的现实意义。因此，本节在对我国煤炭消费的影响因素及其现状进行深入的理论分析的基础之上，通过建立我国煤炭消费的协整方程对我国煤炭消费的影响因素进行实证分析。

9.2.1 中国煤炭消费的影响因素及其现状分析

一个国家的能源消费除受其经济增长水平和能源价格影响外，还受该国的经济结构特别是产业结构和技术进步水平的影响。因此，影响我国煤炭消费的因素除我国的经济增长水平和我国煤炭价格外，还有我国的三次产业结构、工业结构和节能技术改造水平。同时由于煤炭属于低附加值产品，运输成本在其最终价格中占有较大的比重，因此，运输成本的变化也将直接影响我国的煤炭消费。

1. 经济结构变化与煤炭消费

改革开放以来，我国的产业结构发生了很大变化。表 9-2 给出了 1980~2010 年我国三次产业的产值比重。从中可以看出，我国第一产业的产值比重从 1980 年的 30.2% 降到 2010 年的 10.1%，呈现出持续下降态势，而第二产业的产值比重自 2000 年开始呈不断上升的趋势，2010 年为 46.7%，第三产业的产值比重与第二产业的波动密切相关，但 2002~2006 年第三产业的产值比重略有下降，从 41.5% 下降至 40.9%，可见这一时期我国的经济增长是以第二产业尤其是工业的快速发展为核心的。从工业内部结构来看，工业的重化工化趋势已经显现，重工业开始主导我国工业的发展。20 世纪 90 年代以来，消费结构的升级和城市化进程的加速推动了钢铁、机械、建材、化工等基础原材料产业的快速发展。加入 WTO 后，国际产业特别是制造业加快向中国转移，国外转移的产业中有相当一部分是重化工业，也带动了重工业的发展。1990~2010 年我国重工业总产值的比重由 50.6％上升为 71.4％，提高了 20.8 百分点。

表 9-2　三次产业产值比重(单位:％)

年份	第一产业	第二产业	第三产业
1980	30.2	48.2	21.6
1985	28.4	42.9	28.7
1990	27.1	41.3	31.5
1995	19.9	47.2	32.9
2000	15.1	45.9	39.0
2005	12.6	47.5	39.9
2010	10.1	46.7	43.2

资料来源：作者根据《中国统计年鉴》数据计算

产业结构的变动一方面支持了经济的快速增长，另一方面也对我国的能源消费特别是煤炭资源的消费产生了较大影响。由于我国的煤炭消费主要以三次产业中耗能较高的第二产业特别是工业的消费为主，而耗能较低的产业，如第三产业中服务业的煤炭消费比重较小，因此，三次产业结构的变动将对我国煤炭消费的增长带来直接的影响。而且工业内部的不同工业行业对煤炭的消费量也存在较大的差异，重工业的煤炭消费量明显高于轻工业，因此，工业内部轻重工业结构的变动也将直接影响煤炭消费的增长。

2. 煤炭价格与煤炭消费

1)煤炭价格的技术进步效应

能源价格是能源消费的重要决定因素。根据成本最小化法则，能源价格的上升会促使企业用资本、劳动力和原材料等生产要素替代能源，减少能源消耗，降低生产成本，即产生要素替代效应。能源价格的上升也会产生引致技术进步效应(Birol and Keppler，2000)，即生产要素相对价格的变化会刺激创新，从而使相对昂贵的要素消耗变得更经济化。当经济中能源价格相对于其他生产要素的价格较高时，将促使节能技术创新，有助于能源消费的降低。

1993 年以来，随着我国煤炭价格市场化进程的推进，我国煤炭价格的市场调节比重逐步加大，煤炭产品的出厂价格呈现出较大幅度的增长。1993～2011年我国煤炭价格出厂价格的年均涨幅为 10.8％，而原材料工业品出厂价格的年均涨幅仅为 6.9％。煤炭价格的大幅上涨在一定程度上反映了煤炭资源的稀缺程度，从而促进了以降低煤炭消费为目标的节能技术的开发和利用。

2)煤炭价格分解

考虑到煤炭价格的上升在一定程度上可能存在引起生产技术提高的效应，进而使煤炭消费对煤炭价格上升的最终反应与对煤炭价格等量下降的反应不一定完全相同，对最高历史价格的反应也不一定与价格恢复(次最高)时的反应一样，即煤炭价格对煤炭消费的影响可能存在非对称效应(Adeyemi and Hunt，2007)，因此本节借鉴 Gately(1992)的方法，将我国煤炭价格变量进一步分解为煤炭最高历史价格变量、煤炭价格恢复变量和煤炭价格下降变量，并在我国煤炭消费的协整方程中引入这三个变量，用以具体分析煤炭价格对我国煤炭消费变动影响的非对称效应。

煤炭价格变量的具体分解公式如下：

$$P_t = \mathrm{PMAX}_t + \mathrm{PCUT}_t + \mathrm{PREC}_t\,(t = 0, 1, \cdots, T) \tag{9-1}$$

$$\mathrm{PMAX}_t = \max(P_0, P_1, \cdots, P_t)(t = 0, 1, \cdots, T) \tag{9-2}$$

$$\mathrm{PCUT}_t = \sum_{i=0}^{t} \min\{0, (\mathrm{PMAX}_{i-1} - P_{i-1}) - (\mathrm{PMAX}_i - P_i)\} \,(t = 0, 1, \cdots, T) \tag{9-3}$$

$$\mathrm{PREC}_t = \sum_{i=0}^{t} \max\{0, (\mathrm{PMAX}_{i-1} - P_{i-1}) - (\mathrm{PMAX}_i - P_i)\} \,(t = 0, 1, \cdots, T) \tag{9-4}$$

其中，P_t 为煤炭价格变量，即我国煤炭出厂价格指数(1978 年＝100)；PMAX_t 为从煤炭价格序列 P_t 中分解出的煤炭最高历史价格序列，用以刻画我国煤炭最高历史价格的变动；PCUT_t 为从煤炭价格序列 P_t 中分解出的煤炭价格下降序列，用以刻画我国煤炭价格的下降过程；PREC_t 为从煤炭价格序列 P_t 中分解出的煤炭价格恢复序列，用以刻画我国煤炭价格的上升过程。

图 9-3 给出了我国煤炭价格的分解结果。从图 9-3 中可以看出，从 1983 年我国煤炭价格的市场化改革后，我国煤炭价格的市场调节比重逐步加大，煤炭出厂价格呈现波动增长态势，截至 2011 年主要经历了 1985～1989 年、1994～1995 年和 1997～2000 年三个明显的下降期以及 1989～1993 年和 1996～1997 年两个明显的恢复期，而 2000 年以后煤炭出厂价格则一直持续上升。

3. 技术改造、节能投资以及运输成本与煤炭消费

20 世纪 80 年代初期，为解决能源短缺问题，我国通过积极的行政政策促进能源效率的提高，包括采取提高节能投资比重的一些政策。随着 90 年代经济全球化的发展，很多设备过时，能源利用效率低下的企业为了增加企业竞争力，非常关注通过改造设备、增加企业技术改造和节能降耗的研发投资，来减少成本，降低能源消耗。技术改造及节能投资的变动将在一定程度上影响我国的能源消费特别是煤炭消费。

由于煤炭属于大宗货物，而且我国煤炭的生产地和主要消费地区相距较远，因此，运输能力和运输价格直接关系到煤炭的可得性和最终价格。近年来，受铁路运力紧张和国际油价上涨幅度的影响，我国的运输成本特别是铁路运输成本上涨幅度较大，进而使运输成本在煤炭最终价格中占有的比重不断增大，运输成本对煤炭消费的影响日益增强。

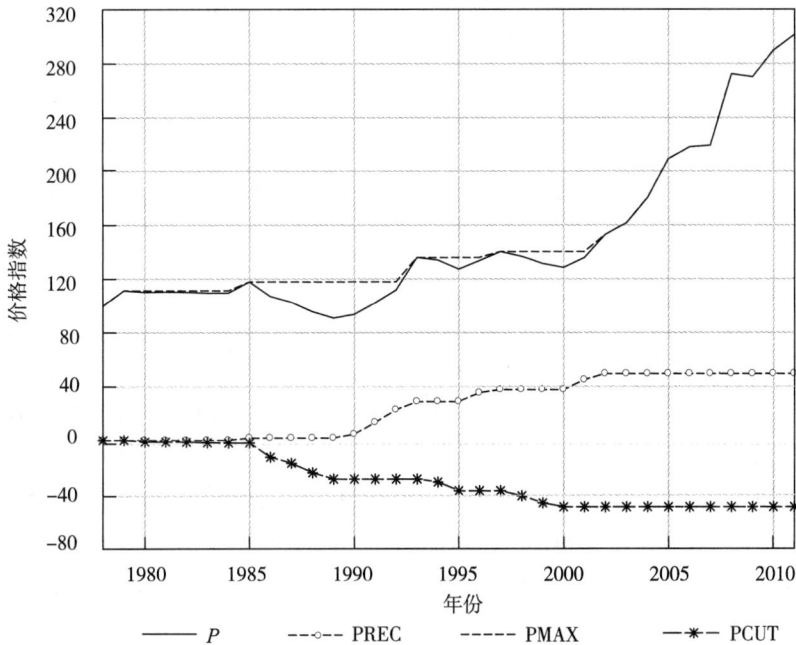

图 9-3　我国煤炭价格分解(1978 年＝100)

9.2.2　中国煤炭消费影响因素的实证分析

1. 协整关系及协整检验

Engle 和 Granger 指出两个或多个非平稳时间序列的线性组合可能是平稳的。假如这样一种平稳的线性组合存在，这些非平稳时间序列之间便被认为具有协整关系。Engle 和 Granger(1987)提出了相应的协整检验方法。这种协整检验方法是对回归方程的残差进行单位根检验。从协整理论的思想来看，自变量和因变量之间存在协整关系。也就是说，因变量能被自变量的线性组合所解释，两者之间存在稳定的均衡关系，因变量不能被自变量所解释的部分构成一个残差序列，这个残差序列应该是平稳的。因此，检验一组变量(因变量和解释变量)之间是否存在协整关系等价于检验回归方程的残差序列是否是一个平稳序列。通常地，可以应用 ADF 检验来判断残差序列的平稳性，进而判断因变量和解释变量之间的协整关系是否存在。

检验的主要步骤如下。

(1)若 k 个序列 y_{1t} 和 y_{2t}，y_{3t}，$\cdots$，y_{kt} 都是一阶单整序列，建立回归方程。

$$y_{1t}=\beta_1+\beta_2 y_{2t}+\beta_3 y_{3t}+\cdots+\beta_k y_{kt}+u_t \tag{9-5}$$

模型估计的残差为

$$\hat{u}_t = y_{1t} - \hat{\beta}_1 - \hat{\beta}_2 y_{2t} - \hat{\beta}_3 y_{3t} - \cdots - \hat{\beta}_k y_{kt} \tag{9-6}$$

（2）检验残差序列 $\hat{u}_t$ 是否平稳，也就是判断序列 $\hat{u}_t$ 是否含有单位根。通常用 ADF 检验来判断残差序列 $\hat{u}_t$ 是否是平稳的。

（3）如果残差序列是平稳的，则可以确定回归方程中的 k 个变量（y_{1t}，y_{2t}，y_{3t}，$\cdots$，y_{kt}）之间存在协整关系，并且协整向量为（1，$-\hat{\beta}_1$，$-\hat{\beta}_2$，$\cdots$，$-\hat{\beta}_k$）$'$；否则（y_{1t}，y_{2t}，y_{3t}，$\cdots$，y_{kt}）之间不存在协整关系。

2. 变量说明及模型估计

为了对我国煤炭消费影响因素进行全面的实证分析，本节在建立我国煤炭消费的协整方程时解释变量除包含我国的实际 GDP、煤炭价格外，还包含了第三产业产值比重、工业中重工业产值比重两个反映我国产业结构状况和我国工业结构状况的变量，并且本节在我国煤炭消费变动方程中使用分解后的煤炭价格变量来详细研究煤炭价格变动对我国煤炭消费的非对称影响。由于缺少节能技术改造投资的数据，本节用国家财政挖潜改造资金和科技三项费用占 GDP 的比重代替科技投入，简称科技费用支出比重，运输成本则用国家铁路运输总收入除以国家铁路货物总周转量所得到的铁路运输平均成本度量。模型中各变量均采用对数形式，用以分析各影响因素与煤炭消费间的弹性效应，即煤炭消费变动模型的具体形式如下：

$$\ln CC_t = a_0 + a_1 \ln GDP_t + a_2 \ln IND3_t + a_3 \ln HIND_t + a_4 \ln RD_t$$
$$+ a_5 \ln PMAX_t + a_6 \ln PREC_t + a_7 \ln PCUT_t + a_8 \ln YSC_t \tag{9-7}$$

其中，CC 为我国煤炭消费总量；GDP 为我国的实际 GDP；IND3 为我国第三产业产值占 GNP 的比重；HIND 为我国重工业产值占工业总产值的比重；RD 为科技费用支出比重；YSC 为平均运输成本；PMAX 为煤炭最高历史价格变量；PREC 为煤炭价格恢复变量；PCUT 为煤炭价格下降变量；系数 a_i，$i=1$，2，$\cdots$，8 分别为各解释变量与我国煤炭消费之间的平均弹性系数，分别反映我国煤炭消费总量对各解释变量变动的敏感程度。

本节利用 1978～2007 年的样本数据对式（9-5）进行估计，同时为避免传统经济计量模型中存在的伪回归问题，本节对估计得到的方程进行了协整检验，检验结果表明方程的残差序列平稳，我国煤炭消费协整方程的具体估计结果如下：

$$\ln \hat{CC}_t = -2.5 + 0.37 \ln GDP_t - 0.4 \ln IND3_t + 0.55 \ln HIND_t - 0.08 \ln RD_t$$
$$(-2.46)^* \quad (2.57)^* \quad (-2.1)^* \quad (3.22)^* \quad (-1.74)^*$$
$$-0.13 \ln PMAX_t - 0.20 \ln PREC_t - 0.09 \ln PCUT_t - 0.27 \ln YSC_t^{①}$$
$$(-2.48)^* \quad (-2.61)^* \quad (-2.15)^* \quad (-3.13)^*$$
$$R^2 = 0.99 \quad D.W. = 1.93 \tag{9-8}$$

---

① 式（9-8）中的 $*$ 表示 0.1 的显著水平。

3. 中国煤炭消费变动影响因素的实证分析

1)经济增长和经济结构的变动对中国煤炭消费具有显著的影响作用，其中工业结构的影响效果最大

协整方程(9-8)表明，我国的煤炭消费(CC)与我国的实际GDP、第三产业产值比重(IND3)和重工业产值占工业总产值比重(HIND)之间存在显著的相关关系，这表明我国经济增长水平及产业结构和工业结构的变化将显著影响我国的煤炭消费。并且从方程(9-8)中变量系数的估计值可以看出，我国实际GDP和重工业比重的增加对煤炭消费具有明显的拉动作用，而三次产业中，第三产业产值比重的提高将使我国煤炭消费显著降低。具体来看，实际GDP和重工业比重每增加1%，我国煤炭消费将分别增长0.37%和0.55%，而第三产业产值比重每增加1%，我国煤炭消费将平均降低0.4%，可见，相比之下我国工业结构的变动对我国煤炭消费的影响较大，重工业比重的上升将带来煤炭消费的较大幅度的增长。近年来随着我国产业结构调整步伐的加快，三次产业中第三产业得到了快速的发展，这在一定程度上有助于我国煤炭消费的降低，但同时工业结构中重工业比重的也呈快速增加态势从而使我国最终的煤炭消费持续增长。

2)煤炭价格变动对中国煤炭消费变动存在明显的非对称效应，煤炭价格的技术进步效应显著

从方程(9-8)的结果中可以看出，我国的煤炭消费(CC)与我国煤炭最高历史价格(PMAX)、煤炭价格恢复变量(PREC)和煤炭价格下降变量(PCUT)之间存在显著的相关关系，随着煤炭价格的提高，煤炭消费将显著降低，这表明，随着我国煤炭价格市场化改革的推荐，煤炭价格对煤炭消费的调节作用已逐步显现，但从煤炭消费的最高历史价格弹性的具体数值看，煤炭价格对煤炭需求的调节作用相对较小。

进一步观察方程(9-8)中煤炭价格恢复变量(PREC)和煤炭价格下降变量(PCUT)系数的估计值可以发现，煤炭价格恢复变量的弹性系数的绝对值显著高于煤炭价格下降变量，这表明煤炭价格对我国煤炭消费的影响存在显著的非对称效应。具体来看，煤炭价格在恢复期每上升1%，将使我国煤炭消费随之平均降低0.2%，而煤炭价格在下降期每降低1%，将使我国煤炭消费平均上升0.09%。可见，我国煤炭价格体制改革使我国煤炭价格的市场调节比重逐步加大，煤炭价格的变动在一定程度上反映出煤炭资源的供需关系，煤炭价格的上升在一定程度上促使了企业生产技术的提高，具有显著的技术进步效应。

3)研发投入对中国煤炭消费具有显著的影响作用，但影响效果较小

协整方程(9-8)表明，科技费用支出比重对我国煤炭消费有显著的影响作用，增加企业改造资金及科技费用支出能够有效地促进能源效率的提高，降低能源消费。从科技费用支出比重弹性系数的具体估计值可以看出，科技费用支出比重每

上升1%，将促进我国煤炭消费随之平均降低0.08%。在改革开放之初的能源短缺期间，我国能源效率政策的核心是节能，这一时期节能投资在我国总体能源投资的份额为8%～14%，对我国能源消耗强度的下降起到了关键作用，也具有在一定程度的降低煤炭消费的作用，但从长期看，我国通过技术创新实现节能的潜力仍然巨大。

4)中国煤炭消费受运输成本的影响显著，运输成本弹性较大

从方程(9-8)的结果中可以看出，平均运输成本对我国煤炭消费具有显著的负向影响，弹性系数的估计结果为−0.27，这表明我国平均运输成本的变动将显著影响我国的煤炭消费，平均运输成本每增加1%，我国煤炭消费将平均下降0.27%。由于煤炭属于大宗货物，而且我国煤炭的生产地和主要消费地区相距较远，因此，运输成本是一直影响我国煤炭消费的重要因素。目前，铁路煤炭运输综合能力仍然不足，2007年跨省区的煤炭铁路运输总量调控目标为7.38亿吨，其中电煤5.31亿吨，铁路运输制约着资源煤炭物流，煤炭运输资源的行政分配影响着煤炭市场的资源优化配置。

9.3　中国煤炭消费与影响因素动态关系的实证研究

随着全球经济的快速增长，能源需求正以前所未有的速度增长，能源对经济增长的约束性不断增强，能源效率问题已逐步成为众人关注的焦点。国内外学者对能源消费的变动及其影响因素进行了大量的实证研究，如Chontanawat等(2006)对30个OECD国家和78个OECD国家的能源消费与经济增长的因果关系进行了检验，检验结果表明相对于发展中的非OECD国家，发达的OECD国家的能源消费与GDP之间的因果关系更为普遍；Lee(2005)利用面板数据模型，检验了发展中国家的能源消费与GDP之间的协整关系；Hunt和Ninomiya(2005)研究了日本能源需求、GNP与实际能源价格的长期关系，并据此预测二氧化碳的排放量；Kulshreshtha和Parikh(2000)利用向量误差修正模型分行业研究了印度煤炭的长期需求弹性和短期动态调整行为，并分析了经济冲击对煤炭需求系统演化的影响；Asafu-Adjaye(2000)从亚洲发展中国家的实际数据入手，对能源消费与经济增长、能源价格之间的相关关系进行了实证；林伯强(2001)把协整和误差修正模型引入中国的能源分析中，通过分析能源需求和GDP、能源价格、经济结构中重工业份额的协整关系，建立了中国能源需求的计量经济模型，并证明了中国能源需求与GDP之间存在着长期均衡关系；林伯强等(2007)又进一步利用协整理论实证分析了煤炭需求与GDP、煤炭价格、经济结构及运输成本之间的长期均衡关系，并据此对中国未来长期的煤炭需求进行了预测；熊

正贤等(2006)则对中国经济增长与能源消费关系进行了实证分析,从各行业能源利用效率及三次产业的比重变化等方面揭示了中国能源消费与经济增长的相关性;刘畅等(2009)等通过建立中国能源消耗强度的结构向量误差修正模型,对1978~2007 年中国能源消耗强度变动的长期影响因素和短期动态调整效应进行实证分析,并利用方差分解技术对中国能源消耗强度的改善机制进行了深入探讨。

已有的关于我国能源消费变动特征及影响因素的研究虽然从不同角度对我国能源消费的影响因素进行了具体分析,但大多数研究只局限于分析我国能源消费与影响因素之间的平均固定相关关系,而对我国能源消费特别是煤炭消费与经济增长及其他影响因素之间的时变相关关系进行分析的实证研究却很少。然而,随着我国改革开放进程的不断推进,我国的政治经济体制、经济结构和科学技术水平发生了较大的变化,能源政策特别是煤炭政策也随着时间的推移变化明显,这必将使我国能源消费特别是煤炭消费与影响因素之间的相关关系发生结构性的变化。

图 9-4 给出了 1978~2010 年我国煤炭消费总量和实际 GDP 的变动情况。从图 9-4 中可以看出改革开放 30 多年来我国实际 GDP 呈持续平稳增长态势,而我国的煤炭消费在 1996~2001 年却呈现显著下降态势,从 2002 年开始我国煤炭消费再次呈现增长势头,并且增长速度显著提高,2006 年后增速虽有所趋缓,但我国煤炭消费仍呈快速增长态势。这表明改革开放以来,在我国经济体制、经济结构、科学技术水平和煤炭消费政策等多种因素变动的共同作用下,我国的煤炭消费与经济增长之间的相关关系正在逐步地发生着结构性的变化。分析我国煤炭消费与影响因素之间的动态相关关系,掌握我国煤炭消费与经济增长相关关系的时变规律,对深入探讨我国煤炭消费的变动机制,合理制定煤炭产业的调控政策,进而促进煤炭产业的持续健康发展具有十分重要的现实意义。基于此,本节将在 9.2 节所建立的我国煤炭消费协整方程的基础上,利用状态空间模型技术进一步建立我国煤炭消费的变参数模型,对 1978~2007 年我国煤炭消费与经济增长及其他影响因素之间的相关关系进行动态分析,以揭示我国煤炭消费与经济增长相关关系的时变规律。

9.3.1 可变参数模型的状态空间表示

在一般的统计模型中出现的变量都是可以观测到的,这些模型以反映过去经济变动的时间序列数据为基础,利用回归分析或时间序列分析等方法估计参数,进而预测未来的值。状态空间模型的特点是提出了"状态"这一概念。而实际上,无论是工程控制问题中出现的某些状态还是经济系统所存在的某些状态都是一种不可观测的变量,正是这种观测不到的变量反映了系统所具有的真实状态,所以被称为状态变量。这种含有不可观测变量的模型(unobservable component model)被称为 UC 模型,UC 模型通过通常的回归方程式来估计是不可能的,必

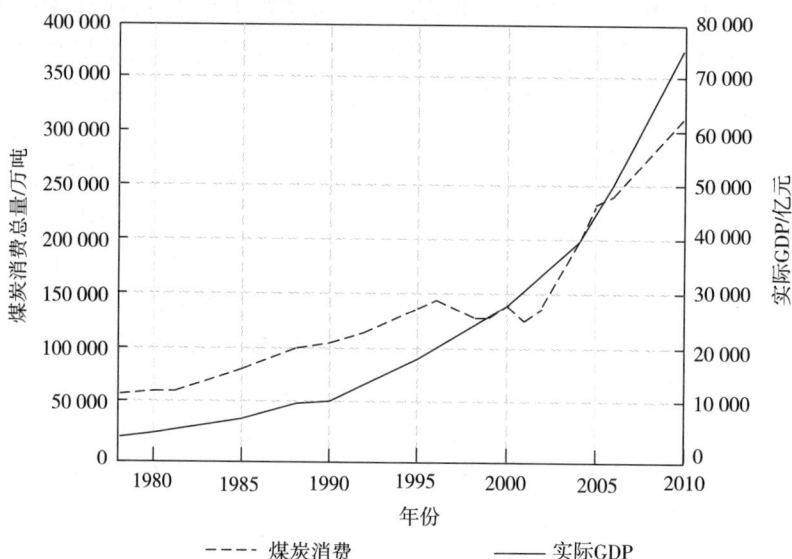

图 9-4 1978～2010 年我国煤炭消费总量和实际 GDP 的变动情况

须利用状态空间模型来求解。状态空间模型建立了可观测变量和系统内部状态之间的关系，从而可以通过估计各种不同的状态变量达到分析和观测的目的。

1. 状态空间模型的定义

状态空间模型一般应用于多变量时间序列。设 y_t 是因变量，它与 $m\times1$ 维向量 $\boldsymbol{\alpha}_t$ 有关，$\boldsymbol{\alpha}_t$ 被称为状态向量。定义量测方程（measurement equation）为

$$y_t = \boldsymbol{Z}_t\boldsymbol{\alpha}_t + d_t + \varepsilon_t (t=1, 2, \cdots, T) \tag{9-9}$$

其中，T 表示样本长度；$\boldsymbol{Z}_t$ 为 $1\times m$ 维向量；d_t 为常数项；ε_t 为扰动项，均值为 0，协方差矩阵为 σ_t^2 的连续的不相关扰动项。

一般地，$\boldsymbol{\alpha}_t$ 的元素虽然是不可观测的，然而可以表示成一阶马尔科夫（Markov）过程。下面定义状态方程为

$$\boldsymbol{\alpha}_t = \boldsymbol{T}_t\boldsymbol{\alpha}_{t-1} + c_t + \boldsymbol{R}_t\boldsymbol{\eta}_t (t=1, 2, \cdots, T) \tag{9-10}$$

其中，$\boldsymbol{T}_t$ 为 $m\times m$ 矩阵；c_t 为 $m\times1$ 维向量；$\boldsymbol{R}_t$ 为 $m\times g$ 矩阵；$\boldsymbol{\eta}_t$ 为 $g\times1$ 向量，均值为 0；协方差矩阵为 Q_t 的连续的不相关扰动项。在所有的时间区间上，扰动 ε_t 和 $\boldsymbol{\eta}_t$ 是相互独立的。量测方程中的矩阵 $\boldsymbol{Z}_t$、d_t、σ_t^2 与状态方程中的矩阵 $\boldsymbol{T}_t$、c_t、$\boldsymbol{R}_t$、Q_t 统称为系统矩阵，它们都被假定为非随机的。因此，尽管它们能随时间改变，但是都是可以预先确定的。对于任一时刻 t，y_t 能够被表示为当前的和过去的 ε_t 和 $\boldsymbol{\eta}_t$ 及初始向量 $\boldsymbol{\alpha}_0$ 的线性组合，所以模型是线性的。

2. 时变参数模型的状态空间表示

通常的回归模型可用式（9-11）表示，即

$$y_t = \boldsymbol{x}_t\boldsymbol{\beta}_t + \varepsilon_t \tag{9-11}$$

其中，y_t 为因变量；x_t 为 $1 \times m$ 维的解释变量向量；$\boldsymbol{\beta}$ 为待估计的 $m \times 1$ 维未知参数向量；ε_t 为扰动项。这种回归方程式的估计方法一般是使用普通最小二乘法、工具变数法（instrument variables，IV）等计量经济模型的常用方法。但是不管使用其中的哪一种方法，所估计的参数在样本期间内都是固定的。

随着时间的推移，原有的经济结构由于经济改革、各种各样的外界冲击和政策变化等因素的影响发生了很大的变化，而这种变化用以往的普通最小二乘法等固定参数模型是无法表现出来的，因此，我们就需要考虑用时变参数模型（time-varying parameter model）来刻画变量之间的这种动态影响。

可变参数模型的状态空间模型表示如下。

量测方程：

$$y_t = x_t \boldsymbol{\beta}_t + \varepsilon_t \tag{9-12}$$

状态方程：

$$\boldsymbol{\beta}_t = \boldsymbol{\Psi} \boldsymbol{\beta}_{t-1} + \boldsymbol{\eta}_t \tag{9-13}$$

$$(\varepsilon_t, \ \boldsymbol{\eta}_t)' \sim N\left(\begin{pmatrix} 0 \\ 0 \end{pmatrix}, \begin{pmatrix} \sigma_t^2 & 0 \\ 0 & \boldsymbol{Q}_t \end{pmatrix} \right) (t = 1, \ 2, \ \cdots, \ T) \tag{9-14}$$

其中，x_t 为带有随机系数的解释变量集合；随机系数向量 $\boldsymbol{\beta}_t$ 为状态向量，称为可变参数。$\boldsymbol{\Psi}$ 为 $m \times m$ 的系统矩阵，$\boldsymbol{\beta}_t$ 为不可观测变量，必须利用可观测变量 y_t 和 x_t 来估计。与式（5-9）相对应，$\boldsymbol{Z}_t = x_t$，$d_t = 0$，$\boldsymbol{\alpha}_t = \boldsymbol{\beta}_t$。如果 y_t 和 x_t 是季度时间序列，其中包含季节变动要素，所以还应从中除去季节变动要素。在式（5-13）中假定参数 $\boldsymbol{\beta}_t$ 的变动服从于 AR(1) 模型[也可以简单地扩展为 AR(p) 模型]。与式（5-10）相对应，$\boldsymbol{T}_t = \boldsymbol{\Psi}$，$c_t = 0$，$\boldsymbol{R}_t = \boldsymbol{I}_m$（$\boldsymbol{I}_m$ 是 $m \times m$ 矩阵）。根据式（9-14）可知 ε_t 和 $\boldsymbol{\eta}_t$ 是相互独立的，且服从均值为 0，方差为 σ_t^2 和协方差矩阵为 $\boldsymbol{Q}_t$ 的正态分布。

3. Kalman 滤波

以状态空间的形式表示动态系统主要有两个优点：首先，状态空间将不可观测的变量（即状态变量）并入可观测模型并与其一起得到估计；其次，状态空间模型是利用强有效的递归算法——Kalman 滤波来估计的。Kalman 滤波既可以用来估计似然函数，也可以预测平滑不可观测的状态变量。

Kalman 滤波是在时刻 t 基于所有可得到的信息计算状态向量的最理想的递推过程。Kalman 滤波的主要作用如下：当扰动项和初始状态向量服从正态分布时，能够通过预测误差分解计算似然函数，从而可以对模型中的所有未知参数进行估计，并且当新的观测值一旦得到，就可以利用 Kalman 滤波连续地修正状态向量的估计。

考虑变参数的状态空间模型[模型（9-12）和模型（9-13）]，设 b_{t-1} 表示基于信息集合 Y_{t-1} 的 $\boldsymbol{\beta}_{t-1}$ 的估计量，P_{t-1} 表示估计误差的 $m \times m$ 协方差矩阵，即

$$P_{t-1}=E[(\boldsymbol{\beta}_{t-1}-\boldsymbol{b}_{t-1})(\boldsymbol{\beta}_{t-1}-\boldsymbol{b}_{t-1})'] \tag{9-15}$$

当给定 $\boldsymbol{b}_{t-1}$ 和 $\boldsymbol{P}_{t-1}$ 时，$\boldsymbol{b}_t$ 的条件分布的均值由式(9-16)给定，即

$$\boldsymbol{b}_{t\,|\,t-1}=\boldsymbol{\Psi}_t\boldsymbol{b}_{t-1} \tag{9-16}$$

在扰动项和初始状态向量服从正态分布的假设下，$\boldsymbol{b}_t$ 的条件分布的均值 $\boldsymbol{b}_{t\,|\,t-1}$ 是 $\boldsymbol{b}_t$ 在最小均方误差意义下的一个最优估计量。估计误差的协方差矩阵是

$$\boldsymbol{P}_{t\,|\,t-1}=\boldsymbol{\Psi}_t\boldsymbol{P}_{t-1}\boldsymbol{\Psi}_t'-\boldsymbol{Q}_t(t=1,\,2,\,\cdots,\,T) \tag{9-17}$$

式(9-16)和式(9-17)称为预测方程(prediction equations)。

一旦得到新的预测值 y_t，就能够修正 $\boldsymbol{b}_t$ 的估计 $\boldsymbol{b}_{t\,|\,t-1}$，更新方程(updating equations)是

$$\boldsymbol{b}_t=\boldsymbol{b}_{t\,|\,t-1}+\boldsymbol{P}_{t\,|\,t-1}\boldsymbol{X}_t'\boldsymbol{F}_t^{-1}(y_t-\boldsymbol{X}_t\boldsymbol{b}_{t\,|\,t-1}) \tag{9-18}$$

和

$$\boldsymbol{P}_t=\boldsymbol{P}_{t\,|\,t-1}-\boldsymbol{P}_{t\,|\,t-1}\boldsymbol{X}_t'\boldsymbol{F}_t^{-1}\boldsymbol{X}_t'\boldsymbol{P}_{t\,|\,t-1} \tag{9-19}$$

其中，

$$\boldsymbol{F}_t=\boldsymbol{X}_t\boldsymbol{P}_{t\,|\,t-1}\boldsymbol{X}_t'+\sigma_t^2(t=1,\,2,\,\cdots,\,T) \tag{9-20}$$

式(9-16)～式(9-20)一起构成 Kalman 滤波的公式。

Kalman 滤波的初值可以按 $\boldsymbol{b}_0$ 和 $\boldsymbol{P}_0$ 或 $\boldsymbol{b}_{1\,|\,0}$ 和 $\boldsymbol{P}_{1\,|\,0}$ 指定。这样，每当得到一个观测值时，Kalman 滤波提供了状态向量的最优估计。当所有的 T 个观测值都已处理，Kalman 滤波基于信息集合，产生当前状态向量和下一时间期间状态向量的最优估计。这个估计包含了产生未来状态向量和未来观测值的最优预测所需的所有信息。

9.3.2　中国煤炭消费与影响因素动态关系的实证分析

随着我国改革开放进程的不断推进，我国的政治经济体制、经济结构和科学技术水平发生了较大的变化，能源政策特别是煤炭政策也随着时间的推移变化明显，这必将使我国能源消费特别是煤炭消费与影响因素之间的相关关系发生结构性的变化。本节在前面所建立的我国煤炭消费协整方程的基础上，利用状态空间模型技术进一步建立实证分析我国煤炭消费与经济增长及其他影响因素之间动态相关关系的变参数模型，模型的具体形式如下：

$$\ln \hat{CC}_t=-1.15+\beta_{1t}\ln GDP_t+\beta_{2t}\ln IND3_t+\beta_{3t}\ln HIND_t$$
$$(-0.4)\quad(3.73)^*\qquad(-3.12)^*\qquad(5.86)^*$$
$$+\beta_{4t}\ln RD_t+\beta_{5t}\ln P_t+\beta_{6t}\ln YSC_t^{①}$$
$$(-1.62)^*\ (-3.57)^*\ (-5.33)^*$$
$$AIC=0.48 \tag{9-21}$$

其中，β_{it}，$i=1,2,\cdots,6$ 分别为各个时点上我国煤炭消费对各解释变量变动

① 式(9-21)中的 * 表示 0.1 的显著水平。

的敏感程度，即我国煤炭消费各弹性系数的时变序列（其时变特征均为递归形式），其具体估计结果分别由图 9-5～图 9-8 给出。

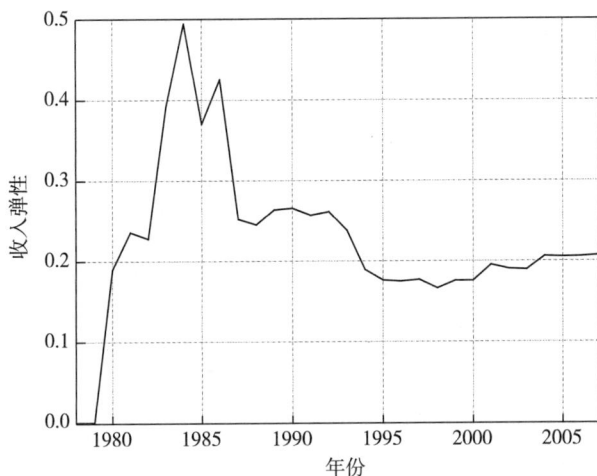

图 9-5　我国煤炭消费收入弹性的动态变化

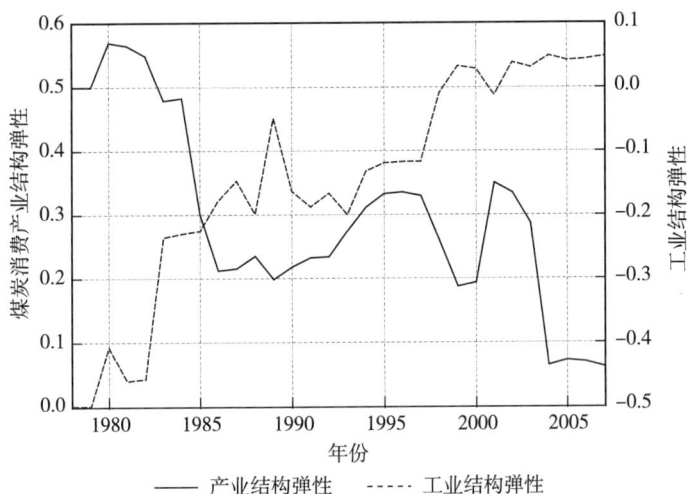

产业结构弹性　　- - - - 工业结构弹性

图 9-6　我国煤炭消费产业结构弹性和工业结构弹性的动态变化

1. 煤炭消费的收入弹性从 1985 年开始呈逐步降低态势

从图 9-5 中可以看出，我国实际 GDP 增长对我国煤炭消费的拉动作用从 1985 年呈现逐步降低态势，2007 年我国煤炭消费的收入弹性已经从 1984 年的 0.49 降为 0.21。这主要是由于随着我国经济的不断发展，我国的能源消费结构得到了不断优化，煤炭消费占能源消费总量比重呈逐步降低态势，进而使经济增长本身对煤炭消费的拉动作用逐步减弱。

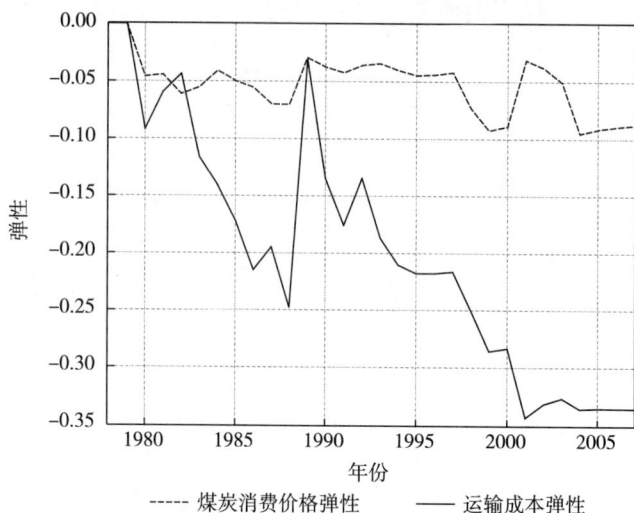

图 9-7　我国煤炭消费价格弹性和运输成本弹性的动态变化

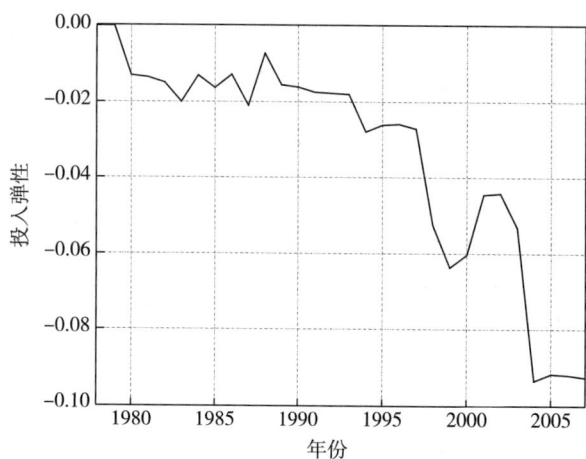

图 9-8　我国煤炭消费技术改造投入弹性的动态变化

　　根据能源性质，可以将能源分为煤炭、石油、水电、风电、核电和天然气等一次能源和由石油加工制成的各种成品油及由煤炭加工生产的焦炭、电力等二次能源。受国家的能源资源禀赋制约，煤炭在我国的一次能源消费结构中一直居主导地位，占能源消费总量的 70% 左右。近年来，随着我国逐步制定优化和多元化的能源结构发展战略，我国的能源消耗结构得以不断调整和优化，煤炭消耗所占份额逐渐减少，电力、石油等优质能源的消费迅速增加，2006 年我国电力消费增长 14.2%，电力以外的其他终端能源消费仅增长了 6.6%，电力消费占终端能源消费总量的 39.5%，这种变化在一定程度上降低了我国经济增长本身对煤炭消费的拉动作用。

2. 经济结构特别是工业结构对煤炭消费的影响作用明显增强

从图 9-6 中可以看出，我国第三产业产值比重实对煤炭消费的影响在 1980 年和 2001 年发生两次跳跃式的增加，2007 年其弹性系数的绝对值已达到 0.44，而重工业产值比重对煤炭消费的影响作用也呈逐年快速增长态势，2007 年工业结构弹性系数已达 0.55，这表明我国煤炭消费对经济结构特别是工业结构的变动的敏感性逐年增长。相比之下我国工业结构的变动对我国煤炭消费的影响较大，重工业比重的上升将带来煤炭消费较大幅度的增长。近年来随着我国产业结构调整步伐的加快，三次产业中第三产业得到了快速的发展，这在一定程度上有助于我国煤炭消费的降低，但同时工业结构中重工业比重的也呈快速增加态势从而使我国最终的煤炭消费持续增长。

3. 煤炭消费的价格弹性变动较小，但对运输成本的敏感性显著增强

从图 9-7 中可以看出，我国煤炭消费的价格弹性变动较小，这表明虽然随着我国煤炭价格市场化改革的推进，煤炭价格对煤炭消费的调节作用已逐步显现，但煤炭消费的价格弹性仍较小，而且从改革开放至今其未呈现明显的大幅变化。同时，图 9-7 进一步显示煤炭消费的运输成本弹性从改革开放至今呈显著增长态势，这表明运输成本对我国煤炭消费的影响大幅增长。

由于煤炭属于大宗货物，而且我国煤炭的生产地和主要消费地区相距较远，因此，运输成本会是一直影响我国煤炭消费的重要因素。近年来，受铁路运力紧张和国际油价上涨的影响，我国的运输成本特别是铁路运输成本上涨幅度较大，进而使运输成本在煤炭最终价格中占有的比重不断增大，从而使我国煤炭消费对运输成本变动的敏感性显著增长，而出厂价格弹性始终较小。

4. 技术改造投入对煤炭消费的影响作用从 20 世纪 90 年代末明显增强

从图 9-8 中可以看出，科技费用支出比重对我国煤炭消费的影响作用从 20 世纪 90 年代末显著增强，但影响作用仍然较小，2007 年我国煤炭消费的科技费用支出弹性的绝对值仅为 0.9。

在能源短缺的改革开放初期，我国在能源效率方面的调控政策的重点是节能，节约能源方面的投资在我国能源总投资中的份额已达到 8%～14%，进而使我国煤炭消费的技术改造投入弹性逐年递增，起到了显著地降低煤炭消费的作用，我国万元 GDP 煤炭消耗由 1978 年的 11.15 吨下降到 2004 年的 0.97 吨。但从数值上看，我国煤炭消费的技术改造投入弹性仍然较低，因此我国通过技术创新实现节约能源的潜力仍然巨大，从长期看，我国应继续增加科技投入费用中节能改造的比重，从而促进技术改造投入对我国煤炭消费影响作用的进一步提升。

9.4 本章结论及相关政策建议

本章通过多方面收集与我国煤炭行业经济运行相关的月度经济指标,利用时差相关分析等方法从中筛选出我国煤炭行业的先行、一致和滞后指标,并利用国际上先进的合成指数方法构建了我国煤炭行业的景气指数,并在此基础上对我国煤炭行业的景气波动特征进行具体的实证分析,分析结果表明按照峰—峰计算,我国煤炭行业 2000 年 1 月至 2012 年 10 月共经历了三次完整的增长率景气循环。第一次完整的景气循环(2002 年 2 月至 2005 年 3 月)属于典型的扩张型周期,且扩张幅度明显大于收缩幅度。第二次完整的景气循环(2005 年 4 月至 2008 年 9 月)属于典型的对称型周期,且扩张幅度与收缩幅度大体相同。第三次完整的景气循环(2008 年 10 月至 2010 年 5 月)也属于典型的扩张型周期,但扩张幅度明显小于收缩幅度。2012 年 10 月,我国煤炭行业正处于 2000 年以来的第四轮景气循环的下降阶段。

此外,本章还利用 1978～2007 年的样本数据建立了我国煤炭消费的协整方程,并在此基础上,利用状态空间模型技术进一步建立我国煤炭消费的变参数模型,对改革开放 30 多年来我国煤炭消费与经济增长及其他影响因素之间的相关关系进行了动态分析,以揭示我国煤炭消费与经济增长相关关系的时变规律。在实证分析中不仅考虑了经济增长、产业结构、技术进步、煤炭价格及运输成本对我国煤炭消费的影响,还对我国煤炭消费变动的非对称价格效应进行了具体的实证分析。实证研究结果表明,经济增长、产业结构、工业结构、煤炭价格、科技费用支出及运输成本均对我国煤炭消费变化有着显著的影响作用。其中产业结构、工业结构等经济结构变量对煤炭消费的影响效果较大,并呈明显增强态势。同时,受能源消费结构不断升级的影响,经济增长本身对煤炭消费的影响作用明显减弱。我国煤炭消费的价格弹性虽然较小,但煤炭价格的技术进步效应显著,我国煤炭价格变动对煤炭消费变动存在明显的非对称效应。运输成本对煤炭消费的影响作用明显大于煤炭价格,并且近年来受铁路运力紧张和国际油价上涨的影响,我国的运输成本特别是铁路运输成本上涨幅度较大,进而使运输成本在煤炭最终价格中所占比重不断增大,从而使我国煤炭消费对运输成本变动的敏感性呈现明显增长特征。科技费用支出虽然对煤炭消费具有显著的影响作用,并且影响程度呈现逐步增长态势,但弹性系数值仍然较小,从长期看,我国通过技术创新实现节能的潜力仍然巨大。

因此,我国应该加快产业结构调整特别是工业结构调整的步伐,通过适当的政策导向促进第三产业的快速发展,逐步降低高耗能的重工业所占比重,进而有效降低煤炭消费的增长。通过节能技术进步来提高高耗能的重工业企业的能源利用效率，从而有效促进我国煤炭消费的下降。同时，应该在生产过程中推广先进的节能技术和设备，提高电力、天然气的消费比例，鼓励能源替代，促进能源多样化发展，从而达到有效控制煤炭消费增长的目标。

第 10 章

中国货币政策非对称效应的跨行业异质性及其成因研究

20 世纪 80 年代以来，东南亚金融危机的爆发以及 2008 年美国次贷危机引发的全球金融危机对危机发源国乃至全球经济造成了短期不可修复的巨大影响，而为了尽早解决经济危机，世界主要国家和地区积极主动地采用了量化宽松的货币政策，但是效果甚微。回顾美国大萧条以来，世界主要国家和地区经历数次繁荣与萧条的经济周期，每当经济过热时，大多国家采用紧缩的货币政策，而经济放缓时，就会采用宽松的货币政策，而两种等量的货币政策在经济周期的上行阶段和下行阶段所起的效果却有显著差异。货币政策调控经济的效果，不仅取决于货币政策的方向和强度，而且取决于经济周期的各个阶段，这通常被称为货币政策的非对称效应。

随着理论和实践探索的不断深入，近年来学者们开始逐步关注货币政策对产业的作用效应。货币政策在对经济总量进行调控的同时，对不同行业是否存在相同的作用效果，货币政策对经济总量的这种非对称性作用效应是否存在于对各行业经济的影响中，对于特征迥异的各行业来说，货币政策的非对称作用效应是否存在明显的跨行业差异。这些问题的解决将使经济学家对货币政策作用效果及其传导机制的认识进一步深化，有助于从理论上解释货币政策非对称作用效应的产生机理，从而进一步丰富经济理论。

自改革开放以来，我国逐步从计划经济体制转向市场经济体制，货币政策已经作为我国宏观调控的主要工具。同时，我国地域辽阔、区域差异明显，各地区行业结构特征存在较大差异，如果货币政策对不同行业存在不同的作用效果，必将使货币政策在各行业的传导途径、传导速度和传导深度明显不同，从而造成货币政策不同的行业效应。因此，对我国货币政策的跨行业异质效应进行实证研究，特别是了解我国货币政策非对称作用效果的跨行业异质性，研究货币政策行业非对称作用效果的产生机理，掌握我国货币政策的结构性功能将有助于相关部门在有效利用货币政策调控宏观经济运行的同时，根据其对不同行业的差异性作用效果，促进我国产业结构的合理调整以及区域经济的协调发展，从而实现经济的持续健康发展。因此，本章从我国工业行业的实际数据出发，对我国货币政策行业作用效应的跨周期阶段非对称性及其产生机理进行具体的实证研究具有重要的现实意义。

货币政策对行业的差异效应来说，西方学者很早就已经注意到了，其中 Bernanke 和 Gentler(1995)运用时间序列数据进行实证分析，重点分析了货币政策的传导机制，发现货币政策对经济总量的结构性差异。Ganley 和 Salmon (1997)对来自于英国 1970~1995 年的数据，采取向量自回归模型，对 9 个行业的货币冲击进行了分析，发现建筑业对利率最为敏感，每当受到货币政策冲击时，其反应最为强烈且其受货币政策的影响也最大，其次是制造业，最后是服务业。Hayo 和 Uhlenbrock(2000)利用 1978~1994 年的德国月度数据，采取向量自回归模型对其 28 个制造业进行实证分析，首先分析了货币政策在不同的行业之间，其传导方式并不相同，其次利用向量自回归模型分析了货币政策对德国 28 个制造业行业的影响效果，得出重工业对利率的敏感度要远大于其他行业。Deddo 和 Lippi(2000)系统地分析了 5 个 OECD 国家(德国、法国、意大利、英国和美国)中的 20 个行业。他们发现在国家之间，跨行业间的政策效应分布是相似的，货币政策差异系统地依赖于行业产品的耐用程度、投资强度、企业的借贷能力和规模及支付利息的负担。Peersman 和 Smets(2005)对 1980~1998 年 7 个欧元区国家(奥地利、比利时、法国、德国、荷兰、意大利和西班牙)的 11 个行业进行实证分析，研究结果表明，利率吃紧时的作用效果在经济周期的衰退阶段要比繁荣阶段更为明显，这在行业间也呈现出很大的异质性，在某种程度上验证了金融加速器原理。Saibal(2009)研究了 1981~2004 年的两位数水平行业数据，来确定货币政策和行业增加值的内在联系，他采用向量自回归模型进行分析，结果表明，紧缩的货币政策效果在行业间呈现很大的异质性，同时在某种程度验证金融加速器原理的存在。

国内关于货币政策行业差异影响效应的研究相对较少，而且早期的研究多数局限于理论层面。陈峰(1996)提出从事金融活动可以有效地影响当前的资金结构，使资金的存量和流量在一定程度上发生改变，从而有利于产业结构的调整，并建议当局在制定金融政策的同时，应当结合产业政策，便于金融政策可以给产业结构调整带来更大的效果。张旭和伍海华(2002)论述了金融在产业结构调整中的作用，他分析了金融活动对产结构调整的影响，重点在于对相关的资金形成机制、信用催化剂及资金导向机制的作用效果。周逢民(2004)在振兴东北老工业基地的研究中表明，由于区域经济结构存在差异，在宏观调控中制定货币政策时，应当充分考虑到我国各地的经济和产业结构的异质性，应该通过多渠道，如投资引导、政策倾斜、政策协调和信贷政策等来强化货币政策的作用效果。曹永琴和李泽祥(2007)重点分析了为什么会产生货币政策非对称性,基于心理层面、市场环境和传导机制三个层面来解释其产生的机理和原因。虽然近几年来已有部分学者开始对货币政策效应的跨行业异质性进行实证分析,但在研究过程中基本没有考虑货币政策在经济周期不同阶段的非对称效应。王剑和刘玄(2005)运用时间序列模型发现货币政策的变化对产业经济有很大的影响,而且差异显著,其中第三产业对货币政策的反应最为敏感,其次是第二产业,最后是第一产业。陈柳钦和金永军(2006)通过 E-G 两步法、动态分布滞后模型和脉冲响应函数等计量经济学方法分析了自 1995 年以来我国六个行业对货币政策冲击的反应,结果显示,第一产业和房地产行业对货币冲击反应比较明显,第三产业特别是其中的餐饮业和批发贸易零售业反应并不是很明显。徐涛(2007)通过分析中国是否存在货币政策的行业效应,然后再分析产生行业效应的原因,从各行业的行业特性和财务结构出发,定性分析与定量分析相结合,研究我国货币政策的跨行业的异质性,得出货币政策的行业效应与行业的产品特征和财务状况等因素有关。闫红波和王国林(2008)利用向量自回归模型和脉冲响应函数证实我国货币政策对中国制造业中各个行业存在非对称性(统一的货币政策对不同的行业产生不同的影响),并且从资本密集度、投资行为、行业规模等微观因素方面提出并检验了造成这种产业效应非对称性的原因。袁申国和卢万青(2009)从行业的投资规模变量入手,检验了紧缩的货币政策与扩张的货币政策所产生的非对称性,进一步使我们理解了货币政策的行业效应的异质性,以月度数据为基础,分别在各行业建立向量自回归模型,通过脉冲响应分析,得到不同的货币政策在各行业的投资规模上的异质性。杨小军(2010)着眼于利率政策,研究了八个工业行业,主要是利用向量自回归模型的脉冲响应分析,得出我国的货币政策存在明显的行业异质性,并致使行业自身呈现了"价格之谜",即紧缩的货币政策常常导致价格水平升高而不是下降,而利率政策的变化确实可以给予很好的解释。叶蓁(2010)基于上市公司的面板数据来分析货币政策对各行业的影响,通过流动性、债权比、规模、存款率和贷款率五项指标,其中贷款率、规模和债权在货币政策行业异质性中起关键作用。曹永琴(2011)基于 30 个典型行业的面板数据,从银行信贷、资产负债和相对价格三个货币传导渠道,实证分析了货币政策行业的非对称性,研究发现,行业间特征差异显著,货币政策冲击在行业间差别很大,行业的运营资本比重、银行信贷依赖程度、财务杠杆水平和劳动密集程度越高以及行业内公司的平归规模越小,受货币政策的冲击越大。

　　本章从我国工业行业的实际数据出发,利用源于马尔科夫转移(Markov swithching,MS)模型的线性回归模型对我国货币政策非对称效应的跨行业异质性进行具体的实证分析,并从货币政策的三个传导渠道,即利率渠道、汇率渠道和信贷渠道出发,对货币政策非对称效应跨行业异质性产生的原因进行具体的实证研究。本章的具体结构安排如下：10.1 节构建检验货币政策非对称效应的计量模型，并利用马尔科夫转移模型对我国宏观经济各经济周期阶段的平滑转移概率进行测度；10.2 节从我国 33 个工业行业的实际数据出发，在 10.1 节测度的基础上对我国货币政策非对称效应的跨行业异质性进行具体实证分析；10.3 节通过检验投资强度、开放程度、财务杠杆及企业规模等行业特点与货币政策非对称性大小间的相关性，尝试从利率渠道、汇率渠道和信贷渠道解释我国货币政策非对称效应跨行业异质性的产生原因；10.4 节给出本章结论和相应政策建议。

10.1　中国货币政策非对称效应模型的构建

货币政策调控经济的效果，不仅取决于货币政策的方向和强度，而且还取决于经济周期的各个阶段，这通常被称为货币政策的非对称效应。为了尽可能准确地捕捉到我国货币政策在各经济周期阶段的非对称效应，本章借鉴 Peersman 和 Smets(2005)提出的源于马尔科夫转移模型的线性回归模型来刻画货币政策对我国工业行业的影响效应。模型的具体形式由式(10-1)给出。

$$\Delta y_{i,t}=\alpha_0\, p_{0,t}+\alpha_1 p_{1,t}+\phi_1\Delta y_{i-1,t}+\phi_2\Delta y_{i-2,t}+\beta_0 p_{0,t-j}\mathrm{MP}_{t-j}$$
$$+\beta_1 p_{t-j}\mathrm{MP}_{t-j}+\varepsilon_{i,t} \tag{10-1}$$

其中，$\Delta y_{i,t}$ 代表我们国家各工业行业 i 的产出增长率；MP_{t-j} 为货币政策指标，用来衡量我国货币政策扩张和紧缩强度的指标；$p_{0,t}$，$p_{1,t}$ 分别为 t 时期我国宏观经济处于经济周期收缩阶段和扩张阶段的平滑转移概率($p_{0,t}+p_{1,t}=1$)；参数 β_0、β_1 分别刻画了经济周期的收缩阶段和扩张阶段货币政策对我国工业行业的长期影响。此外，式(10-1)中 MP_{t-j} 下标中的 j 表示货币政策效果滞后的期数，用来刻画货币政策行业作用效果的时滞性。

10.1.1　平滑转移概率的测算

在利用式(10-1)所示模型对我国货币政策非对称效应的跨行业异质性进行具体实证分析之前，本章首先利用两区制马尔科夫概率转移模型对 1990 年 1 月至 2011 年 12 月我国宏观处于经济周期收缩阶段和扩张阶段的平滑转移概率 $p_{0,t}$、$p_{1,t}$ 进行测算。

1. 经济周期两阶段的定义

经济周期波动是若干宏观经济总量指标围绕着其长期趋势上下偏离。当经济的正常运转受到一个随机波动冲击时，就会偏离其原来的趋势水平，产生向上或向下的波动，然而一些误差修正机制将其矫正回长期趋势水平来，使其恢复正常的运行状态。而在古典经济周期中，往往是正负交替的增长变化形成的经济周期的两个阶段，即扩张期是偏离趋势的正的增长水平，而收缩期是偏离趋势的负的增长水平。这种经济周期波动状态一般出现在西方资本主义社会的经济运行当中，由于西方社会高速增长的时代早已终结，已经不能维持高水平的经济增长，当其经济体受到一个下行冲击时，往往就会呈现负的增长区间，由此而产生了研究这种古典经济周期波动方法，即1898年汉密尔顿提出的马尔科夫转移模型，经常以此种方法来描述经济周期的阶段性，从而更好地描述经济周期的波动过程。

而对我国的经济周期两阶段的描述，在国内大多数文献中，将其分为高速增长阶段和适度增长阶段，由于改革开放以来，我国经济增长速度一直维持在较高的增长水平上，显然不会像西方资本主义经济会出现负的增长。图10-1是通过我国工业增加值的同比增长率来描绘的周期波动图，自1990年以来，我国的经济增长率都保持在零以上，从图中可以清晰地看出，我国自1990年之后经历着很清晰的几个经济周期，其中的主要的经济扩张阶段为1990～1993年及2002～2007年，主要的萧条阶段为1993～2000年及2007～2010年，扩张阶段形成的原因主要是1990年后我国建立社会主义市场经济体制，加速了我国工业化的进程，同时加强对基础建设的投资，总需求增加，使我国经济水平快速增长，而2002～2007年主要是亚洲金融危机过后，我国经济明显复苏，市场经济地位提高，房地产市场蓬勃发张，使我国经济增长水平提高；而两次的主要经济萧条主要是由于金融危机引发的，第一次是东南亚金融海啸，第二次则是美国次贷危机，我国没能幸免，这可以看做经济全球化的一部分。

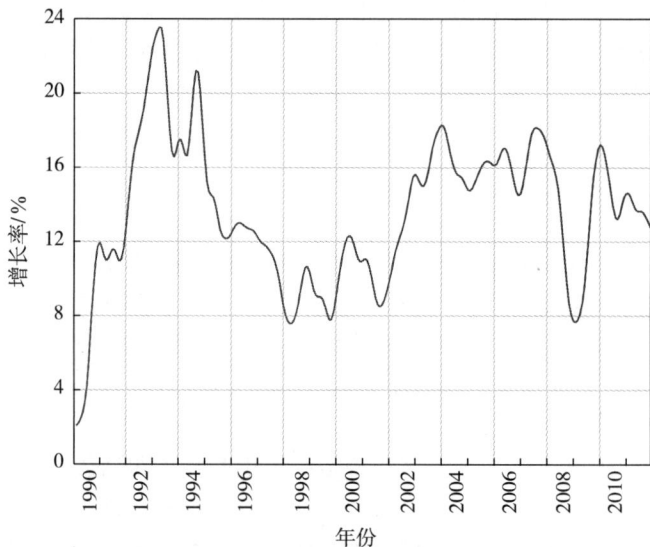

图 10-1　我国工业增加值的同比增长率

2. 马尔科夫转移模型介绍

本章采用了 Hamilton(1989)的马尔科夫转移模型，用此方法来测量区分我国经济周期的两个区制。Hamilton(1989)的马尔科夫转移模型是以此为背景的相对简单的非线性模型。马尔科夫区制转移模型的一个目标就是允许在不同的状态中出现不同的表现行为，当一个状态转向另一个状态时可以及时估测。因此，可以根据处于经济下行阶段的平均增长率判断经济处于经济的下行阶段而不是正常阶段。

一个很简单的区制转移模型如下。

区制 0：

$$y_t = \mu_0 + \rho y_{t-1} + \varepsilon_t, \quad \varepsilon_t \sim N(0, \sigma^2) \tag{10-2}$$

区制 1：

$$y_t = \mu_1 + \rho y_{t-1} + \varepsilon_t, \quad \varepsilon_t \sim N(0, \sigma^2) \tag{10-3}$$

其中，区制的数量是 2。如果我们用变量 s_t 来定义区制，然后均值就可以写作 s_t 的形式：

$$\mu(s_t) = \begin{cases} \mu_0, & s_t = 0 \\ \mu_1, & s_t = 1 \end{cases} \tag{10-4}$$

其中，$s_t = 0$ 代表萧条阶段；$s_t = 1$ 代表繁荣阶段。

在马尔科夫转移模型中，不可观察的随机变量 s_t 服从一个马尔科夫链，通过在 N 个状态间的转移概率来定义。

$$p_{i|j} = p(s_{t+1} = i | s_t = j)(i, j = 0, 1, \cdots, N-1) \tag{10-5}$$

一个时期的状态 j 移动到另一个时期的状态 i 仅取决于当前的状态，由于系统是 N 个状态之一，则有

$$\sum_{j=0}^{N-1} p_{i|j} = 1 \tag{10-6}$$

转移概率矩阵 **P** 就是

$$\boldsymbol{P} = (p_{i|j}) \tag{10-7}$$

其中，每一列的条件概率之和等于 1。

转移概率可以根据条件概率和混合分布的原理求出，以下是转移概率的推理过程。

令时期 t 给定过程的体制以未被观察到的随机变量 s_t 为指标，有 N 个可能的体制($j = 1$, 2 或 N)。当过程处于体制 1 时，观察到的变量 y_t 预定取自一个 $N(\mu_1, \sigma_1^2)$ 的分布，如果过程处于体制 2，则 y_t 取自一个 $N(\mu_1, \sigma_2^2)$ 分布……因此，y_t 以随机变量 s_t 取值 j 为条件的密度为

$$f(y_t | s_t = j; \theta) = \frac{1}{\sqrt{2\pi}\sigma_j} \exp\left\{\frac{-(y_t - \mu_j)^2}{2\sigma_j^2}\right\} \tag{10-8}$$

其中，$j=1,2,\cdots,N$；θ 为一个总体的参数向量，它包括 $\mu_1,\cdots,\mu_N$ 及 $\sigma_1^2,\cdots,\sigma_N^2$。

未观察到的体制 $\{s_t\}$ 预定有某个概率分布生成，s_t 取值 j 的无条件概率密度记为 π_j。

$$p\{s_t=j;\theta\}=\pi_j(j=1,2,\cdots,N) \tag{10-9}$$

概率 $\pi_1,\cdots,\pi_N$ 也可以包括 θ；即 θ 为

$$\theta\equiv(\mu_1,\cdots,\mu_N,\sigma_1^2,\cdots,\sigma_N^2,\pi_1,\cdots,\pi_N)$$

我们知道对于任意的事件 A 和 B，给定 B、A 的条件概率为

$$p\{A\mid B\}=\frac{p\{AB\}}{p\{B\}} \tag{10-10}$$

假定 B 事件发生的概率非零。则 A 和 B 同时发生的联合概率为

$$p\{AB\}=p\{A\mid B\}\sim p\{B\}$$

例如，如果对联合概率事件 $s_t=j$ 及 y_t 落在区间 (c,d) 内的概率感兴趣，则可以通过对式(10-11)求关于 y_t 在 c 和 d 之间取值的积分而算得

$$p(y_t,s_t=j;\theta)=f(y_t\mid s_t=j;\theta)\sim p\{s_t=j;\theta\} \tag{10-11}$$

式(10-11)称为 y_t 和 s_t 的联合分布密度函数。将式(10-8)、式(10-10)代入式(10-11)可得相应联合分布密度函数为

$$p(y_t,s_t,=j;\theta)=\frac{\pi_j}{\sqrt{2\pi}\sigma_j}\exp\left\{\frac{-(y_t-\mu_j)^2}{2\sigma_j^2}\right\} \tag{10-12}$$

将式(10-12)在所有的可能的 j 上求和，可得 y_t 的无条件密度

$$\begin{aligned}
f(y_t;\theta)&=\sum_{j=1}^{N}p(y_t,s_t=j;\theta)\\
&=\frac{\pi_1}{\sqrt{2\pi}\sigma_j}\exp\left\{\frac{-(y_1-\mu_1)^2}{2\sigma_1^2}\right\}\\
&\quad+\frac{\pi_2}{\sqrt{2\pi}\sigma_j}\exp\left\{\frac{-(y_2-\mu_2)^2}{2\sigma_2^2}\right\}+\cdots\\
&\quad+\frac{\pi_N}{\sqrt{2\pi}\sigma_j}\exp\left\{\frac{-(y_N-\mu_N)^2}{2\sigma_N^2}\right\}
\end{aligned} \tag{10-13}$$

因为体制 s_t 地为观察到的，式(10-13)是描述实际观察到的 y_t 的相对密度。如果体制变量 s_t 分布作跨时期 t 的独立同分布，则观察到数据的对数似然函数可由式(10-13)计算为

$$L(\theta)=\sum_{t=1}^{T}\log f(y_t;\theta) \tag{10-14}$$

θ 的极大似然估计由限制 $\pi_1+\pi_2+\cdots+\pi_N=1$ 及 $j=1,2,\cdots,N$ 时 $\pi_j>0$ 这个条件最大化式(10-14)而得。

一旦得到了 θ 的估计，就有可能做出关于体制可能对时期 t 生成的观察值 y_t 负责的推断。又由条件概率的定义，有

$$p(s_t=j\,|\,y_t;\ \theta)=\frac{p(y_t,\ s_t=j;\ \theta)}{f(y_t;\ \theta)}=\frac{\pi_j\sim f(y_t\,|\,s_t=j;\ \theta)}{f(y_t;\ \theta)} \quad (10\text{-}15)$$

给定关于总体参数 θ 的知识，对于样本中的每一个 y_t，都可以运用式(10-8)和式(10-13)计算式(10-15)的值。给定观察到的数据，这个数代表了对观察值 t 负责的未被观察到的体制是体制 j 的概率。

可以区分为两种类型的马尔科夫转移模型：马尔科夫转移动态回归模型(MS 或者 MS-DR)和马尔科夫转移自回归模型(MS-AR 或者 MS-ARMA)。

MS-DR 模型的仿照动态回归模型：

$$y_t=v(s_t)+\alpha y_{t-1}+\boldsymbol{x}_t^{\mathrm{T}}\boldsymbol{\beta}+\varepsilon_t,\ \varepsilon_t\sim\mathrm{N}(0,\ \sigma^2) \quad (10\text{-}16)$$

相关的 MS-AR 模型如下：

$$y_t-\mu(s_t)-\boldsymbol{x}_t^{\mathrm{T}}\boldsymbol{\gamma}=\rho\big[y_{t-1}-\mu(s_{t-1})-\boldsymbol{x}_t^{\mathrm{T}}\boldsymbol{\gamma}\big]+\varepsilon_t,\ \varepsilon_t\sim\mathrm{N}(0,\ \sigma^2) \quad (10\text{-}17)$$

如果没有区制转移，两个模型就是等价的，一个可以写成另一个的形式。马尔科夫转移模型并不可以这样。MS-AR 模型需要一个 N 维的状态向量来获得可能评估 S 个区制和自回归阶数 P 的马尔科夫表征，其中，$N=S(1+p)$。因此，MS-AR 模型不适合用于月度数据或者高阶自回归。然而，MS-DR 模型不存在这个问题，因为状态个数等于区制个数，即 $N=S$。

对于该模型的估计，马尔科夫转移模型的似然函数可以通过 Hamilton (1989)提出的滤波算法进行有效地估计。

3. 转移概率的测定

本章所采用的数据为 1990 年 1 月至 2011 年 12 月的月度数据，因此采用式(10-18)所示的 MS-DR 模型测定各时期我国宏观经济处于各经济周期阶段的转移概率。

$$\Delta y_t=\mu_{s_t}+\phi_1\Delta y_{t-1}+\phi_2\Delta y_{t-2}+\varepsilon_t,\ \varepsilon_t\sim\mathrm{N}(0,\ \sigma^2) \quad (10\text{-}18)$$

其中，Δy_t 代表我国工业增加值的月度增长率；μ_{s_t} 为状态 s_t 下的平均增长率，s_t 服从两阶马尔科夫链，用转移概率矩阵描述如下：

$$\boldsymbol{P}=\begin{pmatrix} p_{00} & p_{01} \\ p_{10} & p_{11} \end{pmatrix} \quad (10\text{-}19)$$

其中，

$$p_{ij}=p(s_t=j\,|\,s_{t-1}=i)\Big(\sum_{j=0}^{1}p_{ij}=1\Big) \quad (10\text{-}20)$$

由于本章只是鉴于该模型求出我国经济周期的两区制之间的转移概率，所以采用了单变量的双区制模型，该模型中唯一的单变量就是我国的工业增加值同比增长率 Δy_t，根据式(10-16)通过非线性规划方法(Lawrence and Tits, 1996)即

可以得到转移概率。

由表 10-1 的估计结果,我们可知,式(10-16)的系数及各阶段的均值的估计结果都显著,且可以清楚地看出,在不同的区制下方程变量的均值差别比较明显,而从表 10-2 的非线性似然比检验的结果可以看出,卡方统计量为 56.136,显然拒绝了线性模型的原假设,因此,可以得出我国的工业增加值宏观经济变量存在显著的两区制分界现象。所估计出来的转移概率矩阵,体现了经济周期在不同区制上的稳定性和各状态之间相互转移的可能性。根据转移概率的大小,可以很清晰地看出不同状态间转移的顺序和方向。由于本章所分的两个区制是适度增长和高速增长两个区制,所以根据转移概率矩阵,当经济处于适度增长的区制 0 时,它向高速增长区制 1 转移的概率为 0.240 4,同样,可以得出当经济体的状态区制处于高速增长阶段 1 时,它转向适度增长区制 0 的可能性为 0.066 07,相对较小,但是两个状态区制维持在原状态区制不变的概率分别为 0.933 93 和 0.759 96,显然呈现出较高的稳定性,可以浅显地说明自 1990 年以来,我国宏观经济经历了相当平稳的过程,几乎没有出现大起大落的现象,在一定程度上,体现我国相关部门很好把握宏观经济运行的能力。

表 10-1　马尔科夫转移模型估计结果

系数	估计值	标准误	t 值	P 值
ϕ_1	1.828 09***	0.024 11	75.8	0.000
ϕ_2	−0.861 54***	0.023 79	−36.2	0.000
μ_0	10.64***	0.052 59	7.1	0.000
μ_1	13.64***	0.068 7	6.2	0.000
$p\_\{0\mid0\}$	0.933 93***	0.022 81	40.9	0.000
$p\_\{1\mid0\}$	0.240 042***	0.063 32	3.79	0.000

*** 表示 0.01 的显著水平;** 表示 0.05 的显著水平; * 表示 0.1 的显著水平

表 10-2　模型的非线性似然比检验结果

假设设定	H_0:经济系统服从线性模型 H_1:经济系统服从非线性模型
LR 统计量	$\chi^2(3)=56.136\,[0.000\,0]$***

*** 表示 0.01 的显著水平

其中,所估计出的转移概率矩阵如下:

$$P=\begin{pmatrix}0.933\,93 & 0.240\,04 \\ 0.066\,07 & 0.759\,96\end{pmatrix}$$

根据表 10-3 可以看出,由马尔科夫转移模型的区制划分来看,1990 年 1 月至 2011 年 12 月,我国的经济周期分别经历了 12 个适度增长区制和 10 个高速增长区制。长期以来，经济周期所处状态的识别和判断一直是学者们研究的难点和重点，本章应用马尔科夫转移模型的好处主要体现在：①马尔科夫转移模型能很好地把宏观经济变量所体现的真实经济周期的非对称性描述出来；②使用马尔科夫区制转移模型可以得出以概率分布形式的经济周期状态，得出的结果比以往的结果更加简单明了。

表 10-3　我国经济周期的区制划分

区制 0(经济适度增长)		区制 1(经济高速增长)	
时间跨度	概率	时间跨度	概率
1990 年 10 月至 1991 年 8 月	0.998 978	1990 年 7 月至 1990 年 8 月	0.895 783
1991 年 6 月至 1991 年 9 月	0.994 986	1991 年 10 月至 1992 年 2 月	0.830 671
1993 年 5 月至 1993 年 7 月	0.999 286	1992 年 7 月至 1993 年 3 月	0.909 479
1994 年 1 月至 1994 年 3 月	0.983 686	1994 年 4 月至 1994 年 7 月	0.980 408
1994 年 8 月至 1994 年 12 月	0.972 741	1995 年 1 月至 1995 年 3 月	0.958 057
1995 年 5 月至 2003 年 2 月	0.998 654	2003 年 4 月至 2003 年 7 月	0.793 497
2003 年 12 月至 2004 年 11 月	0.946 149	2006 年 1 月至 2006 年 7 月	0.737 372
2005 年 7 月至 2005 年 10 月	0.947 504	2006 年 11 月至 2007 年 3 月	0.844 458
2006 年 5 月至 2006 年 9 月	0.988 729	2009 年 5 月至 2009 年 7 月	0.941 310
2007 年 6 月至 2009 年 2 月	0.980 941	2010 年 8 月至 2010 年 10 月	0.936 302
2009 年 9 月至 2010 年 6 月	0.913 039		
2010 年 12 月至 2011 年 12 月	0.994 001		

图 10-2 绘出了两区制平滑转移概率的变动轨迹，可以更清晰地刻画出我国经济周期区制转换的动态过程。从两个区制的平滑转移概率运行的轨迹图中，可以看出，20 世纪 90 年代至 21 世纪前十年，两个状态区制的经历数次变换，有相当一段时间，我国宏观经济体相对处于一个适度增长的状态，而在其他的时间段里，我国经济的高位和低位增长的区制变换相对频繁，这可能和我国改革开放以来的经济体制运行有关。我国自 1978 年确立了改革开放这项基本国策，一切从无到有，摸着石头过河，很多宏观经济政策制定得并不是很合理，使我国经济在曲折中发展，先后出现经济过热和经济紧缩期，这样的阶段持续到了 1989 年，1992 年的邓小平的南方谈话，为我国经济的发展带来新的动力，使改革开放在我国全面展开，使我国经济自 1990 年后出现了一个高速发展的时期，大的高速增长周期一直持续到 1996 年年底，我国经济体进行了很好的软着陆。随后，我国经济进入紧缩阶段，这期间受到东南亚金融危机的冲击和我国对经济体制的深化改革的影响，该阶段一直持续到 2002 年，而从 2003 年随着我国各项经济改革

的正确落实，我国宏观经济进入连续几年的加速发展阶段，直到 2008 年的美国次贷危机引发了全球性的经济危机，使我国经济在不同程度上受到影响，增长率出现了明显回落，然而，为了应对突发的金融危机，我国采用的扩张的货币政策，使我国经济体出现了很快的回升，但是并没从根本上消除危机，量化宽松的货币政策同时也带来了一些负面作用，导致中国人民银行连续加息，利率提高，在一定程度上，控制了我国经济体的增长速度。从我国经济体运行的实际情况来看，利用马尔科夫区制转移模型所判别出来的经济适度增长阶段和高速增长阶段，是比较符合我国经济运行的实际过程的。

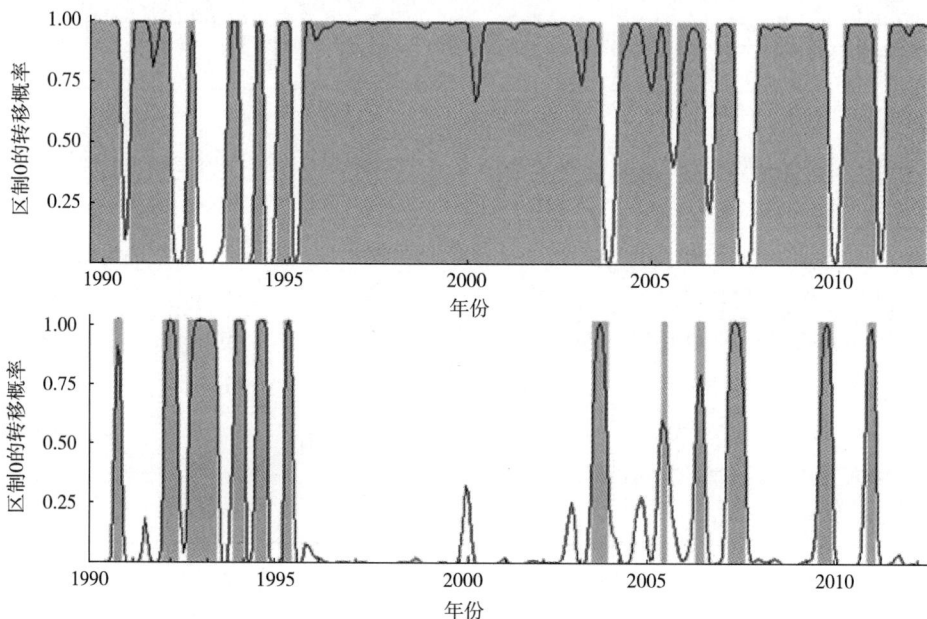

图 10-2　两区制平滑转移概率图

综上所述，本章所用的马尔科夫区制转移模型能很好地描述我国宏观经济总体运行情况，很清晰地把我国的经济周期区分成两个区制，即适度增长阶段和高速增长阶段，且每个阶段的经济运行与我国的实际经济运行基本相符，因此，由马尔科夫转移模型得出的两阶段的平滑转移概率可以很好地描述我国经济周期的两个阶段，并用这两阶段的平滑转移概率进一步地阐述经济体在两阶段的非对称性是可行的。

10.1.2　货币政策冲击的度量

能准确地度量指标 MP_t，这对衡量我国货币政策对行业影响的非对称性效果起关键性作用，而度量货币政策冲击在现有的学者研究中一般有两种方法：第一种是识别度量紧缩的货币政策和扩张的货币政策；第二种是识别度量货币政策的规模。在此，本章采用第一种方法，识别货币政策冲击的方向，来判断非对称性。本章从我国货币供给的均衡方程出发来识别我国货币政策的冲击。假定货币供给取决于通货膨胀率、实际产出增长率及实际利率，建立刻画我国货币供给变动特征的方程如下：

$$m_t = c_0 + c_1 m_{t-1} + c_2 \text{cpi}_t + c_3 r_t + c_4 y_t + c_5 i_t + \varepsilon_t \qquad (10\text{-}21)$$

其中，m_t、cpi_t、r_t、y_t、i_t 分别表示实际货币供给增长率 M1、居民消费价指数增长率、实际短期贷款利率、产出增长率、投资增长率；c_0 为常数项；ε_t 为均衡方程的误差项。由于我们没有月度 GDP，因此本章用工业增值同比增长率来代替。各个指标的样本区间为 1999 年 1 月至 2011 年 12 月，并对其进行季节调整，消除不规则因素和季节因素。数据主要来源于中国经济信息网和 wind 数据库。

为了保证模型的稳定性，首先对各个变量进行了 ADF 检验，检验结果表明其均为一阶单整序列，即均为 $I(1)$ 序列，随后，对方程(10-21)的残差序列进行平稳性检验，检验结果表明方程(10-21)的残差序列是平稳的，这表明变量之间存在协整关系，满足均衡方程的建模要求。均衡方程估计结果如表 10-4 所示。

表 10-4　均衡货币供给方程的估计结果

解释变量	系数值	标准误	t 值	P 值
常数项	−4.104 63 ***	1.130 731	−3.630 07	0.000 4
i_t	0.033 634 ***	0.008 875	3.789 739	0.000 2
m_{t-1}	1.001 6 ***	0.013 103	76.441 04	0.000 0
cpi_t	−0.400 04 ***	0.045 455	−8.800 81	0.000 0
r_t	0.572 109 ***	0.164 328	3.481 497	0.000 7
y_t	0.049 043 *	0.030 594	1.603 024	0.111 0

*** 表示 0.01 的显著水平；* 表示 0.1 的显著水平

根据表 10-4 中货币供给方程的估计结果，将其被解释变量的拟合值记为 $\hat{m}_t$，来度量均衡货币供给量，而 m_t 度量了实际货币供给量，因此，用实际货币供给量 m_t 与均衡货币供给量 $\hat{m}_t$ 之间的残差记为 ε_t，即

$$\varepsilon_t = m_t - \hat{m}_t \qquad (10\text{-}22)$$

可以用式(10-22)来度量实际货币供给量对均衡货币供给量的偏离，即货币冲击的度量。当实际货币供给量大于均衡货币供给量时，即 $\varepsilon_t > 0$，此时实施的是宽松的货币政策，表明存在正向的货币供给冲击；当实际货币供给量小于均衡货币供给量时，即 $\varepsilon_t < 0$，此时实施的是紧缩的货币政策，表明存在负向的货币供给冲击。本章用 MP_t 表示货币供给的冲击，因此式(10-22)即可写为

$$\mathrm{MP}_t = m_t - \hat{m}_t \qquad\qquad (10\text{-}23)$$

在我国货币政策的历史实施当中，改革开放初期，即 1987～1997 年，我国偏向实施从紧的货币政策。如图 10-3 所示，受亚洲金融危机和国企改制的影响，我国在 1997～1999 年，实施了宽松的货币政策，之后几年我国重在实施稳健的货币政策，2007 年下半年，由于房地产发展过热，价格飞涨，通胀抬头，中国人民银行 2008 年颁布实施紧缩的货币政策，我国执行了 10 年之久的"稳健"货币政策即被"从紧"货币政策所代替，在图 10-3 中可以很清晰地识别出来。然而，突如其来的美国的次贷危机，为我国的经济发展带来强烈的冲击。为了应对金融危机，我国实施 4 万亿的经济刺激计划，2008 年下半年，逐步实施放松的货币政策，使实际货币供给远高于均衡货币供给。在宽松的货币政策的刺激下，我国的经济发展避免了金融危机所带来的剧烈冲击。然而，由于通货膨胀预期的加强，2010 年上半年，我国的货币政策开始逐步收紧，此时的实际货币供给低于均衡货币供给。

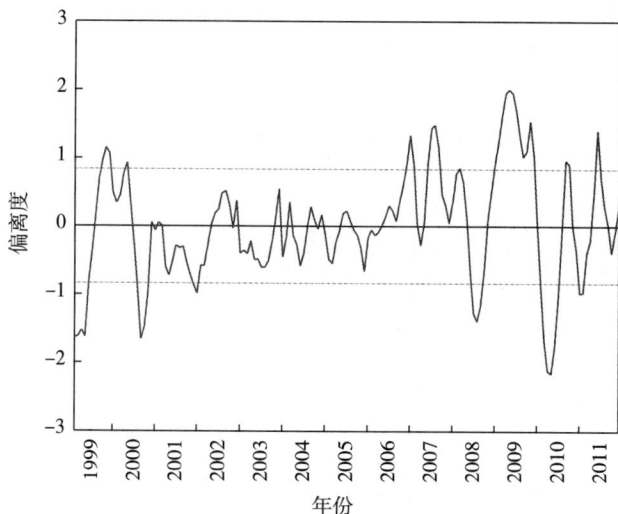

图 10-3   实施货币供给偏离均衡货币供给量的程度

10.2   中国货币政策非对称效应跨行业异质性特征的实证分析

本章使用模型(10-24)分别对 2000 年 1 月至 2011 年 12 月的我国工业各行业的 33 个线性回归方程进行估计。

$$\Delta y_{i,t} = \alpha_0 p_{0,t} + \alpha_1 p_{1,t} + \phi_1 \Delta y_{i-1,t} + \phi_2 \Delta y_{i-2,t} + \beta_0 p_{0,t-j} \text{MP}_{t-j}$$
$$+ \beta_1 p_{t-j} \text{MP}_{t-j} + \varepsilon_{i,t} \tag{10-24}$$

其中，$\Delta y_{i,t}$ 代表工业 33 个两位数行业的主营业务收入的同比增长率，对于主营业务收入同比增长率 $\Delta y_{i,t}$ 的计算，采用工业 33 个两位数行业的主营业务收入的绝对量，并对其进行平减，平减指数采用工业各行业对应的工业品出厂价格指数。数据来源于中国经济信息网，指标的样本区间为 1999 年 1 月至 2011 年 12 月，并进行了季节调整。式(10-24)中，参数 β_0、β_1 分别刻画了经济周期的收缩阶段和扩张阶段货币政策对我国工业行业的长期影响，其均值 β 代表了货币政策对该行业的整体作用效应，$\beta_0 - \beta_1$ 度量了紧缩的货币政策和宽松的货币政策之间的非对称性影响程度。33 个工业行业的各 β 系数的估计结果由表 10-5 给出。

表 10-5　货币政策的行业效应

行业	MP_t 滞后阶数	β_0	β_1	$\beta_0 - \beta_1$	$\beta = (\beta_0 + \beta_1)/2$
平均值	0	−0.043 6	0.450	−0.494	0.203 5
煤炭开采洗选业	−14	−0.094 724 (−0.815)	0.842 567 *** (3.25)	−0.937 291	0.373 921 5
石油开采和洗选业	−4	0.062 685 (1.35)	0.195 76 * (1.70)	−0.133 075	0.129 222 5
黑色金属矿采选业	−4	0.234 042 (0.89)	1.903 445 *** (2.71)	−1.669 403	1.068 743 5
有色金属矿采选业	−6	−0.116 881 (−0.86)	0.905 242 *** (2.5)	−1.022 123	0.394 180 5
非金属矿采选业	−6	0.184 992 * (1.88)	0.662 18 *** (2.43)	−0.477 188	0.423 586
农副食品加工业	−5	0.076 542 (0.79)	0.106 821 (0.42)	−0.030 279	0.091 681 5
食品制造业	−13	−0.096 308 (−1.12)	0.477 533 ** (2.24)	−0.573 841	0.190 612 5
饮料制造业	−1	0.144 275 (1.47)	0.042 82 (0.15)	0.101 455	0.093 547 5
烟草制造业	−1	−0.278 113 *** (−4.14)	0.770 812 *** (4.05)	−1.048 925	0.246 349 5
纺织业	−6	0.249 641 *** (2.71)	0.101 803 (0.42)	0.147 838	0.175 722
纺织服装、鞋帽制品业	−13	−0.061 981 (−0.53)	0.578 385 ** (2.05)	−0.640 366	0.258 202

续表

行业	MP_t 滞后阶数	β_0	β_1	$\beta_0-\beta_1$	$\beta=(\beta_0+\beta_1)/2$
皮革、毛皮及 其制品业	−12	−0.496 769 *** (−3.44)	0.720 372 ** (2.03)	−1.217 141	0.111 801 5
木材加工 及木竹制品业	−1	−0.194 634 (−1.06)	0.910 502 * (1.76)	−1.105 136	0.357 934
家具制造业	−12	−0.236 547 (−1.60)	0.058 494 (0.14)	−0.295 041	−0.089 027
造纸及纸 制品业	−7	0.063 93 (0.73)	0.403 207 * (1.80)	−0.339 277	0.233 568 5
文教体育用品 制造业	−13	−0.335 113 (−3.89)	0.463 412 (2.14)	−0.798 525	0.064 149 5
石油炼焦及 核燃料加工业	−13	−0.051 26 (−1.51)	0.176 819 ** (2.19)	−0.228 079	0.062 779 5
化学原料及 化学制品业	−13	0.055 259 (0.53)	0.446 563 * (1.77)	−0.391 304	0.250 911
医药制造业	−15	−0.118 187 (−1.55)	0.628 591 *** (3.07)	−0.746 778	0.255 202
化学纤维 制造业	−13	−0.021 109 (−0.15)	0.539 055 (1.51)	−0.560 164	0.258 973
橡胶制品业	−12	−0.482 661 *** (−4.25)	0.557 664 * (1.91)	−1.040 325	0.037 501 5
塑料制品业	−12	−0.167 02 * (−1.79)	0.398 278 * (1.69)	−0.565 298	0.115 629
非金属矿物制 品业	−1	−0.279 083 *** (−2.71)	0.473 458 * (1.80)	−0.752 541	0.097 187 5
黑色金属冶炼及 压延加工业	−12	0.424 34 (1.57)	−1.900 76 *** (−2.91)	2.325 096	−0.738 208
有色金属冶炼及 压延加工业	−1	−0.051 024 (−0.21)	0.970 417 * (1.63)	−1.021 441	0.459 696 5
金属制品业	−6	0.228 855 ** (2.31)	0.421 329 * (1.63)	−0.192 474	0.325 092
通用设备 制造业	−13	−0.078 343 (−0.63)	0.527 266 * (1.65)	−0.605 609	0.224 461 5
专用设备 制造业	−11	−0.081 064 (−0.94)	0.413 57 * (1.82)	−0.494 634	0.166 253
交通运输设备 制造业	−7	0.370 393 *** (2.37)	0.618 935 (1.47)	−0.248 542	0.494 664

续表

行业	MP_t 滞后阶数	β_0	β_1	$\beta_0-\beta_1$	$\beta=(\beta_0+\beta_1)/2$
电气机械及器材制造业	−13	−0.017 205 (−0.14)	0.431 293 (1.36)	−0.448 498	0.207 044
通信设备计算机制造业	−5	−0.212 75* (−1.72)	0.564 976* (1.59)	−0.777 726	0.176 113
仪器仪表制造业	−9	0.018 171 (0.12)	0.061 536 (0.15)	−0.043 365	0.039 853 5

*** 表示 0.01 的显著水平；** 表示 0.05 的显著水平；* 表示 0.1 的显著水平

1. 中国货币政策影响的滞后时滞分析

表 10-5 中第二列显示的是货币政策作用效果的滞后时滞期。从结果中可以看出，在煤炭开采洗选业，食品制造业，纺织服装、鞋帽制造业，皮革、毛皮及其制品业，家具制造业，文教体育用品制造业，石油炼焦及核燃料加工业，化学原料及化学制品业，化学纤维制造业，橡胶制品业，塑料制品业，黑色金属冶炼及压延加工业，通信设备计算机制造业，专用设备制造业和电气机械制造业 15 个行业中，货币政策在实施后的一年左右(11 个月～14 个月)对其产生实质上的影响，而对于医药制造业来说，货币政策实施 15 个月，才见其明显效果，这表明我国货币政策对多数工业行业的影响效果具有显著的不同程度的时滞性。这一结论与部分学者研究结果相一致。例如，闫红波和王国林(2008)等也同样发现货币政策对产业影响的时滞问题，在他们的研究中，有超过 10 个行业的货币政策具有时滞，在一年左右，有的行业甚至长达两年。这主要是由于我国的金融体系尚不够完善，进而使货币政策的传导本身具有一定的时滞。具体到各工业行业，由于各行业的属性特点不同，货币政策对其作用的方式和效应传递途径也不尽相同，进而在各工业行业间表现出不同长度的时滞性作用效果。在饮料制造业、烟草制造业、木材加工及木竹制品业、非金属矿物制品业和有色金属冶炼及压延加工业这 5 个行业中，货币政策的对其作用的时滞一般在 1 个月左右，而剩余的 11 个行业的货币政策的作用效果时滞在 4 个月到 9 个月左右。

2. 经济收缩期时的货币政策行业效应分析

当经济体处于收缩期时，为了使经济体快速恢复，一般都会采用宽松的货币政策。然而在宽松的货币政策的刺激下，一般会产生虚拟的经济泡沫，实体经济的恢复并不会像想象中的那么迅速。当我国工业各行业受到宽松的货币政策的刺激时，第一时间有了多余的货币资金进行处理存货，扩大产量，增加产出，然而，居民的消费并不能在第一时间增加上去，由于居民的消费预期依然停留在经济收缩的阴影当中，并不会第一时间扩大消费，所以导致企业的销售收入并不能快速回笼，最终导致宽松的货币政策在萧条期并不能给各个企业带来显著的影响。由于经济危机的存在，有可能若干企业还会存在负的产出效应，这可能是银行信贷的机制不完善及各行业发展的不对称所导致的结果。从表 10-5 中可以看出，第三列 β_0 系数在绝大多数行业中都不显著，少数行业的 β_0 系数显著为负，如烟草制造行业，皮革、毛皮及其制品业，文教体育用品制造业，橡胶制品业，塑料制品业，非金属矿物制品业及通信设备制造业 7 个行业。仅有个别行业的 β_0 系数为正且显著，如非金属矿采选业、纺织业、金属制品业及交通运输设备制造业 4 个行业，这可能是由于近年来我国政府制定了一系列有助于我国传统工商业发展的政策，尤其是纺织业。中国是纺织品的生产和出口大国，竞争优势十分明显，具备世界上最完整的产业链，最高的加工配套水平，众多发达的产业集群地应对市场风险的自我调节能力不断增强，给行业稳健发展提供了坚实的保障。在交通运输设备制造业这个行业，国家大力扶持我国汽车制造业，连续数年增加该行业的投资，不断增强研发能力和创新能力，大力发展新能源汽车，而近年来居民生活水平不断提高，汽车的销量有增无减，导致我国汽车制造业的销售额稳步上升。

3. 经济扩张期时的货币政策行业效应分析

当经济过热的时候，货币政策制定当局就会实施紧缩的货币政策，以此来抑制经济过热，使经济体恢复到正常的水平。通常情况下，这种紧缩的货币政策的实施效果比较明显。当紧缩的货币政策实施后，实体经济中的实际货币供应量将会少于均衡货币供应量，货币供不应求，导致利率上升，企业的融资成本上升，大量的企业将会控制产量，以保证企业有足够的现金流，少量的企业流动性缩减而陷入危机，而在不同的行业呈现的状况也不尽相同。从表 10-5 中第四列的估计结果中可以看出，绝大多数工业行业的 β_1 值为正且显著，仅有少数行业或个别行业不显著或者为负，这显然符合经济理论的预期结果。根据式(10-22)和式(10-23)可知，当实施紧缩的货币政策时，实际货币供给量必然会小于均衡的货币供给量，此时在式(10-22)中，$\Delta MP_{t-j} < 0$。而一般情况下，紧缩的货币政策会使企业的产出缩减，所以 $\beta_1 > 0$。紧缩的货币政策对 33 个工业行业的平均影响为 0.45，其中煤炭开采洗选业、有色金属矿采选业，非金属矿采选业，食品制造业，烟草制品业，纺织服装、鞋帽制造业，皮革、毛皮及其制品业，木材加工及木竹制品业，文教体育用品制造业，医药制造业，橡胶制品业，非金属矿物制品业，有色金属冶炼及压延加工业，通用设备制造业及通信设备计算机制造业 15 个行业的 β_1 显著为正，且超过了平均值 0.45。这说明紧缩的货币政策对这些行业的影响超过了平均影响程度，而这些行业大多属于资本密集型行业。可见，在资本密集型行业中，企业更加重视对企业资金的投入，由于银行缩紧银根，各行业的企业将很难从金融体系增加信贷资金，企业的资金成本提高，这种现象在资本密集型行业中体现得更加明显，它们会对资本成本更为敏感，从而导致在流动性减少时，这些行业的企业的产量将会大幅度下降。表 10-5 中第四列的估计结果也显示有若干个行业的 β_1 系数并不是很显著，如农副食品加工业、饮料制造业、纺织业、家具制造业、化学纤维制造业、交通运输设备制造业、电气机械及器材制造业及仪表仪器制造业 8 个行业。这 8 个行业中，部分行业与居民生活息息相关，如农副食品加工业、饮料制造业、纺织业、家具制造业，由于这些行业产品一般情况下缺乏弹性，当外部条件发生变化时，其产量很难发生大幅度的变化，因此，在紧缩的货币政策实施的情况下，这些行业的现金流相对稳定，紧缩的货币政策对其影响并不显著。此外，这 8 个行业中的其他行业是国家产业政策密切扶持的，如化学纤维制造业、交通运输设备制造业、电气机械及器材制造业及仪表仪器制造业。始于 2007 年年底的国务院下达的家电下乡政策、国家大力扶持装备制造业的相关产业政策均在一定程度上减缓了货币政策对这些行业的影响，进而使最终紧缩的货币政策对其没有显著影响。

4. 货币政策行业非对称效应的分析

本章重点分析在经济周期的不同阶段(扩张期和收缩期)，不同的货币政策(紧缩的货币政策和宽松的货币政策)对于每个行业间的不对称影响以及在这些行业间的差异。货币政策在经济周期的不同阶段(扩张期和收缩期)对各工业行业的不对称影响程度可通过 $\beta_0 - \beta_1$ 的值来度量，$\beta_0 - \beta_1$ 的绝对值越大，表明这种不对称效应程度越高。表 10-5 的第五列给出了各工业行业的 $\beta_0 - \beta_1$ 值。从结果中可以看出，两种不同的货币政策影响的差值的平均值为 0.494，而其中有 19 个行业的 $\beta_0 - \beta_1$ 的差值在 0.494 以上，超过了整个行业的平均值，尤其是在煤炭开采洗选业、黑色金属矿采选业、有色金属矿采选业、医药制造业、化学纤维制造业、橡胶制品业、塑料制品业、非金属矿物制品业、黑色金属加工业、有色金属加工业、通用设备制造业、专用设备制造业及通信设备计算机制造业等 13 个行业中可以观测出这一特征。而这些行业都有一个共同的特征，就是它们都属于资本密集型行业。可见，一般情况下，在资本密集型行业中，这种货币政策的不对称效应更为明显，这可能主要是由于资本密集型行业对资本投资要求比较高，在货币政策变化时，一般情况下，资本密集型行业的企业并不能及时保证充足的运营资本，导致产出在一定程度上发生改变。也有少数的劳动密集型行业的货币政策的非对称效应超过平均值，这些行业大都偏向外贸型企业，跟进出口市场有着很大的关系。当国内货币政策的方向发生改变时，利率则会发生相应的调整，从而导致汇率发生改变，这些偏向进出口的企业也将受很大程度的影响，最终导致货币政策在这些行业的非对称效应明显较高，另一方面的原因就是劳动密集型行业的企业大都规模比较小，很容易受到货币政策冲击的影响。

5. 货币政策冲击对各行业的总体平均效果分析

表 10-5 中最后一列的 β 值，即 $\beta = (\beta_0 + \beta_1)/2$，度量紧缩的货币政策和宽松

的货币政策从整体上对各工业行业的平均影响。从表 10-5 中可以看出绝大多数行业的 β 都为正值，只有极个别行业为负值，并且各工业行业的 β 值保持在一定范围内上下波动。这说明，近年来中国人民银行制定的货币政策对我国经济所起的作用是符合预期的，从平均状况上看达到了使我国经济稳步增长的效果。

10.3 中国货币政策非对称效应行业异质性特征的成因分析

10.3.1 货币政策传导机制的理论分析

现有的西方货币经济理论有很多种关于货币传导机制的研究，包含许多不同的观点，很难达成共识，但不管哪种观点，大致上可以分为两个类别，一个是"货币观"，另一个是"信用观"，而一般考虑货币政策对实体经济的影响时，都包括以下三个传导渠道，即利率渠道、汇率渠道和信贷渠道。

1. 利率渠道

利率渠道的主要传导途径：利率 (r) 受到货币政策 (M) 的影响产生变动，投资 (I) 从而会受到影响，以至于产出和收入 (Y) 受到投资变化的影响。

$$M\downarrow\Rightarrow i\uparrow\Rightarrow I\downarrow\Rightarrow Y\downarrow$$

从上述传导途径可以看出，第二个环节较为重要，根据以往的理论和实践可知，由于行业的不同，各个行业对利率的敏感度不同，因此同样的货币政策冲击导致利率发生改变，对不同的行业产生不同的影响。一般情况下，资本密集型行业和生产耐用品的行业受到紧缩的货币政策冲击时，对其产生的影响更大。当实施紧缩的货币政策，导致利率上升，银行的可贷资金减少，而资本密集型行业和生产耐用消费品的行业一般情况下对银行信贷的依赖比较大，利率的上升必然导致信贷规模下降，从而减少了行业的投资水平。由于大多考察货币政策效果会集中在短期，行业产能受货币政策的影响一般是通过固定资产投资渠道来实现，因此，我们将从各个行业的固定资产投资来分析货币政策对各行业的差异性影响。从固定资产投资这个要素上我们可以得到一个指标，即行业的投资强度(iy)，可用固定资产投资(I)和行业销售收入(Y)的比值来表示，该比值越大表明行业的投资强度越大，其对货币政策的敏感性越强，非对称程度越高，因此，行业的投资强度与行业的货币政策非对称效应正相关。同时，我们用人均资本$(rjzb)$变量来度量行业的资本密集度，它是以各个行业总资产与行业从业人数之比来计量，行业资本密集度越高的行业，其对货币政策越敏感。

2. 汇率渠道

从 20 世纪 80 年代开始，一些经济研究者在研究货币政策传导机制的过程中就逐渐引入汇率因素。在开放条件的经济中，在货币政策的冲击下，汇率的变动会影响产出的变动，从而产生了货币政策传导机制的汇率渠道：紧缩的货币政策冲击会导致短期利率(r)的上升，而实际利率的变动通常会导致总需求的变化，总需求的下降会导致经常账户和资产账户的改善。名义汇率(E)会在这种情形下下降，使本币升值，导致净出口(NX)减少，最后致使产出和收入(Y)下降。该传导机制可以表示为

$$M\downarrow \Rightarrow r\uparrow \Rightarrow E\downarrow \Rightarrow NX\downarrow \Rightarrow Y\downarrow$$

由于不同的行业对外依赖程度不同，受到汇率的影响也自然不同，其行业货币政策非对称效应也不尽相同，一般情况下，那些对外依赖程度高的行业，受到汇率变化的影响较大，其行业的非对称效应也高。例如，利率变大，导致汇率变小，本国货币升值，从而汇率的变动就会带给那些出口比重比较高的行业较大的影响，因此货币政策冲击对其影响更为强烈。在汇率渠道中，我们选取行业出口交货值与行业销售收入的比值来度量汇率途径中对行业货币政策效应非对称性的影响因素。该出口比值(ck)越高，则说明该行业受到货币政策影响越大，从而其非对称影响越高，反之亦然。

3. 信贷渠道

Bernanke 等以市场存在信息不对称因素为前提，探究了金融结构及信贷渠道在货币传导机制中的机制理论，并进行了大量的实证研究，产生了狭义信贷渠道和广义信贷渠道两个信贷传导理论，前者集中在银行的贷款供给，后者则强调银行贷款的需求，该渠道又称为资产负债表渠道。对于狭义的银行信贷渠道，当中央银行实施紧缩的货币政策时，即货币供给减少，银行的存款(D)会出现相应的减少，从而银行的可贷资金(L)也会减少，结果就会导致那些主要依赖与银行进行贷款融资的企业将会缩减投资支出，从而导致产出和收入(Y)减少。

$$M\downarrow \Rightarrow D\downarrow \Rightarrow L\downarrow \Rightarrow I\downarrow \Rightarrow Y\downarrow$$

Gertler 和 Bernanke 分别在 1994 年和 1995 年提出了货币政策传导机制的资产负债表渠道，他们认为只有当企业的资产负债表和银行信贷两个途径共同影响时，才能更好地诠释货币政策对宏观经济的影响。该理论重在强调，货币政策对宏观经济的影响可能会在企业借款人承受信贷能力的变化下而加强或者减弱。当执行紧缩的货币政策时，货币供给量下降，利率提高，导致贷款企业的债务水平变相提高，并且该企业的现金流会降低，同时企业的资产价值(Pe)也会因为利率的上升而贬值，这样就会导致企业道德风险(G)和逆向选择(O)的增加，使企业获得银行的贷款能力下降，投资减少，产出和收入(Y)下降。

$$M\downarrow \Rightarrow Pe\downarrow \Rightarrow O\&G\uparrow \Rightarrow Y\downarrow$$

为了测试资产负债表渠道对货币政策非对称效应的行业异质性影响，我们使用两个资产负债表指标和一个表示企业规模大小的指标。两个财务指标是资产负债比和运营资本比。我们依次讨论它们中的每一个指标。

财务杠杆(zcfz，总负债/总资产)是资产负债表里的一个基本指标，通常由财务分析师使用。然而，尚不完全清楚什么样的标志在预期分析中比较低。一方面，高财务杠杆的企业在市场上获得新的额外资金时会面临较大的困难，尤其是在紧缩的货币政策实施阶段。基于这个论点，我们预期杠杆比率对货币政策的差别效应有正的影响。另一方面，高杠杆比率也可能表明公司的负债能力指标。例如，Deddo 和 Lippi（2000）把杠杆比率解释为借款能力指标，这与更多杠杆企业在条件较好时趋向于贷款的事实一致。在这种情况下，高杠杆企业对货币政策变化可能不太敏感。运营资本比率(yyzb)，定义为运营资本(一年内流动资产)与销售收入的比率。营运资本比率捕捉了在什么情况下企业依赖于流动资产融资。由于这些资产通常不能用来抵押，这个变量代表着企业的短期融资需求。

对于企业规模变量，企业的规模大小通常用来作为借款关系中信息不对称问题的程度的指标。代理成本对于大企业来说通常认为比较小，在收集和处理关于它们情况的信息中是规模经济的。因此，大企业能更容易地在金融市场上为自己融资，而很少依赖于银行。大型企业更加多样化地反映了较小的外部融资溢价。因此，较大规模的企业受货币政策冲击的影响更小，较小规模的企业受货币政策冲击影响更大。我们用行业的销售收入与行业的企业个数的比率来表示所在行业的企业平均规模(qygm)。

10.3.2 中国货币政策非对称效应行业异质性特征成因的实证分析

本小节将更加系统地分析什么样的企业特征可以解释第 10.1 节中所估计的行业货币政策非对称效应的跨行业差异。

1. 实证模型的构建

以度量行业货币政策非对称强度的变量 $\beta_0 - \beta_1$ 为被解释变量，以理论分析中所描述各个指标为解释变量，构建如下线性回归模型。

$$\lambda_i = d + d_0 iy_i + d_1 rjzb_i + d_2 ck_i + d_3 zcfz_i + d_4 yyzb_i + d_5 qygm_i + \varepsilon_i \qquad (10\text{-}25)$$

其中，d 代表常数项；λ_i 代表行业货币政策非对称强度变量 $\beta_0 - \beta_1$；iy_i 代表行业投资强度，用固定资产投资(I)和行业销售收入(Y)的比值来表示；$rjzb_i$ 代表行业的人均资本，以各个行业总资产与行业从业人数之比来计量；ck_i 代表出口比率；用行业出口交货值与行业销售收入的比值来度量；$zcfz_i$ 代表财务杠杆，即资产负债比；$yyzb_i$ 代表行业的运营资本比率，用运营资本(一年内流动资产)与销售收入的比率度量；$qygm_i$ 代表行业企业平均规模变量，用行业的销售收入与行业的企业个数的比率来表示。对于计算各解释变量的数据选择与方法而言，均选用样本区间为 2000 年 1 月至 2011 年 12 月的指标，来源于中国经济信息网，对选用的固定资产投资完成额，以固定资产投资价格指数化同基期进行平减，所用的行业销售收入，行业出口交货额等采用同基期的工业出厂价格指数进行平减，行业总资产和流动资产等采用同基期消费者价格指数进行平减，各行业分别以时间序列数据得出对应时间点的指标变量，然后分别对各行业对应时间点的指标变量取平均值，最后得出 6 个 33 行业财务指标的截面数据。具体结果如表 10-6 所示。

表 10-6　行业特征指标

行业代码	投资强度	人均资本	财务杠杆	运营资本比	企业规模	出口比率
(1)	0.007 32	14.220 87	61.206 00	0.770 888	12 465.65	0.131 061
(2)	0.016 40	41.352 79	40.770 43	0.359 532	225 786.6	0.049 622
(3)	0.009 69	19.505 51	50.616 09	0.561 936	4 270.704	0.002 821
(4)	0.009 39	17.220 03	56.926 09	0.449 415	4 507.693	0.093 627
(5)	0.005 82	17.646 55	54.868 87	0.512 531	3 385.732	0.424 788
(6)	0.002 74	23.734 42	64.566 35	0.332 191	3 515.248	0.409 134
(7)	0.003 64	28.687 91	57.926 87	0.466 346	5 902.133	0.409 134
(8)	0.002 97	43.492 98	55.590 17	0.645 258	10 917.51	0.076 018
(9)	0.001 01	157.172 9	38.340 61	0.820 956	165 337.9	0.010 372
(10)	0.001 93	19.165 83	64.839 74	0.490 510	5 188.919	0.950 468
(11)	0.002 18	10.917 98	56.498 96	0.436 463	3 086.247	3.923 681
(12)	0.001 61	9.838 449	61.135 30	0.394 122	3 441.095	2.465 413
(13)	0.003 80	18.018 42	58.509 83	0.379 914	2 722.255	0.677 767
(14)	0.003 88	16.509 46	57.190 7	0.455 667	3 395.915	3.293 060
(15)	0.003 02	41.627 67	62.735 57	0.557 215	7 570.155	0.259 615
(16)	0.003 89	29.001 81	52.820 43	0.660 699	4 215.064	0.210 813
(17)	0.001 69	11.160 95	54.768 43	0.471 512	3 530.291	4.953 792
(18)	0.004 02	47.303 56	59.960 96	0.268 829	21 517.62	0.361 233
(19)	0.003 73	43.170 50	59.365 48	0.507 202	8 483.718	0.517 010
(20)	0.003 30	50.647 66	53.250 09	0.757 556	13 205.69	0.215 266
(21)	0.001 96	59.601 74	60.569 04	0.487 992	19 374.89	0.055 862
(22)	0.002 92	276.584 50	62.475 09	5.629 723	75 060.93	0.615 431
(23)	0.002 75	242.623 70	57.300 37	5.013 995	37 590.13	0.738 595
(24)	0.005 10	24.348 35	61.494 70	0.559 109	4 901.849	0.318 567

续表

行业代码	投资强度	人均资本	财务杠杆	运营资本比	企业规模	出口比率
(25)	0.002 70	61.011 68	59.599 13	0.514 271	31 288.08	0.270 083
(26)	0.003 29	40.884 06	64.110 87	0.475 277	11 474.60	0.401 560
(27)	0.003 61	23.722 54	61.129 04	0.512 497	3 807.065	0.920 637
(28)	0.002 43	36.474 71	62.502 35	0.722 010	6 707.982	0.918 599
(29)	0.003 03	39.144 74	63.399 22	0.775 664	8 563.949	0.534 482
(30)	0.002 11	95.242 48	62.425 83	6.993 063	31 386.75	0.511 606
(31)	0.001 87	35.124 56	61.293 39	0.603 171	8 694.689	1.681 029
(32)	0.000 812	64.346 42	60.568 70	0.522 255	32 720.09	2.083 801
(33)	0.001 57	31.470 68	57.804 87	0.634 157	8 044.427	5.340 871

注：(1)~(33)分别依次代表本章所选用的我国工业各行业：(1)煤炭开采洗选业、(2)石油开采和洗选业、(3)黑色金属矿采选业、(4)有色金属矿采选业、(5)非金属矿采选业、(6)农副食品加工业、(7)食品制造业、(8)饮料制造业、(9)烟草制品业、(10)纺织业、(11)纺织服装鞋帽制造业、(12)皮革毛皮及其制品业、(13)木材加工及木竹制品业、(14)家具制造业、(15)造纸及纸制品业、(16)印刷业、(17)文教体育用品制造业、(18)石油加工炼焦及核燃料加工业、(19)化学原料及化学制品业、(20)医药制造业、(21)化学纤维制造业、(22)橡胶制品业、(23)塑料制品业、(24)非金属矿物制品业、(25)黑色金属冶炼及压延加工业、(26)有色金属冶炼及压延加工业、(27)金属制品业、(28)通用设备制造业、(29)专用设备制造业、(30)交通运输设备制造业、(31)电气机械及器材制造业、(32)通信设备计算机制造业、(33)仪器仪表制造业

2. 模型估计与实证结果分析

由于模型(10-25)采用的截面数据模型，可能存在异方差的现象，因此在模型估计时使用 Eviews 6.0 对其进行怀特异方差检验，具体结果如表 10-7 所示。

表 10-7　怀特异方差检验结果

统计量	P 值	
$F_{(27,5)}$	22.621	0.001 3
$\chi^2_{(27)}$	32.732 04	0.206 1

从表 10-7 的检验结果可以看出，F 统计量为 22.61，拒绝原假设，即存在异方差，因此采用加权最小二乘法对模型进行估计，具体估计结果如表 10-8 所示。

表 10-8　货币政策效果行业差异性的解释

变量	系数	标准误	t 统计量	P 值
ck	0.046 831*	0.024 033	1.948 581	0.062 2
iy	56.192 15**	24.589 91	2.285 171	0.030 7
qygm	-8.00×10^{-6}***	1.87×10^{-6}	$-4.267\ 205$	0.000 2

续表

变量	系数	标准误	t 统计量	P 值
zcfz	−0.041 972***	0.005 972	−7.028 761	0.000
rjzb	0.003 938**	0.001 663	2.367 623	0.025 6
yyzb	−0.012 96	0.018 959	−0.683 585	0.500 3
c	2.694 732***	0.419 045	6.430 658	0.000

*** 表示 0.01 的显著水平；** 表示 0.05 的显著水平；* 表示 0.1 的显著水平

从表 10-8 的估计结果可以看出，大多数结果与本节理论分析预期相一致，具体包括以下几点。

(1)行业投资强度(iy)和人均资本(rjzb)越高的行业，货币政策对该行业的影响效果越强，其货币政策非对称效应越强。从表 10-8 可以看出，投资强度(iy)的系数值为正的 56.192 15，且 t 值在 0.1 的水平上显著，这说明行业投资强度(iy)越高的行业，货币政策的非对称效果越明显。这主要是因为投资强度高的行业，对资本依赖性比较大。由于利率升高，银行可贷资金的减少，与行业投资强度较弱的行业相比，紧缩的货币政策对其影响的作用效果更加强烈，而行业资本密集度(rjzb)也可以同样得到说明，其系数值为正的 0.003 938，且在 0.05 的水平上显著。

(2)企业规模变量(qygm)和财务杠杆(zcfz)越高的行业，其受货币政策影响因素越小，该行业受到货币政策的非对称作用越小。从表 10-8 中可以看出，企业规模变量前的系数估计值为负值，且统计显著。这说明行业的企业平均规模越高，货币政策对其影响越小，从而非对称效果越不明显，企业平均规模越小，货币政策对其影响越大，从而非对称效果越明显。这主要是因为企业规模高的行业，存在规模经济，具有较低的道德风险，抗风险能力强。面对紧缩的货币政策时，虽然银行的可贷资金有限，但规模较大的企业，其获得贷款的能力依然较强，所以紧缩的货币政策对其影响较小。进一步，从表 10-8 中可以看出，变量财务杠杆(zcfz)前的系数估计值为显著的负值，即表明财务杠杆越高的行业，货币政策对其影响效果越小，相应的非对称作用越不明显。这可能主要是因为，在我国，一方面，财务杠杆高的行业里，其负债能力较强，相应的贷款能力较强，以至于这些行业对货币政策的变化并不敏感；另一方面，财务杠杆高的行业里，该行业的企业平均规模都比较高。从图 10-4 中可以看出，资产负债比较高的行业集中在图 10-4 的后半部分，而这些行业大多属于制造业行业，对于制造业行业而言，其企业规模都相对较大。综合来看，实证结果表明企业的平均规模越高，其对货币政策的变化越不敏感。

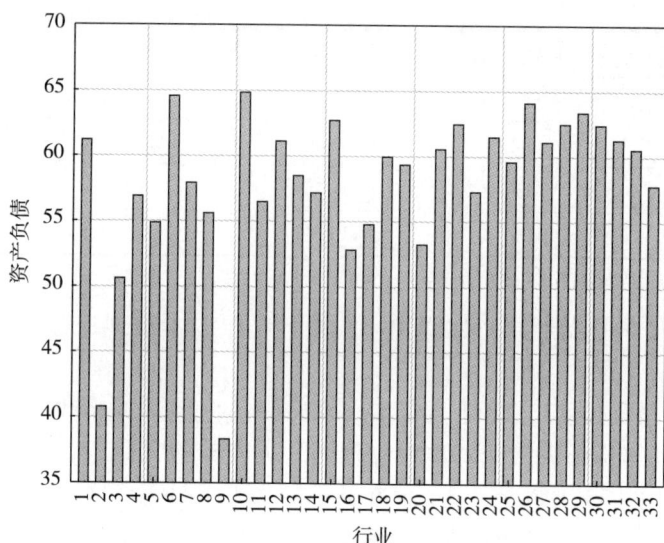

图 10-4　各个行业财产杠杆指标状况

1～33分别依次代表本章所选用的我国工业各行业：1煤炭开采洗选业、2石油开采和洗选业、3黑色金属矿采选业、4有色金属矿采选业、5非金属矿采选业、6农副食品加工业、7食品制造业、8饮料制造业、9烟草制品业、10纺织业、11纺织服装鞋帽制造业、12皮革毛皮及其制品业、13木材加工及木竹制品业、14家具制造业、15造纸及纸制品业、16印刷业、17文教体育用品制造业、18石油加工炼焦及核燃料加工业、19化学原料及化学制品业、20医药制造业、21化学纤维制造业、22橡胶制品业、23塑料制品业、24非金属矿物制品业、25黑色金属冶炼及压延加工业、26有色金属冶炼及压延加工业、27金属制品业、28通用设备制造业、29专用设备制造业、30交通运输设备制造业、31电气机械及器材制造业、32通信设备计算机制造业、33仪器仪表制造业

(3)行业出口比率(ck)越高，其对货币政策的变化越敏感。在表10-8中，出口比率变量的系数值显著为正值，这和上文的理论预期值一致，即出口比率高的行业，其受汇率的变化影响比较大，而在执行货币政策的时候，利率也会发生相应的变化，从而导致汇率变化，影响行业的出口比率，导致行业的产出发生变化。而对于变量运营资本指标(yyzb)，从表10-8中并不能获得可以信赖的结果，该变量的系数在表10-8中，为负值且不显著，如理论部分所述，该指标度量了企业对短期贷款的需求，然而由于我国金融体制尚不完善，货币政策实施的滞后时间较长，短期的融资需求并不能显著影响货币政策对该行业的作用效果。

10.4 本章结论及相关政策建议

本章利用源于马尔科夫转移模型的线性回归模型对我国货币政策非对称效应

的跨行业异质性进行了具体的实证分析，并从货币政策的三个传导渠道，即利率渠道、汇率渠道和信贷渠道出发，对货币政策非对称效应跨行业异质性产生的原因进行了具体的实证研究，实证研究结果表明：①货币政策的实施效果在部分工业行业上存在时滞性，具体来看在食品制造业、纺织服装业等 15 个行业中，货币政策在实施后的一年左右(11 个月～14 个月)对其产生实质影响，而对于医药制造行业来说，货币政策实施 15 个月，才见其明显效果。②在经济周期上行阶段和下行阶段我国货币政策对各工业行业的影响效果存在明显的非对称特征，具体来看，大多工业行业对宽松的货币政策实施并不敏感，相反，几乎所有的 33 个行业对紧缩的货币政策的实施较为敏感，并且这种非对称特征在各工业行业之间存在着明显的差异。③行业投资强度、人均资本和行业出口比率越高的行业，货币政策对该行业的影响效果越强，其货币政策非对称效应越强；行业企业规模和财务杠杆越高的行业，其受货币政策影响越小，该行业受到货币政策的非对称效应越小。

从本章实证结果可以看出，我国实际货币政策运行效果和理论上货币政策传导机理并不完全相符。众所周知，相关部门制定和实施货币政策是为了让相关经济体朝着预期的途径运行，稳定物价，实现充分就业，保证国民经济又好又快的发展，如果货币政策朝着预期的目标运行，将会有助于宏观经济的平稳运行，如果货币政策的实施效果并不能朝着预期的目标方向发展，这将可能对宏观经济产生危害，甚至于愈演愈烈。特别是由于我国各个工业行业的特征不同，同样的货币政策，有可能对一些行业产生有利的影响，同时也有可能对另一些行业产生不利的影响，因此为了能更好地制定货币政策，消除不利因素，增强有利因素，使宏观经济能全方位的稳定发展，本章认为应该从以下的几个方面完善我国货币政策的制定与实施：①不断地完善货币政策制定和操作方式。首先，保证中国人民银行的独立性，中国人民银行的独立性越大，货币政策实施效果越明显。其次，中国人民银行在制定货币政策的同时应该充分地进行调研和分析我国宏观经济的各个变量，充分考虑我国各个行业存在的差异性，各个相关经济部门应该充分地配合中国人民银行的工作需要，多听专家学者的建议，避免急功近利，这样才能保证货币政策的制定，能全面地涵盖我国的宏观经济。②建立现代企业制度，增强货币政策的有效性。货币政策在各个行业上的差异效应是由于各个行业的特征不同，导致其传导途径也不尽相同。货币政策首先通过影响金融机构，间接地影响各行业的企业，若金融机构的企业制度不完善，就会导致货币政策在货币政策传导途径第一阶段出现偏差，更何况金融机构对银行的影响作用，对于金融机构而言，应当加快实施市场化利率，逐渐瓦解四大银行的垄断地位，扩充中小金融机构，引入合理的竞争机制，使每个企业免遭不公平待遇；对于各行业的企业而言，大都存在着国有企业，然而这些企业并不是完全靠市场机制来运营资本，缺乏约束，自己不能充分利用资金，由于控制着行业中的大部分资源，使中小企业无法生存，所以应该加大对国有企业的监管，加速其企业现代化进程，建立清晰透明的财务制度，使货币政策能够对其产生更有效的作用。③对不同的行业，规模不同的企业实施差异的货币政策。由于行业的不同，货币政策对其的影响效果不同，从而导致货币政策不能全方位地影响和作用于每个行业，使货币政策对宏观经济的影响并不全面。对于投资强度高的行业，该行业一般会对信贷资金需求比较大，在实施紧缩的货币政策的时候可以对其实施差别利率政策，这样一方面控制了经济的过热，另一方面也能保证个别行业不会受很大的影响；同样，对于中小企业而言，由于自身的经济条件单薄，在利率吃紧的时候很难获得信贷资金，而该企业的融资溢价又高，很容易在缺乏资金的时刻不能生存，所以在制定货币政策的同时，应该考虑对中小企业实施优惠的利率政策，成立专门为其信贷的金融机构，保证中小企业的健康发展。

参考文献

板元庆行，石黑真木夫，北川源四郎.1982.情报量统计学.东京：共立出版株式会社.

曹永琴.2011.中国货币政策行业非对称效应研究——基于30行业面板数据的实证研究.上海经济研究，(1)：3-15.

曹永琴，李泽祥.2007.中国货币政策非对称性的实证研究.经济评论，(6)：97-101.

常晓鸣.2010.生产绩效、技术创新与我国工业的产业升级.西南财经大学博士学位论文.

陈峰.1996.论产业结构调整中金融结构的作用.金融研究，(11)：23-26.

陈佳贵，黄群慧，王延中，等.2004.中国工业现代化问题研究.北京：中国社会科学出版社.

陈浪南，刘宏伟.2007.我国经济周期波动的非对称性和持续性研究.经济研究，(4)：43-52.

陈磊.2004.企业景气状况与宏观经济运行.管理世界，(3)：14-24.

陈磊.2005.中国经济周期波动的测定和理论研究.大连：东北财经大学出版社.

陈磊，孔宪丽.2007.转折点判别与经济周期波动态势分析——2007年经济景气形势分析和预测.数量经济技术经济研究，(6)：3-13.

陈柳钦，金永军.2006.货币政策结构调整的行业非对称效应分析——基于中国货币政策的实证研究.华侨大学学报，(1)：48-58.

陈晓玲，连玉君.2012.资本-劳动替代弹性与地区经济增长——德拉格兰德维尔假说的检验.经济学(季刊)，(12)：93-118.

陈勇，李小平.2007.中国工业行业的技术进步与工业经济转型——对工业行业技术进步的DEA法衡量及转型特征分析.管理世界，(6)：56-63.

大琢启二朗，刘德强，村上植树.2000.中国的工业改革.上海：上海人民出版社.

戴天仕，徐现祥.2010.中国的技术进步方向.世界经济，(11)：54-70.

董文泉，高铁梅，姜诗章，等.1998.经济周期波动的分析与预测方法.长春：吉林大学出版社.

董文泉，郭庭选，高铁梅.1987.我国经济循环的测定、分析和预测(Ⅰ)——经济循环的存在和测定.吉林大学社会科学学报，3：2-8.

董直庆，安佰姗.2012.技术进步偏向及其对要素分配份额的影响.吉林大学硕士学位论文.

干春晖，郑若谷.2009.中国工业生产绩效：1998-2007——基于细分行业的推广随机前沿生产函数的分析.财经研究，(6)：77-108.

高辉，张伟.2004.我国工业产业规模、资本结构与绩效的实证分析.西南民族大学学报，(8)：111-114.

高辉清.1999.工业总体经营状况景气指数将持续走低.预测，(5)：1-6.

高辉清.2000.工业景气止跌回升.预测，(2)：8-13.

高铁梅.2009.计量经济分析方法与建模.第2版.北京：清华大学出版社.

高铁梅，梁云芳，孔宪丽，等.2006.构建多维框架景气指数系统的初步尝试.数量经济技术经济研究，(7)：49-57.

高铁梅，王金明，陈飞，等，2009.中国转轨时期的经济周期波动.北京：科学出版社.

高铁梅，王金明，梁云芳.2009.计量经济分析方法与建模.第2版.北京：清华大学出版社.

郭斌.2004.中国国有工业部门绩效及其变动：1993—1997年.中国社会科学，(3)：31-41.

国家统计局.1992.中国统计年鉴.北京：中国统计出版社.

国家统计局.1993.中国统计年鉴.北京：中国统计出版社.

国家统计局.2007.中国统计年鉴.北京：中国统计出版社.

海D，莫瑞斯 D.2001.产业经济学与组织.钟鸿钧，等译.北京：经济科学出版社.

韩国高，高铁梅，王立国.2011.中国制造业产能过剩的测度、波动及成因研究.经济研究，(12)：8-31.

杭雷鸣，屠梅曾.2006.能源价格对能源强度的影响——以国内制造业为例.数量经济技术经济研究，12：93-100.

何元庆.2007.对外开放与 TFP 增长：基于中国省级面板数据的经验研究.经济学(季刊)，(7)：1127-1142.

胡鞍钢.2003.关于我国中长期科技规划战略研究的若干看法.中国软科学，(10)：1-7.

胡志强.2005.高新技术对我国产业结构变化影响的量化研究.科学与科学技术管理，(4)：89-94.

黄红梅，石柱鲜.2014.技术进步偏向、周期波动分解与产业结构分析.财贸研究，(1)：30-37.

黄凌云，鲍怡.2009.制度特征、FDI 对我国制造业技术效率的影响——基于行业数据的分析.经济学家，(11)：22-29.

黄茂兴，李军军.2009.技术选择、产业结构升级与经济增长.经济研究，(7)：143-151.

黄先海，徐圣.2009.中国劳动收入比重下降成因分析.经济研究，(7)：34-44.

鞠晓伟，赵树宽.2009.产业技术选与产业技术生态环境的耦合效应分析.中国工业经济，(3)：71-80.

克鲁格曼 P.1999.萧条经济学的回归.刘波译.北京：中国人民大学出版社.

孔宪丽.2010.中国煤炭消费与影响因素动态关系的实证分析.资源科学，(10)：1830-1838.

孔宪丽，陈磊.2009.中国装备制造业景气波动特征及影响因素的实证分析.统计与决策，(5)：99-102.

孔翔，Marks R E.1999.国有企业全要素生产率变化及决定因素：1990—1994.经济研究，(7)：40-48.

李安勇，白钦先.2006.货币政策传导的信达渠道研究.北京：中国金融出版社.

李飞跃.2012.技术选择与经济发展.世界经济，(2)：45-62.

李京文，郑友敬.1998.技术进步与产业结构概论.第2版.北京：经济科学出版社.

李胜文，李大胜.2008.中国工业全要素生产率的波动：1986～2005——基于细分行业的三投入随机前沿生产函数分析.数量经济技术经济研究，(5)：43-54.

李小平.2007.自主 R&D、技术引进和生产率增长——对中国分行业大中型工业企业的实证研究.数量经济技术经济研究，(7)：15-24.

李小平，卢现祥，朱钟隶.2008.国际贸易、技术进步和中国工业行业的生产率增长.经济学(季刊)，(2)：549-564.

李小平，朱钟棣.2006.国际贸易、R&D 溢出和生产率增长.经济研究，(2)：31-43.

梁云芳，刘金叶.2011.中国货币政策对国内需求影响的非对称研究——基于受约束的非对称 VECM 模型.财经问题研究，(3)：51-58.

林伯强.2001.中国能源需求的经济计量分析.统计研究,(10):34-39.

林伯强,魏巍贤,李丕东.2007.中国长期煤炭需求:影响与政策选择.经济研究,2:48-58.

林毅夫,董先安,殷伟.2004.技术选择、技术扩散与经济收敛.财经问题研究,(6):3-10.

林毅夫,张鹏飞.2006.适宜技术、技术选择和发展中国家的经济增长.经济学(季刊),(7):985-1006.

刘畅,孔宪丽,高铁梅.2009.中国能源消耗强度变动机制与价格非对称效应研究.中国工业经济,3:59-70.

刘金全.2002.货币政策作用的有效性和非对称性研究.管理世界,(3):43-59.

刘金全,隋建利,李楠.2009.基于非线性VAR模型对我国货币政策非对称作用效用的实证检验.中国管理科学,(3):47-55.

刘金全,王大勇.2003.中国经济增长:阶段性、风险性和波动性.经济学家,4:24-30.

刘金全,张海燕.2003.经济周期态势与条件波动性的非对称性关联分析.管理世界,9:18-26.

刘金全,张鹤.2003.经济增长风险的冲击传导和经济周期波动的"溢出"效应.经济研究,(10):32-39.

刘树成.1989.中国经济的周期波动.北京:中国经济出版社.

刘树成.2005.经济周期与宏观调控.北京:社会科学文献出版社.

刘树成.2006.中国经济的增长与波动.理论与现代化,4:42-46.

刘小玄.2000.中国工业企业的所有制结构对效率差异的影响——1995年全国工业企业普查数据的实证分析.经济研究,(2):17-25.

刘小玄.2003.中国转轨过程中的企业行为和市场均衡.中国社会科学,(2):61-71.

刘小玄,郑京海.1998.国有企业效率的决定因素:1985~1994.经济研究,(1):37-46.

吕超,孙立梅.2004.以技术创新推动产业结构调整.技术经济,(2):42-44.

马洪,孙尚清.1993.市场经济与经济计划.北京:经济科学出版社.

苗文龙,万杰.2005.经济运行中的技术进步与选择——中国技术发展路径与经济增长、就业关系的实证分析.经济评论,(3):34-38.

潘士远.2008.技术选择、模仿成本与经济收敛.浙江社会科学,(7):22-27.

齐志新,陈文颖.2006.结构调整还是技术进步?——改革开放后我国能源效率提高的因素分析.上海经济研究,6:8-16.

盛斌.2002.中国对外贸易政策的政治经济分析.上海:上海人民出版社.

史言信.2006.新型工业化道路:产业结构调整与升级.北京:中国社会科学出版社.

宋冬林,王林辉,董直庆.2010.技能偏向型技术进步存在吗?——来自中国的经验证据.经济研究,(5):18-81.

孙建国,李文博.2003.电力行业技术效率和全要素生产率增长的国际比较.中国经济问题,(6):34-40.

孙明华.2004.我国货币政策传导机制的实证分析.财经研究,(3):19-30.

唐要家.2004.中国转轨过程中的企业行为和市场均衡.中国经济问题,(4):28-36.

涂正革,肖耿.2005.中国的工业生产力革命——用随机前沿生产函数对中国大中型工业企业全要素生产率增长的分解及分析. 经济研究, (3): 4-15.

汪平, 孙士霞. 2009. 自由现金流、股权结构与中国上市公司过度投资问题研究. 当代财经,
    (4): 123-129.

王剑, 刘玄. 2005. 货币政策传导的行业效应分析. 财经研究, (5): 104-111.

王晋斌. 2006. 中国工业企业财务预期的性质. 经济理论与经济管理, (2): 42-47.

王立勇, 张代强, 刘文革. 2010. 开放经济下我国非线性货币政策的非对称研究. 经济研究,
    (9): 4-16.

王林辉, 袁礼, 郭凌. 2012. 技术进步偏向性会引导投资结构吗? 学海, (3): 56-62.

王少平, 杨继生. 2006. 中国工业能源调整的长期战略与短期措施——基于 12 个主要工业行
    业能源需求的综列协整分析. 中国社会科学, 4: 88-96.

王燕梅. 2004. 我国制造业的对外开放与国家经济安全. 中国工业经济, (12): 40-45.

王岳平. 2004. 开放条件下的工业结构升级. 北京: 经济管理出版社.

王争, 郑京海, 史晋川. 2006. 中国地区工业生产绩效: 结构差异、制度冲击及动态表现. 经
    济研究, (11): 48-59.

魏后凯. 2000. 21 世纪中国西部工业发展战略. 郑州: 河南人民出版社.

吴文庆, 李双杰. 2003. 中国电子行业上市公司效率的随机前沿分析. 数量经济技术经济研
    究, (1): 112-116.

夏业良, 程磊. 2010. 外商直接投资对中国工业企业技术效率的溢出效应研究——基于 2002—
    2006 年中国工业企业数据的实证分析. 中国工业经济, (7): 55-65.

肖月琴. 2007. 基于市场开放下的转型时期中国工业绩效分析. 经济研究导刊, (10):
    178-180.

熊正贤, 翟有龙, 王克健. 2006. 中国经济增长与能源消费关系的实证分析. 西华师范大学学
    报, (6): 19-22.

徐涛. 2007. 中国货币政策的行业效应分析. 世界经济, (2): 23-31.

闫红波, 王国林. 2008. 我国货币政策产业效应的非对称研究——来自制造业的实证. 数量技
    术经济研究, (5): 17-29.

杨达. 2011. 中国货币政策的产业非对称效应——基于门限向量自回归模型的实证研究. 东北
    大学学报, (5): 398-403.

杨恩. 2010. 我国货币政策效果非对称性研究——来自 1996~2009 年的经验证据. 金融评论,
    (4): 112-122.

杨建龙. 2003. 2002 年中国产业发展态势与 2003 年产业发展展望. 橡胶资源利用, (44): 5-15.

杨小军. 2010. 中国货币政策传导的行业效应研究——基于利率政策的经验分析. 上海财经大
    学学报, 4: 50-57.

姚洋. 1998. 非国有经济成分对我国工业企业技术效率的影响. 经济研究, (12): 29-35.

姚洋, 章奇. 2001. 中国工业企业技术效率分析. 经济研究, (10): 13-19.

姚志毅, 张亚斌, 李德阳. 2010. 参与国际分工对中国技术进步和技术效率的长期均衡效应.
    数量经济技术经济研究, (6): 72-83.

叶航. 2004. 汽车工业: 中国工业化无法回避的选择. 管理世界, 1: 152-153.

叶蓁 . 2010. 中国货币政策产业异质性及其决定因素——基于上市公司面板数据的实证分析 . 财经丛论,(1):50-56.

易纲,樊纲,李岩 . 2003. 关于中国经济增长与全要素生产率的理论思考 . 经济研究,(8):13-20.

袁申国,卢万青 . 2009. 中国货币政策行业投资效应的差异性分析 . 经济经纬,(6):9-12.

张晖明,丁娟 . 2004. 论技术进步、技术跨越对产业结构调整的影响 . 复旦学报(社会科学版),(3):81-85.

张军 . 2002. 增长、资本形成于技术选择:解释中国经济增长下降的长期因素 . 经济学(季刊),(1):301-338.

张军,陈诗一,Jefferson G H. 2009. 结构改革与中国工业增长 . 经济研究,(7):4-20.

张旭,伍海华 . 2002. 论产业结构调整中的金融因素——机制、模式与政策选择 . 当代财经,1:52-56.

赵进文,闵捷 . 2005. 央行货币政策操作效果非对称性实证研究 . 经济研究,(2):90-100.

甄小鹏,甄艺凯 . 2012. 产权结构与市场绩效 . 经济研究导刊,(2):9-13.

郑玉歆,樊明太 . 1999. 中国 CGE 模型及政策分析 . 北京:社会科学出版社 .

郑玉歆,张晓,张思齐 . 1995. 技术效率、技术进步及其对生产率的贡献——沿海工业企业调查的初步分析 . 数量经济技术经济研究,(12):20-27.

钟世川,雷钦礼 . 2013. 技术进步偏向对要素收入份额的影响——基于中国工业行业数据的研究 . 产经评论,(5):16-27.

周逢民 . 2004. 论货币政策的结构调整职能 . 金融研究,(7):51-56.

周小川 . 2003. 中国的货币政策、金融体制改革与持续经济增长 . 中国金融,(14):4-5.

Niemira M P,Klein P A. 1998. 金融与经济周期预测 . 邱东,等译 . 北京:中国统计出版社 .

Abberger K. 2007a. The use of qualitative business tendency surveys for forecasting business investment in Germany. International Journal of Forecasting,23:249-258.

Abberger K. 2007b. Forecasting quarter-on-quarter changes of German GDP with monthly business tendency survey results. IFO Working Paper,No 40.

Abel A. 1972. A dynamic model of investment and capacity vtilization. Quarterly Journal of Economics,96:209-221.

Acemoglu D. 1998. Why do new technologies compleent skills? Directed technical change and wage inequality. The Quarterly Journal of Economics,113:1055-1090.

Acemoglu D. 2002. Directed technical change. The Review of Economic Studies,69:781-809.

Acemoglu D. 2003a. Patterns of skill premia. The Review of Economic Studies,70:199-230.

Acemoglu D. 2003b. Labor-and capital-augmenting technical change. Journal of the European Economic Association,1:1-37.

Acemoglu D. 2007. Equilibrium bias of technology. Econometrica,75:1371-1409.

Acemoglu D,Zilibotti F. 2001. Productivity differences. The Quarterly Journal of Economics,116:563-606.

Adeyemi O,Hunt L C. 2007. Modeling OECD industrial energy demand:asymmetric price responses and energy saving technical change. Energy Economics，29：693-709.

Aigner D J，Lovell C A K，Schmidt P. 1977. Formulation and estimation of stochastic frontier production function models. Journal of Econometrics，6：21-37.

Alam M. 1986. Technical efficiency in Indian manufacturing industries：an analysis by establishment size. Socio-Economic Planning Sciences，20：253-260.

Antonelli C. 2006. Localized technological change and factor markets：constraints and inducements to innovation. Structural Change and Economic Dynamics，17：224-247.

Asafu-Adjaye J. 2000. The relationship between energy consumption，energy prices and economic growth：time series evidence from Asian developing countries. Energy Economics，22（6）：615-625.

Bandholz H，Funke M. 2003. In search of leading indicators of economic activity in Germany. Journal of Forecasting，22：277-297.

Basu S，Weil D N. 1998. Appropriate technology and growth. The Quarterly Journal of Economics，113：1025-1054.

Battese G E，Coelli T J. 1988. Prediction of firm-level technical efficiencies with a generalized frontier production function and data. Journal of Econometrics，38：387-399.

Battese G E，Coelli T J. 1992. Frontier production functions，technical efficiency and panel date：with application to paddy farmers in India. Journal of Productivity Analysis，3：153-169.

Battese G E，Coelli T J. 1995. A model for technical inefficiency effects in a stochastic frontier production for panel date. Empirical Economics，20：325-332.

Bauer P W. 1990. Decomposing TFP growth in the presence of cost inefficiency，nonconstant returns to scale，and technological progress. Journal of Productivity Analysis，1：287-299.

Bernanke B S，Miohv I. 1998 Measuring monetary policy. The Quarterly Journal of Economics，113(3)：869-902.

Bernanke B S，Gentler M. 1995. Inside the black box：the credit channel of monetary policy. Journal Economics Perspectives，9(4)：27-48.

Birol F，Keppler J H. 2000. Prices，technology development and the rebound effect. Energy Policy，28：17-29.

Bordoloi S，Rajesh R. 2007. Forecasting the turning points of the business cycles with leading indicators in India：a probit approach. Paper Prepared for the Singapore Economic Review Conference August 2-4，2007 at Singapore.

Bry G，Boschan C. 1971. Cyclical analysis of time series：selected procedures and computer programs. National Bureau of Economic Research，Technical Paper，No. 20.

Burns A F，Mitchell W C. 1946. Measuring Business Cycle. New York：National Bureau of Economic Research.

Chadha J S，Saron L. 2002. Short-and long-run price level uncertaity under different money policy regimes. Oxford Bulletin of Ecnomics and Statistics，64：131-145.

Charnes A，Cooper W W，Rhodes E. 1978. Measuring the efficiency of decision making units.

European Journal of Operational Research, 2: 429-444.

Chontanawat J, Hunt L C, Pierse R. 2006. Causality between energy consumption and GDP: evidence from 30 OECD and 78 non-OECD countries. Surrey Energy Economics Centre (SEEC), Department of Economics Discussion Papers (SEEDS).

Coelli T, Perelman S. 1996. Efficiency measurement, multiple-output technologies and distance functions: with application to European railways. Working Paper, CREPP, Uniuersité de Liège, Liège, Belgium.

Coelli T, Prasada Rao D S, Battese G E. 1998. An Introduction to Efficiency and Productivity Analysis. Boston: Kluwer Academic Publishers.

Copeland M A. 1937. Concepts of national income. Studies in Income and Wealth, 1: 3-61.

Copeland M A, Martin E M. 1938. The correction of wealth and income estimates for price changes. Studies in Income and Wealth, 2: 85-135.

Cornwell C, Schmidt P, Sickles R C. 1990. Production frontiers with cross-sectional and time-series variation in efficiency levels. Journal of Econometrics, 46: 185-200.

David P A, van de Klundert T. 1965. Biased efficiency growth and capital-labor substitution in the US, 1899-1960. American Economic Review, 55: 357-394.

de La Grandville O. 1989. In quest of the Slutsky diamond. The American Economic Review, 79: 468-481.

Deddo L, Lippi F. 2000. The monetary transmission mechanism: evidence from the industry data of five OECD countries. Centre of Economic Policy Research Discussion Paper, No. 2508.

Dension E F. 1974. Accounting for United States economic growth: 1929-1969. Washington: Brookings Institution Press.

Ehrmann M. 2005. Firm size and monetary policy transmission-evidence from German business survey data. In: Jan-Egbert S, Wollmershäusev T. Ifo Survey Data in Business Cycle and Monetary Policy Analysis. New Yok: Physica-Verlag.

Engle R F, Granger C W J. 1987. Co-integration and error correction: repersentation, estimation and testing. Econometrica, 55: 251-276.

Estrella A, Mishkin F. 1996. Predicting U. S. recessions: financial variables as leading indicators. Federal Reserve Bank of New York, Research Paper, No. 9609.

Farrell M J. 1957. The measurement of productive efficiency. Journal of the Royal Statistical Society, Series A, General, 120: 253-281.

Fisher-Vanden K, Jefferson G H, Liu H, et al. 2004. What is driving China's decline in energy intensity. Resource and Energy Economics, 26: 77-97.

Fritsche U, Stephan S. 2002. Leading indicators of German business cycles—an assessment of properties. Jahrbücher für Nationalökonomie und Statistik, 222: 289-311.

Funk N. 2000. Predicting recessions: some evidence for Germany. Weltwirtschaftliches Archiv, 133: 91-102.

Ganley J, Salmon C. 1997. The industrial impact of monetary policy shocks: some stylised facts. Bank of England Working Paper，No. 68.

Garcia R，Schaller H. 2002. Are the effects of monetary policy asymmetric? Economic Inquiry，
40(1)：102-119.

Gately D. 1992. Imperfect price-reversibility of U. S. gasoline demand：asymmetric responses to
price increases and declines. The Energy Journal，13(4)：179-208.

Gertler M，Simon G. 1994. Monetary policy，business cycle，and the behavior of small manu-
facturing firms. The Quarterly Journal of Economics，109(2)：309-344.

Goldrian G. 2007. Handbook of Survey-Based Business Cycle Analysis. Cheltenham：Edward Elgar.

Greene W H. 1980. Maximum likelihood estimation of econometric frontier functions. Journal of
Economtrics，13：27-56.

Greene W H. 1990. Gamma-distributed stochastic frontier model. Journal of Econometrics，46：
141-164.

Hamilton J D. 1989. A new approach to the economic analysis of nonstationary time series and
the business cycle. Econometricas，57：357-384.

Hamilton J D. 1994. Time Series Analysis. Princeton：Princeton University Press.

Hamit-Haggar M. 2009. Total factor productivity growth，technological progress，and efficiency
changes：empirical evidence from Canadian manufacturing. Working Paper：1-24.

Harding D，Pagan A. 2002. A comparison of two business cycle dating methods. Journal of Eco-
nomic Dynamics&Control，27：67-79.

Harvey A C. 1989. Forecasting Structural Time Series Models and the Kalman Filter. Cambridge：
Cambridge University Press.

Hausman J，Taylor W. 1981. Panel data and unobservable individual effects. Econometrica，49：
1377-1398.

Hayo B，Uhlenbrock B. 2000. Industry effects of monetary policy in Germany. *In*：Hagen J，
Waller C. Regional Aspects of Monetary Policy in Europe. Boston：Kluwer.

Hicks J R. 1932. The Theory of Wages. London：Macmillan.

Hodrick R J，Prescott E C. 1997. Postwar V. S. business cycles：an empirical investigation. Journal of
Money，Credit and Banking，29：1-16.

Hossain K. 2004. Trade liberalisation and technical efficiency：evidence from Bangladesh manu-
facturing industries. Journal of Development Studies，40：87-114.

Huang C J，Liu J T. 1994. Estimation of a non-neutral stochastic frontier production func-
tion. Journal of Productivity Analysis，5：171-180.

Huang Y，Meng X. 1997. China's industial growth and efficiency：a comparison between the
state and TVE sectors. Journal of the Asia Pacific Economy，11(2)：101-172.

Hunt L C，Ninomiya Y. 2005. Primary energy demand in Japan：an empirical analysis of long-
term trends and future CO_2 emissions. Energy Policy，33：1409-1424.

Jefferson G H，Bai H M，Guan X J，et al. 2006. R&D performance in Chinese industry.
Economics of Innovation and New Technology，15：345-366.

Jondrow J, Lovell C A K, Materov I S, et al. 1982. On the estimation of technology and inefficiency in the stochastic frontier production function model. Journal of Econometrics, 19: 233-238.

Jorgenson D. 1972. Investment behabiour and the production function. Bell Journal of Economics and Management Science, 3: 97-112.

Jorgenson D W, Gollop F M, Fraumeni B M. 1987. Productivity and U. S. Economic Growth. Cambridge: Harvard University Press.

Karame F, Olmedo A. 2002. The asymmetric effects of monetary policy shocks: a nonlinear structural VAR approach. Working Paper.

Karras G. 1996. Are the output effects of monetary policy asymmetric? Evidence from sample of European countries. Oxfoxd Bulletin of Economics and Statistics, 58(2): 267-278.

Kennedy C. 1964. Induced bias in innovation and the theory of distribution. Economic Journal, 12: 541-547.

Kim J I, Lau L J. 1994. The source of growth of the East Asian newly industrialized economies. Journal of Japanese and International Economies, 8: 235-271.

Kim S. 2003. Identifying and estimating sources of technical inefficiency in Korean manufacturing industry. Contemporary Economic Policy, 21: 132-144.

Kim S, Han G. 2001. A decomposition of total factor productivity growth in Korean manufacturing industry. Journal of Productivity Analysis, 16: 269-281.

Klump R, McAdam P, Willman A. 2007. Unwrapping some Euro area growth puzzles: factor substitution, productivity and unemployment. Journal of Macroeconomics, 30: 645-666.

Klump R, McAam P, Willman A. 2008. Factor substitution and factor-augmenting technical progress in the United States: a normalized supply-side system approach. Review of Economic and Statistic, 89: 183-192.

Klump R, Preissler H. 2000. CES production functions and economic growth. Scandinavian Joural of Economics, 102: 41-56.

Knetsch T A. 2004. Evaluating the German inventory cycle using data from the IFO business survey. Working Paper.

Kodde D, Palm F. 1986. Wald Criteria for Jointly testing equatity and inequality restrictions. Econometrica, 54: 1243-1248.

Krystalogianni A, Matysiak G, Tsolacos S. 2004. Forecasting UK commercial real estate cycle phases with leading indicators: a probit approach. Applied Economics, 36 (20): 2347-2356.

Kuh E. 1965. Cyclical and secular labor productivity in United States manufacturing. The Review of Economics and Statistics, 47(1): 1-12.

Kulshreshtha M, Parikh J K. 2000. Modeling demand for coal in India: vector autoregressive models with cointegrated variables. Energy, 25(2): 149-168.

Kumbhakar S. 2000. Estimation and decomposition of productivity change when production is not efficient: a panel data approach. Econometric Reviews, 19: 425-460.

Kumbhakar S C, Knox Lovell C A. 2000. Stochastic Frontier Analysis. Cambridge: Cambridge University Press.

Lawrence C, Tits A. 1996. Nonlinear equality constraints in feasible sequential quadratic programming, Optim. Methods Softw, 6: 252-282.

Layton P, Moore G H. 1989. Leading indicators for the service sector. Journal of Business & Economic Statistics, 7(3): 379-386.

Lee C C. 2005. Energy consumption and GDP in developing countries: a cointegrated panel analysis. Energy Economics, 27(3): 415-427.

Leibenstein H. 1966. Allocative efficiency vs. 'x-Efficiency'. American Economic Review, 56 (3): 392-415.

Leon-Ledesma M, McAdam P, Willman A. 2010. In Dubio Pro CES: supply estimation with misspecified technical-change. ECB Working Paper, No. 1175.

Liao H, Holmes M. 2003. Productivity growth of east Asia economies' manufacturing: a decomposition analysis. Journal of Development Studies, 27(1) : 1-17.

Machin S, van Reenen J. 1993. Profit margins and the business cycle: evidence from UK manufacturing firms. The Journal of Industrial Economics, 41(1): 29-50.

McAdam P, Willman A. 2004. Production, supply and factor shares: an application to estimating german long-run supply. Economic Modelling, 21: 191-215.

Meeusen W, van Den B J. 1977. Efficiency estimation from Cobb-Douglas production functions with composed error. Intenational Economic Review, 18: 435-444.

Mensah J A, Tkacz G. 1998. Predicting canadian recessions using financial variables: a probit approach. Bank of Canada, Working Paper, No. 5.

Miketa A. 2001. Analysis of energy intensity developments in manufacturing sectors in industrialized and developing countries. Energy Policy, 29: 769-775.

Moore G H. 1950. Statistical indicators of cyclical revivals and recessions. NBER Occasional Paper. No. 31.

Moore G H, Shiskin J. 1967. Indicators of Business Expansions and Contractions. New York: National Bureau of Economic Research.

Nishimizu M, Page J M. 1982. Total factor productivity growth, technological progress and technical efficiency change: dimensions of productivity change in Yugoslavia, 1965-78. Economic Journal, 92: 920-936.

Oulton N. 1981. Aggregate investment and Tobin's Q: the evidence from Britain. Oxford Economic Papers, 33: 231-242.

Parente S L, Prescott E C. 1994. Barriers to technology adoption and development. Journal of Political Economy, 102: 298-321.

Peersman G, Smets F. 2005. The industry effects of monetary policy in the Euro area. The Economic Journal, 115(4): 319-342.

Polemis M L. 2007. Modeling industrial energy demand in Greece using cointegration techniques. Energy Policy, 35: 4039-4050.

Rees A. 1952. Industrial conflict and business fluctuations. The Journal of Political Economy, 60 (5): 371-382.

Reifschneider D, Stevenson R. 1991. Systematic departures from the frontier: a frame work for the analysis of firm inefficiency. International Economic Review, 32(3): 715-723.

Saibal G. 2009. Industry effects of monetary policy: evidence from India. Working Paper in MR-RA, No. 17307.

Sargen J D. 1964. Wages and prices in the United Kindom: a study in econometric methodology. In: Hart P E, Mills G, Whitacker J K. Econometric Analysis for National Economic Planning. London: Butterworths.

Sato P, Morita T. 2009. Quantity or quality: the impact of labour saving innovation on US and Japanese growth rates, 1960-2004. The Japanese Economic Review, 60: 407-434.

Solow R M. 1957. Technical change and the aggregate production fuction. Review of Economics and Statistics, 39: 312-320.

Sterken E. 2005. The role of the ifo business climate indicator and asset prices in German monetary policy. IFO Survey Data in Business Cycle and Monetary Policy Analysis: 173-202.

Stevenson R E. 1980. Likelihood functions for generalized stochastic frontier estimation. Journal of Econometrics, 13: 1, 57-66.

Stigler G J. 1947. Trends in Output and Employment. New York: National Bureau of Economic Research.

Stock J H, Watson M W. 1993. Business Cycle, Indicators and Forecasting. Chicago: The University of Chicago Press.

Syrbrndon R E. 1980. Likelihood functions genera lized stochastic frontier estimation. Journal of Econometrics, 13: 1, 57-66.

Thoma A M. 1994. Subsample instability and asymmetries in money-income causality. Journal of Econometrics, 64(2): 279-306.

Tinbergen J. 1942. Zur theorie der langristigen wirtschaftsentwicklung, weltwi rtschaftiches archiv. Band, 55: 511-549.

Violante G L. 2008. Skill-biased technical change. In: Durlauf S N, Blume L E. The New Palgrave Dictionary of Economics(2nd ed.). London: Palgrave Macmiuian.

Weise C L. 1999. The asymmetric effects of monetary policy: a nonlinear vector autoregression approach. Journal of Money, Credit and Banking, 31(1): 85-108.

Williams M. 1985. Technical efficiency and region the U.S. manufacturing sector: 1972-1977. Regional Science and Urban Economics, 15: 459-475.

Willman A. 2002. Euro area production function and potential output: a supply side system approach. ECB Working Paper, No. 153.

Young A. 1995. The tyranny of numbers: confronting the statistical realities of the East Asian growth experience. Quarterly Journal of Economics, 110: 641-680.

附　　录

附表1　劳动密集型行业历年技术效率水平

年份	H01	H03	H04	H05	H09	H10
1992	0.448 8	0.545 7	0.619 5	0.783 4	0.787 7	0.974 9
1993	0.389 7	0.704 2	0.819 2	0.847 4	0.965 1	0.963 5
1994	0.358 3	0.523 7	0.747 9	0.751 2	0.916 7	0.934 8
1995	0.403 6	0.485 3	0.623 1	0.645 0	0.705 1	0.816 3
1996	0.384 0	0.559 7	0.625 9	0.633 0	0.782 9	0.881 5
1997	0.343 7	0.545 0	0.642 0	0.616 0	0.807 4	0.867 6
1998	0.315 1	0.400 8	0.617 4	0.471 9	0.787 3	0.880 4
1999	0.292 7	0.435 4	0.668 9	0.459 2	0.837 7	0.886 8
2000	0.286 7	0.470 8	0.633 5	0.375 8	0.854 6	0.910 6
2001	0.286 9	0.470 2	0.598 4	0.349 4	0.850 7	0.922 9
2002	0.287 0	0.436 8	0.569 9	0.351 1	0.882 2	0.912 7
2003	0.291 8	0.494 2	0.572 8	0.380 1	0.895 6	0.938 0
2004	0.366 4	0.609 4	0.763 4	0.435 9	0.942 0	0.955 2
2005	0.349 1	0.411 8	0.720 1	0.615 8	0.946 0	0.958 7
2006	0.321 4	0.426 1	0.661 2	0.576 0	0.947 7	0.965 4
2007	0.325 1	0.419 6	0.647 5	0.657 4	0.956 5	0.966 7
2008	0.242 3	0.276 3	0.492 7	0.548 1	0.948 6	0.956 1
2009	0.204 2	0.316 9	0.452 3	0.500 1	0.934 6	0.951 0
2010	0.176 4	0.217 3	0.329 1	0.478 5	0.894 2	0.951 8
年均 TE	0.319 6	0.460 5	0.621 3	0.551 3	0.875 9	0.926 1
年份	H11	H12	H13	H16	H22	H26
1992	0.701 5	0.452 2	0.745 4	0.917 8	0.867 1	0.749 1
1993	0.949 8	0.649 9	0.958 8	0.965 6	0.970 2	0.939 4
1994	0.933 5	0.653 4	0.937 7	0.959 8	0.952 0	0.905 0
1995	0.759 6	0.562 3	0.831 3	0.911 7	0.753 0	0.807 8
1996	0.860 8	0.768 6	0.885 1	0.952 6	0.887 2	0.879 8
1997	0.832 3	0.782 4	0.902 3	0.938 3	0.893 0	0.868 3

续表

年份	H11	H12	H13	H16	H22	H26
1998	0.819 2	0.625 6	0.850 4	0.937 9	0.889 9	0.880 6
1999	0.839 4	0.651 2	0.819 2	0.946 8	0.862 5	0.890 9
2000	0.862 0	0.657 5	0.831 4	0.950 7	0.874 8	0.904 3
2001	0.907 1	0.694 8	0.897 7	0.961 3	0.862 4	0.916 0
2002	0.920 6	0.695 1	0.880 6	0.957 1	0.895 9	0.937 3
2003	0.948 0	0.760 4	0.884 1	0.965 5	0.892 7	0.950 5
2004	0.963 7	0.893 0	0.953 5	0.973 4	0.920 4	0.960 4
2005	0.961 6	0.889 3	0.950 9	0.966 5	0.885 0	0.958 4
2006	0.969 2	0.911 1	0.939 1	0.971 1	0.918 6	0.963 0
2007	0.972 6	0.953 1	0.942 0	0.971 8	0.944 3	0.968 3
2008	0.968 9	0.923 0	0.942 3	0.971 3	0.914 4	0.940 7
2009	0.969 1	0.911 8	0.901 6	0.966 3	0.902 7	0.896 0
2010	0.969 5	0.897 9	0.879 7	0.965 3	0.893 4	0.872 4
年均 TE	0.900 4	0.754 3	0.891 2	0.955 3	0.893 7	0.904 6

附表 2 资本密集型行业历年技术效率水平

年份	H02	H06	H07	H08	H14	H15	H17
1992	0.996 0	0.842 0	0.443 8	0.659 7	0.297 6	0.260 5	0.439 5
1993	0.532 0	0.647 1	0.565 7	0.675 8	0.340 5	0.359 0	0.354 2
1994	0.371 2	0.505 3	0.503 9	0.796 4	0.366 1	0.290 7	0.304 1
1995	0.260 5	0.271 8	0.396 5	0.791 6	0.248 5	0.193 1	0.331 2
1996	0.257 6	0.316 1	0.449 9	0.953 4	0.252 5	0.227 7	0.311 7
1997	0.260 0	0.316 2	0.480 1	0.913 7	0.243 8	0.215 1	0.289 9
1998	0.251 6	0.318 2	0.465 1	0.931 1	0.230 8	0.179 9	0.271 7
1999	0.247 4	0.357 3	0.476 5	0.865 3	0.250 4	0.187 6	0.298 3
2000	0.431 9	0.411 9	0.468 8	0.823 2	0.263 9	0.175 2	0.296 0
2001	0.369 4	0.418 2	0.455 6	0.849 3	0.274 1	0.195 3	0.326 0
2002	0.355 1	0.431 3	0.464 9	0.895 7	0.301 5	0.213 5	0.346 8
2003	0.254 7	0.465 4	0.476 9	0.898 5	0.328 4	0.238 4	0.318 0
2004	0.214 0	0.493 5	0.535 2	0.893 3	0.364 4	0.264 1	0.287 9
2005	0.229 1	0.485 7	0.556 6	0.891 7	0.397 3	0.275 6	0.259 6
2006	0.198 4	0.489 7	0.604 2	0.911 3	0.414 3	0.299 4	0.229 4
2007	0.190 5	0.458 5	0.673 0	0.952 8	0.449 3	0.333 2	0.250 2

续表

年份	H02	H06	H07	H08	H14	H15	H17
2008	0.119 8	0.330 3	0.637 5	0.959 2	0.395 1	0.325 9	0.180 9
2009	0.205 4	0.304 1	0.622 8	0.949 1	0.406 1	0.314 4	0.199 1
2010	0.124 2	0.252 2	0.583 5	0.965 2	0.390 7	0.320 4	0.160 0
年均 TE	0.308 9	0.427 1	0.519 0	0.872 4	0.327 1	0.256 3	0.287 1

年份	H18	H20	H21	H23	H24	H25	H33
1992	0.440 7	0.301 1	0.360 5	0.317 3	0.473 7	0.301 6	0.837 3
1993	0.487 0	0.344 6	0.410 4	0.354 9	0.487 5	0.421 7	0.675 9
1994	0.431 0	0.328 3	0.357 8	0.255 7	0.422 9	0.360 3	0.641 0
1995	0.323 4	0.276 2	0.242 7	0.183 4	0.304 6	0.269 8	0.754 2
1996	0.324 4	0.303 0	0.257 9	0.166 6	0.271 4	0.265 3	0.658 5
1997	0.297 0	0.334 3	0.251 7	0.161 9	0.270 8	0.263 0	0.635 9
1998	0.319 8	0.346 2	0.224 3	0.203 3	0.283 6	0.292 4	0.732 2
1999	0.340 0	0.457 1	0.213 5	0.217 0	0.324 2	0.329 9	0.693 9
2000	0.368 7	0.418 8	0.216 6	0.232 2	0.366 6	0.341 8	0.647 6
2001	0.418 2	0.289 2	0.223 0	0.238 2	0.403 3	0.373 8	0.702 1
2002	0.449 0	0.315 3	0.246 5	0.247 1	0.448 0	0.386 1	0.722 7
2003	0.505 6	0.320 3	0.285 6	0.275 6	0.523 1	0.466 1	0.733 5
2004	0.534 5	0.353 4	0.346 9	0.288 3	0.535 9	0.499 6	0.698 3
2005	0.521 4	0.388 7	0.349 8	0.296 4	0.582 1	0.534 4	0.816 3
2006	0.518 2	0.430 2	0.352 9	0.319 4	0.629 2	0.623 9	0.857 7
2007	0.543 6	0.497 3	0.395 3	0.341 8	0.637 0	0.612 6	0.999 9
2008	0.392 9	0.447 0	0.366 5	0.273 9	0.482 4	0.538 9	0.928 3
2009	0.422 5	0.490 1	0.362 5	0.258 7	0.532 3	0.666 4	0.750 1
2010	0.345 9	0.417 2	0.357 0	0.233 4	0.432 7	0.522 4	0.726 1
年均 TE	0.420 2	0.371 5	0.306 4	0.256 1	0.442 7	0.424 7	0.748 0

附表3　技术密集型行业历年技术效率水平

年份	H19	H27	H28	H29	H30	H31	H32
1992	0.571 5	0.602 7	0.503 3	0.572 8	0.665 5	0.468 0	0.520 5
1993	0.660 3	0.728 5	0.614 5	0.742 4	0.967 2	0.732 8	0.667 7
1994	0.518 2	0.632 4	0.544 7	0.635 9	0.770 8	0.645 7	0.602 3
1995	0.315 6	0.453 0	0.379 5	0.467 4	0.532 0	0.522 1	0.382 8
1996	0.308 7	0.361 1	0.309 8	0.349 2	0.450 4	0.399 6	0.333 3

续表

年份	H19	H27	H28	H29	H30	H31	H32
1997	0.279 9	0.325 0	0.281 4	0.255 7	0.385 6	0.398 5	0.289 4
1998	0.203 8	0.217 4	0.198 0	0.180 8	0.272 1	0.361 3	0.241 6
1999	0.189 3	0.194 2	0.179 9	0.153 7	0.261 7	0.350 7	0.231 5
2000	0.188 9	0.191 0	0.182 9	0.140 1	0.293 0	0.418 1	0.254 1
2001	0.171 6	0.195 1	0.173 2	0.142 3	0.287 1	0.319 2	0.251 4
2002	0.144 0	0.196 3	0.189 0	0.164 2	0.317 0	0.346 9	0.253 0
2003	0.140 9	0.241 5	0.177 0	0.195 7	0.392 9	0.473 6	0.335 3
2004	0.136 7	0.310 1	0.210 3	0.204 0	0.490 6	0.556 0	0.422 7
2005	0.112 9	0.332 5	0.214 5	0.187 8	0.543 5	0.726 2	0.399 6
2006	0.111 9	0.331 0	0.225 1	0.178 1	0.555 4	0.850 8	0.448 9
2007	0.127 3	0.363 0	0.239 3	0.207 5	0.590 8	0.872 8	0.482 9
2008	0.141 8	0.313 3	0.223 5	0.214 2	0.600 2	0.986 8	0.466 3
2009	0.131 7	0.252 5	0.181 1	0.181 0	0.530 1	0.874 2	0.363 3
2010	0.133 5	0.249 7	0.179 5	0.210 9	0.530 2	0.944 3	0.358 5
年均 TE	0.241 5	0.341 6	0.274 0	0.283 4	0.496 6	0.592 0	0.384 5

附录 2：各类产业行业历年全要素生产率增长率

附表 4　劳动密集型行业历年全要素生产率增长率

年份	H01	H03	H04	H05	H09	H10
1993	−0.025 1	0.321 5	0.389 1	0.187 4	0.306 8	−0.048 7
1994	−0.001 2	−0.198 8	−0.035 6	−0.031 7	−0.056 0	−0.064 0
1995	0.144 4	−0.013 4	−0.112 9	−0.150 1	−0.243 5	−0.163 8
1996	−0.063 7	0.221 9	0.061 6	0.001 4	0.148 6	0.074 2
1997	−0.055 7	0.042 4	0.094 0	−0.006 9	0.090 9	−0.007 8
1998	0.026 0	−0.123 2	0.063 6	−0.130 5	0.062 3	0.045 7
1999	0.031 1	0.148 7	0.169 7	0.059 6	0.154 3	0.066 6
2000	0.092 1	0.169 8	0.050 7	−0.052 8	0.137 1	0.101 7
2001	0.113 7	0.083 8	0.052 5	0.042 3	0.093 5	0.088 6
2002	0.095 5	0.073 0	0.057 1	0.122 1	0.128 7	0.061 3
2003	0.122 3	0.235 0	0.107 3	0.189 2	0.094 6	0.097 7
2004	0.355 9	0.255 5	0.428 6	0.269 5	0.168 5	0.094 9
2005	0.041 7	−0.102 8	0.046 9	0.445 3	0.061 3	0.059 8
2006	−0.012 6	0.151 4	0.040 7	0.077 3	0.086 2	0.068 9

续表

年份	H01	H03	H04	H05	H09	H10
2007	0.117 8	0.119 1	0.058 0	0.238 7	0.105 4	0.066 7
2008	−0.176 1	−0.250 8	−0.046 4	−0.059 6	0.099 4	0.057 9
2009	−0.042 7	0.336 2	0.130 5	0.044 5	0.102 3	0.070 3
2010	−0.019 4	−0.177 0	−0.147 5	0.085 9	0.075 2	0.083 0
年均 TFPG	0.041 3	0.071 8	0.078 2	0.074 0	0.089 8	0.041 8
年份	H11	H12	H13	H16	H22	H26
1993	0.374 0	0.494 6	0.267 2	0.095 6	0.162 8	0.244 2
1994	0.014 2	0.025 0	−0.024 7	0.006 0	−0.014 9	−0.120 3
1995	−0.189 5	−0.137 0	−0.089 1	−0.047 3	−0.206 6	−0.169 6
1996	0.141 6	0.381 3	0.103 3	0.069 9	0.214 1	0.084 3
1997	0.009 1	0.040 0	0.065 9	0.028 7	0.054 9	0.006 5
1998	0.026 0	−0.025 0	0.056 9	0.042 8	0.095 7	0.082 0
1999	0.088 1	0.142 4	0.046 2	0.066 3	0.056 0	0.106 5
2000	0.089 6	0.099 0	0.096 8	0.062 3	0.110 3	0.106 7
2001	0.130 5	0.153 2	0.144 3	0.070 0	0.072 2	0.097 7
2002	0.082 8	0.100 4	0.062 8	0.067 3	0.131 3	0.119 6
2003	0.102 2	0.150 0	0.074 8	0.071 9	0.085 2	0.120 0
2004	0.123 6	0.242 7	0.130 6	0.076 7	0.109 6	0.099 2
2005	0.051 6	0.086 1	0.094 7	0.075 6	0.038 8	0.067 4
2006	0.071 9	0.113 7	0.079 8	0.080 1	0.130 5	0.079 6
2007	0.066 1	0.127 8	0.102 5	0.080 1	0.126 3	0.084 3
2008	0.064 2	0.039 7	0.071 3	0.077 0	0.055 2	0.032 0
2009	0.066 2	0.100 0	0.074 5	0.091 2	0.097 1	0.054 3
2010	0.077 6	0.084 2	0.057 8	0.073 1	0.089 8	0.070 9
年均 TFPG	0.077 2	0.123 2	0.078 6	0.060 4	0.078 2	0.064 7

附表5　资本密集型行业历年全要素生产率增长率

年份	H02	H06	H07	H08	H14	H15	H17
1993	−0.275 4	−0.161 9	0.319 4	0.084 2	0.184 5	0.382 6	−0.066 7
1994	−0.214 7	−0.164 4	−0.130 2	0.148 5	0.105 7	−0.156 6	−0.186 7
1995	−0.035 8	−0.447 3	−0.257 1	−0.330 9	−0.308 5	−0.243 7	−0.198 0
1996	−0.044 7	0.193 6	0.069 7	−0.462 4	0.017 0	0.198 1	−0.199 5
1997	−0.009 4	0.054 1	0.041 1	0.107 3	−0.018 9	0.024 9	−0.152 7

续表

年份	H02	H06	H07	H08	H14	H15	H17
1998	−0.040 4	0.010 4	−0.061 4	−0.094 1	−0.074 9	0.041 0	−0.187 3
1999	−0.151 8	0.170 1	−0.040 7	−0.193 5	0.129 3	0.117 7	−0.146 6
2000	−0.045 6	0.217 7	0.066 1	−0.022 6	−0.063 1	0.028 1	−0.136 8
2001	−0.125 1	0.106 5	0.045 5	0.118 5	0.065 2	0.131 2	0.041 9
2002	−0.014 8	0.130 4	0.086 1	0.213 5	0.146 0	0.129 0	0.201 7
2003	0.050 2	0.166 8	0.111 1	0.174 7	0.113 7	0.098 8	0.123 4
2004	0.241 1	0.180 3	0.224 5	0.162 2	0.230 4	0.136 6	0.110 6
2005	−0.100 2	0.085 2	0.135 4	0.111 5	−0.050 2	0.030 5	−0.145 1
2006	−0.119 0	0.091 2	0.127 0	0.126 7	0.080 9	0.129 6	−0.112 3
2007	0.011 5	0.060 2	0.177 8	0.259 4	0.162 3	0.173 0	0.184 5
2008	−0.179 4	−0.089 6	0.019 2	0.105 0	−0.010 9	0.014 2	−0.149 2
2009	0.397 4	0.035 0	0.008 7	−0.015 5	0.085 2	0.009 6	−0.105 0
2010	−0.264 4	−0.022 1	0.018 7	0.046 4	0.051 3	0.089 4	−0.259 7
年均 TFPG	−0.051 1	0.034 2	0.053 4	0.029 9	0.046 9	0.074 1	−0.076 9

年份	H18	H20	H21	H23	H24	H25	H33
1993	0.208 2	0.070 8	0.183 7	0.201 9	0.233 5	0.386 1	−0.089 7
1994	−0.061 5	−0.078 5	−0.107 9	−0.154 6	−0.110 8	−0.043 9	−0.411 6
1995	−0.226 1	−0.374 3	−0.305 6	−0.214 9	−0.327 4	−0.445 7	0.126 4
1996	0.014 2	0.072 1	0.055 1	−0.023 7	−0.152 3	−0.075 9	−0.145 7
1997	−0.110 6	0.162 0	−0.020 4	0.023 0	0.021 2	0.028 6	−0.134 7
1998	−0.011 0	−0.018 2	−0.026 7	0.088 6	−0.013 0	0.095 4	−0.190 4
1999	0.076 1	0.237 4	0.028 0	0.123 1	0.100 3	0.162 4	0.094 0
2000	0.086 6	0.051 9	0.110 9	0.122 7	0.144 1	0.110 9	−0.133 8
2001	0.147 2	0.000 5	0.047 3	0.095 9	0.166 8	0.166 2	−0.003 0
2002	0.119 3	0.188 0	0.170 3	0.112 8	0.146 9	0.065 5	0.052 9
2003	0.215 8	0.161 0	0.232 3	0.209 0	0.279 9	0.259 7	−0.027 6
2004	0.218 4	0.113 2	0.171 3	0.146 6	0.183 5	0.155 7	0.204 3
2005	−0.007 0	−0.004 6	−0.054 4	0.055 6	0.058 1	−0.040 4	−0.058 3
2006	0.012 4	0.159 6	0.005 1	0.144 5	0.008 5	0.153 1	−0.006 1
2007	0.164 7	0.205 4	0.075 4	0.191 1	0.027 0	0.045 3	0.106 6
2008	−0.061 6	0.079 6	−0.023 8	−0.047 6	−0.160 9	−0.047 8	−0.018 0
2009	0.120 4	0.202 1	0.031 7	0.012 3	0.115 2	0.184 8	−0.059 3
2010	−0.058 6	−0.005 8	0.048 8	0.025 0	−0.047 5	−0.142 6	0.011 7
年均 TFPG	0.047 1	0.067 9	0.034 5	0.061 7	0.037 4	0.056 5	−0.037 9

表6　技术密集型行业历年全要素生产率增长率

年份	H19	H27	H28	H29	H30	H31	H32
1993	0.249 5	0.353 2	0.342 1	0.287 1	0.508 7	0.625 1	0.374 5
1994	−0.177 5	−0.049 6	−0.023 1	−0.055 5	−0.161 0	0.054 2	0.005 0
1995	−0.144 7	−0.137 0	−0.138 2	−0.100 9	−0.052 7	0.051 5	−0.090 5
1996	0.168 6	−0.037 6	0.044 0	−0.030 7	0.045 9	−0.000 9	0.099 1
1997	0.123 7	0.063 9	0.053 7	0.032 2	0.043 1	0.260 1	0.040 5
1998	0.069 1	0.064 2	0.057 1	0.135 6	0.127 2	0.200 8	0.252 6
1999	0.152 5	0.120 1	0.135 0	0.087 4	0.140 8	0.150 7	0.107 9
2000	0.192 0	0.141 2	0.147 5	0.092 5	0.214 0	0.281 6	0.184 3
2001	0.061 2	0.158 1	0.132 7	0.199 8	0.106 9	0.041 7	0.091 8
2002	0.062 0	0.152 7	0.217 6	0.283 6	0.130 7	0.144 0	0.087 9
2003	0.085 0	0.267 4	0.056 9	0.253 9	0.216 3	0.278 1	0.347 0
2004	0.146 4	0.289 6	0.253 7	0.101 4	0.220 1	0.119 1	0.259 1
2005	0.053 7	0.078 2	0.112 3	0.017 9	0.022 2	0.053 0	0.062 1
2006	0.090 8	0.102 4	0.171 5	0.113 0	0.055 2	0.122 2	0.170 1
2007	0.166 1	0.136 0	0.139 0	0.226 5	0.090 3	−0.027 1	0.109 4
2008	0.063 4	−0.111 8	−0.068 3	−0.026 7	−0.025 5	0.029 6	0.012 2
2009	0.030 2	0.021 3	0.025 7	0.029 9	0.040 3	0.047 0	−0.021 3
2010	0.027 3	0.034 9	0.053 6	0.078 4	0.004 8	0.019 9	0.036 0
年均 TFPG	0.078 8	0.091 5	0.095 2	0.095 8	0.096 0	0.136 1	0.118 2